LES

FRANÇAIS EN RUSSIE

ET LES

RUSSES EN FRANCE

L'ANCIEN RÉGIME — L'ÉMIGRATION — LES INVASIONS

PAR

Léonce PINGAUD

Professeur d'histoire moderne à la Faculté des lettres de Besançon

PARIS

LIBRAIRIE ACADÉMIQUE DIDIER

PERRIN ET Cie, LIBRAIRES-ÉDITEURS

QUAI DES GRANDS-AUGUSTINS, 35

LES

FRANÇAIS EN RUSSIE

ET LES

RUSSES EN FRANCE

TYPOGRAPHIE

EDMOND MONNOYER

LE MANS (Sarthe)

LES

FRANÇAIS EN RUSSIE

ET LES

RUSSES EN FRANCE

L'ANCIEN RÉGIME — L'ÉMIGRATION — LES INVASIONS

PAR

Léonce PINGAUD

Professeur d'histoire moderne à la Faculté des lettres de Besançon

PARIS
LIBRAIRIE ACADÉMIQUE DIDIER
PERRIN ET Cie, LIBRAIRES-ÉDITEURS
QUAI DES GRANDS-AUGUSTINS, 35
1886
Tous droits réservés

PRÉFACE

A cette heure, sous l'impression de certains grands événements — il suffit de citer la guerre d'Orient en 1878 et les sinistres exploits du nihilisme — on regarde volontiers en France du côté de la Russie ; là, les hommes, les mœurs, les idées, tout excite à juste titre notre intérêt. Il y a plus que de la vogue dans la faveur qui a accueilli certains ouvrages, depuis les amusants récits de M. Victor Tissot jusqu'aux belles études de M. Anatole Leroy-Beaulieu.

Du présent cette curiosité est remontée vers le passé, et les premiers les Russes se sont employés à la satisfaire. Les publications de la *Société d'Histoire de Russie*, les *Archives Woronzov*, les documents insérés dans les *Archives russes* ou l'*Antiquité russe*, la plupart en français, constituent pour nous une source d'informations aussi précieuse qu'aisément accessible. Ils trouvent à point, pour les contrôler, les papiers conservés à notre ministère des Affaires étrangères (*Russie, Mémoires et Documents* et *Correspondance*), et de leur étude comparée jaillit une vive lumière sur cette période transitoire où l'empire des tsars est devenu, de principauté asiatique, une grande puissance européenne [1].

C'est à l'aide de ces renseignements d'origines diverses que je voudrais esquisser l'histoire de la civilisation française en Russie, indiquer son caractère, son action depuis la mort de Louis XIV à la chute de Napoléon Ier, rechercher quels ont été sur ce théâtre lointain ses principaux représentants, quelle trace ils y ont laissée d'eux-mêmes et de leurs idées, dans quelle mesure et à quels égards les indigènes ont accepté leur concours et subi leur influence. Un voyage en Russie est chose qui a tenté, dois-je ajouter, déçu beaucoup d'étrangers ; il est en tout cas plus facile et plus intéressant à accomplir, ne fût-ce qu'en passant, sur le terrain de l'histoire.

Cet empire de la France s'est surtout manifesté en Russie de 1740 à 1815, pendant deux périodes, celle de l'ancien régime à son déclin, avec son éclat

---

(1) Je dois ici remercier, pour leur obligeance à favoriser ou à compléter mes recherches, M. Girard de Rialle, directeur des Archives, M. de Ribier, ancien chef du bureau des communications, au Ministère des Affaires étrangères, à Paris, et M. Lyautey, professeur à Odessa.

trompeur troublé par les symptômes d'une ère nouvelle; celle de la Révolution dans son premier bouillonnement et aspirant à faire, en passant par Moscou, son tour de l'Europe. De ces deux mondes se sont échappés vers le Nord deux groupes de réfractaires, les philosophes et les émigrés, favorisant, les premiers par leurs ouvrages, les seconds par leur action personnelle, une haine toute politique contre leur patrie, et concentrant sur eux les bénéfices de la sympathie acquise chez leurs hôtes aux idées ou aux mœurs françaises. C'est ce qu'il faut remarquer d'abord et ne jamais oublier dans une étude semblable. Avant d'être Français, ces déclassés de l'ancien régime se disaient amis de l'humanité, ces proscrits de la Révolution soldats du roi; de là l'empressement avec lequel ils ont à l'occasion flatté Catherine II au détriment de Louis XV, ou servi Alexandre contre Napoléon. Aujourd'hui la conscience publique répugnerait, en France comme en Russie, à de semblables désertions; il faut toutefois les comprendre sans les juger trop sévèrement, à une époque où l'âme des nations s'identifiait avec celle des princes ; de même il faut admirer, sans la regretter trop haut, la générosité de ces Français qui ont préparé les Russes à devenir leurs rivaux sur tous les champs de la politique, de l'industrie ou de l'intelligence, sans rien recueillir de cet apostolat qu'une vaine gloire : et de cette gloire nous devons, notre œuvre achevée, compter les titres et garder le souvenir. La France ne serait plus elle-même, en renonçant à cet empire des âmes, en adoptant, sur de très récents et très proches exemples, un patriotisme terre-à-terre et sans entrailles; qu'elle reste fidèle à son génie, dût-elle être accusée d'imprévoyance, et ne renie pas certaines parties de son histoire, décevantes à certains égards, bien vivantes, bien caractéristiques à d'autres ! Les pages qui suivent n'auraient point de sens, si cette tradition chevaleresque avait péri, ou du moins cessé d'être comprise.

INTRODUCTION

LA RUSSIE ET L'EUROPE

Depuis bientôt deux siècles, la Russie est entrée dans la vie européenne. Presque dès le premier jour elle y a exercé une influence politique prépondérante ; quant à l'influence sociale, elle l'a au contraire reçue et subie. Est-ce un bien ? Est-ce un mal ? La question a été débattue, en Russie et ailleurs, sans jamais ni nulle part recevoir de solution définitive.

En France, au siècle dernier, elle se posait devant les politiques et les philosophes. Les premiers avec d'Argenson applaudirent généreusement à l'œuvre de Pierre Ier ; les seconds, si amis qu'ils fussent des nouveautés, marchandèrent ou refusèrent leur approbation. Montesquieu, tout entier à sa théorie des climats, lance en passant un mot dédaigneux : Il faut écorcher un Moscovite pour lui trouver du sentiment. Voltaire se montre plus favorable à la Russie, ne fût-ce que pour contredire Jean-Jacques ;

certain article du *Dictionnaire philosophique* est une réplique aux attaques du *Contrat social* contre le tsar réformateur. Raynal reviendra néanmoins à la charge, et énumèrera les obstacles à la transformation du peuple russe, le climat, l'étendue du pays et la bigarrure de la population, l'absence d'une classe moyenne, le despotisme autocratique, l'orgueil national ; d'après lui, les étrangers qui lui servent d'instruments doivent briller et disparaître sans laisser trace de leur passage ; les Académies et les maisons d'éducation fondées ne peuvent rien sur une nation barbare et superstitieuse dans ses classes inférieures, dans ses classes élevées pourrie avant d'être mûre. Mirabeau après Raynal qualifie la société russe de son temps de « fruit précoce d'une serre chaude couverte de neige » ; il la considère de loin comme ces steppes dont un flatteur tout-puissant, Potemkine, masquait alors la nudité aux yeux de sa souveraine par des villages improvisés. Même après Catherine II, Benjamin Constant soutiendra que la Russie n'est pas même une nation [1].

Les étrangers ne sont pas moins prodigues de comparaisons désobligeantes : Jeune fille de douze ans, dira un Anglais, grossière, gauche, ignorante,

---

(1) D'Argenson, *Considérations*, etc. ch. III, art. 19. — *Esprit des Lois*, liv. XIV, ch. II. — *Dict. phil.*, art. *Pierre le Grand et J.-J. Rousseau, Liberté d'imprimer*. — Raynal, *Histoire philosophique*, etc., liv. V, ch. II, liv. XIX, ch. II. — Mirabeau, *Doutes sur la liberté de l'Escaut*, Lettres I et II.

avec un beau chapeau parisien sur la tête. — Nation masquée et informe, dira un autre, elle ressemble à un homme qui ne s'est rasé que la moitié du visage, et sous cette perruque à la française, je vois encore l'organisation d'une tête russe. Fendez la veste, s'écrie un troisième, vous sentirez le poil. L'Italien Alfieri appelle Pétersbourg « un camp asiatique de baraques alignées » et s'enfuit au plus vite sans vouloir pousser plus loin ni voir la « Clytemnestre philosophe » qui remplit l'Europe de sa réputation usurpée [1].

Qu'importe ? ont répondu aux ennemis ou aux sceptiques les amis de la Russie nouvelle ; la cause du progrès est aux mains de ceux qui détiennent l'autorité ; de Pétersbourg, cette fenêtre ouverte sur l'Occident, la lumière descend du trône sur le peuple, et finira par s'étendre aux régions les plus reculées. Laissez le bouffon de Pierre Ier soutenir que le Russe ne peut pas plus perdre sa marque originelle qu'une feuille de papier son pli ; laissez les diplomates comme Corberon ou Joseph de Maistre, les voyageurs de passage comme Custine traiter de révolution funeste une entreprise vraiment civilisatrice et humaine. Le temps, là comme ail-

---

(1) Lettre de miss Wilmot, 21 mars 1806 (à la suite des *Mémoires* de la princesse Dachkov). — Macartney cité dans *Russie, Mém. et Doc.*, t. XI. — Ségur, *Vie de Rostoptchine*, p. 8. — Alfieri, *Mémoires*, 3e époque, ch. ix.

« Notre erreur, écrit encore Macartney, à l'égard de la Russie est que nous la considérons comme une nation civilisée, et que

leurs, renversera toutes les barrières, effacera les préjugés, et finira par insinuer victorieusement dans les esprits les Droits de l'homme.

Parmi les Russes, deux partis aussi se sont trouvés en présence, l'un tendant à rompre avec le passé, sous prétexte que le bien de l'humanité est préférable aux traditions nationales, l'autre réagissant par amour-propre contre l'influence étrangère. Au siècle dernier, on les trouve déjà aux prises dans l'antichambre de Catherine II : « Nous n'avons pas besoin des étrangers, dit le plus grand nombre ; ne les mêlons pas à nos affaires, nous pouvons nous passer d'eux, et ils ont besoin de nos productions ». Un homme de sens plus large, Tchernitchev, prend alors la parole : « Regardez-vous, Messieurs, de la tête aux pieds ; tout ce que vous savez, tout ce que vous êtes, vous le devez aux étrangers ; vos armes leur doivent leurs victoires, et s'il y a chez vous quelques tribunaux, quelques établissements, ce sont les étrangers qui les y ont mis ; vous devez tout faire pour les attirer chez vous par le commerce [1] ».

La vanité patriotique, les rivalités nationales, divers incidents de la vie politique européenne devaient perpétuer cette controverse. Des esprits

---

nous la traitons en conséquence » (*La Cour de Russie il y a cent ans*, p. 263).

(1) Durand à d'Aiguillon, 31 décembre 1773 (*Corr. Russie*, t. XCII).

éminents flottaient entre l'enthousiasme et la haine pour les nouveautés. Après avoir dit : Nous ne sommes plus ce que furent nos ancêtres, tant mieux, ils se rappelaient combien sont dangereux les meilleurs emprunts faits à l'étranger, quand la raison publique n'est pas suffisamment mûre pour en tirer profit. Tel est le cas de la princesse Dachkov, de Karamzine, et de plusieurs autres. Tchadaiev, que ses compatriotes, il est vrai, ont déclaré fou, ira jusqu'à écrire : « Un grand homme... nous jeta le manteau de la civilisation ; nous ramassâmes le manteau, mais nous ne touchâmes pas à la civilisation... Nous avons je ne sais quoi dans le sang qui repousse tout véritable progrès[1] ». Pour d'autres, le progrès ce serait le retour au passé, et on entend jusqu'à des étrangers établis en Russie regretter hautement, au spectacle des révolutions de l'Occident, les anciennes mœurs et les traditions disparues : « Notre lot était l'Est, écrit de Moscou le Suisse Christin en 1831 ; cultiver, peupler la Sibérie, guerroyer au besoin avec les Turcs et les Persans, conserver nos barbes et nos caftans, boire du kvas au lieu de vin de Champagne, avoir quelques ports pour vendre à l'Europe nos fers, nos mâts et notre chanvre et vivre en bons et honnêtes boyards à l'abri des révoltes et des révolutions comme dans

[1] Lettre publiée par le P. GAGARIN dans le *Correspondant* (juin 1860, p. 298).

le Céleste-Empire chinois. Nous aurions quelques jouissances de moins, et beaucoup de tranquillité de plus [1] ».

Dès lors, on voit d'ici la lice ouverte, suivant le mode propre à notre temps, par la voie de la presse, entre ces écoles littéraires qui, dans l'empire des tsars, cachent ou suppléent les partis politiques. Les Slavophiles, jadis isolés, sont devenus légion et ont rompu des lances avec les Occidentaux au sujet de l'influence européenne. Sollohub, dans son roman le *Tarantass*, met aux prises, durant le tête-à-tête d'une course en commun, le vieux Vassili, fidèle aux coutumes nationales, dédaigneux des innovations exotiques, et le jeune Ivan, élevé à la française, mûri — ou gâté — par l'expérience des voyages. Quelles que soient les préférences de l'auteur, il est évident qu'il ne saurait dire le dernier mot de la question ; l'avenir emporte Vassili et Ivan côte à côte, comme le traîneau léger sur l'immense plaine de neige.

Tout le monde, à y bien regarder, était d'accord sur l'essentiel. Nul ne prétendait dresser à la frontière une barrière hermétiquement close entre la barbarie et le progrès, ou, si l'on aime mieux, entre une civilisation et une autre civilisation. Ceux qui en souhaitaient une comparaient mentalement la

---

(1) Lettres de Christin à une dame de sa connaissance, dans les *Archives Russes*, 1884.

Russie à l'aveugle-né qui recouvre soudain la vue sur un rocher, au milieu d'effroyables précipices, et qui se trouve incapable de fuir, condamné au désespoir et peut-être à la mort [1]. Les autres acceptaient l'épreuve et en affirmaient plus ou moins haut l'heureuse issue. C'était une question de mesure, une manifestation plus ou moins bien accueillie de cet « opportunisme » qui malheureusement mène et ne cessera de mener le monde. Les uns et les autres obéissaient sans s'en douter à un sentiment d'amour-propre bien excusable ; car « le Russe est l'homme du monde qui voit le mieux ce qui lui manque, mais qui pardonne le moins à celui qui l'en avertit [2] ». Bien mieux, il n'a guère laissé passer d'ouvrage écrit sur son pays sans en dénoncer les erreurs. L'abbé Chappe au siècle dernier, Ancelot ou Custine dans le nôtre ont été gourmandés sans miséricorde pour n'avoir point assez admiré ce qu'ils avaient entrevu et peut-être trop rapidement apprécié ; et Ségur lui-même, ce panégyriste si habile à estomper les vives couleurs que la vérité exigeait de lui, a trouvé des censeurs [3].

(1) Princesse Dachkov, *Mémoires*, t. I, p. 224-225 (*Bibliothèque russe et polonaise*, vol. IX).

(2) J. de Maistre cité par Simon Woronzov, lettre du 6 octobre 1813 (*Archives Woronzov*, t. XV).

(3) « J'ai de la rancune contre lui pour la manière dont il a parlé dans son ouvrage de la défunte impératrice. La justice et la reconnaissance auraient dû également lui dicter un autre

Un fait d'ailleurs dominait toutes les discussions. Tandis que le fond de la population demeurait asiatique par les mœurs et grec par les croyances, presque tout ce qui comptait en Russie par l'autorité, l'intelligence ou la richesse se mettait à l'école soit de l'Allemagne, soit de la France : « Supposez, écrit Tchitchakov en 1806, que nous ayions un Westminster-Abbey et une église de Saint-Paul, pour y consacrer par des monuments la mémoire des personnes qui se rendent si utiles dans ce moment-ci. Ne verrait-on pas d'abord les mausolées de Czartoryski, de Winzingerode, de Richelieu, de Rosenkampf, de Campenhausen, de Michelson, de Buxhowden, etc. Celui des voyageurs qui viendrait voir cette superbe collection ne serait-il pas tenté de dire : Voilà une nation bien misérable d'esprit.... [1] ». L'armée elle-même, cette force vivante de la nation, est devenue au moins dans ses chefs un rassemblement cosmopolite : « J'eus jadis, racontait un khan tartare à un voyageur, une dispute avec les officiers d'un régiment russe où je servais ; ils ne cessaient de dire : Nous autres Russes. Ennuyé de cette répétition : Voyons, leur répliquai-je, que tous les étrangers sortent de la chambre, et j'aurai affaire à tous les Russes qui

langage... » (Markov à Al. Woronzov, 5 nov. 1801 (*Archives Woronzov*, t. XIV, p. 275).

(1) A S. Woronzov, 14 février 1806. Cf. Lettre du 26 sept. 1813 (*Archives Woronzov*, t. XIX).

resteront. Tous sortirent, et la dispute fut terminée ¹ ». Les plus hostiles acceptent par quelque côté la tutelle étrangère, et nulle part les goûts n'ont plus constamment été en contradiction avec les opinions. Rostoptchine et les nobles de Moscou prêchent en français la résistance à la France, et Koutousov lit au bivouac les romans de Mme de Genlis.

Cette invasion pacifique a été d'abord et avant tout allemande. Depuis le moyen âge, l'Allemagne est en marche vers l'Est (*Drang nach Osten*). Les chevaliers Porte-glaives, les négociants de la Hanse passèrent en son nom au-delà de la Baltique, avec des idées de conquête et de gain plutôt que de civilisation ; ils étaient apôtres, mais à leur profit. A partir du dix-huitième siècle, du haut en bas du monde germanique, un courant d'émigration vers l'Orient slave se dessine ; il amène auprès des tsars des serviteurs de tout rang, qui peuplent la cour et l'administration, et à leur tête trois hommes qui furent des exemples éclatants des caprices de l'autocratie par leurs succès et leurs disgrâces, Osterman, Biren et Munnich. Puis vinrent les voyageurs, Pallas, Krusenstern, et les nombreux savants introduits à la suite d'Euler à l'Académie des Sciences de Pétersbourg ; les professeurs qui initiè-

---

(1) LANGERON, *Mémoires*. Ces mémoires, précieux pour l'histoire militaire, sont conservés aux Archives des Affaires étrangères (*Russie, Mém. et doc.*, t. XX-XXV).

rent les Universités aux méthodes allemandes, et se crurent aussi apôtres du haut de leurs chaires ; les paysans Souabes ou Saxons transplantés sur les bords du Volga ou du Dniéper ; et enfin les princesses luthériennes qui achetaient au prix d'un changement de religion l'honneur d'appartenir à la famille impériale, et qui sait ? l'espoir d'arriver, comme Catherine II, au trône. Jusqu'à notre siècle, les princes russes ont tenu leurs titres, non du tsar, mais du Saint-Empire. La preuve de l'influence germanique est dans le mot de cet officier à qui le tsar Nicolas offrait une faveur à son choix : Sire, faites-moi Allemand. Elle est aussi dans la haine vivace et mille fois manifestée de ceux dont ils ont exploité l'hospitalité. L'étranger, c'est l'Allemand, répétait hier Skobelev. Néanmoins leur nombre et leur activité leur garantissaient une influence durable [1].

« La Russie est pour vous une chemise, et pour moi c'est ma peau ». Ce mot adressé par un Russe au chancelier Osterman s'appliquait à tous les immigrés allemands. Qu'était-ce que la Russie pour leurs émules français, sinon un vêtement de passage plus ou moins brodé, servant à draper leur orgueil ou à cacher leur misère ? Ceux-ci sont venus, mais en petit nombre, introduisant dans ce

---

[1] « Nous sommes plus près en vérité, a dit Ranke, de New-York ou de Lima que de Kiev ou de Smolensk ». V. sur cette question W. STRICKER, *Deutsch-russische Wechselwirkungen*.

pays lointain leurs produits de luxe, leurs mœurs mondaines, leur littérature. Les Français n'émigrent guère ; du moins leur esprit ne se laisse devancer nulle part, partout il se recommande, il s'impose ; sous une forme frivole ou élevée, par les modes ou les livres, il domine là même où les intérêts nationaux font naître la haine de la France. Il y a eu, j'en conviens, et souvent, des froissements entre le maître et le disciple. La politique les a divisés parfois, le Russe goûtant volontiers à ce que Voltaire appelait « la crème fouettée de l'Europe », mais néanmoins préférant toujours au fond — la Turquie, la Pologne, la Suède, nos vieilles alliées peuvent l'attester — la proie solide et saignante. De son côté le Français s'irrite de trouver derrière un étalage de politesse et de civilisation des instincts ou des actes qui le choquent, et il crie volontiers, sur des indices insuffisants, à la barbarie. Le Russe enfin voudrait être remercié de sa docilité plutôt que morigéné sur ses imperfections, et parfois il regimbe. C'est l'histoire de Mme de Staël entrant dans un salon de Pétersbourg, et disant : Je viens de voir une chose bien touchante, un homme effrayant, à longue barbe, qui caressait un petit enfant. La princesse Barbe Dolgorouki riposte à l'instant : Avez-vous donc cru que nous les mangions ?

Malgré ces malentendus, il n'est guère d'étranger, et surtout de Russe qui, à un certain moment, n'ait appelé Paris sa seconde patrie, et en dépit des préjugés politiques ou particuliers, nos compatriotes ont constamment trouvé à l'autre extrémité de l'Europe un accueil favorable, principalement sous les règnes de Catherine II et d'Alexandre Ier.

Voyons-les à l'œuvre.

LIVRE PREMIER

LES TSARS ET L'ANCIEN RÉGIME

CHAPITRE PREMIER

DES ORIGINES A CATHERINE II

I

TEMPS PRIMITIFS

A première vue, la Russie est d'hier, et la France date de la fin de l'empire romain; à y regarder de près, elles appartiennent au même titre à une lointaine chronologie. Rurik et Robert le Fort sont contemporains l'un de l'autre dans l'histoire.

Jusqu'à Pierre Ier, les relations des deux peuples ont été rares et fortuites, et pour plusieurs causes. La première, l'éloignement, leur est commune. Deux grandes murailles les séparaient, la féodalité germanique et l'aristocratie polonaise, adossées l'une à l'autre au centre de l'Europe; deux vastes mers aussi, à l'extrémité desquelles nous trouvions, soit les glaces de la Baltique, soit les barbares de la Turquie fermant le Bosphore. Moscou était encore aussi loin de Paris il y a deux cents ans que peut l'être de nos jours Siam ou Pékin. La seconde cause vient des Russes; leur religion née à Constantinople, leurs mœurs analogues à celles des peuples asiatiques les maintenaient dans leur isolement; ils tournaient par intervalles et avec appréhension les yeux vers l'Occident, comme les Occidentaux d'alors vers le Nouveau-Monde, avec cette différence qu'au lieu de songer à y porter leur influence, ils tremblaient eux-mêmes d'être envahis.

Le passage en 839, à la cour de Louis le Pieux, d'hommes soi-disant Russes de nation; une alliance de famille au début du onzième siècle entre le roi Henri Ier et le grand-duc Iaroslav, tels sont au moyen âge les seuls indices de rapports entre les deux pays. La France regarde vers l'Orient, théâtre des croisades, vers l'Ouest, où elle fait face aux Anglais. De son côté la Moscovie est en proie à l'anarchie, à la servitude mongole, à l'hostilité des chevaliers teutoniques, des Polonais, des Suédois qui la refoulent vers l'Est. Encore au seizième siècle, ce pays et la Pologne se confondaient pour nous sous le vocable dédaigneux de « terre des Sarmates ». L'imagination des curieux se donnait libre carrière à les décrire, et l'on accueillait comme vrais les récits fabuleux contenus dans la *Cosmographie* d'André Thevet. Les Russes continuaient à passer pour une peuplade asiatique. Henri IV, tout en écrivant au « très illustre et très excellent prince » Féodor Ivanovitch, excluait la Russie de son fameux projet de fédération; et Sully déduit compendieusement les cinq raisons pour lesquelles le « puissant Knès scithien », quoique compris depuis cinq cents ans parmi les potentats chrétiens, doit être mis en dehors de la République européenne, comme souverain de pays asiatiques, de peuples païens et sauvages [1]. — La Russie est hors de la sphère de l'Europe, redira en 1804 Bonaparte premier consul. La rejeter au delà de Moscou fut, comme empereur, son dernier rêve [2].

(1) Lettre du 7 avril 1595 (*Lettres missives de Henri IV*, t. IV, p. 332). — *OEconomies royales*, ch. cxcix.
(2) « Le temps n'est pas loin, écrira encore Sismondi en 1825, où les Russes deviendront vraiment une nation d'Europe » (*Revue encyclopédique*, t. XXV, p. 34).

Le moment n'était pas encore venu des relations permanentes et directes; elles se préparèrent et se mûrirent durant le dix-septième siècle. On a signalé une convention passée dès 1587 entre le tsar et certains marchands parisiens. Les noms du négociant Michel Moucheron, du médecin Paul Citadin, les récits des aventuriers Pierre de la Ville et Margeret sont parvenus jusqu'à nous; ces deux derniers furent mêlés, sans doute avec plusieurs de leurs compatriotes, aux guerres civiles de ces pays lointains, et Margeret publia son *État présent de l'Empire de Russie* sur l'invitation de Henri IV. Deshayes vint en 1629 à Moscou, et sa mission touchait aux intérêts de notre commerce. Quelques années après, un envoyé du tsar se présentait à l'audience de Louis XIII; aucun détail ne nous a été conservé sur lui [1].

On sait au contraire presque jour par jour les faits et gestes de l'ambassade conduite par Pierre Ivanovitch Potemkine, qui visita la France en 1668. Ce qui frappe dans le récit de son voyage, c'est l'attitude singulière des Occidentaux. Les envoyés moscovites sont rançonnés à leur entrée dans le royaume comme des étrangers sans conséquence; quand ils approchent de la cour, ces contrariétés font place aux aubades et aux compliments. Néanmoins ils se sentent mal à l'aise sur cette terre inconnue, et ne pouvant se faire entendre que par interprètes, ils tremblent à chaque pas qu'on n'en veuille à leur dignité ou à celle de leur maître : parfois ils s'effarouchent à tort, parfois aussi leur susceptibilité s'éveille avec raison. Le jeune Louis XIV les a reçus en audience solennelle; il s'est découvert avec une cour-

---

(1) *Bulletin de la Soc. d'Hist. de Paris*, t. XI, p. 132. — *Gazette de France* des 31 mars et 7 avril 1635.

toisie correcte et quelque peu affectée au nom d'Alexis Mikhaïlovitch, mais au fond il regarde ce prince comme un souverain de rang inférieur, et il faudra toute une négociation pour qu'il lui concède dans sa réponse le titre de tsar. La troupe de Molière joua devant les ambassadeurs *Amphytrion* ; des exercices de voltige exécutés par un nègre sur un cheval non sellé leur plurent davantage. Ils s'étonnaient aussi de voir la reine monter en carrosse le visage découvert ; c'était un violent contraste avec ces tsarines enfermées dans leur palais, et, de par l'étiquette orientale, invisibles à tous [1].

L'année qui suivit leur départ, un orateur chrétien prononçait en chaire ces paroles célèbres : « Un homme s'est rencontré, d'une profondeur d'esprit incroyable, hypocrite raffiné autant qu'habile politique, etc. » C'était de Cromwell que Bossuet parlait ainsi, et trois ans après naissait, à l'autre extrémité de l'Europe, un prince dont on pourrait inscrire le nom au bas de cet impérissable portrait. Certes il y a tout un monde entre le tribun régicide de la république anglaise et le réformateur de l'empire russe ; et cependant leurs caractères et les qualités puissantes et redoutables dont ils ont fait preuve permettent de les rapprocher un instant. Tous deux ayant conçu de vastes desseins et animés d'une volonté ardente pour les accomplir, aimant mettre la force au service de ce qu'ils appelaient le droit, ayant l'instinct, le goût, le génie du pouvoir absolu, faisant de la religion avec une sincérité plus ou moins respectueuse leur instrument, tyrans de leur famille et de leur peuple, le lord protecteur d'Angleterre et le tsar

---

(1) Em. Galitzine, *La Russie du XVIIe siècle dans ses rapports avec l'Europe Occidentale.* — Une ambassade russe à la cour de Louis XIV (dans la *Bibliothèque Russe*, nouv. série, vol. III, Paris, 1860).

ouvrent et ferment singulièrement le dix-septième siècle. Louis XIV, qui enfant vit mourir l'un et vieillard prospérer l'autre, serait bien étonné aujourd'hui de voir quels noms précèdent et suivent le sien sur la liste des chefs d'état illustres.

Colbert pouvait s'enquérir du commerce des Russes avec l'Europe à seule fin de nuire aux Hollandais, mais il acceptait leurs captifs, au même titre que les Turcs et les Mores, sur les galères du roi, et ne prêtait guère l'oreille aux avertissements de Huet lui annonçant que, sous un prince habile, le peuple russe pourrait devenir formidable à tous ses voisins [1]. Il lui importait peu de communiquer avec une nation sans autre débouché maritime que le port à peu près inaccessible d'Arkhangel. Quant à Louis XIV, il continuait à traiter de haut, en 1681 et 1688, ces envoyés venus de Moscou qui, chemin faisant, oubliaient leur qualité et devenaient trafiquants en étoffes et pelleteries [2]. Il écarta de Versailles jusqu'au bout leur maître, ce frère qu'il dédaignait : il ne lui était du moins pas permis d'être indifférent à son égard, car le jeune tsar avait vite fait sentir à ses voisins la pointe de son épée aiguisée à l'européenne, et Louis, si loin qu'il fût, s'était senti indirectement atteint. En 1697, quand son neveu le prince de Conti briguait le trône de Pologne, Pierre Ier avait mis son veto à la candidature d'un prince de Bourbon, ami des Turcs. Ouvrez à cette date le journal de Dangeau : Dangeau, écho fidèle et impersonnel, note les victoires et les défaites de Pierre Alexiévitch, son arrivée dans les principaux États de l'Europe, et de 1702 à 1715, la

---

(1) Huet, *Histoire du commerce et de la navigation des anciens* (publiée sans nom d'auteur en 1716), p. 243.
(2) *Journal* de Dangeau, 19 mai 1685.

politique aussi bien que le commerce rendit plus suivies les relations entre le grand roi qui allait mourir, et le tsar qui allait imposer sa gloire au monde.

Autre motif probable d'antipathie : à l'exemple des princes allemands, Pierre avait donné asile à des victimes de la Révocation de l'Édit de Nantes, et l'on disait dans le Nord que c'était la France qui était devenue une terre barbare et inhospitalière. L'Électeur de Brandebourg, après en avoir accueilli un certain nombre, imagina de diriger vers la Russie le trop plein de cette émigration, et écrivit en leur faveur à son puissant voisin. Un ukase de 1688 leur ouvrit officiellement l'empire et l'armée comme à des hôtes utiles [1]. Voltaire affirme, d'après les mémoires de Le Fort, qu'ils formaient le tiers des douze mille soldats armés et exercés à l'européenne par ce personnage. D'autres établirent quelques manufactures, Delannoy une fabrique de glaces et de cristaux, Montbrion une fabrique de bas, Loubattié une fabrique d'armes. On signale même parmi eux un « professeur de philosophie, pour enseigner la noblesse russienne [2] ». Dès 1720, Pétersbourg avait une église dite française, desservie par des pasteurs de Genève. Plusieurs de ces proscrits fondèrent sur le Volga une communauté agricole, longtemps demeurée fidèle à ses mœurs primitives. Un voyageur affirme avoir vu leurs descendants au commencement de ce siècle, portant encore l'habit à basques et la volumineuse perruque de leurs ancêtres [3].

---

(1) Weiss, *Histoire des réfugiés protestants de France*, liv. VII, ch. III.

(2) *Soc. Hist. de Russie*, t. XXXIV, p. 226.

(3) Lagarde, *Voyage dans quelques parties de l'Europe*, p. 347. — On a attribué aussi une origine française à Moens de Lacroix, ce bijoutier venu de Riga dans la Slabode allemande de Moscou, dont la fille amena le divorce de Pierre Ier et d'Eudo-

On en cite qui se transmirent de génération en génération le culte de la patrie perdue, comme ce pauvre maître d'école, petit-fils d'un réfugié, qui accueillit l'abbé Chappe à Ekatérinenbourg, et se réjouit de voir en lui pour la première fois un de ses compatriotes ; mais aussi on en trouve d'autres qui, à l'exemple des prostestants passés au service prussien, se sont vengés encore après plus de cent ans du pays qui les avait rejetés. Le général-major Poncet, originaire de la Bourgogne, est demeuré aux yeux des Russes un des héros de la journée de Craonne en 1814.

Il convenait aux tsars d'attirer à eux ces Français de langue, si bien détachés du sol natal qu'ils regardaient le roi très chrétien comme l'Antechrist. Ils n'avaient à redouter d'eux aucune pensée de retour; puis ils s'accommodaient bien plus volontiers chez eux du voisinage des huguenots que de celui des catholiques. Les raisons de cette préférence sont plus hautes que celles brutalement indiquées par J. de Maistre, l'accord des orthodoxes et des réformés sur deux dogmes, l'amour des femmes et la haine du Pape. L'Église romaine était pour les maîtres de la Russie non seulement une religion, mais une puissance gouvernée par un chef jadis dispensateur des couronnes, s'imposant tout entière, affirmant que hors d'elle il n'y avait point de salut. Le protestantisme au contraire était, à l'exemple de l'Église russe, très disposé à s'effacer devant l'autorité civile ; comme elle, il laissait dire : pourvu qu'on soit chrétien, qu'importe la chapelle où l'on prie ? De plus il était sans chef visible, et ne s'insurgeait guère contre le passage à la communion grecque des princesses allemandes des-

doxie Lopoukhine, et dont le fils périt, comme amant de la tsarine Catherine, sur l'échafaud (DOUHAIRE, *Les De Lacroix,* dans le *Correspondant* de juillet 1861).

tinées aux grands-ducs et aux tsars. Rien de plus tristement édifiant à cet égard que la « conversion » de Catherine II.

Enfin, en favorisant le protestantisme, certains Russes obéissaient à ce penchant qui, en plein dix-huitième siècle, faisait choisir à Simon Woronzov un luthérien d'Alsace pour secrétaire, sous prétexte que les Alsaciens protestants sont moins Français que les autres [1]. Contraints de se mettre à l'école de nations formées par le catholicisme, ils tenaient d'autant plus à affirmer leur indépendance au spirituel, marque dernière de leur originalité comme peuple. Ne perdons pas de vue ce sentiment, qui a dans l'amour-propre national sa source et son excuse. Il nous expliquera pourquoi Le Fort, le confident préféré du tsar réformateur, était un homme Français de langue et de nom, mais Écossais d'origine, Genevois de naissance, ayant servi en Hollande comme en France et se disant sujet prussien. Il nous expliquera aussi en partie pourquoi, sous les règnes postérieurs, tant de gens du pays de Vaud, de la république de Genève ou de la principauté de Montbéliard, élevés à Tubingen ou à Berlin, ont été censés représenter en Russie le goût, l'esprit et les mœurs de notre nation.

(1) S. Woronzov à son frère, 8 novembre 1784 (*Archives Woronzov*, t. IX, p. 12).

II

PIERRE LE GRAND ET LA FRANCE

Au commencement du dix-huitième siècle, Français et Russes ont pour la première fois lié sérieusement connaissance. Les seconds avaient encore si haute opinion des étrangers, qu'ils les regardaient à peu près comme les Mexicains regardèrent les Espagnols de Cortez [1]; seulement ils allèrent trouver chez eux ceux dont ils prisaient la civilisation, certains de n'avoir point à redouter leur puissance. Chez eux tout venant du tsar, Pierre le Grand rendit le premier hommage pour lui et sa nation au génie français. On sait le grand dessein de son règne; en même temps qu'il reprenait en sous-œuvre l'édifice déjà séculaire de la puissance moscovite, qu'il se substituait au patriarche comme chef de la religion, encadrait ses sujets dans le *tchine* et deshéritait la vieille capitale au profit de Pétersbourg, il introduisait plus ou moins adroitement chez lui les inventions, les coutumes, les méthodes d'éducation générale auxquelles les races germanique et latine devaient leur prépondérance, bien servi d'ailleurs par cette aptitude à imiter qui est le propre de l'esprit slave. L'Allemagne surtout excitait son émulation jalouse, et devait lui fournir les éléments nécessaires à la transfor-

---

(1) *Coup d'œil sur l'état de la Russie*, par un ami de la vérité (Lausanne, 1799), ch. x.

mation de son peuple ; un moment il pensa, dit-on, à faire de l'allemand la langue officielle de l'empire.

Cependant, par delà ces villes de Hollande, d'Allemagne et d'Angleterre où le conduisirent ses premiers voyages, Pierre entrevoyait une nation alors placée, par ses armes et sa littérature, à la tête de l'Europe. En se mettant à son école, il ne faisait en somme qu'imiter les princes du vieux Saint-Empire, initiés alors à nos mœurs par les réfugiés huguenots. Il voulut plus, c'est-à-dire étudier sur place cette civilisation contagieuse, mais il ne put satisfaire ce désir qu'après la mort de Louis XIV. En 1717, on apprit soudain à Paris par son chargé d'affaires Kourakine qu'il allait venir des Pays-Bas. Cette fois, « il n'y eut pas moyen, dit Saint-Simon, de n'en pas paraître fort aise ». On était sous la Régence ; la France, en pleine jouissance de sa grandeur, commençait cet apostolat frivole et redoutable qu'elle a exercé sur l'Europe pendant tout le dix-huitième siècle, et qui devait pénétrer jusqu'à la lointaine Russie. Ce fut un événement pour la cour et la ville que la venue du tsar de Moscovie, comme si demain le Fils du Ciel venait frapper à notre porte. Pierre excitait la curiosité ; il devait la justifier par ses manières étranges et y répondre en exerçant largement la sienne propre.

Les Parisiens purent contempler avec stupéfaction et raillèrent dans leurs conversations ce Tartare qui couchait sur un lit de camp dans un coin de son hôtel, regardait d'un œil distrait les diamants de la couronne et les uniformes éclatants de la maison du roi, se faisait servir un verre de bière à l'Opéra, et laissait dans son carrosse des traces non équivoques de sa grossièreté crapuleuse ; ils constataient son libertinage si différent de celui des roués, et en même temps son attention soutenue, pendant six semaines de séjour, à examiner un à un les divers organes de notre vie sociale et intellectuelle. Les nombreux établissements qui soutenaient ou décoraient l'édifice monarchique, Parlement, Académie française, Gobelins, Observatoire, Jardin des Plantes, Hôtel des Monnaies, passent sous ses yeux. L'Académie des Sciences le reçoit parmi ses membres, et fera prononcer son éloge par Fontenelle. Il salue Villars aux Invalides et les docteurs jansénistes à la Sorbonne. Il comprend les mérites et aussi les dangers d'une civilisation supérieure à celle de sa cour et inconnue à ses sujets, car on l'entend dire : la France se perdra par son luxe et sa mollesse. Sous l'enveloppe d'un barbare se décèlent les finesses d'un grec de Byzance. Il entend le français, mais il croit de sa dignité de se servir d'interprète. Il ne veut point sortir avant d'avoir reçu la visite du petit roi, et dans les paroles qu'il lui adresse, tout en gardant l'égalité de rang, fait sentir la supériorité due à son âge et à son expérience. Il a calculé pour le Régent le nombre de pas qu'il doit faire au devant de lui et l'inclinaison de la révérence qu'il doit lui rendre ; quant aux princes et princesses du sang, il les oublie de propos délibéré. La question de préséance est déjà posée dans son esprit entre le tsar et le roi très chrétien, comme elle le sera plus tard dans les instructions de Catherine II à ses ambassadeurs. Versailles, Marly, les souvenirs déjà bien effacés de l'ancien règne le préoccupent ; il jette un regard dédaigneux sur Mme de Maintenon, mais il va saluer avec transport l'image de Richelieu sur sa tombe, comme celle d'un patron fait à souhait pour sa glorieuse tyrannie [1].

---

(1) SAINT-SIMON, TESSÉ, *Mémoires*. — *Soc. Hist. de Russie*, t. XXXIV, p. 123-211.

Cette visite de Pierre I*er* fit une impression profonde sur un monde un peu étonné de l'avoir pour hôte, et la France vit en lui, durant tout le siècle qui s'ouvrait, avec une complaisance peut-être exagérée, la plus illustre conquête que son génie eût faite. Quant à lui, il ne s'était livré qu'à moitié, et dans son œuvre, la part des Français est médiocre et en somme peu honorable. Ses négociations en vue de relations commerciales suivies avortèrent ; tout au plus a-t-on pu croire que ses Collèges ministériels ont été organisés sur le modèle des Conseils institués au début de la Régence [1]. S'il est vrai qu'il offrit à Law la direction de ses finances, ce choix aurait plus attesté sa vanité que son sens pratique. Du moins parmi ses auxiliaires on cite des ingénieurs militaires ou civils, de Collonges, Coulon, Lépinau, Lambert, qui de 1701 à 1706 fut employé aux sièges des places Suédoises comme à la fondation de Pétersbourg, et se déroba, dit-on, devant les persécutions des boyards [2] : des officiers, le comte de Brasaz, brigadier à l'armée de Moldavie en 1711, un Villeneuve-Trans, chevalier de Malte infidèle à ses vœux [3], le cordelier défroqué Cailleau. La flotte surtout réclamait des chefs expérimentés : une Académie de gardes-marine fut fondée en 1715, sous la direction d'un certain Saint-Hilaire, jadis employé à Naples et chassé de son poste pour malversations ; ce personnage ne tarda pas à se faire des ennemis puissants ; on lui donna son congé, et la France recueillit en 1717 vingt des futurs chefs de la

---

(1) Et non sur le modèle des Parlements, comme l'affirme GEREBTZOV, *Histoire de la civilisation en Russie*, t. II, p. 105.

(2) VASSILTCHIKOV, *Liste alphabétique des portraits russes*, t. I, p. 463.

(3) Lesseps en 1788 rencontra en Sibérie son petit-fils, alors gouverneur de Tomsk (*Journal historique*, etc., t. II, p. 335).

marine russe. En attendant leur retour on recruta des officiers un peu partout, on accueillit des réfugiés obscurs, Guinoud, Chappuzeau ; Pierre lui-même ramena de l'étranger Villebois [1].

Ce cadet de famille breton, sous le nom duquel on a publié des mémoires vraisemblablement apocryphes, avait fui en Hollande à la suite de je ne sais quel délit de contrebande, et y exerçait sur un navire un emploi de bas-officier. Dans une traversée de Hollande en Angleterre, le hasard le mit en présence de Pierre Ier déguisé, venant de Saardam. Pendant une violente tempête de trois jours, Villebois sut seul garder son sang-froid et sauver au péril de sa vie l'équipage et le navire. Quel ne fut pas son étonnement de se voir embrasser par un inconnu qui, le comblant d'éloges, lui demanda s'il voulait être son aide de camp et l'amiral de sa flotte future! Puis le tsar se nomma, et Villebois accepta avec empressement cette fortune inattendue. C'était un homme intègre et brave jusqu'à la témérité ; mais il ne se connaissait plus au sortir de table, et cette conformité de vices avec son nouveau maître le rendit un compagnon précieux. Bien qu'ayant mortellement insulté Pierre dans la personne de la tsarine, à la suite d'une débauche, il fut pardonné à cause des services de tout genre rendus par lui, et paraît être demeuré en faveur jusqu'à sa mort.

Le tsar, qui aimait non seulement la force, mais l'éclat et le décor de la toute-puissance, essaya d'attirer près de lui quelques artistes. L'architecte Leblond, réduit à la misère par ses désordres, s'engagea à son service moyennant la somme énorme pour le temps de vingt mille livres d'appointements annuels. On ne l'employa

[1] *Sec. hist. de Russie*, t. XXXIV ; *passim*.

point aux travaux de la capitale, car il proposait de faire table rase de la cité naissante et de tout reconstruire à nouveau ; mais il bâtit Péterhov, une heureuse imitation de Versailles, pourvue de cascades, d'allées tirées au cordeau et d'un pavillon dit de Marly [1].

Des ouvriers français furent aussi engagés à grand renfort de promesses. Le Fort organisa à Paris même un convoi qui devait comprendre deux cents familles. Les uns partirent avec le consentement du Régent, d'autres crurent prudent de déguiser leur nom et leur profession. L'année ne s'était pas écoulée, que ceux qui étaient arrivés à destination, vus de mauvais œil par les indigènes, étaient en proie à la misère et au découragement ; et tous n'obtinrent pas à l'avance des frais de retour [2]. L'établissement fondé à l'instar des Gobelins par un élève de cette manufacture, Bourdin, dépérit bientôt. Leblond fut desservi auprès du tsar, qui l'accueillit un jour à coups de canne, et en fit une maladie qui l'emporta l'année suivante. Il en était des étrangers comme des favoris ; très haut la veille, à terre le lendemain, suivant le caprice de leurs hôtes.

L'exemple n'était pas engageant, et cependant le dix-huitième siècle vit se reproduire et se multiplier avec succès les appels au génie français, par conséquent se continuer l'évolution inaugurée par Pierre Ier ; elle fut il est vrai contrariée dès son début par les influences germaniques, restreinte à une partie des classes élevées, et toute à la surface.

L'impératrice Anne Ivanovna avait livré l'empire

(1) On pourrait citer aussi le sculpteur Simon qui, cinquante ans après, réclamait encore le prix des travaux accomplis par lui en Russie (Diderot à Falconet, mai 1768. — *Œuvres*, éd. Assézat-Tourneux, t. XVIII, p. 266).

(2) Pöllnitz, *Lettres et Mémoires*, t. IV, p. 304.

aux Allemands. Néanmoins sous son règne tout ce qui tenait à la lointaine France était pour certains un objet de curiosité, d'envie ou d'admiration instinctive. Le favori Biren, ce fils de paysan courlandais, usurpait, pour mieux tenir son rang, le nom et les armes de nos Biron, avec lesquels il affirmait sa parenté sur des motifs dérisoires. « J'ai toujours été bon français », disait Munnich au premier baron de Tott ; il se souvenait sans doute alors d'avoir été amené par les hasards de la guerre à Cambrai, et d'y avoir été témoin des vertus de Fénelon. Après l'affaire de Danzig, où pour la première et la dernière fois, les Russes combattirent en face des Français de l'ancien régime, nos officiers faits prisonniers furent traités à Pétersbourg avec courtoisie, presque avec respect, nos soldats habillés à neuf, et Anne voulut avoir dans son appartement, tant qu'elle vécut, le portrait de leur chef Plélo, en souvenir d'une journée mémorable et d'une fin héroïque.

III

RÈGNE D'ÉLISABETH

Devenue impératrice, la seconde fille de Pierre le Grand hérita des sympathies qui avaient attiré un moment son père vers la France. Durant son enfance, elle avait été offerte en mariage au duc de Chartres, puis à Louis XV. Son esprit s'était formé par la lecture des écrits de Mme de Lambert. Il semble qu'elle soit née pour la France, disait-on d'elle, n'aimant que le brillant [1]. Un petit-fils de réfugiés huguenots, Lestocq, et l'envoyé français La Chétardie, furent les principaux instruments de son élévation, et décidèrent la réaction contre le règne des Allemands. Lestocq était un aventurier de mœurs grossières, dont les dettes dépassèrent les prodigalités de la tsarine à son endroit, et qui aimait « les femmes les plus abandonnées, les jeux de hasard, les vins et les liqueurs avec une passion démesurée [2] ». La Chétardie, représentant d'une grande puissance, était un diplomate mondain et bel-esprit, une première édition de Ségur. Son luxe, son à-propos de parole et de conversation, son humeur entreprenante lui assurèrent en haut lieu un prestige dont il usa pour attirer à lui la faible Elisabeth, et la conduire ensuite par la main au trône impérial. Il organisa à souhait le *scenario* d'une révolution imitée du Bas-Empire, où il joua avec succès, tout en paraissant demeurer dans la coulisse, le premier rôle. Depuis, ses avantages personnels passèrent pour les attributs même du génie français, et lorsque ses imprudences l'eurent obligé à demander son rappel, Élisabeth lui fit sentir jusqu'au bout que la France et l'ambassadeur de France ne faisaient qu'un dans son cœur. Une mission extraordinaire qu'il obtint en 1744 les remit en présence l'un de l'autre, et aboutit assez promptement pour La Chétardie à un brusque renvoi, juste châtiment de ses indiscrétions. Il avait affiché les allures d'un favori en titre, et il finit, comme tous les favoris, par une disgrâce.

Elisabeth aimait le sujet à défaut du maître ; pour le fiancé royal qu'elle avait perdu elle gardait un certain faible qui influa sérieusement sur sa politique, et la mit

---

(1) VANDAL, *Louis XV et Élisabeth de Russie*, p. 119.
(2) *Russie, Mémoires et documents*, t. IX, p. 196 (Archives des Affaires étrangères).

nos côtés contre la Prusse durant la guerre de Sept ans. D'étranges intermédiaires furent employés à la conclusion de cette alliance ; le plus étonnant et le plus heureux fut cet être hybride connu sous le nom de chevalier d'Éon, qui tour-à-tour *nièce* et secrétaire de l'ambassadeur, apporta à Élisabeth une lettre et un chiffre secret dans la reliure d'un exemplaire de l'*Esprit des Lois.* Le peintre Tocqué fit aussi de son atelier, en 1757 et 1758, un centre clandestin de négociations. Un tête-à-tête d'artiste à souverain pouvait servir à la fois la politique et l'art (comme plus tard ceux d'Horace Vernet et de l'empereur Nicolas), témoin cette agréable anecdote rapportée par un contemporain : « Parmi les Français que différentes causes avaient fait passer en Moscovie, il y avait un certain Sompsoy, fils du Suisse de M. le duc de Gesvres, qui, ayant le talent de peindre en miniature, se présenta pour faire le portrait de l'impératrice ; il fut admis, et dans une des séances, elle lui dit du bien de la France ; celui-ci avec esprit lui répliqua que le nom de S. M. était en grande vénération parmi les Français, et qu'il avait ouï dire à M. le duc de Gesvres que Louis XV pensait sur cela comme ses sujets. Le peintre obtint à ces mots un sourire qu'il saisit, et qui fit réussir le portrait [1] ».

On peut citer encore dans ce groupe, qui formait la monnaie sans cours légal de La Chétardie, un officier de dragons, Valcroissant, que la trahison d'un compatriote fit enfermer à Schlüsselbourg ; un comédien, Morenberg, « en état de donner de grandes lumières et des connaissances sûres [2] » ; un médecin, Poissonnier, chargé par Louis XV d'aller soigner la tsarine, et qui glissa peut-

---

(1) La Messelière, *Voyage à Pétersbourg*, p. 71.
(2) *Mémoire du chevalier d'Éon* (Russie, Mém. et doc., t. V).

être quelque message secret entre deux ordonnances. Un négociant normand, nommé Michel, prêta aussi ses bureaux aux agents secrets venus de Versailles. Le premier il paraît avoir tenté de rendre régulières à son profit les relations commerciales entre nos ports de la Manche et ceux de la Baltique, et encore la fortune ne devait-elle pas lui être favorable jusqu'au bout. D'autres maisons de courtiers et d'armateurs, celles de Panier, de Lenoble, surtout celle de Raimbert, datent de la même époque. Par eux, nous soutirions en échange de nos vins, de nos modes, des mille riens du luxe parisien, tout l'or que laissaient en Russie les Anglais, maîtres du grand commerce. En revanche les exportations de Nantes et de Bordeaux passaient par leurs mains et constituaient chaque année le fret de deux cents de leurs navires. Leur argent suffisait alors à garantir leur monopole contre les tentatives faites pour les évincer, ou au moins pour partager avec eux l'exploitation de richesses inutiles entre les mains des indigènes [1].

Du moins lorsqu'en 1758 l'Académie des beaux-arts fut organisée à Pétersbourg, Vallin de la Mothe en éleva les bâtiments, le sculpteur Gillet, les peintres Le Lorrain et Lagrenée y donnèrent des leçons. La France était également représentée à l'Académie des sciences par les deux frères de l'illustre géographe Delisle, Nicolas et Louis. Le premier avait fondé sous les auspices de Catherine Ire une école d'astronomie; il y professa avec un zèle soutenu pendant plus de vingt ans. Durant ses loisirs il composait des traités élémentaires à l'usage de ses élèves, ou voyageait à la poursuite de pièces astronomiques et géographiques qui lui composèrent une précieuse collection, rentrée avec lui en France. Il employait

---

(1) LEGENDRE, *Mémoire sur le commerce de la Russie* (*Russie Mém. et doc.*, t. XVII).

aussi à des expériences d'utilité générale le beau traitement dont il jouissait ; il eut néanmoins des envieux ; un des directeurs de l'Académie, l'Allemand Schumacher, finit à force d'intrigues par l'éloigner. Son frère, plus malheureux que lui, avait déjà succombé sous la jalousie indigène. Ayant suivi sur le Pacifique Tchirikov chargé de compléter les découvertes de Behring, celui-ci, dont il voulait se plaindre, fit, dit-on, retirer sous ses pieds la planche sur laquelle il passait de son vaisseau dans une chaloupe, et Louis Delisle, précipité au fond de la mer, passa pour s'être noyé par accident [1].

A côté de ces immigrants de toute origine il faut placer un prêtre catholique, de nuance janséniste, Jubé de la Cour. Ce personnage sans notoriété était venu, au nom de sa petite église, essayer ce qui n'avait pu faire au seizième siècle le jésuite Possevin, muni des pouvoirs du Saint-Siège, la réconciliation de l'Église russe avec l'Église romaine. Ses amis, lors du passage de Pierre le Grand à la Sorbonne, avaient osé soumettre ce grand projet à leur illustre visiteur ; ils lui donnaient pour base, afin de gagner l'autocrate, les Quatre articles gallicans de 1682. Pierre n'avait point décliné d'emblée ces propositions, sauf à les faire écarter ensuite honnêtement par ses évêques : car il déclarait Louis XIV un instrument servile du clergé, et se jugeait sur ce seul point supérieur à lui. Certains théologiens gardaient nonobstant le désir et l'espoir d'unir Moscou et Utrecht contre Rome. Ils continuaient à espérer dans un gouvernement qui en 1723 avait mis hors la loi leurs ennemis intimes, les Jésuites.

Un incident inattendu leur rouvrit une voie propice à

(1) Durand à d'Aiguillon, 14 mai 1773 (*Corr. Russie*, t. XCII).

l'accomplissement de leurs desseins. La princesse Irène Dolgoroukov, pendant un séjour en Hollande, avait embrassé leur foi. A ce moment la femme russe sortait de la réclusion et de la servitude orientales; et c'était elle qui, dès le dix-huitième siècle, allait rouvrir à l'Église romaine, dans le secret de son foyer, le chemin des âmes. La princesse Dolgoroukov, de retour en Russie, voulut avoir près d'elle son directeur spirituel. Jubé, désigné pour ce poste par l'archevêque schismatique d'Utrecht, fut en même temps chargé de travailler à la réunion des Églises. Pendant près de trois ans, à l'abri de la maison des Dolgoroukov, il se consuma en travaux de controverse et de propagande, distribuant des livres, faisant traduire en russe le catéchisme de Fleury, nouant des relations jugées bientôt indiscrètes; si bien qu'en 1731 il reçut l'ordre de quitter le pays. Sa pénitente n'évita les persécutions qu'en profitant de l'ignorance du pope chargé de recevoir son abjuration, et en renonçant en latin au luthéranisme! Tel fut le dénouement de cette étrange aventure [1]. L'heure de l'apostolat catholique, entre les mains des Jésuites victimes de la Révolution, était encore loin. Quant à cette bizarre conception de la réunion des deux Églises adoptant ou repoussant en commun les Quatre articles et la Bulle *Unigenitus*, elle devait encore reparaître, sous forme de vœu platonique, dans les écrits et les Actes du Concile constitutionnel de Paris en 1801 [2].

Au lieu de nos théologiens, nos classiques profanes faisaient alors leur entrée en Russie; et l'agent officiel

---

(1) P. PIERLING, *La Sorbonne et la Russie*. — Cette excellente monographie, écrite sur pièces authentiques, est la première d'une série de publications qui éclairent d'un jour tout nouveau l'histoire des relations entre la Russie et le Saint-Siège.

(2) *Actes du concile*, t. III, p. 297.

de cette propagande était un favori de l'impératrice, le comte Ivan Ivanovitch Chouvalov. Par lui et ses émules, le français devint la langue des diplomates, des gens du monde et de la cour; en même temps, la littérature nationale naissante s'inspirait des principaux écrivains du siècle de Louis XIV. Trédiakowski traduisait *Télémaque* en vers pénibles et durs, dont la récitation fut plus tard imposée comme *pénitence* aux invités de l'Ermitage. Soumarokov imitait les tragédies françaises dans les compositions théâtrales qu'il élaborait pour les jeunes gens destinés à l'armée, et où il transformait les Russes d'autrefois en chevaliers et en beaux-esprits français. De même Kniajnine, qui se modelait maladroitement sur Molière et Regnard. Enfin la Comédie-Française fit en personne son entrée à Pétersbourg. Élisabeth en raffolait, au point d'obliger ses courtisans à en suivre les représentations sous peine d'une forte amende. Elle essaya sans succès d'amener jusqu'à elle Lekain et Mlle Clairon.

A défaut de ces grands acteurs, elle en connut d'autres d'une qualité plus singulière; tel était Tschudi, ancien conseiller au Parlement de Metz. Se trouvant en Italie au moment de la condamnation par le pape de la franc-maçonnerie, il avait publié une protestation assez vive pour lui mériter une lettre de cachet lors de son retour en France, et il se réfugia en Russie sous le nom du chevalier de Lussy. D'abord secrétaire d'un Strogonov à Moscou, il passa comme acteur au Théâtre-Français de la capitale, puis dans le cabinet de Chouvalov, où son érudition polyglotte le rendait très utile. Il devint ensuite gouverneur des pages, et publia, sous le titre de *Le Caméléon littéraire*, le premier journal français paru à Pétersbourg. On l'a même compté parmi les favoris de l'impératrice. Des attaques dont on ignore les causes et les détails l'obligèrent à repasser en France, où, moyennant un séjour à la Bastille, il obtint enfin le droit de vivre jusqu'à sa mort, arrivée en 1749 [1].

Derrière les classiques apparaissaient les missionnaires de la doctrine critique et négative qu'on décorait du nom de philosophie, et qui commençait à avoir pour interprètes en France tous les maîtres de la parole et de la plume. Son coryphée tenait la scène avec un éclat incontesté ; c'était le plus séduisant écrivain d'alors, Voltaire. Dès 1730, il avait entraîné vers le Nord l'imagination de ses contemporains, et il donnait alors pour préface aux exploits de Charles XII une description de la Russie et une apologie des réformes de Pierre Ier. Dès cette époque il songeait à peindre cette grande figure du tsar sans cesse présente au premier plan de son tableau. L'envoi de la *Henriade* en 1745 à Elisabeth lui fut un prétexte pour exprimer ce vœu. La réponse arriva au bout de douze ans, favorable il est vrai, et avec elle la promesse de nombreux documents, et enfin, comme récompense anticipée, une suite de médailles en or et une collection de fourrures. Voltaire se mit aussitôt à l'œuvre, et sa longue correspondance avec Chouvalov permet de juger dans quel esprit [2] : son empressement fut tel, qu'il laissa paraître son premier volume avant d'avoir reçu une partie des pièces attendues, et d'avoir obtenu la moindre approbation. Il jugeait sans doute inutile de se gêner avec des barbares, faciles à tromper et sensibles à la moindre flatterie. Mais point : un certain Müller rédigea incontinent et par ordre toute une série de remarques critiques, l'accusant d'avoir altéré les faits,

---

(1) Quérard, *Supercheries littéraires*, t. II, p. 993-994.
(2) Cette correspondance commence le 27 juin 1757 et se prolonge jusqu'à la fin de 1762.

tronqué ou défiguré des noms, et enfin de réserver les documents officiels pour des éditions postérieures, revues et augmentées à son profit. Le second volume parut seulement en 1763, après la mort d'Élisabeth ; et à voir l'ensemble, on ne s'explique guère le mécontentement manifesté.

Voltaire a constamment mieux aimé dans cette œuvre être historiographe qu'historien. « Dictez moi du palais de l'impératrice, écrit-il à Chouvalov, et j'écrirai [1] ». Plus discret qu'impartial, il a eu trop égard aux bienséances, et qui plus est a confessé hardiment ses réserves. Nous sommes avertis dès la préface : « Que nulle vérité ne soit cachée, c'est une maxime qui peut souffrir quelques exceptions ». Ce principe posé, il arrangea à sa façon la mort du tsarévitch Alexis, et supprima certains détails sur la vie privée du grand homme qui ne lui avaient pas semblé inutiles lorsqu'il s'agissait de Louis XIV. Il agissait comme ce bon Allemand qui, ayant à graver le portrait d'Élisabeth par Tocqué, allongeait le nez beaucoup trop tartare de sa souveraine, de façon à faire croire à sa beauté. Voltaire au surplus était le premier à juger à leur valeur l'œuvre et l'auteur : « Si vous voulez savoir quelque chose sur la Russie, disait-il plus tard, prenez l'histoire de Lacombe, il n'a reçu ni fourrures, ni médailles celui-là ». Il effaçait ainsi sans le moindre embarras l'inscription qu'il avait proposée un jour pour sa tombe : Ci-gît qui a voulu écrire l'histoire de Pierre le Grand [2].

(1) Lettre du 21 sept. 1760.
(2) Prince de Ligne, *Mon séjour chez M. de Voltaire*. — Lettre de Voltaire à Chouvalov, 4 mars 1759.

CHAPITRE DEUXIÈME

CATHERINE II ET L'ESPRIT PHILOSOPHIQUE

I

ÉDUCATION ET CARACTÈRE DE CATHERINE II

Du règne de Catherine II date vraiment l'invasion dans la haute société russe des idées et des mœurs françaises. Au point de vue politique, cette princesse, allemande de naissance, fut une interprète infidèle des pensées de Pierre Ier, car elle se mit à la remorque de ses anciens compatriotes, du moins en Pologne : au point de vue social, elle se détourna d'eux à demi, et laissa les Français, qu'elle n'aimait pas, leur disputer l'empire.

Sophie d'Anhalt-Zerbst était d'origine purement germanique; son père avait servi sous le drapeau de Brandebourg, et combattu contre nous à Malplaquet. L'éducation à la française qu'elle reçut était celle du moindre petit prince allemand d'alors; elle consistait à apprendre la langue parlée par le grand roi, de façon à compléter le travestissement commencé par l'adoption des modes de Paris et des manières de Versailles ; entre les mains des réfugiés protestants, elle laissait subsister intacts les passions et les préjugés nationaux. Catherine II, élève de Mlle Gardel, les conserva toute sa vie; seulement, transplantée en pleine jeunesse, par l'action combinée de Frédéric II, de Lestocq et de La Chétardie, au milieu d'une cour presque orientale de mœurs et d'esprit, liée à un mari fantasque et brutal, asservie par convenance politique à un culte nouveau qui changeait jusqu'à son nom, elle apprit à faire table rase dans son esprit et dans sa vie des croyances comme des préjugés ; vouée à un précoce isolement, elle refit par elle-même, en tous sens, son éducation, en vue du monde où elle entrait et du rôle qu'elle se sentait appelée à jouer [1].

Or ses maîtres, dans cette délicate expérience, furent ceux de son premier protecteur le roi de Prusse, les écrivains français. Péréfixe, l'historien de Henri IV, Mme de Sévigné, le *témoin* du grand roi, lui inspirèrent pour la plus ancienne nation et la plus glorieuse dynastie de l'Europe un respect involontaire. Constatons le fait à leur honneur et à notre bénéfice ; mais les plus écoutés, les plus aimés de nos écrivains étaient ceux dont la main hardie bouleversait en Occident les croyances, les institutions et les mœurs. Bayle, dont elle lut jusqu'à cinq fois le *Dictionnaire*, Voltaire, qui lui fut comme auteur, avant de l'être comme correspondant, un séduisant interlocuteur, la façonnèrent à un scepticisme absolu au fond, tempéré ou masqué sans cesse par la raison d'état. Montesquieu et les Encyclopédistes lui firent entrevoir un vague idéal de liberté, de justice et de progrès qui lui souriait, vu qu'il ne contrarierait en somme ni ses passions privées, ni ses rêves ambitieux. On a des notes prises sur ses lectures ; elles témoignent de la confusion d'idées opérée en elle par ces études solitaires et faites au hasard. Toutes les contradictions de pensée et de conduite sont

---

(1) V. tout le volume : *Mémoires de l'impératrice Catherine II écrits par elle-même*, publiés par Herzen, Londres, 1859.

désormais possibles chez cette femme, assez haute d'intelligence pour méditer avec fruit sur l'*Esprit des lois*, assez basse de cœur pour se plaire aux honteux récits de Brantôme. Tantôt, en style américain ou girondin, elle s'indigne contre le servage et compose des hymnes à la liberté, elle célèbre les bienfaits de l'industrie, de la tolérance et de la paix, et soutient qu'elle a toujours eu une âme « singulièrement républicaine [1] ». Tantôt il lui arrive de se féliciter de l'heureuse anarchie de la Pologne, et d'écrire : « Il faut du moins, quand on veut être injuste, avoir intérêt à le faire ». Ne gardant ainsi de ses illusions que celles qui lui convenaient, elle s'affranchissait par avance de toute dépendance, de tout remords. Son règne devait profiter à sa patrie adoptive, et être en même temps pour ceux qui lui avaient servi de guides spirituels, un règne vraiment « philosophique », digne d'une admiration sans réserve.

Une révolution de palais, où deux Français d'origine, le grand-maître de l'artillerie Villebois et le coiffeur Bressan, jouèrent un rôle, la rendit souveraine de toutes les Russies. Succéder à Pierre le Grand ne suffisait pas à son ambition ; le roi dont la gloire avait devancé celle de Pierre, et qui par Voltaire avait donné son nom au dix-septième siècle, était aussi un modèle enviable. C'était entrer bien avant dans ses pensées que de lui dire : « Louis XIV avait moins de magnificence que vous [2] ». Il y avait dans cette émulation une jalousie rétrospective, unie à une haine instinctive contre la nation dont il fallait subir l'empire : « Je n'ai jamais eu d'inclination pour les Français, avoue-t-elle un jour à

---

(1) Lettre à Zimmermann, 29 janvier 1789.
(2) Voltaire à Catherine, 22 décembre 1766.

l'ambassadeur d'Angleterre, je n'en aurai jamais... Vous devez savoir que je puis rendre politesse pour politesse ; mais je n'aurai jamais de la confiance en eux... Il est Français jusqu'au bout des ongles, a-t-elle écrit ailleurs de Gustave III, et moi, je suis précisément à peu de chose près l'opposé de tout cela [1] ». En Pologne, en Turquie, en Suède, elle s'attaquait à des ennemis pour qui l'alliance française était une tradition et une sauvegarde. Avec Choiseul et Vergennes, elle agit comme avec un adversaire dont elle redoutait l'action, tout en soupçonnant sa faiblesse, et s'il lui arriva de faire des avances, elle n'avait point en vue une alliance durable, mais un simple échange de services dont elle devait en définitive seule profiter.

Envers la maison de Bourbon, l'admiration était intermittente, involontaire pour ainsi dire, la défiance incurable : « L'aigreur contre la France, écrit l'envoyé Vérac au lendemain du voyage du Comte du Nord à Paris, se manifeste ici jusque dans les plus petites choses... L'impératrice n'aime ni la France, ni les Français ». Et sous la plume de Ségur, un ami quand même de la Russie, ce mot d'aigreur est revenu si souvent qu'une main inconnue n'a pu s'empêcher de le souligner au crayon sur les originaux de ses dépêches [2].

(1) MALMESBURY, *Diaries and Correspondence*, an. 1780. — Lettre de Catherine II à Mme de Bicelke.

(2) Le passage suivant de la correspondance impériale avec Grimm (29 avril 1775), où une phrase bienveillante est noyée dans un flot de mauvais compliments, caractérise bien les sentiments de Catherine II à l'endroit des Français et de la France : « Le vicomte de Laval-Montmorency a été ici, et quoique ce ne soit pas peut-être le premier génie du monde, cependant c'est le premier Français auquel je n'ai point trouvé des manières insupportables ; je suis très contente de lui, aussi l'ai-je distingué autant que j'ai pu, parce qu'il est Montmorency, et qu'on aime à

Ce sentiment se trahit à propos de tout; la haute directrice du théâtre de l'Ermitage en venait à contester la supériorité des théâtres parisiens, qui s'imposait alors aux étrangers les plus prévenus. Elle les voyait en proie au drame larmoyant, et écrivait à son fils en train de les visiter : « D'où vient donc que, raffolant de spectacles, Paris n'en a pas de mieux joués que les nôtres [1]? » Le royaume de Louis XIV lui eût fait peur à cause de ses prétentions à la suprématie; la patrie de Voltaire, ne donnant plus à l'Europe que les lois du bon ton et l'exemple des lumières, était la sienne. Elle lui appartint donc par les idées, mais non par le talent; car elle soupçonnait bien qu'il lui manquait le sens de ces nuances délicates de pensée et de style, familières aux grands écrivains français. Mieux avisée que le roi de Prusse, elle redoutait l'impression pour son « griffonnage [2], » et le ridicule de passer pour une émule maladroite de Mme de Lambert et de Mme du Deffand. On a conjecturé avec vraisemblance que ses lettres à Voltaire étaient corrigées et refaites avant de parvenir à leur adresse; et sa collaboration au *Théâtre de l'Ermitage* reste difficile à apprécier d'une manière exacte : « Je m'étonne que vous me donniez de l'esprit, écrit-elle à Mme Geoffrin, on m'avait dit que chez vous on n'en croyait pas à ceux qui n'avaient pas été à Paris. — N'est-ce pas que je n'aurais pas assez d'esprit pour Paris? » disait-elle, au faite de sa puissance, aux ambassadeurs de l'Europe.

---

entendre ce nom. Je voudrais qu'on le fît maréchal ; je crois qu'il entend la guerre tout comme les autres ».

(1) *Soc. Hist. de Russie*, t. IX, p. 156.
(2) Catherine II à Voltaire, 29 mai 1767. — Cf. lettres à Grimm, 25 novembre et 28 décembre 1787 (*Soc. Hist. de Russie*, t. XXIII, p. 421, 436).

II

L'ESPRIT FRANÇAIS DANS LES LOIS, LES ARTS, L'ÉDUCATION

Ennemie de la puissance française, Catherine II ne cessa d'exploiter et de flatter le génie français. A cette souveraine à la fois attirée et importunée par les souvenirs du grand siècle il faut une *Bibliothèque*, un *Cabinet du Roi* ; de là les collections improvisées dans ce palais de l'Ermitage, où elle s'imagine avoir réédifié Marly et Trianon. Elle achète en bloc les pierres gravées du duc d'Orléans, puis des galeries entières, celle de Crozat qui lui donne d'un coup quatre cents tableaux et vingt mille dessins, et elle y joint à l'occasion, en guise de trophées, les bibliothèques de Voltaire et de Diderot. Viennent ensuite les commandes d'œuvres d'art par l'intermédiaire de Grimm, des paysages à Chardin et à Vernet, une *Diane* à Houdon, un plafond à Vien pour le grand escalier de Tsarskoé-Célo, une écritoire artistique pour l'ordre de Saint-George au peintre sur émail de Mailly, un service de porcelaine à la manufacture de Sèvres. L'architecte Clérisseau lui traçait le plan d'un palais à la Romaine, Perronet celui d'un pont sur la Néva. Bourgeois de Chatelblanc lui préparait un fanal pour les côtes de la Baltique ; elle dépensait près d'un million à Lyon en soieries [1]. Nous verrons bientôt Falconet à l'œuvre, devant le monument de Pierre le Grand.

(1) *Mémoires de Bachaumont, passim.* — Dussieux, *Les Artistes français à l'étranger*, ch. XIII.

Ce rôle de Mécène ne suffisait pas à l'impératrice ; elle voulait régner en souverain réformateur, selon les formules de ses correspondants préférés. On fit grand bruit de la Commission législative réunie à Moscou en 1767, et chargée de préparer un code de lois uniforme pour tout l'empire. L'*Instruction* préliminaire qu'on lui soumit était en effet inspirée par Montesquieu, dont elle reproduisait des pages entières, et un économiste de Paris, Mercier de La Rivière, devait conduire les délibérations de l'assemblée. Comédie, a-t-on dit, qui n'aboutit à rien de sérieux ; La Rivière partit aussi vite qu'il était venu, et l'impératrice mourut sans avoir publié le recueil dont elle avait rédigé, dit-on, la pompeuse préface. Il est probable qu'au fond elle n'était pas fâchée du résultat ; toutefois eût-elle laissé six ans en séance ces législateurs improvisés ou leurs représentants, eût-elle laissé discuter par eux des projets inconciliables avec l'autorité traditionnelle des tsars, si elle eût jugé l'entreprise absolument chimérique ? Elle posa en effet devant ces comparses de l'autocratie la question du servage, question reprise à son instigation par la Société libre d'Économie politique, dans un concours où le mémoire du Français Marmontel fut jugé le plus digne du prix[1]. Sa philanthropie paraissait assez sincère, pour que le quaker Benezet lui adressât de Philadelphie des lettres contre la traite des nègres. Si donc elle n'abolit pas le servage, c'est qu'elle comprit que la Russie ne pourrait supporter encore une réforme aussi vaste et aussi hardie. Il lui suffisait de léguer à ses successeurs la solution du problème social dont nos philosophes lui avaient fait comprendre l'importance.

Elle crut du moins possibles certaines libertés oc-

(1) La Messelière, *Voyage à Pétersbourg*, p. 13.

troyées qui constituaient, si restreintes qu'elles fussent,
de réels progrès. Le partage de l'empire en vingt-deux
gouvernements n'était pas inspiré, quoiqu'en dise Grimm,
par cet esprit généreux qui en France devait un peu plus
tard animer Necker et faire surgir les assemblées provinciales ; il apportait du moins dans l'arbitraire cet
ordre qu'une société jeune prise à l'égal de la liberté.
C'était d'autre part prendre l'avance sur l'étranger que
de permettre aux nobles, comme le fit l'ukase de 1786,
l'industrie et le commerce, et de leur reconnaître le
droit d'assemblée. L'envoyé de Louis XVI constatait
ces réformes en homme disputé entre l'esprit philosophique et l'esprit monarchique : « Le citoyen voit avec
plaisir Catherine II modifier elle-même le despotisme et
relâcher les liens de son autorité ; mais le politique
demande si cette concession généreuse s'accorde avec
la forme du gouvernement qu'exige l'étendue de la
Russie [1]... ».

Quant à la tolérance religieuse, l'amie de Voltaire en
parla aussi très haut, suivant une mode universelle ;
elle en parla même trop, avec une impudeur toute
politique, dans ses manifestes à la Pologne. Cette princesse, qui chez elle complétait la confiscation des biens
du clergé ordonnée par Pierre III et supprimait à sa
guise les couvents, entendait certainement la liberté
des Églises au sens des théoriciens de Paris. Du moins il
lui arriva de prendre habilement sous sa sauvegarde en
Pologne un culte que la conscience nationale repoussait, et même d'octroyer dans sa capitale le terrain nécessaire à la construction d'une église catholique. Qu'on

---

(1) Ségur, *Souvenirs et anecdotes*. — Il y aurait à relever aussi
cette appréciation sur un projet de Potemkine pour rendre les
garnisons permanentes : « Il peut faire une révolution dans l'état
militaire, en rendant le soldat citoyen ».

lise l'histoire de ses successeurs, et l'on verra qu'aucun d'eux n'a encore égalé sa tolérance, si incomplète et si peu suivie qu'elle fût, à l'égard des sujets russes de la communion romaine. Une telle conduite trahissait plus de dédain secret que de générosité. Il faut avoir la foi pour prêcher avec fruit la tolérance. Catherine II ni ses maîtres de l'Occident n'en soupçonnaient le mérite, et la Russie en est encore à attendre cette pleine liberté religieuse qui n'était pour eux que la liberté de l'indifférence ou de l'incrédulité.

On ne saurait appeler liberté de la presse les facilités données à la souveraine et à ses amis, curieux de parcourir les livres français ; ce sont privilèges inconnus au vulgaire, à ceux, dit l'ukase d'avril 1772, « qui, imbus d'idées extravagantes sur ce qui ne les concerne nullement, et n'ayant d'idées justes sur rien, cherchent à inspirer leur délire aux gens crédules et faibles... [1] ». Le journal se réduit donc, en français du moins, à deux publications mort-nées en 1786, imitations stériles des gazettes littéraires de Paris, le *Mercure de Russie* et l'*Agréable et l'utile*.

Il ne saurait non plus être question d'instruction populaire. L'impératrice a à cœur le principe voltairien que le bas peuple n'a pas besoin de connaissances, son ignorance garantissant sa soumission [2]. L'enseignement dit supérieur n'existait encore qu'à l'Université de Moscou. En cette matière comme en fait de législa-

(1) Traduit dans la *Corr. Russie*, t. LXXXIX.
(2) Lorsqu'elle écrit au comte Pierre Soltykov : « Il ne faut pas donner d'instruction au bas peuple ; quand il en saura autant que vous et moi, il ne voudra plus nous obéir comme il nous obéit aujourd'hui », elle ne fait que copier à son insu Voltaire : « Il est à propos que le peuple soit guidé et non pas qu'il soit instruit ; il n'est pas digne de l'être » (Lettre du 19 mars 1766).

tion, on était à la période des beaux projets et des rêves généreux. Celui de Diderot mérite une mention. Il fut rédigé en 1776 sous ce titre : *Plan d'une université pour le gouvernement de Russie*. C'était le programme raisonné d'une instruction laïque et obligatoire, industrielle et utilitaire, tel qu'il a été depuis et ailleurs formulé et appliqué. Écrit par un Français, il est inspiré par la haine des méthodes d'éducation usitées en France, et dont le plus grand tort aux yeux de l'auteur était de favoriser l'idée religieuse et l'influence sacerdotale ; seulement, par condescendance pour les préjugés régnant en Russie, l'enseignement théologique est conservé. S'il faut garder quelque temps encore un clergé, qu'au moins le clergé soit façonné à l'obéissance, et parmi les livres recommandés, on trouve, à côté de la *Morale* de d'Holbach, les principaux ouvrages classiques en apologétique et en droit canon [1].

Ce projet, dont les Universités instituées par Alexandre Ier en 1804 devaient reproduire l'économie générale, alla rejoindre aux Archives impériales les procès-verbaux de la Commission de législation. Catherine II, plus pratique encore que le philosophe français, se borna à organiser les établissements d'instruction qu'elle jugeait immédiatement utiles à ses intérêts. Ce furent dès 1763 les asiles d'enfants trouvés, afin de ne pas laisser perdre, dans un empire en grande partie désert, un élément précieux de population ; les écoles de cadets, pépinières d'officiers, qui dataient du règne d'Anne et qui furent reconstituées sur un plan plus développé ; enfin et surtout les instituts de demoiselles. Betski, le surintendant des beaux-arts, en avait la direction supé-

---

(1) DIDEROT, *OEuvres*, éd. Assézat-Tourneux, t. III, p. 409-534.

rieure, et écrivit pour eux en 1777 le *Système complet d'éducation publique*, réduction du plan de Diderot, traduit aussitôt par un Franc-Comtois attaché à la maison du tsarévitch, Clerc. On y voit percer en particulier cette tendance d'une réforme des mœurs publiques par une éducation plus soignée donnée aux femmes.

L'institut-modèle fut établi à Pétersbourg, au couvent de Smolna, sous la direction d'une dame Lafond, d'origine suisse. Il contenait environ cinq cents jeunes filles, élevées gratuitement et dotées à leur sortie, selon leur condition noble ou bourgeoise. Les principales règles de cet enseignement étaient autant de nouveautés. L'internat était rigoureux, continu pendant douze ans, et trahissait la crainte des influences de famille. Les influences religieuses étaient également mises en suspicion, car le clergé n'eut plus, au lieu de monopole, que sa stricte part dans la distribution de l'enseignement, et aux maîtresses laïques qui le remplaçaient, il n'était permis de parler que de Dieu, et de la façon la plus générale. Satan lui-même était absolument mis à l'index. Les bals, les représentations théâtrales où l'impératrice venait se perfectionner avec ses protégées dans la langue de Racine, avaient leur place dans cette éducation nouvelle; et si l'on eût écouté Diderot, l'anatomie avec ses détails les plus délicats y eût eu aussi la sienne. C'est Saint-Cyr, sans ce christianisme sévère de Mme de Maintenon, qui finit par s'effaroucher même d'*Esther* et d'*Athalie* [1].

Ces emprunts au génie français n'empêchaient point Catherine II de marquer de temps en temps sa jalousie envers la grande nation de l'Ouest. Ses apparentes con-

---

(1) A. Rambaud, *L'éducation des femmes en Russie* (*Revue des Deux-Mondes*, 15 mars 1873).

cessions servaient même de prétexte à des démonstrations hostiles. Veut-elle se donner l'air de réformer sa législation? La main sournoisement posée sur Montesquieu, elle insinue qu'elle pourrait bien accorder à son sénat le refus d'enregistrer des lois contraires aux traditions de l'empire, ce qui est dire au roi très-chrétien : Vous avez tort de dénier cette prérogative aux Parlements; puis quand elle se prononce en principe contre la torture, c'est aux Parlements qu'elle fait à leur tour la leçon. L'*Instruction pour le Code* ne reçut point, et par ordre, de publicité en France, et l'auteur se réjouit d'avoir été traitée comme un de ses amis intellectuels. Ceux-ci ne se dissimulaient pas que plus ils étaient maltraités à Versailles, plus ils attiraient l'attention à Tsarskoé-Célo; la faveur des *Scythes* leur était une compensation insidieusement offerte à la haine des *Welches*, et ils acceptaient sans embarras cette situation [1]. Tel ouvrage imprimé clandestinement, brûlé à Paris par le bourreau, occupait la place d'honneur sur la table impériale. Lorsque Catherine annonçait avec ostentation qu'elle lisait et faisait traduire le *Bélisaire* de Marmontel condamné par la Sorbonne, elle se réservait le soin de traduire le chapitre particulièrement censuré, et l'auteur, lauréat d'une de ses Académies, se rengorgeait avec satisfaction. Son ambassadeur Galitzine imprimait sous ses auspices un ouvrage posthume d'Helvétius, dans cette Hollande où les écrivains persécutés par Louis XIV avaient trouvé

---

(1) « C'est la France qui persécute la philosophie, et ce sont les Scythes qui la favorisent... Aurait-on soupçonné il y a cinquante ans qu'un jour les Scythes récompenseraient si noblement dans Paris la vertu, la science, la philosophie si indignement traitées parmi nous » (Voltaire à Diderot, 25 sept. 1762 24 avril 1765)?

un asile, et la dédicace à son nom contenait des outrages si directs à la nation française, qu'elle fut l'objet de représentations diplomatiques. De même, lorsque l'impératrice exaltait Beccaria interdit à Paris, elle accusait indirectement son bon frère de France, et Diderot n'eût peut-être pas obtenu si largement ses faveurs, s'il ne s'était vu fermer les portes de l'Académie. C'est ce qu'à Versailles on ne savait ou on ne voulait pas voir; on se bornait à supposer que par le luxe, les modes élégantes, les tables bien servies, le théâtre, on fascinerait les Russes, et insensiblement on se rendrait maître parmi eux de la politique et du commerce [1].

(1) Dépêche du marquis de L'Hôpital (31 août 1757) citée par DARESTE (Mémoire lu à l'Académie des Sciences morales et politiques, janvier 1882).

III

L'AUTOCRATIE ET LA PHILOSOPHIE. LES AVANCES RÉCIPROQUES

Il ne suffisait pas à la Sémiramis du Nord d'emprunter le décor de sa puissance à la France de Louis XIV et de Louis XV. Par ceux dont la parole était souveraine, qui dispensaient la gloire à leur gré, elle voulait conquérir pour elle et son peuple, dans la grande famille européenne, une place qu'elle savait encore incertaine et disputée. Au moins de loin, elle entendait rester fidèle au conseil donné par un de ses premiers prédécesseurs : Respectez les étrangers, puisque de la manière dont ils sont traités dans un pays, dépendent le bien et le mal qu'ils en disent, en retournant dans le leur [1].

La tâche était délicate, car il lui fallait faire violence à ses propres sentiments, et conquérir des courtisans là où, politiquement parlant, elle n'eût dû trouver que des adversaires. Elle fait pourtant et constamment les premiers pas. Elle veut être informée des actes et des écrits des successeurs de nos classiques, et le baron de Grimm, un Teuton francisé et bien en cour dans le tripot philosophique, rédige à son usage une gazette littéraire et mondaine arrivant tous les deux ou trois mois à destination sous la forme d'un paquet de lettres. Elle veut connaître, au moins de nom, la comédie ou la brochure en vogue, sauf à s'attirer adroitement, par la

---

(1) Testament de Vladimir Monomaque (1126) cité par KARAMZINE, *Histoire de Russie*, t. II, p. 205.

diplomatie de son chargé d'affaires littéraire, les hommages de l'auteur. Grand effort sur elle-même, s'il est vrai que la tragédie lui déplaît, que la comédie l'ennuie, qu'elle n'a de goût que pour bâtir, de passion que pour régner [1] ! Mais devant le cadavre de Pierre III, devant les dépouilles de la Pologne, sa pensée correspondait au premier mot de son petit-fils après la mort de Paul Ier : que dira l'Europe? Et partout et toujours elle voulait dicter la réponse.

Qu'on examine en effet sa conduite avec les Encyclopédistes et les beaux-esprits français; c'est avec des souverains qu'elle négocie, elle leur envoie ses ambassadeurs, au besoin des lettres autographes, mais en définitive elle n'entend pas plus perdre ses avances avec eux qu'avec l'empereur ou le roi de Prusse. Dès 1762, un certain Odart était dépêché à d'Alembert, pour lui proposer de faire l'éducation du tsarévitch. Des avantages considérables lui étaient offerts : cent mille livres par an, un hôtel magnifique, avec les privilèges des ambassadeurs. Une lettre pressante de l'impératrice répliqua à ses premiers refus, et ne put les vaincre. « Dans ce pays-là, on meurt trop facilement de la colique », murmura le prudent philosophe; malgré tout la lettre qu'il avait reçue fut publiée dans les gazettes, et dès ce jour la tsarine fut considérée à Paris comme il lui convenait de l'être.

Bientôt après elle apprit que Diderot, un autre porte-voix de la renommée, était forcé par le désordre de ses affaires de vendre sa bibliothèque ; elle la lui fit acheter, lui en abandonna l'usufruit avec le titre et le traitement de bibliothécaire, et au bout de deux ans, ayant suspendu à dessein le payement de ce traitement, parut

(1) Durand à d'Aiguillon, 4 mai 1773 (*Corr. Russie*, t. XCII).

vouloir compenser d'avance le préjudice causé en le lui octroyant d'avance pour cinquante années. Plus tard encore, elle lui faisait louer à ses frais un appartement où il pût achever sa vie à l'abri de ses créanciers : et le philosophe reconnaissant plaça son buste au centre de son cabinet, s'employa de son mieux à enrichir ses collections et à lui recruter des serviteurs utiles.

Entre elle et Buffon, il y eut un échange de courtoisies et d'hommages également bien reçus; le naturaliste, interrogé adroitement par elle au sujet des *Époques de la nature*, accompagna ses réponses de l'envoi de ses ouvrages; elle riposta par la collection des médailles de son règne et la demande du buste du grand homme; Buffon lui dépêcha solennellement son fils avec le buste réclamé, et ses vœux pour la conquête et la régénération de l'Orient. Catherine II d'ailleurs ne négligeait personne, et ne tenait compte à l'occasion ni du rang, ni de l'opinion. Elle faisait demander au roi une augmentation de pension pour Mme d'Épinay ; elle octroyait vingt-mille livres à Sedaine pour une tragédie en prose écartée des théâtres de Paris sur la dénonciation de Voltaire, et douze cents à l'abbé Gaubert pour un fade panégyrique, une médaille au curé de Saint-Sulpice pour ses établissements de charité, une autre à Guys pour son *Voyage de la Grèce,* une autre à je ne sais quel avocat obscur en retour d'un manuscrit de Voltaire; elle achetait à haut prix le *Carmen sæculare* de Philidor, partition plus vantée que connue du public; et un capucin de la rue Saint-Honoré, le Père Chrysologue, qui avait il est vrai le privilège d'être proche voisin de Mme Geoffrin, fournissait un planisphère de son invention destiné au grand-duc Alexandre.

Mais c'était surtout l'ancien ami de Frédéric, le vieillard qui s'installait alors à Ferney et régentait de là l'opinion européenne, qu'elle avait en vue. Dès le lendemain de la Révolution de 1762, le successeur et le biographe de Pierre Ier vont avec un égal empressement au devant l'un de l'autre. La nouvelle tsarine demande à notre ambassadeur s'il ne connaîtrait pas Voltaire, à qui elle voudrait indiquer quelque rectification historique. Voltaire averti fait hommage d'un volume de ses œuvres. Une lettre de remerciements survient en retour : Ne me louez pas, lui dit l'impératrice, avant que je l'aie mérité; vos ouvrages m'ont dégoûtée des romans. Suit, en guise d'assaisonnement, un sarcasme à l'endroit de Rousseau. Élevée à ce ton dès le début, la correspondance dura ainsi de longues années.

Celle de Voltaire est pénible à parcourir; si on laisse de côté les formules idolâtriques, les comparaisons irrévérentes empruntées au rituel chrétien, on extraira encore de l'interminable série de ses compliments une approbation complète de tous les actes, justifiables ou non, de la politique moscovite. Il est bien entendu que l'*Instruction pour le Code* est un chef-d'œuvre, n'étant pas fondée, comme la jurisprudence française, sur les décrétales et le droit canon. Quant aux invasions en Pologne et en Turquie, quoi de plus juste? Il n'en coûtait guère à Voltaire de flatter les convoitises de son auguste correspondante; car son dédain était profond et cette fois sincère pour ces Polonais fanatiques, ces dévots à Notre-Dame de Czenstochowa plus qu'à Notre-Dame de Pétersbourg, aveugles au point de préférer leur orageuse indépendance à la tolérance imposée par les baïonnettes russes! Aussi souhaite-t-il sans périphrases la Sibérie aux confédérés, et la défaite, la captivité aux « blancs becs » aux « Don Quichotte Welches » assez sots pour les secourir. La Pologne aura même, tout comme le christianisme, l'honneur de ses pamphlets anonymes. Des Turcs, il ne parle que pour ridiculiser eux et leur sultan Mustapha ; il réprouve l'aide bien médiocre cependant qu'ils recevaient de la France, et souhaite voir les canons mis en batterie par Tott sur le Bosphore crever à la première décharge. Il proteste d'avance avec une gravité affectée contre une paix qui n'amènerait pas les Russes à Stamboul, et espère voir dresser sur l'Atmeidan la statue triomphale de Catherine II, pendant de la statue de Pierre sur la place du Sénat. On lui rendit la pareille après sa mort en installant à l'Ermitage, autour de son buste, ses portefeuilles, ses livres annotés, son *Sottisier* passés à l'état de reliques.

Voltaire donnait le ton à la foule des adulateurs intéressés, à La Harpe et à Dorat qui rimaient à « Catherine le Grand » des épîtres modelées sur celles de Boileau à Louis XIV ; à Diderot qui écrivait pour elle ses *Salons;* à Thomas, l'auteur de la *Pétréide*, qui l'encensait dans son immortel prédécesseur ; à Volney, qui traçait une justification en règle de sa politique orientale; à Mercier qui, dans son *Tableau de Paris*, proposait au jeune dauphin l'exemple de la grande impératrice. Les abbés se mettaient de la partie, comme l'abbé Roman qui dédiait à Catherine II son poème de l'*Inoculation*, ou l'abbé de Lubersac, qui, dissertant sur l'utilité des voyages des princes, trouvait moyen de rendre hommage à la fois aux souvenirs de Pierre Ier et aux établissements de ses successeurs.

Suard disait avec raison au tsar Alexandre en 1814 : « Si votre auguste aïeule a mérité l'immortalité en Russie, c'est en France qu'elle l'a obtenue ».

IV

L'AUTOCRATIE ET LA PHILOSOPHIE. SERVICES RENDUS.

Pénétrons maintenant le sens et le but des hommages échangés; ni d'un côté ni de l'autre, l'admiration n'est désintéressée.

Du côté des écrivains de Paris, il y a d'abord la satisfaction de l'amour-propre littéraire. Voltaire est heureux d'apprendre qu'il y a des professeurs de français à Moscou, et qu'on parle français jusqu'à Astrakhan [1]; ce qu'il n'ajoute pas, c'est qu'il espère qu'à Moscou on lira ses ouvrages, et qu'à Astrakhan on prononcera son nom. En attendant, il a l'orgueil de dédier à Catherine II sa *Philosophie de l'Histoire*, il lui donne la primeur de sa *Lettre sur les Panégyriques*, il lui fait hommage de son *Dictionnaire philosophique*, sans parler de vers pour le portrait de Pierre Ier et autres menus envois. A la vanité d'auteur se joignait ce genre d'intérêt que satisfont des médailles, des fourrures, des pensions. Le patriarche y était assez sensible, car il ne négligea jamais l'occasion d'assurer en ce pays lointain un débouché avantageux aux produits de sa fabrique d'horlogerie. Il cédait aussi à cette puérile faiblesse qui consiste à paraître protéger les autres; on l'entend recommander successivement un jeune Courlandais, auteur d'une ode adulatrice, un gentilhomme ou un ingénieur en quête de places, un Allemand ou un

--

[1] Lettre du 18 mai 1767.

Genevois à l'affût d'un poste de consul, un marchand Livonien qu'il estimait comme déiste et qui se trouva en plus être un escroc [1].

Ses disciples provoquaient à son exemple et à n'importe quel prix des libéralités dont ils savaient la source fermée pour eux à Versailles. Un certain colonel, ignorant et joueur, mais parent du favori Zoritz, se montre à Paris; aussitôt d'Alembert, Marmontel et d'autres d'accourir à son logis et de lui prodiguer leurs respects. « L'estime que j'avais pour eux, écrit Von Vizine, ne résista pas à une action si lâche. Leur calcul était clair; ils voulaient par cette bassesse obtenir des présents de notre cour. La main dont ils les auraient reçus aurait flatté leur vanité, et les présents leur cupidité [2] ».

Aux intérêts de personnes se joignaient les intérêts de secte. Encore un peu, et le tripot philosophique pouvait devenir sur la Néva une pépinière d'hommes d'État. Là, on se flattait de pouvoir diriger à distance la conscience politique d'une grande souveraine, et Grimm écrivait naïvement : « Il n'y a peut-être que moi au monde qui sache le secret de son règne [3] ». En attendant qu'elle appliquât sans réserves les théories chères au parti, elle en caressait les auteurs dans leur passion la plus

(1) Lettres des 12 et 21 février 1772, 19 octobre 1774, 28 juin et 7 juillet 1775.

(2) Lettre de Von Vizine au comte Panine (en russe), Aix-la-Chapelle, 18/29 septembre 1778. Il dit dans une autre lettre : « A l'exception de Thomas dont la modestie et la probité me plaisent beaucoup, j'ai trouvé dans presque tous les autres beaucoup de morgue, de fausseté, de cupidité et de basse flatterie... Rien au monde ne ressemble moins à la philosophie que les philosophes... » (Lettre du 14/25 juin 1778).

(3) Lettre à Mme Necker (dans d'Haussonville, *Le Salon de Mme Necker*, t. I, p. 160).

vivace, la haine du christianisme. Les hommes de l'*Encyclopédie* étaient disposés à beaucoup lui pardonner, en entendant cette femme, si empressée chez elle à jeûner ou à se prosterner dévotement devant les saintes images, se moquer avec eux de la superstition et de l'ignorance. Ils appréciaient mieux encore que ses railleries son incrédulité au principe de la distinction de l'Église et de l'État, sa tendance à réduire la religion au rôle d'institution de police, et à la traiter comme une concession momentanée à la faiblesse de l'esprit humain, et surtout le sans-façon avec lequel elle avait, à l'exemple de Pierre III, confisqué les biens de son clergé. Ils battaient des mains, quand elle forçait les capucins de Moscou à accorder leurs prières à un Français mort sans sacrements. Le métropolitain de cette ville n'avait pas tout à fait tort en accusant les philosophes étrangers de la spoliation de l'Église nationale [1].

Cette comédie fut jouée de part et d'autre avec un art et une suite qui se démentiront seulement au dénouement, à l'entrée en scène d'un acteur inattendu, la Révolution. Toutefois, dans cette correspondance de souverain à souverain, le plus habile, le plus adroitement courtisan n'est pas encore celui qu'on pense. Catherine II ne trahissait point, elle, d'empressement qui la découvrît; elle savait éviter à la fois la froideur et l'abandon. De temps à autre elle envoyait quelque menu cadeau dont elle relevait la valeur par la façon de l'offrir, une boîte tournée de ses propres mains, la traduction de deux comédies russes, ou un petit secours pour les Sirven [2]. Puis elle demandait sans y paraître

(1) Fortia de Piles, *Voyage de deux Français*, etc., t. III, p. 277.
(2) Lettres des 29 juillet 1766, 17 décembre 1768, 13 février 1773.

au châtelain de Ferney quelques-uns des ouvrages de ses vassaux, et quand, au lieu d'une caisse de montres qu'elle attendait, elle en recevait quatre, elle acceptait de bonne grâce cet impôt indiscrètement prélevé sur elle. Chaque remerciement, chaque compliment précédait chez elle un plaidoyer ou une réclame, pour ses colonies de Saratov, pour les travaux d'assainissement de Pétersbourg, pour ses encouragements à la pratique nouvelle de l'inoculation. Comme si elle eût prévu le mot incisif de Custine : « Le Kamtchatka et Versailles à trois heures de distance, voilà la Russie », elle voulait habituer les yeux à se tourner exclusivement vers son Versailles. Elle indiquait d'un trait la façon d'atténuer les échecs ou de colorer les injustices, tels que la peste de Moscou, la révolte de Pougatchev ou le partage de la Pologne ; ou bien elle glissait dans le post-scriptum d'une lettre la mention de quelque manifeste hypocrite contre les confédérés, quelque démenti à ce qu'elle appelait les inventions des gazettes étrangères, ou quelque belle phrase à écho sur la tolérance. Ses troupes ont franchi le Danube ; elle insinue la comparaison à risquer avec le passage du Rhin sous Louis XIV. La bonne renommée de la Sibérie lui tient au cœur, et elle envoie comme preuves de son dire des noix de cèdre reçues par Voltaire avec une dévotion qui tient plus de la reconnaissance que de la crédulité. Que dis-je ? elle veut intéresser le patriarche aux divertissements des jeunes filles de son Institut, et l'amène malignement à proposer une œuvre de jésuite par excellence, celle de corriger *ad usum juventutis* les pièces de leur répertoire. La médaille envoyée par elle à d'Alembert, avec son portrait d'un côté, son Palais des Enfants-trouvés de l'autre, est un symbole parfait de ses intentions ; dans ses présents, l'hommage rendu et l'annonce intéressée sont inséparables.

Sa correspondance avec Mme Geoffrin trahit également ses vues secrètes. L'amie de son amant Stanislas Poniatowski tenait un salon redouté, et l'impératrice tremblait que son nom n'y figurât en mauvaise part dans la conversation. Après avoir noué avec elle, par l'intermédiaire de Betski, une liaison épistolaire, elle la presse de loin de causer à cœur ouvert, comme en un tête-à-tête bourgeois et sans façon; elle lui achète à haut prix deux tableaux, façon indirecte d'encourager ou de récompenser son indulgence et celle de son entourage [1]. C'est par cette amie lointaine surtout qu'elle s'ingénia à répandre dans Paris la justification de sa conduite en 1762. Une soi-disant lettre écrite sur ce sujet à Poniatowski fut transcrite par Mme Geoffrin, qui en laissa prendre avec intention et circuler des copies : « Il s'agissait de périr avec un fou ou de se sauver par la multitude qui prétendait s'en délivrer [2] ». Ainsi a parlé Catherine pour être entendue au loin, et ceux qui se sont proclamés ses chevaliers envers et contre tous parlent dans ce sens au public qui les écoute et fait semblant de les croire; ce sont des gazetiers qui ne coûtent rien ou du moins qu'on paie en leur monnaie.

Voltaire à cet égard est un écho aussi complaisant que Mme Geoffrin. Ce Pierre III qu'on associait naguère à sa femme dans les hommages du parti [1] est devenu après sa mort un ivrogne, dont la fin, due à des excès

---

(1) *Mémoires de Bachaumont*, 18 janvier 1773. Mme Geoffrin ne retint que le prix d'achat, et envoya le surplus à la veuve de l'auteur.

(2) *Russie, Mém. et documents*, t. IX, p. 313. — Les lettres de Catherine II à Mme Geoffrin ont été publiées par la *Soc. Hist. de Russie*, t. I.

volontaires, n'est pas même — grave grief entre tous — un beau sujet de tragédie. Au fond, il sait bien à quoi s'en tenir : « Je conviens avec vous, écrit-il à d'Alembert, que la philosophie ne doit pas trop se vanter de pareils élèves; mais que voulez-vous? Il faut aimer ses amis avec leurs défauts. — Je sais bien, ajoutera-t-il avec cette leste ironie qui rend suspects tous ses jugements, qu'on lui reproche quelque bagatelle au sujet de son mari, mais ce sont des affaires de famille dont je ne me mêle pas, et d'ailleurs il n'est pas mal qu'on ait une faute à réparer ; cela engage à faire de grands efforts pour forcer le public à l'admiration...[1] ».

Cette espèce de fascination que Catherine II exerçait au loin la laissait elle-même parfaitement froide. Il en était des hommages qu'elle recevait comme des emprunts qu'elle daignait faire aux institutions étrangères; ils pouvaient lui servir indirectement à favoriser ses préventions secrètes. Elle éprouvait un malin plaisir à entendre Voltaire lui dire : « Je ne suis point Welche, je suis Suisse, et si j'étais plus jeune, je me ferais Russe [2] ». Et elle lui répondait par un brevet de « bon Russe », et ne s'étonnait plus de l'entendre soulever à tout propos dans ses lettres l'idée d'un parallèle désobligeant pour sa patrie : « Ce sont les Tartares qui sont polis, et les Français qui sont devenus des Scythes [3] ». Chose plus singulière! ce

---

(1) Lettres des 4 octobre 1764 et 18 mai 1767. Cf. la lettre du 15 mars 1762 à Schouvalov : « Il (Pierre) mérite de vivre longtemps, lui et son auguste épouse, puisqu'ils ne vivent que pour le bonheur des hommes ».

(2) Lettre du 3 octobre 1771. — La réponse de Catherine II a été publiée par la *Société Hist. de Russie*, t. XIII, p. 436.

(3) Lettre du 18 octobre 1771.

sceptique qui riait de tout trouvait mauvais que les Parisiens l'imitassent ; il leur en voulait d'oublier à l'Opéra les humiliations nationales, et tout en se considérant comme le premier auteur du monde, il persiflait de son mieux « le premier peuple de l'univers, la première cour de l'univers, les premiers singes de l'univers ». La conclusion inévitable est toujours le vers fameux :

C'est du Nord aujourd'hui que nous vient la lumière.

C'est aussi le dernier voyage à Paris, la visite d'adieux à un peuple idolâtre, sous la fourrure de martre zibeline qu'il tient de son auguste correspondante, qui atteste qu'il est resté jusqu'à ses derniers moments un « bon Russe ».

V

LES RÉFRACTAIRES

Grâce à ce travail incessant sur l'opinion, il n'était pas de ville où l'on veillât plus assidûment qu'à Paris à la réputation de la Minerve du Nord. Le roi très-chrétien rendait généreusement le bien pour le mal, comme plus tard Louis-Philippe interdisant un drame de *Catherine II*, dont son « bon frère » Nicolas lui avait demandé impérieusement la suppression. Cette tragédie de *Menzikof* jouée à Versailles, qui avait fait pleurer la reine, en compagnie de la princesse Bariatinski et de la comtesse Strogonov, fut censurée par voie diplomatique, comme si elle eût été présentée au théâtre de l'Ermitage. Les Russes de Paris se bornaient à sourire des invraisemblances et des entorses données à l'histoire, mais leur ambassadeur élevait la voix assez haut pour que la pièce fût de nouveau examinée et expurgée, avant d'entrer en répétition à la Comédie-Française [1]. On verra plus loin à quelles réticences prudentes Clerc et Lévesque furent condamnés, quelles vexations ils subirent. Le censeur Sancy fut rayé, faute d'avoir supprimé au *Mercure* une analyse de l'œuvre de ce dernier, qui contenait quelques traits contre la veuve de Pierre III [2]. De même certain folliculaire, qui s'est

---

(1) *Mémoires de Bachaumont*, 14 et 30 novembre 1775. — Dutens, *Mémoires d'un voyageur qui se repose*, t. II, p. 83.

(2) Vergennes au garde des sceaux, 9 juin 1784 (*Corr. Russie*, t. CVIL).

permis de parler de la « bienfaisance » de l'impératrice en Pologne, est blâmé à la requête de la chancellerie russe [1]. En 1764, on défend sévèrement certaines *Anecdotes sur la Russie*, qui n'en circulent que mieux, et vingt ans plus tard, mille livres d'amende et la saisie atteignent les vendeurs de brochures hostiles à l'invasion de la Crimée. Vergennes alors, prévoyant de nouvelles attaques, prend soin de dégager d'avance sa responsabilité : « J'espère que l'impératrice ne jugera pas des sentiments du gouvernement par quelques traits satiriques qui échapperont de la plume de quelque atrabilaire famélique ».

Il ne manquait plus que de charger le lieutenant de police de veiller sur la fidélité des favoris de Catherine, et cela eut lieu. Le Noir, à la demande de Grimm, dut intercepter les lettres que le beau Lanskoï, voyageant en Suisse, adressait à je ne sais quelle amie laissée en France [2].

Enfin Catherine employa au dernier moment la censure expirante à faire disparaître ce qu'elle pouvait appeler ses écarts littéraires de jeunesse. Ayant appris que Beaumarchais allait publier dans l'édition dite de Kehl la correspondance de Voltaire, elle réussit à se faire envoyer le volume contenant ses lettres, et exigea le retranchement de divers passages qu'il lui plut de souligner comme dangereux à faire connaître, ou indignes d'elle. Ce fut encore Grimm qui présida à ces exécutions utiles [3].

Cette souveraineté attestée, malgré l'éloignement, tantôt par des cadeaux et des compliments, tantôt par

(1) Maupeou à d'Aiguillon, 14 octobre 1771 (*Corr. Russie*, t. XCII).
(2) *Corr. Russie*, t. CVIII.
(3) Quérard, *Supercheries littéraires*, t. I, p. 657.

des lettres de cachet, laissait en dehors quelques réfractaires. Notons d'abord ceux qui refusaient, par vanité nationale ou aristocratique, les présents de l'autocrate étrangère; ils n'entendaient point être payés de leurs hommages désintéressés en roubles ou en médailles. Ainsi le comte de Turpin, à qui on annonçait, en retour de ses ouvrages, une médaille commémorative de la conquête de la Crimée : « Je recevrai, répond-il, une épingle de mon souverain, je la recevrai avec respect et reconnaissance, et je ne recevrai pas cent mille écus et plus de toute autre tête couronnée. Si cependant S. M. I. avait voulu m'honorer de son portrait en médaillon, sans aucun ornement ni entourage, il m'aurait infiniment flatté, et je me serais réservé le soin de le faire encadrer d'une manière digne du portrait; mais il ne m'est pas possible de recevoir une médaille qui ne peut être donnée qu'à un artisan ou tout au plus à un artiste... [1] ».

On trouve ensuite à l'écart, sourd au bruit du vain dialogue échangé de la Seine à la Néva, un groupe d'esprits clairvoyants ou prévenus, comme on voudra, obstinés à accuser l'hypocrisie impériale et à démasquer l'idole des philosophes. Mlle de Lespinasse, l'amie de d'Alembert, lui accorde tout au plus « l'art charmant d'une courtisane grecque », et vers le même temps, la duchesse de Choiseul, dans une lettre à Mme du Deffand, l'exécute avec une délicatesse et une sûreté de main merveilleuses. Les crimes qui ont marqué son avènement, son despotisme, son faux amour de la tolérance, ses coquetteries de plume avec les gens de lettres, tout est noté et, s'il y a lieu, flétri.

A l'autre extrémité de la société cultivée, Rousseau

---

[1] Turpin à Ségur, 14 août 1786 (*Corr. Russie*).

manque au chœur des thuriféraires. Il est dédaigné plus encore que craint à cause de son humeur misanthropique et de ses utopies républicaines; d'ailleurs n'a-t-il pas éconduit brutalement le comte Chouvalov, et fait visite au roi de Suède lors du passage de ce prince à Paris? Ne s'est-il pas aventuré à prédire que les Tartares, c'est-à-dire les Turcs, viendraient à bout de l'empire russe? D'autres docteurs écoutés comme Mably, ont blâmé la politique de la tsarine en Pologne, ou, comme Raynal, ont critiqué Pierre Ier, et qualifié de comédie la fameuse assemblée de Moscou.

Il y a même un ancien secrétaire de légation, Rulhière, qui a composé sur place et au lendemain des événements une relation de la Révolution de 1762, où il sacrifie infiniment moins que Voltaire aux bienséances. Il a vu ce dont il parle, ce qui suffit pour l'empêcher d'être ébloui. Déjà quelques salons parisiens ont entendu la lecture de son manuscrit, et, dit-on, aussi le cabinet du roi. Catherine s'inquiète; si du moins elle pouvait saisir au passage quelque copie! Quand Diderot vient la voir, c'est là une de ses premières insinuations. Le philosophe se déroba avec adresse : « Ce livre, disait-il, n'est pas une histoire, c'est le plus vraisemblable et le plus beau des romans. Faites-vous grand cas des bienséances et vertus, guenilles usées de votre sexe ? Cet ouvrage est une satire contre vous. Les grandes vues, les idées mâles et patriotiques vous intéressent-elles davantage? Il vous fait plus d'honneur que de mal [1] ». C'était exciter, au lieu de l'éteindre, la curiosité de sa protectrice. La veuve de Pierre III fit proposer à Rulhière l'achat de son livre, le menaça par voie diplomatique de la Bastille, puis, le trouvant inébranlable, lui offrit trente

---

(1) Durand à d'Aiguillon, 9 nov. 1773 (*Corr. Russie*, t. XCII).

mille livres en échange de la suppression de quelques lignes. Rulhière se borna à promettre de ne rien publier du vivant de l'impératrice, et il tint parole. Ainsi Louis XIV avait-il tenu sous triple serrure, jusqu'à sa mort, les Mémoires de la Fronde. Catherine II, encore plus puissante que le grand roi bravé par les réfugiés de Hollande, faisait à cinq cents lieues de distance la loi à la vérité historique; il n'était pas prudent, même à Paris, de parler librement d'elle.

Seuls, les diplomates étaient hardis impunément; couverts par le secret d'état, ils avaient pu confier à Choiseul ou à Vergennes ce qu'un écrivain n'avait pas le droit de dire au public. Dès 1754, un anonyme écrit : « Tout ce que l'on leur attribue d'avantageux (aux Russes) est combattu et même anéanti par des défauts et des vices dont la plus grande partie prend sa source dans l'intempérance, dans l'inconstance et particulièrement dans l'ingratitude [1] ». En 1758, L'Hôpital insiste : « Tout est ici prestige et fumée, les rangs sont des vertus [2] ». En 1763, Breteuil développe et accentue cette note défavorable : « Nos modes, nos airs, nos ridicules et même nos vices sont fort du goût général et décident en notre faveur la plus grande partie de la jeunesse. Le correctif de tous ces maux, nos qualités et nos vertus n'auront pas de si tôt chez eux un accueil aussi empressé ni des effets aussi consolants. Cette nation, qui n'est que d'hier sur la scène des nations policées, n'y mérite encore aucune place du côté de ses mœurs, ni de ses lumières..... Le Russe est aujourd'hui plus livré à la dissipation qu'aucune nation de l'Europe; un luxe insoutenable et sans le moindre ordre augmente l'avidité

---

(1) *Russie, Mém. et doc.*, t. IX.
(2) *Corr. Russie*, t. LVIII (Dépêche du 27 octobre).

naturelle à cette nation ¹ ». En 1778, son successeur le chevalier de Corberon constate que les institutions de Catherine sont sans avenir, ses Académies sans élèves, ses établissements d'éducation dirigés par des maîtres dépravés ou incapables et décriés par les Russes eux-mêmes, ses lois caduques comme nées de l'arbitraire. Si ce pays s'est monté au ton des anciens États, c'est moins pour son progrès réel que pour la gloire du maître qui veut être admiré ².

Sabatier de Cabres, s'étant trouvé à Moscou pendant la peste de 1771, envoie à Vergennes une réfutation anticipée des assertions optimistes inspirées par l'impératrice à ses correspondants ; il affirme l'effroyable multitude des morts, la ruine du commerce, la famine, le brigandage des hommes de police, avouant d'ailleurs que la souveraine s'est plue à être trompée sur le mal ; puis, dans un long mémoire, il dresse contre elle et son peuple un acte d'accusation en règle : « Il est moralement impossible que les Russes parviennent à former ce qu'on appelle une nation : l'avarice alliée à la prodigalité, la bassesse servile et rampante, l'insolence et la vanité seront les productions éternelles de ce sol ingrat... Ils ont au moral l'agitation trompeuse et perfide du singe... On m'a souvent voulu persuader que les gentilshommes et surtout les paysans de l'intérieur sont naturellement bons, vertueux et hospitaliers. La crainte, la servitude et l'absence de besoins les montrent tels; ils ont à peu de chose près les mœurs des Tartares. Appelez-les à Pétersbourg ou à Moscou, changez leur état, montrez-leur les objets du luxe, habillez-les, en vingt-quatre heures ils ne vous offrent

(1) *Russie, Mém. et doc.*, t. IX, p. 352 et sq.
(2) Corberon à Vergennes, 11 avril 1778 (*Russie, Mém. et doc.*, t. XXXI).

plus rien de leur première allure... L'amitié, la vertu, les mœurs, la probité sont ici des mots vides de sens ». Il n'y a pour remédier à cette dépravation rien à espérer de l'éducation, tout étant donné aux apparences dans les instituts de demoiselles et dans les écoles de cadets. Quant à la souveraine, auteur de la loi et régulateur de la morale publique, « elle nous hait de toutes les haines comme Russe aigrie, comme Allemande, comme prince, comme rivale et par dessus tout comme femme... Lettres, arts, morale même, elle aime tout ce qui vient de France, n'aspire qu'à notre tournure d'esprit, accueillerait de préférence un particulier français, tout en détestant de toutes ses facultés et notre cabinet et notre monarchie... 1 ».

L'observateur se double ici d'un pamphlétaire, et beaucoup de ses traits pourraient s'appliquer à n'importe quelle cour ; il y a évidemment un sentiment de mauvaise humeur répondant à la mauvaise volonté de l'autocrate contre la France. Ce qui rendait plus sensible à nos agents le spectacle de cette corruption, c'était le contraste, vainement nié par Sabatier de Cabres, qu'elle offrait avec les mœurs du peuple proprement dit ; c'étaient aussi les aliments qu'elle recevait d'une immigration permanente et universelle. Quel monde en effet que cette cour cosmopolite, doublée de colonies de toute provenance, contiguës au palais impérial et y ayant leurs entrées! que ces bals masqués de la cour, où l'impératrice, sous un incognito apparent, coudoyait des aventuriers italiens et des actrices de Paris! que ces maisons, comme celle de Melissino, montées à la française, où l'on se ruinait sans bruit au

---

(1) Ce mémoire, dont le manuscrit est au t. V de *Russie, Mém. et doc.*, a été imprimé à Berlin en 1862.

pharaon, sous l'œil de Le Fort, le fils du célèbre conseiller de Pierre Ier! que ces salons où un Casanova pouvait se montrer, en compagnie d'une jeune Russe achetée à beaux deniers comptants, et qui passait alors, selon les circonstances, pour sa fille, sa servante ou sa maîtresse!

Un voyageur venant de Pétersbourg pouvait écrire pour l'édification particulière de nos ministres : « En général il n'y a pas de bonne foi dans la noblesse russe; c'est à qui trompera le mieux les étrangers. Les officiers même, à monter jusqu'au grade de colonel, ne se font point scrupule de vous prendre dans la poche une boîte d'or ou votre montre. S'il est reconnu, il en est quitte pour passer dans un autre régiment qui sera à deux ou trois cents lieues en garnison de l'endroit où il aura commis le vol[1] ». Ainsi généralisée, l'inculpation est grave; mais combien moins cependant que cette autre, tombée de la bouche de l'autocrate, devant son entourage : « Si je vous en croyais les uns les autres, il n'y en aurait pas un qui ne méritât d'avoir la tête tranchée ».

Un pauvre savant, l'abbé Chappe d'Auteroche, crut pouvoir dire impunément et publier ce qu'il avait vu, et il fut puni de sa franchise. Ce naïf astronome, chargé par l'Académie des Sciences d'aller à Tobolsk observer le passage de Vénus sur le soleil, crut utile de relever çà et là sur sa route des détails de mœurs qui prirent place dans sa relation à côté des observations scientifiques. Sous le coup des désagréments inséparables d'un aussi long voyage, il se laissa aller à parler librement des mœurs grossières du peuple, de la servilité des

---

(1) LONGPRÉ, *Journal de mon arrivée et de mon séjour à Pétersbourg* (*Corr. Russie*, t. CXI).

grands, de l'ignorance et des débauches du clergé; il dénonça l'absence de la liberté politique, de l'amour de la patrie, et tout en louant la souveraine, signala « la sincérité et l'aménité plus rares en Russie que partout ailleurs [1] ». C'en fut assez pour que Catherine II le crût inspiré par son ennemi Choiseul; et après avoir inutilement cherché un Français propre à le réfuter, selon les uns, elle se chargea de la réponse, avec la collaboration du comte Chouvalov, selon les autres, elle emprunta la plume plus exercée que la sienne de la princesse Dachkov. Son *Antidote*, resté anonyme et inachevé, est une longue suite de lourdes plaisanteries et d'amers reproches à l'adresse de cet étourdi qui, du traineau bien fermé où il courait en poste, a cru voir la Russie. Il n'y a guère à louer dans cette rapsodie que l'absence du nom de l'auteur à la première page. Bien qu'écrite en français, elle n'a été lue de personne en France [2].

Décidément Casanova était encore trop indulgent quand il disait : « On ne fait cas en Russie que de ceux qu'on y appelle ; ceux qui se présentent d'eux-mêmes font rarement fortune, et je ne saurais leur donner tort ».

(1) T. I, p. 30.
(2) Un minéralogiste éminent, qui de 1780 à 1787 explora avec fruit la Sibérie, le Lyonnais Patrin, revint en France sans s'être attiré l'animadversion de Catherine II, mais non sans avoir rendu jaloux de lui l'Allemand Pallas, qui osa lui soustraire une partie de ses plus beaux échantillons.

CHAPITRE TROISIÈME

LES FRANÇAIS EN RUSSIE SOUS CATHERINE II

I

PHILOSOPHES ET ÉCONOMISTES

« Les Français, écrit quelque part Catherine II, sont de plaisantes gens; les uns veulent absolument me nuire, et c'est le plus grand nombre; les autres veulent me servir, et de ceux-là il n'y a pas beaucoup [1] ». On vient de voir que les censeurs étaient rares, au moins parmi les beaux-esprits ; de même elle vit s'offrir à elle beaucoup plus de serviteurs empressés qu'elle ne l'avoue, ceux-ci il est vrai presque tous sans valeur ou peu recommandables. La satisfaire n'était pas chose facile: car il fallait fermer les yeux à son gré sur tout ce qu'elle voulait cacher au monde. Il lui répugnait d'exposer elle, son entourage et son peuple à des critiques sévères et trop souvent bien fondées. La définition symbolique que Voltaire a donnée du seizième siècle, « une robe de soie et d'or ensanglantée[2] » était parfaitement appli-

(1) A Falconet, 30 mai 1771 (*Soc. Hist. Russie*, t. XVII, p. 132).
(2) *Essai sur les mœurs*, ch. CXVIII.

cable à son règne. Le luxe et les arts importés de l'Occident cachaient mal autour d'elle un fonds d'ignorance, de brutalité et de dissolution. Pourquoi exposer, même des hôtes de passage, à la tentation de soulever un coin du voile ?

On s'explique dès lors pourquoi elle écarta de son mieux tous ces hommes qu'elle favorisait ou récompensait de loin. Devant un étranger, elle craignait sans cesse de n'avoir pas réussi à lui en imposer; elle interrogeait, elle provoquait son interlocuteur, tantôt par une insinuation caressante, tantôt avec un accent amer et inquiet, et poussait tout doucement au-delà de la frontière celui qu'elle n'avait pu enguirlander. L'aventurier Casanova se présente à son audience au Jardin d'été, dans une allée bordée de statues de mauvais goût; le premier mot qu'elle lui adresse est celui-ci : « J'espère que tout ce que vous aurez vu chez nous ne vous aura pas semblé aussi ridicule que ces statues ». Elle sera de même devant les diplomates étrangers, lors du voyage de Crimée : « On m'accommode bien mal, je le parie, dans votre Europe à vous autres. Dans ce moment-ci vos belles dames, vos élégantes et vos savants de Paris vous plaignent beaucoup de voyager dans le pays des ours, avec une ennuyeuse tsarine ». Aussi notre envoyé Ségur devait-il prier le roi de ne permettre que rarement aux gentilshommes français le voyage de Russie, à cause de la « disposition à l'aigreur [1] ».

On peut donc compter ceux qui abordèrent impunément Catherine II, et percèrent le nuage brillant dont elle s'enveloppait. Même ses amis les philosophes restaient écartés du pays le plus hospitalier à leurs œuvres.

---

(1) Lettre du 3 juin 1785.

On laissa bien répandre le bruit que Marmontel et Saurin prendraient près du tsarévitch la place refusée par d'Alembert, mais ils n'eurent point lieu de décliner des offres qui ne vinrent pas, et La Harpe, malgré ses insinuations, ne put se faire inviter à une cour où il aurait joué aisément au grand homme [1]. Les plus heureux furent ceux qui, comme Soulavie ou le futur évêque constitutionnel Arbogast, se bornèrent à recevoir les couronnes de l'Académie des sciences de Pétersbourg.

Voltaire lui-même se sentait courtisé à distance; de près il eût été exposé à des désenchantements pareils à ceux qu'il avait trouvés à Berlin auprès du Trajan prussien. S'il disait : « Mon cœur est comme l'aimant, il se tourne vers le Nord [2] », il se hâtait en forme d'excuse de parler de ses infirmités, et, selon le conseil de Mme du Deffand, se contentait de considérer son auguste correspondante par le télescope de son imagination [3]. Cependant la tentation d'un voyage en Russie le saisissait par intervalles; il parlait alors d'aller se faire enterrer sur les bords du lac Ladoga ou dans quelque coin de Pétersbourg [4], mais l'impératrice éloignait toujours, avec la meilleure grâce, sous un prétexte quelconque, la perspective d'une entrevue. Voltaire lui ayant annoncé sur un ton moitié plaisant qu'il la poursuivrait en litière jusqu'à Taganrog, elle lui répondit incontinent sur le même ton : « Je ne sais si l'air de ma

(1) *Mémoires de Bachaumont*, 14 déc. 1778. — *Corresp. de Métra*, janvier 1779.

(2) Lettre du 24 janvier 1766.

(3) « Ne voyez jamais votre Catherine que par le télescope de votre imagination; laissez entre elle et vous la distance des lieux à la place de celle du temps » (Mme DU DEFFAND citée par elle-même dans sa lettre à Walpole du 22 mars 1768).

(4) Lettres des 15 mars et 6 octobre 1774. Cf. celles des 22 sept. 1769, 30 mars 1770, 4 juin et 2 août 1771.

cour vous conviendrait... ». Et elle se borna à lui donner rendez-vous dans l'autre monde, aux Champs-Élysées : « J'espère bien d'avance que vous voudrez quelques quarts d'heure de conversation dans la journée. Henri IV sera de la partie, Sully aussi, et point Mustapha ».

De loin Voltaire était un courtisan et un porte-voix utile; de près, comme il avait été à Postdam, il pouvait se transformer en fâcheux. D'Alembert avait mieux compris la situation en refusant d'échanger contre Gatchina et la compagnie du grand-duc Paul l'entresol du Palais-Mazarin. La suite de sa correspondance avec Catherine prouve que de part et d'autre il restait de cette négociation avortée un sentiment de gêne et de froideur réciproques. Rousseau lui-même, si ignorant qu'il fût des hommes, n'accepta point l'asile qu'un des Orlov lui offrait, et où il eût dû se croire sans doute en sûreté contre ses ennemis [1].

Diderot et Grimm, plus hardis, se montrèrent à Pétersbourg en 1773; le peu de durée de leur séjour explique peut-être la faveur constante dont ils jouirent. Diderot acquittait par son voyage une dette de reconnaissance; il plut par sa verve, et étonna encore davantage. Le tsarévitch méprisa ses avances, mais l'impératrice, en qui il s'avisa d'admirer « l'âme de Brutus avec les charmes de Cléopâtre, » supporta de bonne grâce sa tenue débraillée et son bavardage, le laissa dans le feu de l'entretien frapper sur la table, lui prendre la main ou lui secouer le bras; cela dépassait le tête-à-tête sans façon rêvé avec Mme Geoffrin. Elle acceptait tout avec les louanges excessives qui accompagnaient ces libertés

---

(1) La lettre d'Orlov et la réponse de Rousseau ont été insérées dans les *Mémoires de Bachaumont*, 12 juil. 1767.

d'attitude ou de langage : « Le tyran fronce le sourcil, Henri IV et Votre Majesté sourient ». Le philosophe laissait dans sa conversation la bride sur le cou à son imagination ; législation, tolérance, éducation, divorce, luxe, il dissertait de tout avec verve et aplomb ; il traçait, à propos du coup d'état Maupeou, l'esquisse de notre système judiciaire ; il refaisait à son caprice la France, terrible machine, il l'avoue : « Il faut travailler longtemps avant de la changer [1] ».

Dans sa patrie on l'accusait, comme en Russie on le félicitait peut-être tout bas, d'avoir inspiré la dédicace de l'œuvre posthume d'Helvétius, dédicace où on lisait ces lignes odieuses, même au lendemain des violences de Maupeou et de l'abandon de la Pologne : « Cette nation (la France) est aujourd'hui le mépris de l'Europe. Nulle crise salutaire ne lui rendra sa liberté. C'est par la consomption qu'elle périra. La conquête est le seul remède à ses malheurs ». Il est néanmoins avéré qu'une fois à l'Ermitage Diderot se conduisit en bon Français. Notre chargé d'affaires lui avait fait la leçon, ainsi qu'à Grimm ; il leur était recommandé de combattre les préjugés persistants de Catherine, de ruiner dans son esprit, s'il était possible, le prestige de son complice de la veille, le roi de Prusse. A Grimm, elle se plaignit d'une façon générale qu'on lui prêtât des haines étrangères à son cœur ; elle laissa Diderot lui débiter avec sa vivacité accoutumée une conférence politique, et appeler Frédéric « un mauvais roi et un faux monnayeur. — J'ai eu, lui répondit-elle en riant, ma part de sa monnaie ». Ce fut là sa plus claire ré-

(1) V. pour les écrits de Diderot composés en Russie, outre la récente édition de ses œuvres, les fragments retrouvés depuis par M. Tourneux à Pétersbourg, et publiés, notamment *Nouvelle Revue*, septembre 1883, et *Revue historique*, juillet et août 1884.

plique à son interlocuteur, qu'elle caractérisait de son côté, comme philosophe et comme diplomate, par ces mots : « En certains points il a cent ans, en certains autres il n'en a pas dix [1] ».

On conçoit que, montée à ce ton, la conversation de l'impératrice ait paru à Diderot la seule chose intéressante de la Russie. Ses yeux, troubles et humides lorsqu'il partit, crurent voir des larmes dans les yeux de sa protectrice. Il s'éloigna au bout de cinq mois, au fond d'une bonne voiture suspendue, un sac de roubles à ses côtés, la miniature impériale en pierre gravée à son doigt, et rêvant de faire pour Catherine plus, disait-il, que les quarante de l'Académie française n'ont pu faire en cent quarante ans. On l'avait bercé de l'idée d'une nouvelle édition de l'*Encyclopédie*, publiée à Pétersbourg, à l'abri des censeurs royaux : beau plan, qui devait s'en aller en fumée, comme son dictionnaire universel de linguistique, comme le Code de lois de Moscou et le *projet grec* de Potemkine. Catherine trouvait plus utile de lui faire imprimer à La Haye les statuts de ses établissements d'éducation : nouveau prospectus philantropique à l'adresse de l'Europe.

Diderot paya depuis par d'autres éloges l'hospitalité reçue ; il n'était du moins qu'un agitateur d'idées : Mercier de La Rivière avait des prétentions plus hautes, et subit de plus graves déconvenues. C'était un disciple de Quesnay, qui avait fait merveille comme intendant aux colonies, et qu'un livre aujourd'hui oublié, l'*Ordre essentiel des sociétés politiques*, faisait traiter alors en rival de Montesquieu. Il était de plus sans emploi, désigné par sa disgrâce à l'attention bienveillante d'un gouvernement hostile au nôtre. L'ambassadeur Galitzine, engoué

---

(1) Durand à d'Aiguillon, 9 et 27 nov., 7 déc. 1773. (*Corr. Russie*, t. XCXII).

des économistes au point d'écrire plus tard un livre pour leur défense, prêta avec empressement les mains à l'introduction de leurs idées dans son pays. Sur sa recommandation, jointe à celles de Diderot et de Raynal, La Rivière partit, se croyant appelé à devenir premier ministre. Arrivé à Moscou, il se hâta de louer trois maisons qu'il transforma en bureaux et en salles d'audience. On lisait sur les portes en gros caractères : Départements de l'intérieur, du commerce, de la justice, et l'hôte dans ses conversations affectait le ton d'un réformateur infaillible. C'en fut assez pour que sa protectrice, prévenue peut-être déjà contre lui par le statuaire Falconet, le traitât en charlatan prétentieux et indigne de ses bontés. Elle se délivra de sa présence avec quelques compliments et le paiement de ses frais de voyage, puis en deux lignes elle traça son oraison funèbre : « Il nous supposait marcher à quatre pattes, et très poliment il s'était donné la peine de venir de la Martinique pour nous dresser sur nos pieds de derrière ». Galitzine dut passer de Paris à La Haye, en punition de son intervention malencontreuse dans cette affaire.

Quelques années plus tard, un homme recommandable par son nom et sa situation — il s'appelait Daguesseau et était le beau-frère de notre envoyé Ségur, — arriva en Russie. Il venait non plus réformer, mais étudier la législation indigène, aussi obtint-il, même de Potemkine, toutes les facilités désirables. Le jeune voyageur ne demandait qu'à s'instruire, et ne faisait que passer; double motif pour être bien accueilli.

La mésaventure de La Rivière était réservée à un autre administrateur bel-esprit, Sénac de Meilhan. Cet ancien intendant du Hainaut, sorti de France lors des premiers troubles de la Révolution, adressa d'Aix-la-Chapelle à la tsarine, avec l'hommage d'un de ses livres, la proposition, qui couvrait des visées ambitieuses, d'écrire l'histoire de Russie. Comme il demandait une réponse à Venise, l'impératrice chargea son envoyé en ce pays de lier connaissance avec lui, de pénétrer ses idées et de lui faire entendre à quelles conditions elle agréerait ses services. Elle n'était rassurée ni sur ses talents ni sur ses opinions, et craignait de le trouver moins docile que l'historien de Pierre le Grand. Cette enquête faite, elle le laissa venir jusqu'à elle.

Comme d'habitude, la première impression fut de part et d'autre excellente, grâce à la curiosité réciproque, mais elle s'effaça vite. Sénac laissa entendre qu'il consentirait à accepter la direction des finances ou l'ambassade de Constantinople; il voulut traiter de puissance à puissance, et d'une façon ou d'une autre, imposer ses idées: il fut promptement ramené de la politique à l'histoire. Catherine, après avoir payé en espèces solides ses premiers compliments, lui fit passer comme thème du travail projeté un certain nombre de pages écrites de sa main; elle lui demandait implicitement, au nom de la raison d'état, de flatter l'orgueil national, même aux dépens de la vérité. Le temps n'était pas propice selon elle pour altérer dans les âmes le sens du respect et de l'admiration [1]. Les premiers essais de son nouvel historiographe, ayant passé sous ses yeux, lui apparurent comme l'œuvre d'un démagogue, et ses conseillers ordinaires encourageant ses soupçons, elle traita l'auteur en pédant dangereux et

---

(1) Selon Castéra (*Histoire de Catherine II*, t. IV, p. 36). Catherine aurait demandé quelqu'un à Grimm pour remplir auprès d'elle l'office de Voltaire auprès de Frédéric II, et Grimm aurait envoyé Sénac. De son côté Stedingk écrit à Gustave III : « Je crois qu'il n'est ici que pour rédiger les ouvrages littéraires de l'impératrice » (Geffroy, *Gustave III*, etc., t. II, p. 177).

en mauvais plaisant. Sénac apprit bientôt que le climat du pays était défavorable à sa santé ; il fut honnêtement congédié, avec son manuscrit en portefeuille et le brevet d'une pension de douze cents roubles, et il s'en alla végéter à Hambourg ou à Vienne, sans pouvoir jamais rentrer en Russie.

De sa démarche stérile comme de son livre inachevé, il n'est resté qu'une *Lettre à M*ᵐᵉ *de ..... sur la Russie*, où il développe en style précieux, avec les variations les plus singulières, un parallèle saugrenu entre Catherine II et Saint-Pierre de Rome. On en jugera par cette phrase : « Saint-Pierre inspire un respect religieux, il excite cette sorte de sensibilité que fait naître l'aspect de l'immensité. Catherine II inspire le même sentiment [1] ».

De ces relations passagères entre de beaux-esprits et une femme qui prétendait se guinder à leur niveau, il n'est guère résulté que des compliments peu sincères de part et d'autre ; l'histoire ébauchée par Sénac a rejoint l'université rêvée par Diderot, et nous chercherions inutilement quel bien l'apostolat philosophique a valu au peuple russe, sans la présence inattendue à Moscou d'un ancien convulsionnaire, d'un délateur de la secte encyclopédiste, Abraham Chaumeix. Il était venu s'y faire maître d'école, sous le coup du ridicule écrasant dont Voltaire l'avait couvert dans sa patrie ; il y prêcha, pour faire pièce aux capucins de cette ville, la tolérance entendue à la nouvelle mode, c'est-à-dire impliquant l'indifférence religieuse. Mais en même temps on

---

(1) L'histoire des relations entre Sénac de Meilhan et Catherine a été exposée avec détails dans les *Archives Russes*, 1866, nᵒ 3. Cf. les lettres de Catherine II à Grimm (3 juin et 1ᵉʳ septembre 1791, 3 avril 1794 et 11 mai 1796) et *Sénac de Meilhan*, par L. LEGRAND, p. 81-84.

l'entendit s'indigner de la négligence avec laquelle les gens des basses classes étaient ensevelis, et l'impératrice rendit à sa requête une ordonnance prescrivant des mesures décentes pour l'inhumation des pauvres. Cette leçon d'égalité, dûment donnée et acceptée, valait bien celle dont se targuait la souveraine dans ses tête-à-tête avec Diderot, et ses avances épistolaires aux lettrés de Ferney et de Paris.

II

ARTISTES ET MARCHANDS

Bien moins que les écrivains, les artistes pouvaient craindre les caprices d'une autocratie défiante, comme gens sans conséquence et ne se servant point de leurs talents contre les préjugés courants ou les idées reçues. Sous le règne d'Élisabeth, ils avaient commencé à se montrer, mais en immigrés d'un jour, que le gain attire et que le succès ne retient pas. L'Académie des Beaux-Arts ayant été reconstituée sur des bases plus larges en 1765, d'autres artistes, entre autres le graveur Vernier, lui apportèrent leur concours. Un des meilleurs élèves de Boucher, Leprince, qui fuyait sa femme en même temps que sa patrie, recueillit sur place une riche et curieuse collection de costumes et de paysages, dont il devait se servir pour illustrer le *Voyage* de l'abbé Chappe [1].

Plus nombreux néanmoins furent ceux qui reculèrent devant les hasards et les épreuves probables d'un séjour en semblable pays. Il ne tenait qu'à Lepaon, un peintre de batailles qui a eu son heure de vogue, de consacrer ses talents peu employés depuis la guerre de Sept ans à un empire illustré par tant et de si récentes victoires ; il demeura dans sa patrie. Les peintres Carré et Hubert-Robert, celui-ci à deux reprises, déclinèrent les offres avantageuses qui leur parvinrent. Diderot

(1) Le *Salon de 1765*, par DIDEROT, contient une appréciation détaillée des œuvres russes de Leprince.

détourna Greuze du voyage de Russie, connaissant son caractère difficile, et craignant pour lui, à la suite de quelque incartade, une excursion inattendue en Sibérie. Vien, Houdon accomplirent à distance les commandes dont ils avaient été honorés : « Si l'impératrice veut des plans, dit l'architecte de Wailly avec sa brusque franchise, je lui en ferai tant qu'elle voudra, je n'ai pas besoin d'aller à Pétersbourg pour cela ». Les artistes étaient comme les comédiens, comme ce danseur Dauberval qui se préparait à fuir ses créanciers en Russie, en faveur duquel Mme Du Barry ouvrit une souscription ; histoire de conserver ce rare talent à la France [1]. Ils venaient, sauf exception, sous le coup de nécessités peu honorables.

Carteaux est à citer : ce peintre sur émail sera le général ridicule qui figurera au siège de Toulon, avec Bonaparte sous ses ordres. Logé au Louvre, chargé de travaux pour le roi, il disparut un jour en emportant les avances qui lui avaient été faites, et laissant derrière lui des dettes nombreuses. Quelques mois après, on signalait son passage à Dresde, et l'année suivante, notre envoyé à Pétersbourg recevait sa visite et négociait son rapatriement. Ledit peintre sollicitait avec hardiesse son pardon, promettant d'achever le portrait du roi dont il avait reçu le prix, sinon on le forcerait à son dire d'accepter les offres brillantes qu'il recevait en Russie. Comme il avait des amis influents à la cour, tout s'arrangea ; il lui fut seulement enjoint de repasser la frontière libre de toutes dettes, et il paraît être revenu dans son logement du Louvre par le plus long, en mettant ses talents à profit auprès des petites cours d'Allemagne [2].

(1) *Mémoires de Bachaumont*, 11 avril 1774.
(2) *Corr. Russie*, t. CVIII, CX, CXI.

Falconet était un autre homme, et un sculpteur déjà célèbre lorsqu'il passa au service russe. Un artiste de cette valeur était nécessaire à l'impératrice pour élever le monument dont elle voulait honorer Pierre Ier. Diderot le lui désigna ; elle le fit aborder par son ambassadeur, et un traité en forme fut signé, où Falconet se piqua de désintéressement, comme Catherine de libéralité. L'artiste partit, emmenant à sa suite une jeune élève d'un talent précoce, Anne Collot, qui devint plus tard sa bru, et en 1766, il était installé à Pétersbourg, accueilli et fêté pour ses divers mérites ; car l'esprit chez lui valait le talent, et ses écrits remplissent plusieurs volumes.

Falconet entretint dès lors une double correspondance, l'une de loin avec son ami Diderot, qu'il chicanait et réfutait en forme à cause de son culte de la postérité, l'autre de près avec l'impératrice, qu'il fallait, et sans cesse, complimenter ou renseigner sur tout. Celle-ci commença par le bien traiter, lui fit voir elle-même ses collections, et un jour qu'il avait admiré avec effusion une *Vierge* de Simon Vouet, elle la fit porter chez lui à son insu. Il est vrai que l'adroit Français prenait parti à l'occasion pour elle contre ses compatriotes, semblant ne reconnaître comme tels que ceux dont il avait découvert et vanté les prétendus mérites. C'était un protectorat analogue à celui du médecin Bourdelot, un siècle auparavant, à la cour de Christine de Suède.

Cependant de part et d'autre la confiance finit par s'altérer. A côté de l'impératrice Falconet trouva un censeur sourdement et obstinément hostile dans Betski, le surintendant des beaux-arts. Tout le temps que dura le modelage du *Pierre Ier*, il eut à subir ses critiques et ses tracasseries ; chaque détail du monument, le coursier épique, le serpent qui se dresse sous ses pieds, le bloc de granit qui le porte, le vêtement du cavalier, donna lieu à une polémique où l'artiste laissait libre carrière à son humeur impérieuse, et, en invoquant son influence sur la souveraine, la détruisait peu à peu. Catherine ne pouvait donner tort à Betski contre un étranger : elle finit par traiter Falconet de mauvaise tête, et, la statue sortie du moule, refusa d'aller la voir dans son atelier. Falconet dut repartir avant de voir son chef-d'œuvre debout sur la place du Sénat ; l'inauguration solennelle eut lieu sans lui, et on se borna à lui transmettre une médaille commémorative [1].

Une immigration plus durable, plus profitable aux deux pays, devait naître des échanges industriels et des relations commerciales. Quelques manufactures existaient çà et là en Russie, fondées à grands frais ; mais la main-d'œuvre y était chère et imparfaite, et les dessins des soieries de Lyon imités à Moscou se reconnaissaient à première vue ; de même pour tous les produits de luxe, tapisseries, porcelaines, que le Russe copiait gauchement et servilement, comme font de nos jours les Chinois. Parmi les auteurs de ces établissements on voit figurer quelques Français, attirés par divers avantages offerts ou promis, et venus en cachette, malgré leur gouvernement. Ainsi le Lyonnais Barral mit en activité à quatre-vingts lieues de la capitale, sur l'Onéga, des fabriques d'acier et de fer blanc, en vue desquelles il avait reçu une avance de cinquante mille roubles [2]. A lui et à ses émules on accordait des subventions et des places à bâtir, on les traitait bien jusqu'à ce qu'ils eussent livré le secret de leur fabrication ;

---

(1) La correspondance de Catherine II et de Falconet a été publiée par la *Soc. Hist. de Russie*, t. XVIII.

(2) Note du 10 janvier 1773 (*Corr. Russie*, t. XCI). — Description de la Russie en 1767, art. Manufactures (dans *Russie, Mém. et doc.*, t. XII).

cela fait, on travaillait à se débarrasser d'eux par de menues vexations, on les mettait dans le cas d'emprunter; puis, la loi à la main, on poursuivait ceux qui ne remplissaient pas strictement leurs engagements, jusqu'à les condamner aux travaux publics. A ces entraves joignez la difficulté de quitter le pays, une fois qu'on y était établi. Il fallait publier son nom et son intention à trois reprises dans la gazette; ensuite, si quelque créancier défiant ne s'était point opposé au départ, solliciter et obtenir successivement, à grand'peine, un passeport pour s'éloigner, un autre pour franchir la frontière, sans compter la permission de requérir des chevaux de poste [1]. Certains industriels enchaînés à ce sol inhospitalier devinrent ouvriers et commis, là où ils étaient patrons et maîtres absolus.

Restait le commerce. Avec ses tabacs, ses blés, ses bois de mâture, la Russie pouvait ouvrir un champ d'exploitation fécond aux négociants du Hâvre et de Marseille, et jusque-là presque inaccessible. On a vu que sur la Baltique les Anglais tenaient toutes les entrées de l'empire, et n'entendaient pas laisser prise à la concurrence. Restait la mer Noire, encore plus difficile d'accès, avant que le traité de Kainardji l'eût ouverte aux Russes, puis bientôt après aux Autrichiens. Dès lors l'envoyé français près de la Porte revendiqua sans se lasser pour nos navires le libre passage du Bosphore, c'est-à-dire une route vers ces ports qui faisaient brèche à la frontière des récentes conquêtes russes. Les Turcs résistèrent longtemps; ils étaient mécontents de l'attitude équivoque de la France, trop favorable selon eux à l'ambition des tsars. Les Russes de leur côté débutaient mal dans leurs essais de colonisation; ils en restèrent

---

(1) BERNARDIN DE SAINT-PIERRE, *Voyage en Russie.*

longtemps, ou peu s'en faut, aux villages improvisés par Potemkine sur le passage de sa souveraine. Leur premier port, Kherson, situé au bord de l'estuaire bourbeux du Dniéper, entre des marécages hérissés de roseaux, passait pour insalubre et d'un accès difficile. On ne pensait pas encore à Odessa [1].

Malgré ces obstacles, une maison de commerce de Marseille, celle des Anthoine, y établit un comptoir dès 1783. Potemkine, émule des Turcs, voyait avec peine les Français disputer aux Anglais le commerce de l'Orient; Anthoine dut acheter l'accès de Kherson au prix de négociations compliquées et de longs délais, et en 1789, la guerre s'étant réveillée sur la mer Noire, il crut sage de céder ses magasins à son étrange protecteur, moyennant une somme qui n'était pas encore payée au bout de treize ans [2]. Les Russes étaient néanmoins si bien convaincus de l'utilité de notre présence parmi eux qu'aussitôt après le retour de la paix un certain Trappe, allemand d'origine — peut-être encore un fils de réfugiés huguenots — vint en France essayer de rétablir des rapports constants entre Marseille et la Crimée; il avança dans cette intention des sommes importantes à des maisons du Languedoc et de Bordeaux [3]. On verra plus loin quels événements permirent enfin à ces tentatives d'aboutir.

Tout compte fait, notre commerce se concentra longtemps entre les mains des négociants de détail installés à Pétersbourg et à Moscou, et habitués à fournir aux plus grandes familles le luxe de la table et du vêtement;

---

(1) ANTHOINE, *Essai sur le commerce et la navigation de la mer Noire.*

(2) Anthoine à l'empereur Alexandre, 22 brumaire an X (*Corr. Russie*, vol. CXLI).

(3) *Corr. Russie*, vol. CXLI, CXLII.

et encore de singulières concurrences étaient-elles à craindre. Sur cent mille bouteilles de Champagne bues chaque année dans la capitale, les amateurs de soupers en consommaient de confiance quatre-vingt dix mille fabriquées par les Anglais, et les jésuites de Riga leur vendaient bon ou mal an quatre mille barriques de vin de Bordeaux [1]. Les fabricants avaient à compter avec des frais de transport considérables et aussi les risques personnels, témoin l'histoire racontée par l'abbé Chappe d'une bijoutière, Mme Lebel, assassinée en route avec sa famille par des voituriers russes avec qui elle avait fait marché [2].

Ils devaient ensuite se mettre en garde contre des roueries de grand seigneur pires que celles de Don Juan devant M. Dimanche. Les marchands, écrit un contemporain, « vendent assez bien aux seigneurs ce qui leur fait plaisir ; mais ceux-ci, pour éluder le paiement, remettent le marchand au lendemain et gardent les marchandises. Le marchand y va, on leur dit que Monsieur est absent. Longtemps après l'avoir bien fait aller et venir, on lui donne un à-compte ; mais s'il récidive souvent ses visites, et que cela ennuie le seigneur, il lui fait dire par un de ses esclaves qu'il lui fera donner cinquante coups de bâton. En conséquence le malheureux marchand est obligé d'attendre le caprice de son débiteur pour lui payer la moitié de ce qu'il lui a acheté, et en lui faisant solder cette moitié, il lui fait dire qu'il est inutile qu'il revienne, parce que les différents objets qu'il lui a vendus

---

(1) LA MESSELIÈRE, *Voyage à Pétersbourg*, p. 112. Parmi ces religieux était en 1757 un Français nommé Rousselet, ancien secrétaire de l'abbé de Polignac dans son ambassade de Pologne.

(2) CHAPPE, *Voyage*, t. I, p. 14.

ne valaient pas davantage, et il faut que le marchand en passe par là ¹ ».

Au sans-gêne des seigneurs il faut joindre les caprices de la souveraine. En 1783, sa bru revenait de France, aussi heureuse d'avoir connu Mlle Bertin que la reine très-chrétienne, et suivie de deux cents caisses d'étoffes et de parures ; déjà les marchands de modes de la capitale, escomptant le profit qu'allait leur valoir un si important exemple, s'étaient fait faire de Paris des envois considérables, pour lesquels ils payaient des droits s'élevant jusqu'à 60 0/0. Soudain parait un ukase somptuaire défendant les plumes dans les cheveux et les garnitures de robe au delà d'une certaine largeur : taquinerie féminine envers la grande-duchesse, expression puérile de mauvaise humeur contre la France, cette mesure était fatale à une industrie qui était tout entière entre des mains françaises.

Autour des marchands pullulait une colonie dont les membres étaient sous le coup d'un va-et-vient perpétuel, et donnaient un étrange commentaire aux belles phrases des philosophes sur la vertu : « Nous fûmes assaillis, écrit La Messelière, par une nuée de Français de toutes couleurs, dont la plupart, après avoir eu des démêlés avec la police de Paris, sont venus infester les régions septentrionales. Nous fûmes étonnés et affligés de trouver chez beaucoup de grands seigneurs des déserteurs, des banqueroutiers, des libertins et beaucoup de femmes du même genre ». A la fin du règne d'Éli-

---

(1) Longpré, *Journal de mon arrivée et de mon séjour à Pétersbourg*. — On peut voir dans Thiébault, *Souvenirs de vingt ans de séjour à Berlin*, la manière dont Potemkine traita le célèbre vétérinaire Lafosse, qui lui avait guéri un cheval d'un grand prix, et qui se sauva de Russie « comme on se sauve de l'antre d'un lion ou d'un léopard » (3ᵉ partie, ch. xiii).

sabeth, notre ambassadeur essaya d'épurer cette cohue d'aventuriers et d'en écarter au moins, au nom de l'ordre public, les éléments les plus corrompus. Peine perdue! Diderot, qui n'était ni rigoriste ni délicat sur le choix de ses relations, était contraint d'appeler dix ans plus tard les survivants de ce triage « la plus indigne racaille que vous puissiez imaginer [1] ». Après lui encore, Ségur signale l'invasion continue « des femmes galantes, des aventuriers, des femmes de chambre, des domestiques déguisant leur ancien état avec adresse et leur ignorance sous les formes d'un langage assez poli ». Le fond de cette population est donc un ramassis de gens brouillés avec la loi de leur pays comme avec la morale universelle, et qui sont marchands, comédiens, instituteurs, officiers; il en est qui exercent successivement toutes ces professions [2]. Les plus recherchés sont coiffeurs, cuisiniers, marchands de modes, artistes en rupture de ban, et mettent en communication incessante la corruption russe et le luxe français.

(1) Lettre du 9 avril 1774 (éd. Assézat-Tourneux, t. XX, p. 58).
(2) Masson, *Mémoires*, ch. II.

III

COLONS ET SOLDATS

L'esprit français avait envahi la haute société russe; palais et salons étaient meublés à la mode de Paris, décorés par nos artistes, et nos disciples y répétaient étourdiment, avec l'agrément du pouvoir, les maximes les plus hardies de nos écrivains en vogue; mais ce que la Russie trouvait en Allemagne et demandait inutilement à la France, c'étaient des colons, des administrateurs et des soldats. L'extension des frontières avait été plus rapide que les progrès de la population. Il fallait aux campagnes des instruments de labour, comme à la cour des objets de luxe.

En 1764, une société fut fondée, sur l'initiative du gouvernement et avec l'appui pécuniaire de la noblesse, pour peupler, à l'aide d'une immigration étrangère, les provinces de Saratov et de Samara. Une prime de soixante roubles par famille rendue à Lubeck était assurée aux intermédiaires et des subsides accordés aux colons jusqu'à la première récolte. Le Genevois Pictet, aidé de deux Français, Meunier de Précourt et Le Roy, était de Hambourg le principal agent de ce vaste embauchage. Les mesures rigoureuses de Choiseul firent avorter cette tentative, et tandis que douze mille Allemands étaient introduits dans la seule province de Saratov, bien peu d'Alsaciens et de Lorrains, et des moins estimables, tentèrent l'aventure. Les rares villages fondés par eux n'eurent qu'une existence éphémère. En 1830, selon un voyageur, il n'y en avait depuis longtemps plus trace. Hommes et femmes les avaient promptement désertés et s'étaient faits à l'envi professeurs et institutrices [1].

Les Alsaciens, allemands de langue, ne répondant pas à l'appel, on s'adressa aux Corses, français de la veille. Le chargé d'affaires russe à Livourne était vivement soupçonné en 1782 d'avoir cherché à attirer dans le Nord la colonie grecque de l'île : « Toutes les personnes employées au dehors par l'impératrice, écrit avec dépit Vergennes, sont perpétuellement occupées à débaucher des hommes..... Elles y mettent plus ou moins d'adresse, mais c'est la partie de leurs instructions qui leur tient le plus à cœur. On ne sait que trop quel est le sort des malheureux qui se laissent séduire par les promesses des ministres et des émissaires russes ; la plupart vont périr dans les déserts, abandonnés à l'avarice des chefs de colonies qui ne leur donnent qu'une très petite partie de ce que l'impératrice a assigné pour leur établissement [2] ». Les mesures les plus sévères furent prises contre cette chasse aux colons, et les embaucheurs condamnés d'avance au gibet. Le ministre de la guerre dut de son côté interdire en Corse la levée d'un régiment qu'un certain Peretti avait pris sur lui d'offrir à l'impératrice ; il fallait à tout prix empêcher même les départs isolés : « Le roi, écrit encore le ministre, a de quoi occuper ses sujets, quelque état qu'ils veuillent embrasser, et ils ne peuvent passer au service d'une puissance étrangère qu'après en avoir

---

(1) Recueil de la Bibl. de Pétersbourg intitulé *Interrogatoires des prisonniers de la Bastille* (cité dans les *Archives des Missions scientifiques*, t. IV, p. 108). — *Russie, Mém. et documents*, t. XI, f. 157.

(2) Lettre du 11 janv. 1783 (*Corr. Russie*, vol. CX).

reçu la permission, qui ne s'accorde que très rarement[1] ».

Ces mots caractérisent d'une manière fâcheuse l'émigration militaire qui se produisait de France en Russie, par accident et par intervalles. En apparence, la Russie était un champ propice aux chercheurs d'aventures ; on y faisait la guerre dans des pays inconnus, à des tribus barbares, côte-à-côte d'un peuple fait pour les armes. « L'homme ne vaut en Russie que par sa force militaire », c'est ce que répète en maint endroit Mme de Staël, et Joseph de Maistre lui faisant écho dans sa langue incisive : « Il n'y a chez les Russes de viril que la baïonnette ; tout le reste est enfant [2] ». Mais « on jouissait de tant d'agréments en France, il y avait tant de débouchés avantageux pour toutes les classes, et surtout pour le militaire qu'un Français qui venait en Russie était à coup sûr un aventurier méprisable [3] ». Et en effet un duel malheureux, des dettes criardes, quelque démêlé avec la justice ou le désir de faire fortune à tout prix étaient les mobiles d'un exil plus ou moins dissimulé. L'éloignement servait à masquer les taches du nom ou les erreurs de la conduite.

Dans les états-majors russes, les qualités de commandement faisaient principalement défaut, et on ne regardait de près ni aux talents ni à la réputation des étrangers; tant on avait besoin de leurs services ! A la veille de la guerre de 1787, l'ambassadeur Simoline enrôlait à Paris quelques employés des Ponts-et-Chaussées, qui

(1) Lettre du 10 avril 1783 (Réponse à la pétition d'une dame Fabre) (*Corr. Russie,* vol. CX).

(2) Mme DE STAËL, *Dix ans d'exil,* ch. XIV et XIX. — J. DE MAISTRE, *Corresp. diplomat.,* 12 novembre 1811.

(3) LANGERON, *Mémoires mss.* (Archives des Affaires étrangères).

passèrent sur le Danube, malgré leur ignorance et leurs bévues, pour l'élite de leur corps. Un Français obtenait donc sans peine et d'emblée un grade auquel il lui eût été difficile de parvenir dans sa patrie, sauf à subir ensuite les assauts perfides de la jalousie indigène. De plus, une fois enchaîné à ce service lointain, il n'était ni facile ni prudent de le quitter. Il fallait s'engager par serment à ne jamais combattre les Russes, et encore sous cette condition, un congé n'était pas toujours obtenu. Un certain colonel de La Salle, après avoir servi sept ans contre les Suédois et les Turcs, étant parti sans permission régulière pour Danzig, où il était nommé chargé d'affaires de France, fut arrêté dans cette dernière ville par ordre d'Elisabeth ; il s'échappa, fut repris, s'évada encore, et à son retour passa neuf ans à la Bastille et à Pierre-Encise, victime de la pusillanimité de nos ministres [1].

Parmi ces déserteurs du foyer paternel ou du régiment, citons au hasard Allard, Villemain, Dufort, Milleret, Gallien de Salmorenc, dont on n'a plus que les noms. Un aide de camp du maréchal Rosoumovski, à qui on doit une relation de la campagne du Caucase en 1769, se disait légitimement ou non issu de la famille historique chez nous des Foix-Grailly. Quelques-uns (ils sont rares) s'élevèrent aux plus hauts grades, témoin le comte de Micoud, principal auxiliaire de Soltykov dans la campagne de 1759 en Prusse, qui fut tué à Kunersdorf [2]. Chardon eut une carrière plus longue et plus heureuse ; fils d'un officier qu'un passe-droit avait éloigné de France, il fut successivement au service de la Hollande et de la Prusse, et trouva enfin en Russie

(1) Mémoire inséré dans la *Corr. Russie*, t. CXXXVII.
(2) Lettre de Vérac, 1er mars 1782 (*Corr. Russie*, t. CVIII).

un emploi satisfaisant de ses capacités comme ingénieur. On peut suivre sa trace à toutes les frontières de l'empire ; au commencement de ce siècle, il vivait en retraite à Kiev, avec le rang de lieutenant-général [1]. Un autre officier, Dubosquet, a laissé plus sûrement son nom à l'histoire, à cause de ses relations avec un de ses jeunes compatriotes, alors ignoré, cherchant avec peine sa voie; c'était Bernardin de Saint-Pierre.

Cœur sensible, esprit poétique mais tournant vite à la prose dès qu'il s'agissait de ses intérêts, l'auteur de *Paul et Virginie* rêvait à ses débuts une gloire autre que celle de l'écrivain, et il gagna la Russie avec l'idée d'y fonder, sur quelque rive déserte, une république semblable à la communauté fraternelle de Penn. En digne élève de Jean-Jacques, il venait demander à l'habitant de la steppe ce que ses émules demandaient à l'Indien des Prairies ou au naturel d'Otahiti, l'idéal de la simplicité, de la liberté et de l'innocence. Pour toute recommandation il apportait un titre usurpé de chevalier, des armoiries de son invention, et un brevet d'ingénieur. Après mille vicissitudes, il gagna Moscou où deux Français en place s'intéressèrent à lui. L'un, Dubosquet, lui obtint une sous-lieutenance du génie ; l'autre, Villebois, grand-maître de l'artillerie, imagina d'opposer cet élégant et sentimental étranger au favori du jour, Orlov. Il l'introduisit donc à la cour, et Bernardin se laissa faire, avec l'espoir d'exposer dans une audience ses plans de colonisation et de présenter un mémoire à ce sujet. Son protecteur et lui furent déçus;

---

(1) On trouve dans la *Corr. Russie*, t. CXLIII, une longue note du 31 décembre 1803, adressée au gouvernement français, et relatant sa vie et ses services.

l'homme n'eut de l'impératrice qu'un regard distrait, et l'utopiste vit son projet renvoyé à l'examen d'Orlov, c'est-à-dire enterré. Tout n'était pas chimérique dans ses idées; on le verra bien lors des fondations de Richelieu sur la mer Noire. Un autre projet qu'il avait conçu d'une Compagnie pour le passage aux Indes n'aboutit pas davantage.

Ainsi privé de l'espoir de se révéler par quelque coup de maître, Bernardin de Saint-Pierre commença à regretter sa patrie et eut l'imprudence de confier ses déceptions à la poste. Deux jours après, Villebois lui remettait le brevet de capitaine avec cette observation : Je vous préviens qu'on n'aime pas ici les plaintes. Il fallut se taire, faire trêve aux idées de retour, puis accompagner Dubosquet dans une inspection sur les côtes de Finlande. Depuis, son protecteur chercha encore à le retenir en lui offrant sa nièce en mariage ; Bernardin avait perdu ses illusions, la nostalgie fut la plus forte, et après un séjour de quatre ans, la disgrâce de Villebois lui fut un prétexte pour obtenir son congé. Il franchit la frontière, au dire de son biographe, avec l'allure d'un prisonnier qui prend la clé des champs. Quelque temps après, transporté sous les tropiques, il écrivait à un de ses amis du Nord : « Je désire vos climats glacés et vos forêts agitées par d'éternels aquilons ». Il n'est tels que ces sensibles égoïstes pour souhaiter ce qui leur manque. Bernardin de Saint-Pierre rapporta seulement de cette aventure quelques impressions de voyage décolorées, si on les compare aux tableaux répandus dans ses ouvrages. Pourquoi n'a-t-i pas su découvrir sous ces froids horizons une sœur aînée de Virginie, comme la *Jeune Sibérienne* de Xavier de Maistre? Cette rencontre eût plus profité à sa gloire que le récit, amplifié par un maladroit panégyriste, de ses mésaventures militaires et de ses équipées galantes [1].

Chose singulière ! les premiers Français que les Russes purent estimer les armes à la main étaient des adversaires. Après les soldats de Plélo ce furent ceux qui combattaient au milieu des Polonais armés pour leur indépendance ; là ils personnifiaient la protestation timide du ministère français contre le partage de 1772. Ils se nommaient Choisy, Galibert, Maltzan, Saillant, Vioménil, Lalaing. Ils furent pris et dispersés à Riga, à Kiev, à Smolensk, et ce ne fut point petite affaire de leur transmettre des secours et des nouvelles, en attendant leur délivrance. L'impératrice était irritée de découvrir des ennemis là où elle espérait des complices, et elle faisait la sourde oreille aux représentations des philosophes comme à celles des diplomates en faveur des vaincus de Cracovie. Voltaire et d'Alembert, à qui l'amour de l'humanité rendait cette fois l'instinct du patriotisme, se hasardèrent en effet à plaider la cause de leurs compatriotes prisonniers : J'ai besoin d'eux, leur fut-il répondu d'abord avec une ironie hautaine, pour répandre les belles manières dans mon empire. Catherine déclarait d'office malades ces petits-maitres égarés au milieu des bandits de Pologne, et malades à ne trouver de remèdes qu'en Sibérie : aussi ne consentit-elle à leur rendre la liberté qu'à bout de prétextes et de faux-fuyants [2]. Elle ne se doutait pas encore que dans quelques années l'apostolat philosophique aurait porté ses fruits, et mis à ses pieds ces épées tournées contre elle.

(1) BERNARDIN DE SAINT-PIERRE, *Voyage en Russie*. — AIMÉ-MARTIN, *Essai sur la vie de Bernardin de Saint-Pierre*.
(2) *Corr. Russie*, t. XC à XCII. — Voltaire n'intervint dans cette affaire qu'avec toutes sortes de précautions. V. notamment ses lettres au maréchal de Richelieu (30 Mai 1772) et à l'impératrice (31 Juillet).

IV

OUTCHITÉLI

La classe la plus nombreuse des Français-Russes était celle des gens se disant écrivains, ayant offert leur plume et devenant rédacteurs dans les bureaux officiels ou secrétaires dans les familles riches, et surtout celle des précepteurs ou professeurs, vendant à plus ou moins haut prix leur prétendue science. Parmi les premiers on pourrait citer beaucoup de noms dont le temps a fait complètement justice : Du Haussay, Villiers, Maudru, Marcillac, Simon, Mandrillon, Girard, mentionnés dans les correspondances de l'époque comme poètes ou publicistes, n'ont laissé aucune trace. Les seconds, sous le nom d'*outchitéli*, furent, malgré l'obscurité de leur origine et leur condition dépendante, les apôtres et les missionnaires de l'esprit nouveau. « Ce sont, a dit l'un d'eux, les seuls personnages dont le ministère a été d'y prêcher la philosophie, la morale et la vertu en y répandant quelques lumières ». On les trouvait dans chaque maison seigneuriale et au pied du trône; un gentilhomme du Vivarais, Vaumale, passa vingt-trois ans auprès de Potemkine, comme « instituteur », puis comme secrétaire [1].

L'instruction donnée en commun n'existait guère en Russie. On peut lire dans les mémoires de Ph. Wigel le

---

(1) MASSON, *Mémoires*, ch. x. — L'abbé de Bignon à Vergennes, 9 avril 1785 (*Corr. Russie*). De même un certain comte de Salins était secrétaire de Betski.

tableau de la pension des époux Forceville à Moscou, où on apprenait tout au plus la danse, le mari passant ses journées à tourner sur ivoire, et la femme abandonnant ses élèves à la plus grossière malpropreté. Restaient les instituteurs privés, tirés pour la plupart de la Lorraine, de la Franche-Comté, de la principauté de Montbéliard et de la Suisse romande, quelques-uns recrutés par Voltaire dans son voisinage, d'autres attirés par la présence en Russie de leur compatriote, femme du grand-duc héritier. La liste des Montbéliardais qui ont ainsi fait fortune au loin serait aussi longue que difficile à dresser : elle se continue jusqu'à nos jours par les noms des Parrot, de Tuetey, Georges Schor, Rau, Dorian, Benjamin Favre. Catherine avait un penchant marqué pour ceux qui n'étaient pas nés sujets du roi très-chrétien ; elle préféra le Vaudois Laharpe au Franc-Comtois Bousson comme précepteur du grand-duc Alexandre. Tott, le frère aîné de l'auteur des Mémoires, étant venu à Pétersbourg en 1764 : « Voilà, dit le grand-chambellan Chérémétiev, l'homme qui conviendrait au grand-duc et que je voudrais lui attacher ; mais il est français [1] ! »

Ainsi, comme au temps de Pierre Ier, les protestants se sentaient plus à l'aise en pays orthodoxe que les catholiques. On ne s'effrayait point d'accueillir des hommes dont les idées se conciliaient mal avec le régime autocratique : on répétait avec l'impératrice : « Croyez-moi, personne ne se plaît plus à une cour que les républicains [2] ». Leur docilité était certaine ; leurs connais-

(1) Mémoire de Tott (*Corr. Russie*, t. LXXXIX).
(2) A Grimm, 30 avril 1791. — Nous aurons souvent occasion de citer cette correspondance, publiée par la *Société d'Histoire de Russie* (t. XXIII), et d'un inappréciable intérêt pour l'histoire de Catherine II.

sances et leurs mœurs étaient plus que douteuses, à en juger par les aveux caractéristiques des voyageurs.

D'après eux, le gouvernement ayant institué une commission chargée de contrôler leur conduite et leurs aptitudes, un millier environ de candidats se présenta. L'un d'eux, interrogé sur les modes des verbes, répondit qu'ayant quitté Paris depuis vingt ans, il ne pouvait rien dire sur les modes actuelles de son pays, attendu qu'elles changeaient continuellement. Dans un autre, l'ambassadeur français aurait reconnu un de ses anciens postillons, et le comte d'Anhalt un ex-tambour de son régiment, jadis condamné aux verges par lui. Betski a été accusé d'avoir nommé directeur des cadets un souffleur de la Comédie-Française. Faut-il ajouter foi aux traits suivants, peut-être inventés à plaisir pour stigmatiser l'ignorance et l'immoralité de ces pédagogues ? Un Finnois se présente dans une famille incapable de contrôler ses dires et enseigne, sous couleur de français, le patois de son pays [1]. Un autre venu de Paris (c'était après 1789) laisse voir un jour une fleur de lys sur son épaule, et affirme que c'est un signe adopté par tous les membres de la famille de Bourbon pour se reconnaître à l'étranger. On fit dès lors fête au prétentendu prince, et peu s'en fallut que cet échappé du bagne ne contractât une alliance dans la famille qu'il trompait si impudemment. On fut averti heureusement de la méprise, et il eut de son côté le temps d'éviter par la fuite le châtiment qui l'attendait [2].

Une seule chose faisait bien accueillir ces aventuriers et leur donnait du prestige : ils savaient tant bien que mal

---

(1) *Anecdotes intéressantes*, etc. (par Scherer), t. II, p. 6-7.
(2) Lagarde, *Voyage dans quelques parties de l'Europe*, p. 21 et suiv.

parler français. Notre langue était là-bas comme chez nous l'arme d'une puissance encore enfermée dans le huis-clos des bibliothèques; elle était le passeport nécessaire des idées nouvelles, et c'est sur ce théâtre lointain que Joseph de Maistre, par la bouche de son sénateur, dans une page célèbre, en constatera l'empire.

Tout-puissant par son enseignement, le précepteur étranger n'en demeure pas moins sans autorité ni considération; on le fait venir de la ville « avec la provision annuelle de vin et d'huile de Provence [1] ». Le pédagogue recommandé par Voltaire peut coudoyer dans les antichambres Abraham Chaumeix, le convulsionnaire réduit à fuir au bout de l'Europe le ridicule dont l'a couvert l'auteur du *Pauvre diable*. Pour le roman il y a là un type de grotesque tout trouvé : c'est Beaupré dans Pouchkine, ancien coiffeur, puis soldat en Prusse, galantin et ivrogne, qui laisse son élève construire des cerfs-volants avec ses cartes de géographie ; c'est M. Bonard dans Xavier de Maistre, qui lit un livre, tranquillement adossé au poêle, tandis que la Grande armée agonise à quelques lieues de lui dans la neige, et qui est très piqué d'être reconnu comme étranger, à cause de son mauvais russe [2].

Au milieu de cette foule bigarrée, quelques hommes firent une fortune dont ils étaient plus ou moins dignes. Danzas, de Saverne, passa dans l'armée et devint général-major; la fille d'un *outchitel* épousa un neveu de la princesse Dachkov. D'autres, ce qui vaut mieux, se distinguèrent par des connaissances sérieuses ou par des qua-

---

(1) POUCHKINE, *La Fille du Capitaine*, I.
(2) X. DE MAISTRE, *Histoire d'un prisonnier français*, dans les *OEuvres et correspondance inédites* publiées par M. Réaume.

lités d'observateurs et d'écrivains. Duvernoy professa près de vingt ans l'anatomie et la chirurgie à l'Académie des sciences ; c'était un Montbéliardais appelé de Tubingen, mais ayant étudié à Paris. Desessartz, le « médecin des enfants », l'inspirateur anonyme de plus d'un chapitre de l'*Émile*, vint faire connaître à la Russie le bienfait de l'inoculation variolique.

Un autre groupe est formé par Charpentier, l'auteur de la première grammaire russe rédigée en français, par Lévesque et Clerc, qui s'essayèrent à réunir en corps d'ouvrage les annales d'un peuple encore mal connu en Occident. Lévesque, protégé de Diderot, connu par quelques traductions et ouvrages de morale, entra en qualité de professeur de littérature à l'école des cadets; pendant ses loisirs, il apprit le russe et le slavon et put ainsi réunir les pièces originales sur lesquelles il composa son histoire, parue en 1782. Clerc vint à deux reprises en Russie; de 1759 à 1762, il fut attaché comme médecin à l'hetman des cosaques Rosoumovski, et il paraît s'être surtout occupé, durant ce premier séjour, des études et des occupations qui lui étaient les plus familières. Revenu en 1769 à la suite de pertes de fortune, il dirigea de l'établissement à Moscou d'un hôpital sur le modèle de La Charité de Paris. On le trouve ensuite attaché à la personne du tsarévitch et au corps des cadets; c'est là qu'il devint le collaborateur de Betski et un pédagogue, au moins en théorie [1]. Sous le titre bizarre de *Yu le Grand et Confucius*, il composa un roman d'éducation, une sorte de Cyropédie philosophique que la souveraine elle-même semble avoir inspirée, et à son retour en France, il rédigea avec la collaboration

---

(1) Mémoire de Clerc au ministre (décembre 1772) pour obtenir l'ordre de Saint-Michel (*Corr. Russie*, t. XC).

de son fils une *Histoire de la Russie ancienne et moderne*. L'ouvrage était imprimé avec luxe, enrichi de tableaux économiques et géographiques; comme celui de Lévesque, il éveillait une curiosité qu'il ne satisfaisait qu'à demi, et il est encore davantage oublié.

Il manquait à l'un et à l'autre de ces ouvrages une qualité volontairement rejetée par leurs auteurs ; ils s'arrêtaient juste au moment où la Russie, à tort ou à raison, commence à prendre à nos yeux forme humaine. La main qui à distance tenait sous clef l'œuvre de Rulhière en scellait les pages inachevées. Malgré le succès qu'il obtint, et les nombreux noms russes inscrits sur ses listes de souscription, Lévesque jugea prudent de ne pas achever son œuvre avant la mort de Catherine II, et, en racontant après 1796 le règne de cette princesse, il manifestait encore ses appréhensions, sa crainte d'écrire sur des bruits hasardés, et de déplaire à des personnages puissants, capables de se venger. Le manuscrit de Clerc fut soumis avant l'impression au premier commis des Affaires étrangères, et certaines expressions jugées inoffensives par la censure durent être modifiées; l'auteur n'obtint qu'après des démarches répétées son privilège [1]. Il s'était pourtant arrêté, par un excès de prudence, à la date de l'avènement d'Élisabeth : « Il faut se croire libre, écrivait-il, pour se sentir au niveau de son sujet. On ne peut presque plus satisfaire son penchant de la vérité, sans courir le risque d'exciter l'indignation [2] ». Il l'excita quand même pour les parties qu'il avait traitées, et le Russe Boltine, dans un livre imprimé aux frais du gouvernement, lui fit l'honneur d'une volumineuse réfutation.

(1) *Corr. Russie*, t. CVIII, CIX.
(2) *Histoire de la Russie moderne*, t. II, p. 235.

Les temps étaient bien changés, lorsque parurent les Mémoires de Masson. Celui-là avait vu de près et retenu, grâce à ses fonctions chez les Soltykov, puis à la cour, les singularités et les scandales d'une société à la fois grossière et raffinée. Son livre sent le pamphlet, et il faut se souvenir qu'il est l'œuvre d'un disgracié, d'un proscrit assuré de l'impunité qui se venge. Il parut en France, sous le Consulat, à l'abri des menaces alors impuissantes des envoyés du tsar ; et l'on ne saurait douter, les Russes de bonne foi l'ont avoué depuis, ni de la véracité des anecdotes, ni de la ressemblance des portraits [1].

Un futur coryphée de la Montagne conventionnelle, le rude et fanatique Auvergnat Gilbert Romme, fut un de ceux qui prirent le plus au sérieux leurs fonctions. Installé dans un splendide hôtel, avec le bronze de Falconet sous ses fenêtres, entre une bibliothèque et un laboratoire, il élevait le jeune *Popo* Strogonov en Spartiate, et l'imprégnait d'un stoïcisme sentimental dont il empruntait les éléments aux ouvrages les plus divers, depuis les *Vies* de Plutarque jusqu'aux *Contes* de Marmontel. Sa fierté eut plus d'une fois à souffrir du discrédit jeté sur ses pareils ; en outre l'inconduite des parents était notoire ; grave embarras pour lui, tout comme pour les précepteurs des petits-fils de l'impératrice. Romme imagina de s'y soustraire en faisant voyager son élève ; pendant trois ans ils parcoururent ensemble toutes les Russies, de la Sibérie à la Crimée, l'un observant en enfant curieux, l'autre poursuivant ses études de physicien et de naturaliste. Cette éducation s'acheva en Suisse, en Auvergne, à Paris, en

---

(1) P. Martinov, dans la *Revue des Questions Historiques*, t. XV, p. 632.

attendant que le maître inventât, à l'encontre du calendrier grégorien ou russe, le calendrier républicain, et que l'élève devint le conseiller du tsar Alexandre [1].

Sous l'influence de tels hommes, une nouvelle génération grandissait, qui se dépouillait à plaisir de la marque originelle, et entait sur la morale d'Helvétius les théories de Jean-Jacques en fait d'éducation et de politique. Le clergé indigène, sans connaissances et sans prestige, était incapable de la défendre et de l'éclairer. Son chef le plus éminent, le métropolite Platon, s'est attiré d'un de ses compatriotes ce singulier éloge qu'il eût été incapable de molester Rousseau comme l'avait fait à Paris Christophe de Beaumont; et lorsque sa souveraine lui demandait d'examiner le principal ouvrage du théosophe Saint-Martin, il n'y trouvait rien que de parfaitement orthodoxe. Catherine II eut beau s'ériger elle-même en congrégation de l'Index, et signaler l'*Émile* comme le plus dangereux des livres; ce fut dans ses États qu'on expérimenta peut-être le plus hardiment la méthode pédagogique de l'*Émile*. On sait l'histoire de ce père qui avait appliqué rigoureusement dans sa famille les préceptes du grand homme, et qui, effrayé du résultat, fit parvenir ses doléances à l'auteur; il reçut de lui cette étonnante réponse : Je ne m'étais pas imaginé qu'il y eût un père assez peu réfléchi pour m'écouter et me suivre [2] !

De cette série d'expériences tentées à l'étourdie par les plus grandes familles sortit un être hybride, sans ancêtres et sans descendants légitimes, le Russe égoïste

(1) DE VISSAC, *Romme le Montagnard*, ch. III-V.
(2) THIÉBAULT, *Souvenirs de vingt ans de séjour à Berlin* 3ᵉ partie, ch. XIII.

et sensible, philantrope et gallophile, dont le grand romancier moderne, Tourguéniev, a crayonné un type caractéristique, Ivan Matvéich Koltowskoï. C'est un beau grand vieillard tout parfumé d'ambre, et prenant du tabac avec gravité dans une tabatière en or au chiffre de la grande Catherine. Un soupçon de poudre sur sa chevelure rejetée en arrière, vêtu d'une douillette de soie surmontée d'une cravate blanche, il passe ses journées dans un fauteuil à la Voltaire. La fille qu'il a eue d'une juive à son service s'épuise à lui lire Mably et Raynal ; il se lève à son arrivée, la reconduit, lui donne à baiser sa main sèche à demi ensevelie sous ses manchettes de dentelle, l'appelle même son Antigone, sans jamais aller jusqu'à s'avouer son père. Il a vécu à Paris, a été invité par Marie-Antoinette à Trianon, a vu Mirabeau, « homme de mauvais ton en dépit de sa naissance », et deux ou trois fois par an, récite de sa voix lente et nasillarde un impromptu qu'il a risqué à une soirée de la duchesse de Polignac. Il parle très mal le russe, comme un jargon vulgaire et rude ; son vieux valet de chambre est un Turc d'origine parlant français, et il a un cuisinier dont il a payé fort cher l'éducation. Pourvu que son linge fin soit bien et régulièrement blanchi, que ses domestiques ne fassent pas de bruit dans son antichambre, le reste lui importe peu. Il a institué des journées de réception en faveur de ses paysans ; il se montre alors dans la grande salle ou à son balcon, une rose à sa boutonnière ; il effleure de ses lèvres un broc d'argent rempli d'eau-de-vie, et dit : « Vous êtes contents de mes mesures comme je crois l'être de vos efforts : nous sommes tous frères, je bois à votre santé ». Puis il salue, et les paysans s'inclinent devant lui, non pas toutefois jusqu'à terre, ainsi qu'il leur a été recommandé expressément. Près de sa fin, on lui conseille d'appeler le clergé : « Ces Messieurs et moi nous n'avons rien à nous dire.... ¹ ».

Ainsi a vécu et est mort le boyard du siècle dernier, en révolte latente contre sa nation, sa langue et son Église, fidèle sujet de Catherine la Grande et fidèle lecteur et disciple de Voltaire.

(1) *L'Abandonnée*, par J. Tourguéniev (*Scènes de la Vie Russe*, t. II).

V

ILLUMINÉS ET JÉSUITES

On connaît maintenant, par leur action comme par leur caractère, ces doctrines que l'aristocratie russe avait reçues de la France et dont elle tirait, au moins en paroles, les conséquences les plus hardies ou les plus exagérées. Intellectuellement parlant, on pourrait les appeler d'un nom bien postérieur : le nihilisme. Une réaction était inévitable contre ce dédain de toute opinion reçue, contre cette négation à outrance. Elle ne vint pas de l'Église nationale, réduite au silence par ses maîtres et étrangère aux labeurs apostoliques; elle se produisit sous diverses formes, sur divers théâtres, par diverses influences où prédomine encore celle de la France.

Arrêtons-nous d'abord à Pétersbourg. Une capitale est un champ propice aux faiblesses comme aux témérités de l'intelligence; les aventuriers de toute espèce y ont chance de passer grands hommes, ne fût-ce qu'une heure. On vit donc là les charlatans de l'illuminisme et de la science. Saint-Germain vint dès 1762 et noua avec Grégoire Orlov des relations assez étroites pour être soupçonné d'avoir joué un rôle dans la révolution qui renversa Pierre III. En 1779, ce fut le tour de Cagliostro sous le pseudonyme du colonel espagnol Phœnix, avec sa compagne la belle Lorenza. Comme à Paris, il prétendait changer tous les métaux en or, guérir toutes les maladies, être en commerce direct avec les esprits, et là aussi il tira parti de la disposition des âmes à enter la superstition sur le scepticisme. Enfin il se faisait fort de rendre l'impératrice favorable à la franc-maçonnerie. Diverses aventures fâcheuses le firent vite descendre du piédestal où il s'était placé, et le forcèrent de quitter brusquement Pétersbourg. Catherine, restée presque seule insensible à son grossier prestige, le poursuivit de ses railleries dans une comédie anonyme, où elle le mettait en scène sous un pseudonyme transparent, et, fidèle à la maxime voltairienne, tuait par le ridicule jusqu'à son souvenir. Elle laissa néanmoins la franc-maçonnerie faire des recrues parmi ses sujets, et établir dans ses États près de cent cinquante loges [1].

Une doctrine plus sérieuse que celle de Saint-Germain, l'illuminisme, se répandait alors en Occident sous l'influence successive de Martinez Pasqualis et de Saint-Martin. Ce dernier durant ses voyages s'acquit la sympathie et la vénération de plusieurs Russes de haut parage; il vint voir dans ses domaines de Montbéliard la belle-mère du tsarévitch, et fut traité par elle en oracle. A Londres, il séduisit au moins un moment l'ambassadeur Simon Woronzov, et le prince Alexis Galitzine qui disait de lui : « Je ne suis véritablement homme que depuis que j'ai connu M. de Saint-Martin [2] ».

Le journal récemment publié de Zinoviev donne sur ce singulier mouvement des esprits d'intéressants détails. Zinoviev, en passant à Lyon dans ses courses à travers l'Europe, rencontra Saint-Martin, s'éprit de ses doctrines et de son genre de vie. Un voyage qu'il fit ensuite en Angleterre interrompit son noviciat; puis de

(1) Articles russes analysés par M. Rambaud dans la *Revue politique et littéraire*, juin 1878. — La Franc-Maçonnerie en Russie, dans les annexes du tome II de Deschamps, *Les Sociétés secrètes et la société*.

(2) Matter, *Saint-Martin, sa vie et ses écrits*, p. 134-138.

retour à Lyon en 1787, il se laissa aller pendant plusieurs mois aux charmes d'une fraternité mystique, avec l'officier Grainville, le docteur Giraud, le « charmant » Villermoz et autres « chevaliers bienfaisants », auteurs de la fusion entre l'illuminisme et la maçonnerie accomplie au couvent de Wilhelmsbad, en 1781. Ces jeunes gens dînaient philosophiquement de compagnie, lisaient et commentaient l'Écriture Sainte, sans oublier les stations dans les églises, et se comparaient sincèrement aux chrétiens des premiers siècles. Leur christianisme ne dépassait guère, je le crains bien, celui du Vicaire Savoyard. Jean-Jacques Rousseau, « homme incomparable, misanthrope plein d'amour, enfant jusqu'à son dernier souffle [1] », représentait pour cette jeune école la réaction contre le scepticisme desséchant de Voltaire [2].

L'illuminisme se développa en Russie, sans qu'il soit possible de déterminer aujourd'hui de quel maître, Martinez ou Saint-Martin, il procédait. L'impératrice crut bon d'intervenir contre l'un et l'autre avec les armes à la mode, c'est-à-dire de composer deux comédies destinées à les tourner en ridicule, comme tous ceux qui, trompeurs ou trompés, favorisaient à ses yeux la déformation de l'esprit humain. Saint-Martin, averti de ces dispositions, s'était promis de ne pas mettre les pieds dans son empire, et il tint parole.

Pourtant, loin de l'un et de l'autre, à Moscou, la secte se développait et prospérait, côte-à-côte de la franc-maçonnerie, introduite dès 1730 par un certain Schwartz. Novikov, libraire et auteur, prêtait aux illuminés l'appui de son talent et de sa publicité, et le futur historien national, Karamzine, faisait son éducation intellectuelle

(1) KARAMZINE, Lettres d'un voyageur.
(2) Antiquité Russe, octobre-décembre 1878.

et morale sous leurs auspices. L'association maçonnique, la loge où l'on « travaillait » en français, était le cadre qui les réunissait. Un franc-maçon moscovite au siècle dernier n'était pas un libre penseur, au sens ultérieur de ce mot, il ne réduisait pas son symbole à une béate adoration de l'humanité; il cherchait au contraire, par un effort louable bien que mal dirigé, à se rapprocher de l'Invisible divin; c'était un piétiste, poursuivant son vague idéal au hasard, un peu partout, dans le cabinet des magnétiseurs et la cellule des trappistes.

Ce Panthéon religieux était aussi un Panthéon littéraire, où des idoles de diverse origine prenaient place. Karamzine, ardent patriote s'il en fut, ne croyait pas que son pays pût secouer encore la tutelle intellectuelle de l'étranger. Nos classiques ne suffisant plus à sa curiosité, il lisait Lessing, Shakspeare à travers la traduction de Letourneur; il traduisait en même temps pour un des journaux de Novikov les *Veillées du Château* et des ouvrages allemands de philosophie religieuse, auxquels succèderont les romans de Ducray-Duminil et les *Contes* de Bouilly. C'était suppléer à l'originalité par l'éclectisme, et cet éclectisme paraissait légitime sur tous les champs d'expérience de l'esprit humain; il laissait pressentir au sénateur des *Soirées de Saint-Pétersbourg*, suivant attardé et involontaire de ce groupe d'utopistes généreux, « je ne sais quelle grande unité vers laquelle nous marchons à grands pas [1] ».

De Moscou passons en Pologne et dans la Russie Blanche. Une autre influence s'y maintient et s'y accroît, que les préventions anti-françaises de Catherine II ont secondée, et qui profitera cependant encore au génie de l'Occident. Les Jésuites venaient de succom-

(1) *Soirées de Saint-Pétersbourg*, 11e entretien.

ber à Rome, frappés à la fois par leurs amis naturels et leurs ennemis héréditaires. Au moment de leur suppression par bref pontifical, la Russie prenait possession de territoires où la Compagnie proscrite conservait quatre collèges et un certain nombre de missions. Comme à Frédéric de Prusse, il plut à Catherine de les y maintenir. C'était faire acte de bonne politique ; car les Jésuites lui avaient les premiers et avec empressement prêté serment de fidélité ; ils étaient un exemple d'obéissance à ses nouveaux sujets, et devaient payer ses bienfaits en *Te Deum* ; ils avaient été frappés par son ennemi Choiseul ; privés désormais de toutes relations au delà des frontières, ils ne portaient plus ombrage, et la tolérance à leur égard était facile, car elle ressemblait singulièrement à la pitié ; enfin, comme l'avouait leur nouvelle protectrice, « ces coquins-là sont les meilleures gens du monde, et nulle part encore on n'a pu remplacer leurs écoles, quoiqu'on ait pillé leurs biens à cet effet [1] ».

Elle dérogea en conséquence à l'ukase de Pierre Ier qui avait banni à jamais de l'empire la célèbre Compagnie, et quand le bref d'abolition eut été connu, elle se garda bien de souscrire au vœu que les Jésuites lui transmirent à l'effet d'être mis en état d'obéir au Saint-Siège ; elle obtint au contraire du pape un rescrit qui assurait une existence provisoire à l'Ordre détruit en Russie. La négociation est des plus curieuses à suivre, à cause de l'attitude embarrassée de ceux qui en sont l'objet ou qui la conduisent : les Jésuites partagés entre le devoir de l'obéissance et l'amour pour leur Institut ; le pape tremblant sous la surveillance des cours bourbonniennes et ne souhaitant rien tant que d'avoir la main forcée ; l'impératrice parlant plus haut qu'elle ne pense, et

(1) A Grimm, 12 avril 1775. Cf. 27 septembre 1790.

écrivant confidentiellement à Pie VI ces mots singuliers dans sa bouche : « Qui sait si la Providence ne veut pas faire de ces hommes les instruments de l'union si longtemps désirée entre l'Église grecque et l'Église romaine [1] » ?

Les Jésuites, placés sous la juridiction de l'évêque de Mohilev, se virent assimilés à un clergé que l'impératrice tenait sous une obéissance étroite, réglée par les maximes du clergé de France. Ces maximes dont ils avaient essayé vainement de s'abriter contre les Parlements assurèrent, dans un empire schismatique, la continuité de leur existence. Ils recouvrèrent en 1779 le droit de recevoir des novices à Polotsk, où l'impératrice et le tsarévitch vinrent les visiter; un vicaire-général tint l'intérim du généralat, et ils attendirent de la sorte, à l'abri des révolutions qui se préparaient, l'heure de leur restauration dans tout le monde chrétien.

Par cette revue où ont figuré tant de noms étrangers et diversement célèbres, on voit que le règne de Catherine II n'a pas été seulement une période d'expansion et de conquête pour la Russie ; ces frontières qui s'étendaient si vite livraient accès, par mille brèches élargies à l'envi de part et d'autre, à toutes les doctrines triomphantes ou discréditées en Occident ; et c'était de la façon la plus imprévue que devait y retentir le contre-coup de la Révolution française.

---

(1) Lettre de 1783 citée par Castéra, *Histoire de Catherine II*, t. III, p. 109. — Y joindre de curieuses dépêches publiées par Theiner, *Histoire du Pontificat de Clément XIV*, t. II, p. 500-502 et Masson, *le cardinal de Bernis depuis son ministère*, p. 337-341, 355-367.

CHAPITRE QUATRIÈME

LES RUSSES EN FRANCE AU XVIIIe SIÈCLE

I

LES RUSSES EN FRANCE JUSQU'EN 1760

Partout, même en Russie, on vante nos auteurs.

Ce vers de Gilbert, malgré sa pointe satirique, constate l'empire que les lettres françaises exerçaient jusqu'en ces régions réputées encore barbares par le plus grand nombre. Durant le dix-huitième siècle, la France se fit considérer des Russes comme une grande nation surtout à cause de ses écrivains, qu'ils lurent avec passion, dont ils firent leurs oracles ; en sorte que la Révolution fit d'avance son entrée en Russie, comme ailleurs, sous les traits des Encyclopédistes. La littérature nationale, encore bégayante et au berceau, s'essaie dans la voie ouverte par Trédiakowski et demande sans choix ses inspirations aux croyants du grand siècle et aux incrédules de la Régence. Kivastov traduit *Andromaque*, *l'Art poétique*, plusieurs satires ou épîtres de Boileau, Kniajnine *Tancrède*, Karabanov *Mahomet* et *Alzire*. L'Académie russe fondée en 1782, et qui dura jusqu'à la mort de Catherine II, s'emploie surtout à des traductions du français. Une des premières fut celle de *Candide*.

Il n'était pas besoin vraiment de ces doctes intermédiaires pour tourner les têtes russes vers les livres de l'Occident. « Vos ouvrages, disait Voltaire en 1716 à ses confrères de l'Académie française, ont pénétré jusqu'à cette capitale de l'empire le plus reculé de l'Europe et de l'Asie et le plus vaste de l'univers; dans cette ville qui n'était il y a quarante ans qu'un désert habité par des bêtes sauvages on représente vos pièces dramatiques, et le même goût naturel qui fait recevoir dans la ville de Pierre le Grand et de sa digne fille la musique des Italiens y fait aimer votre éloquence ». Cette éducation hasardée, toute théorique et critique que Catherine II s'était donnée en tête-à-tête avec Bayle devint celle de ses principaux sujets. L'ancienne et la nouvelle école classique, les chefs-d'œuvre de la scène et les plus frivoles productions de boudoir encombrèrent pêle-mêle les bibliothèques; on les trouvait jusqu'à Tobolsk. En huit jours, trois mille exemplaires de la *Philosophie de l'Histoire* de Voltaire furent débités à Pétersbourg [1]. Von Vizine, le Molière russe, pouvait déjà se moquer, comme plus tard Gogol, de ceux qui puisaient leur instruction dans les romans parisiens.

En vérité ces « terres vierges » étaient propices aux semences, bonnes ou mauvaises, jetées au hasard dans les esprits par les livres, par l'écrivain invisible ajoutant aux banales leçons de l'*outchitel* les séductions de l'esprit et de l'éloquence. Si platement soumis qu'il soit à sa souveraine, si fier qu'il soit comme les Galitzine de pouvoir insérer sa généalogie dans La Chesnaye des Bois, le boyard de bon ton gémit à huis clos sur son propre esclavage, se déclare tout bas fait pour être

---

(1) CASANOVA, *Mémoires*.

libre, et espère que son fils le sera ; si bien que dès 1766 certains observateurs se croient en droit d'écrire : « La Russie est dans un état de crise d'où elle ne sortira que pour être république, ou retomber dans la barbarie [1] ».

Les femmes couraient les premières au devant de la contagion. Méprisant comme tant d'autres les étrangers ignorants qui l'entouraient, la princesse Dachkov demandait directement aux livres les secrets de la vie et des connaissances humaines ; à quinze ans elle relisait déjà le trop fameux traité de l'*Esprit* par Helvétius, et trouvait des charmes même au *Dictionnaire* de Moréri et à l'*Encyclopédie*.

Lire inspire le désir de connaître, et les Russes prenaient, sans cesse plus nombreux, le chemin de la France. Ceux qui ne venaient pas jusqu'à elle l'habitaient par l'imagination. « Plusieurs jeunes Russes connaissaient mieux Paris que ceux qui avaient passé leur vie à en battre le pavé. Un comte Boutourline avait poussé si loin les connaissances locales qu'il pouvait soutenir avec un Parisien la conversation la plus détaillée sur les spectacles, les rues, les hôtels et les monuments de Paris. Le Français demeurait stupéfait lorsque le Russe avouait qu'il n'avait jamais été en France [2] ».

On connaît la piquante satire de Voltaire qui met en scène un sujet d'Élisabeth Pétrovna venu en Occident admirer la splendeur du grand siècle, qu'il s'imagine survivre au grand roi, et le malicieux poète place dans la bouche de cet étranger déçu et ses regrets du temps passé et ses plaintes sur le temps présent. Au

(1) Mémoire du chevalier de Cérisi (*Russie, Mém. et doc.*, t. XI).
(2) MASSON, *Mémoires*, ch. x (en note). — Cf. pour Boutourline FORTIA DE PILES, *Voyage*, etc., t. III, p. 343.

point de vue littéraire, le cadre est ingénieux, mais historiquement parlant, Voltaire se trompait deux fois. Un Russe en 1759 était loin d'être une nouveauté à Paris, et les voyageurs venus du Nord ne trouvaient pas la France déchue, tant s'en faut. A elle d'amuser l'Europe, disaient-ils; du moins la respectaient-ils encore, et voyaient-ils en elle, sous le sceptre des Bourbons, l'arbitre de toutes les élégances littéraires et mondaines. Il était donc naturel que beaucoup d'entre eux vinssent lui demander profit, instruction ou plaisir.

Dès le temps d'Anne Ivanovna, le chargé d'affaires russe, Cantémir, avait témoigné par sa culture intellectuelle qu'il ne ressemblait guère aux grossiers suivants de sa souveraine. Jeune, il avait aidé l'apôtre janséniste Jubé de la Cour dans la traduction de ses pièces de controverse ; c'était un esprit délicat, curieux et empressé en tous sens, qui se passionnait à la fois pour la *Politique* de Bossuet et les *Lettres persanes* de son ami Montesquieu, et qui créa dans la littérature russe le genre de la satire [1].

Vers le même temps Betski, depuis un grand personnage en Russie, consolait en France la duchesse de Holstein de l'indifférence de son mari, et si bien que plus tard on le disait tout bas le père de l'impératrice Catherine ; sa ressemblance avec elle, la déférence respectueuse dont il était l'objet semblent confirmer ce bruit [2]. Non loin de lui, le poète Trédiakowski et le professeur Karjavine étudiaient à l'Université ; l'acteur Dmitriewski recevait des leçons de Lekain. Deux

---

(1) Ses Satires furent traduites en français et publiées dès 1749.

(2) L. Troubetskoy, *Ivan Ivanovitch Betzky* (*Nouvelle Revue* 15 septembre 1884). Sabatier l'appelle « la commère de Catherine II » et Corberon « vieillard imbécile et ignorant ».

Dolgorouki apprenaient la stratégie sous la direction du chevalier de Folard, et l'un d'eux fit comme volontaire trois campagnes à la suite de l'armée française durant la guerre de Sept ans. Enfin André Pétrovitch Chouvalov, sans souci de sa langue maternelle, se mettait aveuglément à l'école de nos lettrés, et rimait en français son *Épître à Ninon*, corrigée, dit-on, par La Harpe, et assez bien tournée pour être attribuée à Voltaire et avoir son jour de vogue. Il y dissertait en épicurien sur la vertu entendue à la façon de Ninon, avec des dédains très stoïques envers les grandeurs, moins sincères assurément que ses aveux. Dorat répondait au poète anonyme sur le même ton, affirmant que « les soupers sont l'âme de la vie » et que l'austère Maintenon a été bien moins utile à l'humanité que Ninon de Lenclos.

Dès la fin du règne d'Élisabeth, une colonie russe assez nombreuse avait pris pied à Paris : et ses membres encourageaient par leurs exemples ce luxe et ces vices dont Pierre le Grand avait le premier déploré les progrès. Jusqu'aux Woronzov, tout cède au torrent. Dans cette famille, l'anglomanie était de mode ; les moindres hommages à la France acquièrent donc à nos yeux une valeur significative. Son chef, le vice-chancelier, fut conduit en 1746 par la politique à Paris, et s'en échappa incognito, sous prétexte de soigner sa santé, pour passer une saison à Montpellier [1]. Sa fille, la princesse Dachkov, a raconté dans quelques pages empreintes d'une réserve assez dédaigneuse son séjour à Paris ; elle ne fut accessible qu'à de rares privilégiés, comme

---

(1) *Journal de* Luynes, t. VII, p. 320. — *Journal de* d'Argenson, t. IV, p. 440. — Lettre de Saint-Florentin à l'intendant Le Nain, 12 mars 1746 (*Archives de l'Hérault*).

Diderot et Raynal, se rendit sans empressement à une audience de Marie-Antoinette, et suivant l'usage, alla en demander une à Voltaire avant de regagner son pays.

Son frère Alexandre, un des gallophobes de la fin du siècle, à son arrivée montra bien autrement d'empressement ; chaque ligne de sa relation respire l'enthousiasme survivant à la curiosité satisfaite. L'essieu de sa chaise s'était rompu à la dernière poste avant Paris ; impatient de toucher au but, il laissa ses gens en arrière, doubla le relais sur le premier véhicule venu, et était rendu avant le soir dans un hôtel garni du faubourg Saint-Germain. A peine descendu de voiture, il se commande un vêtement à la dernière mode ; puis il court se faire reconnaître à l'ambassade russe. De là il ne fait qu'un saut à la Comédie-Française, où il entend *Zaïre* interprétée par Lekain et Mlle Gaussin. Depuis, les autres théâtres, y compris celui de la Foire, les boulevards, quelques salons comme celui du fermier-général La Popelinière se partagèrent ses loisirs et son admiration. Malgré le froid accueil de Choiseul, et grâce à de puissantes interventions, il obtint d'entrer à l'école des chevau-légers, ce qui le mit en relations avec la meilleure noblesse. Il s'intéressa aux intrigues de l'OEil de Bœuf et même aux querelles des Parlements avec la cour, mais ses prédilections l'entraînaient surtout vers cette société raffinée et agitée, vers cette puissance qui survivait en Europe à la suprématie politique de la France. Les souvenirs du passé le touchaient aussi, et c'est ce qu'a bien saisi Voltaire en faisant parler le *Russe à Paris*. Woronzov se réjouit à son arrivée de trouver l'ambassade russe dans une maison bâtie par Richelieu, et dont il est parlé dans le *Menteur* de Corneille. De même cinquante ans plus tard, son frère Simon, suivant de loin avec émotion ses compatriotes en armes dans cette

France qu'il a visitée aussi dans sa jeunesse, est fier de pouvoir dire que le général Sacken a logé à Meaux, dans les appartements du grand Bossuet [1].

On sait par Alexandre Woronzov quels étaient alors, à la cour et à la ville, les principaux représentants du monde moscovite. Parmi ces curieux promptement blasés figurent Soltykov, un futur feld-maréchal, qui n'était encore renommé que par ses prodigalités, et dont l'emprisonnement pour dettes au For-l'Evêque faillit amener un conflit diplomatique ; le chancelier Osterman, alors simple conseiller d'ambassade ; Betski, cette fois mûri par l'âge, d'homme de plaisir devenu philantrope, et visitant nos établissements d'éducation en vue de ses projets pédagogiques. Le prince Dmitri Galitzine tenait un grand état de maison, et sa femme avait Mlle Clairon pour amie intime [2]. On menait parmi ces étrangers une existence joyeuse et bruyante, et le chapelain de l'ambassade, à qui le séjour de la France semblait avoir délié la langue, fulminait en vain ses remontrances du haut de la chaire. Beaucoup étaient venus remplis de préjugés et mal disposés à l'égard d'un pays auquel ils payaient involontairement tribut, et presque tous s'éloignèrent à regret, laissant à la société française — je ne dis pas à la France — leurs sympathies pour adieux. Les plaintes que quelques-uns firent entendre à leur retour n'étaient qu'une façon habile de devancer de justes reproches.

(1) Autobiographie d'Al. Woronzov, dans les *Archives Woronzov*, t. V. — Lettre de S. Woronzov à son fils, 2 août 1815 (t. XVII).

(2) « Elle (la Clairon) a toujours en titre un Russe, qui se contente de lui baiser la main » (*Mémoires de Bachaumont*, 16 septembre 1764).

II

LES RUSSES EN FRANCE SOUS CATHERINE II

Sous Catherine II, l'exode des courtisans dissipés, ennuyés ou disgraciés continua de plus belle. Beaucoup venaient simplement se brûler les ailes au foyer ardent de la vie parisienne ; leur modèle était un fils naturel de l'impératrice, le comte Bobrinski, pupille fort peu soumis de l'ambassadeur, et qui prenait chez nous les licences d'un prince du sang, rossant à l'occasion les postillons et refusant de payer les chevaux de poste. Bien peu regagnaient leur pays sans passer par Ferney. Un Russe était presque toujours présent parmi les dévots qui se succédaient autour du patriarche, et pouvait vénérer dans le grand salon du château le portrait de sa souveraine tracé à la navette entre deux guirlandes de fleurs [1]. Ferney était mieux qu'un palais, c'était un lieu de pèlerinage, et personne, parmi les étrangers frivoles, ne pressentait à aucun degré les conséquences des doctrines qu'on y professait. Qu'on lise la relation de voyage de Komarevski, datée de 1787 ; une revue des gardes françaises à Trianon, une représentation de *Mérope* aux Français, et surtout le Palais-Royal, cette « île de Calypso », ce « jardin d'Armide », tels sont les prétextes d'une admiration qui s'arrête à la surface des

---

(1) On y vit un Chouvalov (1765), un Galitzine (1770), la princesse Dachkov, le comte Th. Orlov, le prince Iossoupov, etc. (*Correspondance de* VOLTAIRE, *passim*).

choses, et qui, concentrée sur un présent frivole, ne sait rien deviner de l'avenir [1].

Les plus estimables de ces immigrés, sortis de Russie par permission ou par ordre, s'occupaient, à l'exemple du comte Golovkine, de l'éducation de leurs enfants. Golovkine, fils d'un ambassadeur à Berlin, était à sa manière un exilé, et sa première patrie lui semblait une prison où il ne voulait reparaître qu'après l'abolition de trois règles de conduite trop communes parmi ses compatriotes : S'avouer coupable sans avoir failli — Tout accorder à Dieu et au Tsar — Être battu et content. Le chef des Strogonov s'était également réfugié à Paris depuis la mort de Pierre III, et y menait un train de vie fastueux, sauf à mettre les diamants de sa femme au Mont-de-Piété dans les jours difficiles. Il est un des dignitaires de la loge maçonnique des Neuf-Sœurs, et y préside, en compagnie de Franklin, à une cérémonie funèbre en l'honneur de Voltaire. Ni les exhortations de l'impératrice, ni le séquestre mis sur ses revenus ne le décidèrent qu'après de longues années à regagner sa patrie.

Art, commerce, littérature, tout tentait ces curieux visiteurs. De 1757 à 1787, vingt-huit élèves russes passèrent à l'Académie royale de peinture, et le nom de Wolkov est attaché avec celui de Wailly à la construction du théâtre de l'Odéon. D'autres étudiants, et parmi eux Koutousov, le futur vaincu d'Austerlitz, s'arrêtèrent à Strasbourg, leur gouvernement ayant fondé des bourses pour plusieurs d'entre eux auprès de la faculté de médecine [2]. Des négociants prenaient pied dans nos

---

(1) *Le Journal de* KOMAREVSKI, publié par BARTÉNIEV, *Le dix-huitième siècle*, t. I, a été traduit dans toutes ses parties intéressantes par M. RAMBAUD (*Revue pol. et lit.*, juin 1878).

(2) SEINGUERLET, *Strasbourg pendant la Révolution*, p. 281.

ports; on signale à Bordeaux en 1785 un certain Popov Vedensky, venu jusque de Vologda. L'ambassadeur Alexis Mikhaïlovitch Galitzine, celui à qui Diderot trouvait les mœurs aussi unies que le vêtement, ouvre son hôtel et son cabinet aux Encyclopédistes; il est l'ami d'Helvétius et le correspondant de Voltaire, fait agréer à sa souveraine la correspondance littéraire de Grimm, lui envoie Falconet et Diderot, en même temps qu'il collabore à la partie scientifique du *Journal des Savants*.

La société française souriait à ces efforts; elle tournait les yeux vers Pétersbourg comme elle les avait tournés vers Londres au temps de Fleury, vers Madrid au temps de Richelieu. En 1771, les défenseurs du Parlement contre Maupeou allaient chercher à Moscou des arguments pour leur cause, et au chancelier invoquant l'histoire répliquaient par le témoignage de l'étranger, par le panégyrique de la Russie libre [1]! Quelques années plus tard, Paris se remplit d'enseignes *A l'impératrice de Russie*, de cafés et d'hôtels de Russie garnis, et même de marchandes de modes *Au Russe galant*. Dans les salons, on rencontrait force gens atteints d'une véritable maladie d'enthousiasme pour la Minerve du Nord [2]. Les sujets empruntés aux annales moscovites attiraient les historiens de l'école voltairienne; ils s'emparaient du théâtre avec *Les Scythes*, fruit peu savoureux de la vieillesse du grand homme, avec le *Pierre le Grand* de Dorat et le *Menzikof* de La Harpe, en attendant *Féodor et Lizinka* de Desforges. Des odes au

---

(1) *Le Parlement justifié par l'impératrice de Russie* (par BLONDE), p. 84-129 (au t. I du *Maupeouana*).

(2) C'est ce que Grimm, dans sa lettre du 7 avril 1781 à Catherine II, appelle « *die Catharinen-Sucht oder, nach andern, die Nords-Minerven Krankheit* ». Il cite parmi les victimes de cette épidémie M. de Montyon, le maréchal de Noailles.

tsar réformateur défrayaient jusqu'aux séances des académies de province; et lorsque Carmontelle publiait son *Théâtre de Société* sous le couvert d'un soi-disant prince Clenizov, le pseudonyme ne paraissait pas trop invraisemblable, un Russe passant pour un critique compétent, même en fait de musique.

Une certaine défiance survivait à l'égard des individus, à cause de la conduite notoirement peu recommandable de plusieurs. « Mme Chouvalov va chez beaucoup de dames françaises, et aucune ne vient chez elle. De telles relations ne sauraient plaire à tout le monde [1] ». On pouvait redouter des visiteurs semblables au comte Rosoumovski, qui faillit être retenu à Paris par ses créanciers; le maréchal de Biron, lui ayant prêté cinquante-deux mille livres sur parole, attendait encore six ans après que le comte, rentré sur ses terres, voulût bien se rappeler cette dette [2].

C'est le souvenir de ces exceptions fâcheuses, autant qu'un amour-propre national très susceptible et assez peu clairvoyant, qui semble avoir dicté les appréciations de ces voyageurs lointains parvenus jusqu'à nous. Ouvrons les lettres de Von Vizine sur la France, évidemment écrites pour le public [3]. Ce littérateur était venu sur la fin de 1777 s'établir à Montpellier; une hospitalité dont il a le premier reconnu l'empressement l'y attendait, et son arrivée ayant coïncidé avec la tenue des États de Languedoc, il vit de près dans ses principaux représentants toute la haute société du Midi. Ce qu'il dit des États et de la comédie qui s'y jouait n'est

(1) Lettre de Von Vizine, avril 1778.
(2) Grimm à Catherine II, 19 fév. 1785.
(3) Ces lettres, qui ont obtenu un certain succès en Russie, n'ont jamais été traduites en français. Elles sont adressées à sa sœur ou au comte Pierre Ivanovitch Panine.

que trop fidèlement observé; retenu toutefois dans ses critiques par ce sentiment de l'autorité propre à sa nation, il se borne à constater la persistance des abus entretenus par le chaos de lois séculaires, et appelle judicieusement la monarchie un édifice magnifique et ruineux, où « on est malheureux de vivre et qu'il serait pourtant désastreux de détruire ».

Quant à la société, il noircit sans ménagements, partout où il peut, les couleurs de sa peinture. Dans les réunions, la musique est exécrable et la conversation sans portée, dans les repas, la cuisine excellente, mais le service mal fait. Tout est sacrifié aux apparences; à des chemises grossières qui ne se voient pas on ajuste un jabot et des manchettes de dentelle, et telle grande dame, lorsqu'elle est seule, dîne dans sa cuisine, afin d'économiser le feu de sa salle à manger. Hostile au catholicisme romain comme à la philosophie régnante, Von Vizine accuse chez nous le règne simultané de l'ignorance et de la superstition. « Toute la probité est en paroles..... Les gens les plus honnêtes n'ont pas le courage d'établir une différence entre un fripon et un honnête homme, considérant qu'une telle distinction serait contre la politesse française..... On pense peu ici, et on n'en a pas le temps, car on parle beaucoup et vite..... Voilà le caractère naturel de la nation; il faut y joindre la dépravation des mœurs parvenue à son comble ».

Les mêmes impressions l'attendaient à Paris, « ce soi-disant centre des connaissances humaines et du goût », où il arriva au printemps de 1778. Il est contraint d'avouer que l'amour de la patrie et du roi est très enraciné dans les cœurs, mais en revanche l'amour du prochain n'existe pas; le point d'honneur a remplacé la vertu. Sois poli, c'est-à-dire ne contredis personne, sois aimable, c'est-à-dire mens ; voilà deux règles pour être un homme charmant. Von Vizine est présent à la première représentation d'*Irène*, et Voltaire salue sa femme sur l'escalier du théâtre. Il cherche à rencontrer Rousseau, qui lui échappe par la faute de Thérèse ; néanmoins il appellera l'un ironiquement un faiseur de miracles, et l'autre un monstre. Les gens de lettres l'accueillent bien ; Thomas, Marmontel et plusieurs autres viennent chez lui, ce qui ne l'empêche pas de réduire leurs talents au bel-esprit, et d'accuser leur morgue, entretenue par la flatterie. « En somme, il n'y a que deux choses qui puissent attirer les étrangers, les spectacles (et encore la tragédie est-elle médiocre et l'opéra insupportable) et les filles ». Sachons lui encore gré de ne pas appeler nos écrivains, comme Markov, des « animaux rares [1] ».

La vanité slave, surexcitée par l'éloignement, inspirait ces critiques. Le poète se laisse aller sans cesse à des comparaisons outrées et désobligeantes pour ses hôtes. Les rues de Lyon ne valent pas à ses yeux la moindre ruelle de Pétersbourg. S'il y a peu de bonne foi en Russie, il n'y en a pas ombre en France. Sauf l'extérieur, un gentilhomme moscovite est bien préférable à un gentilhomme français, et le paysan des bords du Volga est plus heureux qu'un vigneron du Languedoc ou de la Bourgogne. Mieux vaudrait mille fois vivre avec les Allemands, gens plus simples et plus respectables, et encore, tout compte fait, la nation russe n'est pas pire qu'une autre, et on peut jouir chez elle d'un bonheur qu'il n'est pas nécessaire d'aller demander à l'étranger. C'est nous rendre avec usure, on le voit,

---

(1) Cette lettre de Markov est curieuse à lire après celle de Von Vizine (*Archives Woronzov*, t. XIV, p. 228-229).

les critiques trop franches de l'abbé Chappe et de ses émules.

Le tsarévitch Paul, qui se montra quatre ans après à Paris sous le nom de comte du Nord, était moins sincère, en personnage politique qu'il était. Cependant Versailles ne lui plut qu'à moitié ; il était dressé par sa mère à ne pas se livrer entièrement de ce côté, et l'impératrice, qui l'avait laissé partir avec répugnance, continuait à repousser cette idée d'une alliance personnelle entre elle et Marie-Antoinette rêvée par Lauzun ; sa plume égratigne volontiers ces princes dont elle déplorera si haut les épreuves : « Que Dieu, écrit-elle à son fils, bénisse la reine très-chrétienne, ses pompons, ses bals et ses spectacles, son rouge et ses barbes bien ou mal arrangées ; je ne suis pas fâchée que tout cela vous ennuie et augmente en vous l'idée de revenir..... [1] ».

Plus soucieux de l'opinion en France qu'en Russie, le comte du Nord cherchait à Paris la popularité, et il fut en effet le plus populaire parmi ces princes venus admirer sans arrière-pensée cet État où se menait encore le branle de l'Europe. Il eut la vogue, même à un moment où paraissaient les *Jardins*, les *Confessions*, les *Liaisons dangereuses*. La Harpe était son correspondant littéraire, et son originalité n'avait encore rien de fantasque ; partout où il se montra, à Notre-Dame, à l'École militaire, au Jardin du Roi, au château de Chantilly, il mit dans ses reparties un à-propos et une bonne grâce très-appréciés, suivant les lieux, par les dames de la halle et les académiciens. La liste, plus ou moins authentique, de ses bons mots est longue dans les gazettes du temps.

(1) Lettre du 1er juin 1782. — Le tome IX de la *Société Hist. de Russie* contient les lettres écrites par elle à son fils et à sa belle-fille durant leurs voyages.

De son côté, il songeait à s'instruire, et sa curiosité sérieuse ou simplement habile le suivit dans ses courses rapides à travers le royaume ; il visita avec le même intérêt apparent la manufacture de Sèvres et les arsenaux de Brest. Sa visite à Necker, disgracié de la veille, le montre préoccupé de plaire à la ville plus qu'à la cour, et prépara l'offre, faite bientôt après au ministre tombé, de la direction des finances russes. Bien mieux, il répondit d'une singulière façon à l'attention qu'on avait eue d'interdire pendant son séjour la tragédie de *Jeanne de Naples*, prétexte possible d'allusions fâcheuses à sa mère ; car il demanda à entendre la lecture du *Mariage de Figaro*, alors arrêté par la censure au seuil du Théâtre-Français. Il approuva la pièce et laissa entendre que l'impératrice en autoriserait peut-être la représentation devant elle. Depuis, pour la faire jouer, Beaumarchais ne manqua pas de se prévaloir d'un si imposant suffrage [1].

Malgré cette niche au roi très-chrétien, le futur représentant de l'autocratie fit naître sous ses pas une véritable légende, qui ne trouva pas de contradicteurs. A côté de Vergennes qui transmettait à Pétersbourg l'expression de la complète satisfaction du roi, les écrivains mettaient à la portée du public les preuves parfois amplifiées, et de son esprit avec le chevalier du Coudray, et de son caractère avec l'abbé de Lubersac. Si tant de Français, pendant la Révolution, tournèrent les yeux vers la Russie, c'est qu'ils se souvenaient du comte du Nord.

(1) De Loménie, *Beaumarchais et son temps*, t. II, p. 300-305.

III

KARAMZINE

Du jour au lendemain, la Révolution proclame dans la rue les Droits de l'Homme, pour lesquels le grand seigneur russe se passionne au fond de son cabinet, et l'homme du Nord va être représenté dans cette foule cosmopolite qui applaudit à leur triomphe. Deux Galitzine prennent part, le fusil à la main, au sac de la Bastille. Romme, revenu en France avec son élève le jeune Strogonov, le conduit aux séances de la Constituante, le fait inscrire au club des Jacobins, et le futur ministre d'Alexandre de s'écrier : « Le plus beau jour de ma vie sera celui où je verrai la Russie régénérée par une semblable révolution. Puissé-je y jouer alors le rôle que joue ici l'admirable Mirabeau » !

A côté de ces enthousiastes, les mondains indifférents continuaient à se montrer. Dans le mois où s'ouvrirent les États généraux, on vit arriver la jeune baronne de Krüdener, ambassadrice de Russie à Copenhague; elle fut bientôt à la mode du jour, c'est-à-dire sensible, pédante et frivole. Elle alla visiter Bernardin de Saint-Pierre dans son ermitage, s'éprit de la Grèce vue à travers le *Jeune Anacharsis*, et en trois mois eut un compte de vingt mille livres chez Mlle Bertin. Elle partit ensuite pour le Midi; de là, après s'être imprégnée de mélancolie romantique à la fontaine de Vaucluse, après avoir oublié les Droits de l'Homme devant les beaux couchers de soleil et les grands horizons des montagnes, elle passa aux eaux de Barèges, et y fut le centre d'une noble et brillante compagnie, à qui elle lisait, à la façon de Corinne, dans le cadre d'un paysage pyrénéen, le nouveau roman de *Paul et Virginie*. Encore un peu, et elle allait être une héroïne de roman : sa passion pour le comte de Frégeville lui fit connaître par expérience ces déchirements de l'âme qu'elle a peints depuis dans *Valérie*. Femme-auteur sous le Consulat, Egérie mystique du tsar en 1815, l'ardente Livonienne devait connaître en France tous les enivrements que peuvent successivement donner un amour partagé, un brillant succès littéraire et une foi exaltée dans l'Invisible [1].

Karamzine, qui se montra à Paris quelques mois après elle, était dès l'âge de vingt ans ce qu'elle finit par devenir, un rêveur obstiné à chercher le royaume de Dieu au milieu des tristes réalités de son époque. Nous l'avons entrevu à l'œuvre à côté de Novikov. En 1789, il voulut connaître par lui-même les peuples qu'il avait seulement étudiés dans leurs grands écrivains [2]. Il touchait au Rhin, lorsqu'il apprit la chute de la Bastille, et l'émotion qui s'était manifestée à cette nouvelle jusqu'au bord de la Néva fut la sienne. Le lendemain du 4 août, il entrait à Strasbourg, et au lieu de cette ville paisible où le jeune Gœthe, entre la cathédrale et l'Université, venait de rêver ses premières œuvres, il trouvait une cité pleine de tumulte, de désordre et de frayeur. Il rebroussa chemin vers la Suisse, alla relire à Clarens la *Nouvelle Héloïse*, et se décida enfin, en

(1) EYNARD, *Vie de Mme de Krüdener*, t. I, p. 29-46.
(2) Karamzine consigna ses impressions de voyage dans une série de lettres publiées en 1792 par le *Journal de Moscou*. La plupart ont été traduites en français dans un volume intitulé *Lettres d'un voyageur*, etc. Paris, 1867.

mars 1790, à mettre la cocarde tricolore à son chapeau, et à franchir la frontière.

Le jour de son arrivée à Paris fut, il le confesse, le moment le plus fortuné de sa vie. Sa première visite fut pour la statue de Henri IV sur le Pont-Neuf, sa seconde pour le Palais-Royal, ce « jardin d'Armide » devenu le rendez-vous des politiques et des agitateurs populaires. Les théâtres étaient toujours ouverts, et les sociétés savantes fonctionnaient encore. Comme Von Vizine, Karamzine loue sans réserve les chimistes de l'Académie des sciences et les acteurs de la Comédie-Française. Toutefois les spectacles les plus attrayants s'effacèrent bientôt pour lui devant le spectacle tragique de la Révolution en marche.

Le peuple était devenu le roi véritable, « le plus grand des despotes », et Paris était livré à toutes ses fantaisies de joyeux avènement. Jusque dans son aspect, l'Assemblée nationale offrait une image de la confusion des esprits. Introduit dans la salle des séances par Rabaut Saint-Étienne, notre Russe fut s'asseoir sans façon au milieu des députés, jusqu'à ce qu'un huissier vînt le renvoyer au milieu des spectateurs, et il sortit sous cette impression qu'il n'avait jamais rien vu de moins imposant ni de moins solennel. Ce n'était plus à Versailles qu'il avait pu contempler le successeur de Louis XIV, c'était dans la chapelle des Tuileries devenues une prison ; et autour de cette royauté découronnée que de ruines, quels tableaux différents de ceux qui avaient frappé les yeux du comte du Nord huit ans auparavant ! Les salons se fermaient un à un, sous l'influence des événements. Un abbé se promenant un jour avec notre voyageur dans la rue Saint-Honoré lui montra du bout de sa canne toutes les portes déjà fermées par l'émigration. Là où l'on se réunissait encore sans intention de discuter ou de dénoncer, les préoccupations du moment faisaient le fond commun des entretiens. « Ne croyez pas du reste, nous dit Karamzine, que toute la nation prenne une part active dans la tragédie qui se joue en France. Non pas même la centième partie ; les autres regardent faire, discutent, disputent, rient ou pleurent, applaudissent ou sifflent comme on fait au spectacle. Ceux qui n'ont rien à perdre sont hardis comme des loups ; ceux qui tiennent à leur avoir sont timides comme des lièvres ». A l'indifférence des uns il voit se joindre l'ignorance des autres. On lui a raconté et il répète que des paysans ont arrêté un jeune homme bien mis, et l'ont contraint à crier Vive la nation ! puis, avant de le relâcher, avec une simplicité toute moscovite : Expliquez-nous d'abord ce que c'est que la nation !

Plus troublé que personne, en face de ce grand bouleversement, Karamzine s'efforçait sans conviction d'applaudir aux Cicérons de l'Assemblée et des clubs ; ce poursuivant d'une fraternité sentimentale entre les peuples comme entre les individus s'ingéniait à la chercher à travers les réalités que lui offrait la France de 1789 ; puis, le désir de l'isolement l'emportant en lui sur la curiosité, il s'enfonçait, Mably à la main, dans les profondeurs du bois de Boulogne, ou dans les bosquets de Versailles en deuil de la royauté ; ou bien il allait songer, au milieu des sites d'Ermenonville, au sensible écrivain qui les avait illustrés. Même hors de Paris, il retrouvait la trace de passions dont la manifestation l'importunait. Le jour de l'Ascension, il était parti pour Suresnes, espérant assister au couronnement de la rosière. Il en fut pour sa peine ; la cérémonie n'eut pas lieu, la nouvelle municipalité ayant oublié de fournir sa dot à l'héroïne de la fête. Ainsi la politique, ce tyran du jour, faisait disparaître dans le même abîme non seulement les vieilles institutions, mais les coutumes les plus innocentes.

Tout disciple de Jean-Jacques qu'il fût, Karamzine était resté, à l'exemple encore de Von Vizine, l'enfant du Nord, le Russe qui la veille encore vivait sous l'horison de Moscou. En saluant à Lyon la statue de Louis XIV, il institue entre le grand roi et le tsar réformateur un parallèle où il renverse les termes de celui présenté par Voltaire. Il prend d'office contre Lévesque la défense du héros national, et — voyez jusqu'où va l'illusion patriotique — une violette cueillie au bord d'un chemin français lui semble moins parfumée que celle du sol natal.

Enfin, en dépit de ses aspirations utopiques, il a un respect aveugle pour la tradition nationale, qui le fera s'incliner devant les pires inspirations de la raison d'état, telles que le partage de la Pologne. Il croit au principe de l'autorité représentée par l'autocratie, et le démenti donné par les Français à leur histoire l'effraie : « Toute société civile que des siècles ont fondée et consolidée doit être sacrée pour les bons citoyens. L'utopie sera toujours le rêve de cœurs généreux, un rêve ! Ou bien, si elle se réalise, ce ne peut être que par l'effet imperceptible du temps, par le progrès successif et lent, mais d'autant plus sûr de la raison, des lumières, de l'éducation et des mœurs..... Les secousses violentes au contraire sont toujours stériles, et tout révolutionnaire qui creuse l'abîme se prépare à luimême un échafaud ».

Ainsi en 1790 le clairvoyant étranger prévoyait 1793, et d'instinct écrivait la phrase qu'une expérience terrible finit par arracher à Vergniaud : La Révolution, comme Saturne, dévore ses enfants. Il était près de conclure contre elle au nom de la raison pure, comme

Burke au nom de la tradition. Pour lui, l'égalité était une utopie, le tiers-état un mot vide de sens, ou tout au moins une institution incomprise. De même qu'à l'Assemblée il n'a été frappé que du désordre et du bruit, en France il s'est borné à constater les excès populaires et l'irruption de l'anarchie. Passant préoccupé du spectacle extérieur, il n'a point vu les grandes conquêtes politiques et civiles sorties de la nuit du 4 août, ou plutôt il n'a vu que les troubles qui ont accompagné leur avènement, et ce rêveur timide a reculé, tout entier à la surprise. Il a soupçonné pourtant l'importance de la Révolution, et il est si loin de la croire achevée, qu'il l'appelle, comme Gœthe au sortir de la fumée de Valmy, « un de ces événements qui fixent la destinée des hommes pour une longue suite de siècles ». Cinq ans après, l'impression profonde qu'il avait ressentie se traduisait encore au fond de son âme en méditations anxieuses : « Ces édifices qu'on élève avec trop de précipitation, écrivait-il, sont-ils bien solides?... Ces enfants à qui l'on apprend trop de choses dès leurs premières années deviendront-ils de grands hommes? Je me tais ».

Karamzine nous apparaît donc comme un représentant fidèle de l'esprit russe en face de la Révolution française et de la France. Les libéraux du temps de Catherine II, ses amis, ne rejettent point certains principes remis en honneur par 1789, parce qu'en somme ces principes, aussi vieux que le monde, relèvent par certains côtés la nature humaine; mais les destructions systématiques de la Constituante, les tumultes et les vengeances populaires leur font horreur. Leur pays doit rester, pour les partisans de l'autorité, une forteresse et un exemple. Un tsar aura le premier l'idée de la Sainte-Alliance, et Karamzine écrira alors, comme un manifeste de réaction et de superstition nationales, l'histoire des origines de son pays.

CHAPITRE CINQUIÈME

LES VOLONTAIRES FRANÇAIS DANS L'ARMÉE RUSSE

I

SÉGUR ET ROGER DE DAMAS

La Russie offrit du moins à l'ancien régime vaincu l'occasion de se survivre à lui-même dans ce qu'il avait de mieux, je veux dire dans sa noblesse, dénuée d'intelligence politique, séduisante du moins, et plus que jamais, par l'esprit et le courage militaire.

A la veille de la Révolution, il ne manquait pas de brillants gentilshommes, las des frivoles passe-temps de la cour, impatients d'exercer au loin leurs épées oisives. Ils avaient combattu en Amérique pour les Droits de l'Homme ; et néanmoins, instruits par Voltaire à admirer de confiance la sultane orthodoxe, la future libératrice de la Grèce, ils aspiraient à reprendre contre les Turcs, tout en se raillant des croisades, l'œuvre des croisés. La cause qui avait été celle de la chrétienté et de l'Empire était encore celle de la philosophie et de l'humanité. Aussi le bruit se répandait-il à Paris que la guerre allait se rallumer sur la mer Noire, le brillant Lauzun écrivait à l'impératrice pour lui demander du service, et recevait d'elle courrier par courrier l'offre d'un régiment de cavalerie [1]. De jeunes sous-lieutenants s'échap-

(1) LAUZUN, *Mémoires*.

paient de leur garnison avec une commission de capitaine russe et leurs frais de route en poche [1]. Encore quelques années, et le voyage du Danube sera à la mode dans l'armée.

L'introducteur, le patron de ces hardis volontaires était l'envoyé de France, Ségur, naguère leur compagnon d'armes au Nouveau-Monde. En se rendant à son poste par Berlin, ce fils du ministre de la guerre improvisé diplomate avait entendu le vieux Fritz lui dire avec sa lourde ironie : « Vos jeunes gens de Versailles s'occupent-ils toujours de leurs rubans et de leur poudre? — De la poudre, Sire, répliqua-t-il, nous avons tous hâte d'en brûler encore [2]! » C'était un bel-esprit, une manière d'homme de lettres, assez familier avec le jargon à la mode pour plaire à Catherine II, et trop étranger à l'esprit de système pour l'effaroucher. Il avait la souplesse et la grâce, sans se piquer d'une fidélité rigide à ses opinions personnelles ou à ses instructions diplomatiques. Son talent ressemblait à son caractère. En Russie, il écrira des comédies pour le théâtre de l'Ermitage, il en écrira plus tard, sous le Directoire, pour les théâtres de Paris; puis il se fera historien de profession, mais ne sera jamais mieux écouté qu'en parlant de lui-même dans ses *Souvenirs*. Il s'est représenté là, au naturel autant qu'on le pouvait alors, sur un double fonds de tableau où se succèdent, par un effet de contraste inattendu, l'entourage austère de Washington et les pompes théâtrales de la cour des tsars.

Ségur n'était pas en Russie un type absolument nouveau. Parmi ses prédécesseurs, La Chétardie et

---

(1) Note du 22 septembre 1784 (*Corr. Russie*, t. CXII).
(2) FORNERON, *Histoire générale des émigrés*, t. I, p. 316.

L'Hôpital s'étaient fait remarquer par leur esprit ou leur magnificence. Si le comte de Gisors, malgré ses désirs, et le comte de Guibert, sous l'empire de Mlle de Lespinasse, n'avaient point dépassé Berlin et Varsovie, le marquis de Conflans, le vicomte d'Adhémar, le comte de Laval avaient montré en passant à ce pays la noblesse française. Ségur y demeura plus de quatre ans, parlant commerce et politique avec les ministres, histoire de préparer deux actes éphémères, le traité de 1786 et la quadruple alliance de 1788, et se ruinant en bons mots avec la souveraine, qui le comblait d'attentions intéressées. Il croyait, l'amour-propre exaltant son imagination, l'avoir mise sous le charme, et il y était tombé lui-même. Observateur superficiel, il se laissa prendre et entraîner par les apparences. On n'a qu'à lire ses dépêches, transportées depuis presque entièrement dans ses *Souvenirs*; elles sont rédigées sur le ton d'une admiration naïve et volontairement imprévoyante. Sans doute le diplomate n'eût pas suivi Catherine II jusqu'au bout sur le « chemin de Byzance »; du moins l'homme d'esprit se fût mis en frais pour célébrer sa victoire.

Ce fut à Kiev, durant cette promenade triomphale et menaçante, qu'il présenta à l'impératrice plusieurs de ses amis, chevaliers de Cincinnati transportés de l'Amérique aux portes de l'Asie, le prince de Nassau, Arthur Dillon, Alexandre de Lameth. Catherine se défiait un peu de cet empressement : « MM. les Français, disait-elle, sont trop Turcs dans le cœur pour se plaire chez nous [1] ». Cela était vrai de notre ministère, enchaîné par ses vieilles relations d'amitié avec la Porte. Tandis que le jeune Lesseps traversait l'empire du

---

(1) A Grimm, 28 décembre 1787.

Kamtchatka à la Baltique, apportant à Versailles les dernières dépêches de La Pérouse, le prince de Rohan-Rochefort se voyait refuser, pendant un voyage qu'il faisait en Russie, la permission de passer par le camp de Potemkine ; ni les princes de La Trémoïlle et de Talmont, ni le comte de Chinon ne furent admis à rejoindre même les Autrichiens sur le Danube [1]. Ainsi le voulait cette politique timide, dont l'évolution vers les deux cours impériales, conduite par Ségur et caractérisée par la quadruple alliance, ne devait pas s'accomplir jusqu'au bout.

Pendant que nos gentilshommes, partout rebutés, regardaient avec envie vers l'Orient, un d'entre eux y parvenait avant le premier coup de canon, et fixait aussitôt les regards. C'était le comte Roger de Damas, capitaine au régiment du Roi. L'histoire de son départ est un vrai roman, et combien d'autres allaient se nouer à la suite du sien !

Un jour de l'automne de 1787, cet officier de vingt-deux ans, en proie aux loisirs de la province, avait pris en main les gazettes. Deux nouvelles frappent soudain ses regards ; la guerre était déclarée entre les Russes et les Turcs, et son ami le prince Charles de Ligne était arrivé pour y prendre part, au quartier-général de Potemkine, à Élisabethgrad. « Je restai comme asphyxié sur cette lecture, et je n'en levai les yeux que comme sortant d'un rêve [2] ». Quand il revint à lui, sa résolution était prise, et toutes les difficultés prévues,

(1) Le marquis de Noailles à Montmorin, 25 juin 1788 (*Corr. Vienne*, vol. CCCLIV).

(2) Cette citation, et la plupart de celles qui suivent sont empruntées aux *Mémoires* inédits de Roger de Damas, dont je dois la communication à l'obligeance de son petit-fils, M. le marquis H. de Damas.

le refus du ministre, la résistance de sa famille, le manque d'argent. Il se passerait de congé et partirait en secret, sauf à apaiser ensuite ses supérieurs et ses parents; quant à la question pécuniaire, avec un banquier honnête pour confident, et son nom pour gage, elle était résolue d'avance. Quelques jours après il était à Paris, il obtenait de la maison Perregaux cent louis en or et cinq cents autres en lettres de change sur Berlin et Varsovie. Un passeport à destination de la Prusse lui suffisait; là son ami le prince Henri ferait le reste. Enfin son frère aîné était chargé de révéler en temps opportun son évasion, et après mille représentations inutiles, consentit à se charger de ce rôle.

Le 11 décembre 1787, à minuit, Roger de Damas montait en chaise de poste et franchissait la barrière de Paris. De graves réflexions l'assaillirent, durant l'insomnie et la solitude de ces premières heures de voyage; la longueur de la route, le froid, les mauvais chemins et la Tartarie au bout lui apparaissaient comme le prix anticipé et inévitable d'une campagne peut-être sans gloire. Puis l'attrait de l'inconnu reprit le dessus dans son âme, et après quatre jours, trop lentement écoulés au gré de son agitation intérieure, il arrivait à Strasbourg. Des lettres de sa famille l'y rejoignirent; le duc du Châtelet, son oncle et son second père, le rappelait dans les termes les plus impérieux et les plus tendres. Ce fut encore pour lui un moment cruel et une nuit d'angoisses, puis il mit en regard la dépendance qui l'attendait à Paris et la liberté aventureuse du monde oriental; il soupçonna que son évasion vers la Russie allait faire pendant à celle de Lafayette vers l'Amérique, et son parti fut pris encore une fois. Il répondit à son oncle avec respect et sensibilité, comme on disait alors; puis il passa son Rubicon sur le pont de Kehl, en route vers Berlin.

Sa bonne étoile se leva pour lui dès les premières étapes. Arrivant un soir transi au relais, il trouva se chauffant à l'unique poêle de l'auberge un vieillard de bonne mine et de manières polies, et quelle ne fut pas sa joie, en l'entendant lui dire : Je suis officier au service de Russie, et cours rejoindre mon poste de combat. Il allait répondre par une confidence à peu près semblable; il se contint pourtant, son succès dépendant du secret de son voyage. Il n'accusa donc que son intention de revoir Berlin, sauf à amener l'entretien sur Catherine II et son empire. Non seulement l'étranger s'y prêta de bonne grâce, mais, le moment du départ venu, il lui offrit une place à ses côtés, et, la conversation se poursuivant au galop des chevaux, finit par se révéler comme le prince d'Anhalt-Bernbourg, lieutenant-général au service de sa cousine l'impératrice : « Je regrette, ajouta l'aimable vieillard, que S. M. ait résolu de n'admettre aucun volontaire à la suite de ses armées, car vous eussiez vu avec plaisir la réalité de ce dont je ne puis vous donner qu'un aperçu ». Devant cette nouvelle désobligeante, enveloppée dans un souhait gracieux, Roger de Damas dut faire un nouvel effort pour ne point se trahir; et il prit congé du prince à Leipzig, en se bornant à lui exprimer l'espoir de le retrouver à Berlin.

Là devait se décider son sort. Le prince Henri tomba des nues à la vue de ce Parisien qui, au cœur de l'hiver et au bout de l'Europe, cherchait un champ de bataille où se montrer : « Tout disposé à vous servir, lui dit-il; mais la Russie entière ne vaut pas la peine que vous allez vous donner; d'ailleurs je suis brouillé avec les principaux personnages de l'empire. Restez encore deux jours ici, on vous préparera des provisions pour ne pas mourir de faim dans le plus scélérat de pays que vous ayez jamais vu, et je vous donnerai une lettre pour Stackelberg, l'ambassadeur russe à Varsovie ; c'est tout ce que je puis faire ».

Roger de Damas remercia, obéit. Quelques jours après, il était dans la capitale de la Pologne, et ne trouva Stackelberg ni plus encourageant, ni moins aimable que le prince prussien : « Officiellement, lui dit l'ambassadeur, je ne saurais vous délivrer de passeport que pour Pétersbourg ; et arrivé là, vous vous heurterez à un refus impitoyable ; mais, si vous voulez, vous aurez, sous un nom quelconque, un passeport pour Elisabethgrad ». Damas lui sauta au cou en guise de réponse, et renonçant sans effort au plaisir de voir défiler le soir même devant lui, dans un bal, la fleur de l'aristocratie polonaise, deux heures après, il se remettait en route.

« Des chemins effroyables, des rosses pour chevaux, des juifs pour postillons, les tablettes de bouillon du prince Henri pour seule nourriture, ma voiture déjà fatiguée se cassant ou versant dans les fossés couverts de neige, des nuits longues et glacées, les gîtes rares et toujours dégoûtants, j'eus enfin, pendant les douze jours que j'employai pour parvenir à cette montagne de la Tartarie Nogaïse après laquelle j'aspirais à tout prix, toutes les petites contrariétés réservées aux plus pénibles voyages ». Il les eut vite oubliées devant les premiers feux du grand campement d'Élisabethgrad, qu'il atteignit le 12 janvier 1788, à onze heures du soir.

Grand fut l'étonnement du jeune prince de Ligne, à la vue de ce voyageur en habit gris qui lui tombait du ciel ; il l'embrassa, écouta le récit en quatre mots de son odyssée, et le mena au terme sans désemparer. En quelques instants, Roger de Damas eut revêtu son uniforme, et suivi son guide au quartier-général de Potemkine, comme il l'eût suivi, dit-il, au bal de l'Opéra.

Le prince de Tauride habitait au centre de la forteresse qui domine Élisabethgrad une vaste maison de bois, où il avait transporté le luxe des palais orientaux et l'étiquette des cours européennes. Pour parvenir à lui, Damas dut traverser une série de salles brillamment éclairées, qu'un orchestre italien remplissait de ses mélodies, et où des généraux par douzaines formaient l'entourage du « Sérénissime ». L'officier français exprima avec franchise et bonne grâce son désir de s'instruire à l'école des vainqueurs de Tchesmé; il se disait prêt à combattre avec eux, sans uniforme s'il était nécessaire. Sa requête eut plein succès; la même nuit, un courrier partait pour Pétersbourg, avec une lettre de lui annonçant son héroïque escapade à Ségur, et une lettre de Potemkine sollicitant l'approbation impériale. Pour la première fois Damas put tranquillement s'endormir, depuis trente-et-un jours qu'il avait quitté Paris.

Trois mois le séparaient encore du début des hostilités; il les mit à profit pour se former à des mœurs militaires nouvelles. Il était l'hôte de son ami, dînait presque chaque jour à la table du prince, et dans ses loisirs forcés apprenait quelques mots de russe, au moins ceux de baïonnette et de victoire, plus agréables à sa jeune ardeur que ceux de pain ou de vin. Le bon accueil qu'il avait reçu ne lui dissimulait pas les préjugés éveillés à sa vue, les défiances dont il était l'objet. Pour un ami comme le prince d'Anhalt, il avait mille ennemis secrets raillant avec affectation la légèreté française ou marquant leur froideur. Comment croire qu'un gentilhomme d'un beau nom et bien en cour avait quitté tant d'agréments pour venir affronter loin de sa patrie et contre le gré des siens les balles des mécréants? « Je m'efforçai, dit Damas, à me donner dans mon maintien, dans mes occupations, dans mes paroles, dix ans de plus que mon âge, à tromper la nation russe en lui faisant croire, s'il était possible, qu'il existait un Français mesuré dans ses manières, modéré dans ses discours, approbateur plutôt que frondeur, et profondément reconnaissant des témoignages qu'on lui prodiguait. Quelquefois le cher prince de Ligne dans nos tête-à-tête me demandait grâce sur ma raison; alors, après avoir regardé si personne ne nous écoutait, je lui glapissais des airs d'opéra qui lui faisaient demander grâce à plus juste titre; nous mettions pour varier la société de Paris en tiers, et nous disions toutes les folies dont il est l'âme et dont je ne suis qu'amateur ».

Au bout de deux semaines, arrivèrent les réponses attendues de Pétersbourg. Catherine agréait les services du volontaire qui s'était imposé à elle, lui demandant seulement de porter l'uniforme de ses troupes alternativement avec l'uniforme français. Ségur n'était pas moins aimable, tout en le désavouant du bout des lèvres par respect pour ses instructions. Du côté de Paris, ses affaires s'arrangeaient également ; un aide de camp de Potemkine était envoyé exprès pour sceller la réconciliation du fugitif avec ses parents, et, par leur entremise, il engageait un chirurgien (sans doute Massot) chargé d'organiser les ambulances de l'armée [1]. Ce dernier personnage paraît avoir joui d'une influence réelle sur Potemkine, et durant les campagnes suivantes remédia tant bien que mal à l'incurie et à l'ignorance de ses confrères russes.

(1) MASSON, *Mémoires*, Appendice BB.

II

A OTCHAKOV

Une recrue de plus haute réputation venait d'arriver sur le Danube; c'était le prince de Nassau-Siegen, Allemand naturalisé en France, au moins comme courtisan. Il avait étonné Paris et Versailles par ses extravagances, entre un voyage autour du monde avec Bougainville et une campagne avec le comte d'Artois sous Gibraltar. Chez lui, l'esprit était plus que médiocre, mais le courage plus qu'ordinaire; d'une prestance et d'une force incomparables, il n'avait dans les yeux que le feu de la bravoure, les jours de bataille. Ses créanciers étant pour lui les seuls ennemis à craindre, il les fuit en Russie, où il était sûr de trouver des émules, des adversaires et des périls nouveaux. Sa femme, une Polonaise habituée à parler aux courtisans français des bienfaits de l'impératrice envers sa patrie, lui avait ménagé d'avance un accueil hospitalier [1].

A l'arrivée de cet étranger revêtu d'un uniforme de lieutenant-général, Potemkine se demanda comment l'employer; puis tout à coup apprenant ses courses maritimes : « J'ai son affaire, je lui donnerai la flottille ». On appelait de ce nom « un ramassis informe d'une quantité de détestables bâtiments de toutes formes, de toutes grandeurs, montées par des hommes qui n'étaient ni marins, ni soldats, ni officiers, mais Russes ou ou du moins servant les Russes et braves [2] ». Ces navi-

---

(1) Grimm à Catherine II, 4 mai 1781.
(2) LANGERON, *Mémoires*.

res, d'un faible tirant d'eau, étaient destinés à manœuvrer aux bouches du Dniéper, et à empêcher la flotte turque de ravitailler Otchakov. Un Français, le chevalier de Rosset, venait dans un mémoire raisonné d'en recommander et d'en justifier l'emploi. La marine russe, malgré ses progrès, était loin d'être sur le pied des autres marines européennes, et elle cherchait ses chefs un peu partout, comme au temps de Villebois et de Pierre Ier. Paul Jones lui vint alors d'Angleterre, Ribas de Naples, Varage et Verbois de France. Ces deux derniers, officiers *bleus* chez nous, reçurent d'importants commandements sur les flottes de la Baltique et de la mer Noire.

Nassau, avec sa témérité insouciante et presque naïve, était l'homme le mieux fait pour avoir raison sur mer des Turcs, et il se choisit Damas comme principal auxiliaire : « Soyez tranquille, lui dit-il, dans deux mois vous serez tué ou vous aurez la croix de Saint-George ».

L'un et l'autre prirent la mer au printemps, sous la haute direction de Souvorov. Celui-ci, de même que Potemkine, était une curiosité aux yeux des étrangers. Il jouait au Kalmouk comme le prince de Tauride au satrape et au sultan, et aimait l'apparence de la déraison jusque dans ses ordres militaires. L'histoire de ses premiers rapports avec Roger de Damas est une série de surprises plus réjouissante pour nous que pour celui qui les éprouva le premier. Souvorov avait demandé à Nassau deux bâtiments armés, afin de couper les communications d'Otchakov du côté de la mer ; Damas fut chargé de les lui conduire. A son arrivée sur le rivage où campait Souvorov, il apprend que le général dort : en attendant le moment de l'entretenir, il fait dresser les tentes, et demeure à son bord, occupé à écrire. Soudain un homme surgit en chemise devant lui : « Qui êtes-vous? Je le dis, c'est moi; voyez si ce n'est pas un homme sans façon. A qui écriviez-vous? — A ma sœur. Demain M. de Nassau fera passer ma lettre à Elisabethgrad. — Avec la mienne; je veux lui écrire ». Et Souvorov (car c'était lui) de s'asseoir et d'improviser quatre pages en français qui parvinrent à leur adresse, mais dont plus de la moitié était inintelligible. Puis il se retire, en invitant son nouveau lieutenant à dîner pour six heures. Fidèle à la consigne, Damas se présente : « Il est couché maintenant, lui dit l'ordonnance de service; c'est à six heures du matin qu'il dîne! »

Il lui fallut en effet revenir le lendemain, à l'aurore. L'amphytrion le reçut avec des embrassements multipliés et des gestes convulsifs qui n'avaient rien de commun avec les révérences de Paris; puis il lui offrit en signe de bienvenue je ne sais quelle liqueur brûlante, dont il prit sa part avec des « grimaces qui auraient fait avorter une vivandière ». La table était d'une vingtaine de couverts : on servit une vaste *olla podrida* où nageaient pêle-mêle des concombres, des ciboules, des oignons, des os de veau et de poulet; puis des goujons cuits à l'eau, et pour dessert quelques fruits sauvages : « Je me crus dispensé de dire mes grâces, ajoute Damas après avoir énuméré ce singulier menu. Dieu est juste, il n'avait rien fait pour moi, car j'avais plus faim qu'en me mettant à table ».

La comédie n'était pas finie. Au sortir de table, Souvorov conduit son invité sur la plage : « Vous voyez bien, lui dit-il en lui montrant au-delà de la baie les murs d'Otchakov, ce bâtiment turc à l'ancre sous la protection de la batterie basse; il est arrivé cette nuit de Constantinople avec un chargement d'oranges; il faut le prendre, et nous obtiendrons, sans parler du butin, des nouvelles de la flotte turque ». Damas écoutait avec stupéfaction, non sans une résignation joyeuse; toute la journée, par respect pour son chef, il espéra un contre-ordre; puis à dix heures du soir il leva l'ancre. A mi-chemin, il fit carguer les voiles, et n'avança plus qu'à la rame : précaution inutile, car il avait été aperçu. La batterie de côte commença à tirer, on dut virer de bord sous les boulets, pour retrouver au point de départ Souvorov et ces mots sortis de sa bouche : « Je n'ai pas cru la chose possible, mais il fallait accoutumer les soldats aux projectiles, l'occasion m'a paru bonne ». Depuis notre marin improvisé se borna à croiser toutes les nuits, en avant de la pointe de Kinburn.

Le 1er juin 1788, près de cent voiles furent signalées; la grosse escadre ottomane arrivait au secours d'Otchakov, et s'engagea tout entière dans l'estuaire du fleuve : « En voilà encore un à moi », répétait avec assurance Nassau à mesure qu'il voyait défiler dans la passe ces citadelles flottantes, du haut du promontoire armé de canons qui commandait la baie. Sous ses ordres, quelques jours après, la flottille prit hardiment l'offensive. L'attaque était capricieuse et désordonnée, et se prolongea dans quatre engagements successifs; mais la défense fut enfin découragée, trois vaisseaux turcs sautèrent sous les boulets rouges, beaucoup d'autres subirent de graves avaries. Celui du capitan-pacha fut jeté à la côte; en cet état c'était encore une forteresse presque inabordable. Roger de Damas s'offrit à l'enlever, et partit laissant ces mots pour adieux : « Qu'on ne me soupçonne pas, si j'échoue, de n'avoir pas fait tout le possible, ou je me brûle la cervelle ». Puis il entoure le navire échoué d'un cercle de canonnières, le foudroie de ses décharges, se précipite enfin à l'assaut, malgré le feu et la mousqueterie qui éclataient de toutes parts. Bientôt il entend l'équipage demander l'*aman*, et voit le pavillon du capitan-pacha à ses pieds. Les Turcs ne comptaient plus leurs navires désemparés ou coulés bas ; ils se rallièrent pêle-mêle sous le canon d'Otchakov, ou s'enfuirent vers le Bosphore.

Potemkine vit bientôt arriver à lui le jeune vainqueur, porteur de cet étendard dont aucun Russe n'avait encore pu se rendre maître : « Je vous prierais, lui dit-il, de le porter à l'impératrice, si vous ne deviez avoir trop de regrets de quitter l'armée » ; et il l'employa incontinent, au milieu des troupes de terre, aux travaux du siège d'Otchakov. La réputation du jeune Français était faite, et personne n'en contesta plus les titres, quand Potemkine, étant venu à l'improviste trouver Damas sous sa tente, eût attaché sur sa poitrine la croix de Saint-George, et ceint à son côté une épée d'honneur avec l'inscription : *Pour la bravoure*.

Otchakov n'eût pas tenu vingt-quatre heures après la victoire navale de Nassau, si Potemkine eût combiné son attaque sur terre avec celle de la flottille. Mais il plaisait au capricieux généralissime de faire languir les opérations. Un certain Marolles, envoyé, dit-on, par Lafayette, les dirigea si maladroitement qu'on laissa venir l'hiver, et avec le froid, les maladies [1]. Les Turcs se ravitaillèrent ; les tentes des assiégeants que l'ouragan épargnait étaient à demi ensevelies sous deux pieds de neige ; tous les chariots avaient été dépecés et jetés au maigre feu des bivouacs. Les Turcs, bravant l'hiver, multipliaient audacieusement leurs sorties. A l'une d'elles, Damas fut blessé, et Souvorov, atteint d'une

---

(1) Ce Marolles, capitaine ingénieur réformé, n'avait pu obtenir de Montmorin, en décembre 1787, la permission de servir en Russie. Dans une lettre de Montmorin à Ségur (10 mars 1789), il est aussi question d'un certain Segond, chevalier de Cincinnati, employé comme lieutenant-colonel devant Otchakov.

balle à la gorge, était alors si bien préoccupé par des souvenirs tout français, que Massot, accouru pour le soigner, le trouva le cou sanglant, jouant aux échecs avec son aide de camp et criant comme devant un fantôme qui l'obsédait : « Turenne! Turenne! — Eh bien! général, quand Turenne était blessé, il se laissait panser ». Souvorov le regarde à ces mots, se jette en silence sur son lit et se livre au chirurgien [1].

De nouveaux volontaires échappés de France se battaient dans l'armée ou sur la flotte. Roger de Damas demeurait au premier rang. Au sortir de la tranchée, il se réfugiait sous sa tente, où un réchaud allumé avec de l'esprit-de-vin à deux louis la bouteille lui communiquait sa chaleur. Il s'ensevelissait chaque nuit dans un sac, sous la masse de ses effets, et se réveillait chaque matin une couche de poudrin de neige sur le visage. Cette rude vie ne l'empêchait point de courtiser les reines du camp, les nièces de Potemkine ; il comparait mentalement l'une d'elles, la princesse Skavronska, à la place assiégée, et se demandait laquelle serait le plus longtemps invincible.

Après un bombardement de six semaines, au milieu de décembre, l'assaut fut décidé. L'ordre du jour qui l'annonçait désignait Damas pour commander la colonne d'avant-garde. La lettre qu'il écrivit alors à sa sœur Mme de Simiane, son « testament sentimental », comme il l'appelle, peint au vif cette dernière génération de l'ancienne France exilée sur les champs de bataille de l'Orient. Il a un mot pour chacun de ses parents, un souvenir pour les femmes qu'il a le plus aimées, et il ouvre et clôt cette suprême effusion de cœur par un cri de fierté militaire et de confiance

---

(1) LANGERON, *Mémoires*, Avant-propos, p. 24.

dans la fortune. Ce serait parfait, si Dieu était nommé, et si l'auteur n'eût passé auprès de la princesse Skavronska la soirée du jour où il envoyait cet adieu attendri à toutes ses affections de jeunesse [1]. A deux heures du matin seulement, il reparut sous sa tente, en vue des derniers préparatifs.

L'artillerie ne se tut qu'à la dernière minute, sans quoi le verglas eût en un instant fermé l'accès de la brèche. Damas et ses grenadiers, courant sur la neige durcie par un froid de vingt-quatre degrés, sautèrent dans le fossé sans attendre les planches qui devaient leur servir de pont; puis, à l'aide de leurs baïonnettes, ils escaladèrent la palissade qui en commandait le revers. A peu de distance et à l'extrémité d'une longue voûte, s'ouvrait une porte par où les assiégés débouchaient en foule. Damas lance sur eux sa troupe en colonne serrée, atteint et arrache la mèche qui allait faire sauter une mine sous leurs pas, et fait des Turcs un atroce carnage. Sous cette voûte sanglante, « ma jambe, dit-il, s'enfonça dans un intervalle de trois ou quatre morts de hauteur ; l'homme de dessous qui ne se trouvait qu'expirant me prit avec les dents le tendon d'Achille, et arracha le morceau de botte et de bas qu'il saisit ; ma peau fut fortement entamée [2] .... ». Au milieu de telles émotions, la sensation du froid, qui n'était guère moins terrible, était oubliée ; il eût été d'ailleurs plus triste, pensait notre héros, d'être gelé que d'être tué ; et pourtant quels ne furent pas son étonnement et sa joie, lorsque, la lutte achevée et se retournant, il vit son domestique qui l'avait rejoint à son

---

(1) V. l'Appendice I.
(2) Byron a mis en vers ce trait (*Don Juan*, ch. viii, str. 83-84), lui donnant pour héros un officier russe, et pour théâtre Ismaïl. Où l'a-t-il pris ?

insu, et lui tendait son manteau, comme à la sortie de l'Opéra! Le valet était digne du maître.

Roger de Damas et Nassau attiraient alors sur eux les regards des deux bouts de l'Europe, et le prince Joseph de Ligne, dans des lettres destinées aux salons parisiens, couronnait des fleurs bien fanées aujourd'hui de sa rhétorique leurs images triomphantes.

III

SUR LA BALTIQUE

Quelques semaines après la prise d'Otchakov, Damas partait à la suite de Potemkine pour Pétersbourg. Rien de plus original que ce voyage de six cents lieues, en trois traîneaux, un pour le prince, un pour Massot, un troisième pour son aide de camp improvisé; on courait même la nuit à travers la steppe, sur la neige, entre deux haies de cosaques portant des torches. Il y eut quinze jours d'arrêt à Krementchuk, bien vite dissipés en bals et en galanteries; puis les trois traîneaux reprirent en luttant de vitesse leur course vertigineuse. Une nuit, dans la Russie Blanche, Damas perdit son chemin; il fut trop heureux de trouver chez des paysans un peu de pain noir et un lit de paille. Le lendemain soir, en rejoignant Potemkine à Mohilev, il tombait au milieu d'un bal splendide, et, sans prendre le temps de changer de costume, dansait jusqu'à six heures du matin. A midi il remontait en traineau, et voulant être le premier à la cour comme sur la brèche, il arrivait à destination avec trente heures d'avance sur ses compagnons. Il avait trouvé Ségur venu au-devant de lui à Tsarskoé-Célo; et le jour même, au débotté, sa croix de Saint-George sur son habit blanc du régiment du Roi, il soupait en joyeuse et brillante compagnie, entre les envoyés d'Autriche et de France.

Le lendemain, sous l'uniforme rouge et vert de l'infanterie russe, il fut conduit à l'audience impériale, et accueilli avec des paroles aimables qui sentaient l'Hôtel de Rambouillet corrigé par Corneille : « Je suis charmée de vous revoir, car vous vous êtes trop fait connaître pour que je croie vous voir une première fois. *Dans les âmes bien nées La vertu n'attend pas le nombre des années* ». Bien traité par le favori Momonov comme par le tsarévitch, convié aux soirées du premier et aux manœuvres militaires par lesquelles le second distrayait sa solitude, il ne tenait qu'à lui de faire fortune en Russie ; mais il jugeait avec raison ne devoir y réussir qu'en restant indépendant ; tout lui semblait compromis, s'il transformait ses services en devoirs. La France pourtant, où la Révolution commençait, ne le tentait guère, et il se dérobait à Ségur qui l'attirait de ce côté comme au grand-duc Paul qui voulait en faire son sujet. Ne rien prévoir de trop loin et aller droit devant lui lui semblait plus sûr : durant cet hiver de 1788-1789, il avait, avoue-t-il sans embarras, trois maîtresses et presque autant de campagnes en perspective.

Ce mondain ne dédaignait pas, au milieu de ses plaisirs, d'observer ses compatriotes d'occasion. Voici une page de ses Mémoires, qui confirme, avec une charmante finesse d'expression, les assertions de ses devanciers. En Russie, dit-il, « tout ressemble à une belle esquisse plutôt qu'à un parfait ouvrage. Les établissements sont à leurs principes ; les maisons en sont à la façade ; les gens en place ne savent pas assez leur rôle et ne sont pas formés. Les costumes, asiatiques pour le peuple, français pour la société, paraissent n'avoir pas été achevés en totalité. L'ignorance y existe encore dans la bonne compagnie ; les caractères ne sont que muselés et point adoucis ; le génie national est parfait imitateur et point inventeur. L'on rencontre beaucoup de gens d'esprit et fort peu d'aimables. Enfin le passé paraît déménager pour céder la place au présent, et d'après cela rien n'est fixé..... Il y a des Ninettes à la cour en quantité qui retrouveraient sans répugnance leur village, des mentons rasés qui trouvent encore que la barbe tenait plus chaud, et des commerçants qui trafiqueraient en fourrures avec plus de satisfaction qu'en bijoux et en modes ».

Roger de Damas commençait à avoir plus d'émules qu'il n'en eût souhaité ; car les ministres restés strictement fidèles à Louis XVI comme Montmorin saisissaient l'occasion de fournir aux gentilshommes rendus oisifs par la nouvelle organisation militaire les moyens de se distinguer au loin. Il en était de ceux-ci à vrai dire comme des écrivains; les plus suspects aux commensaux de Versailles étaient les plus recherchés par Catherine II ; on la surprend à souhaiter d'avance la bienvenue à Lafayette et au duc d'Orléans, que les événements retinrent l'un et l'autre loin d'elle [1].

Au printemps de 1789, Nassau, revenant d'une mission diplomatique en Espagne et traversant Paris, rencontra un jeune colonel de vingt-sept ans, qui venait d'être élu député suppléant de sa province aux États généraux, mais que la guerre, à l'en croire, tentait de préférence; c'était le comte de Langeron. Sous-lieutenant à quinze ans, il avait pris part à la guerre d'Amérique, et en 1782 avait été présenté à Brest au comte du Nord. Depuis il s'était inutilement offert comme volontaire aux Autrichiens. Lorsque Nassau lui proposa de l'emmener avec lui, il ne sut point profiter de l'occasion; en revanche, l'année suivante, trouvant le ministre de la guerre plus facile et la Révolution plus menaçante, il provoqua de nouvelles offres de services. Sa lettre fut

---

(1) A Grimm, 28 décembre 1787, 3 mars, 24 avril, 3 octobre 1788.

mise sous les yeux de la tsarine : « Tout homme de naissance et d'honneur, répondit-elle, qui voudra entrer dans mon armée y sera reçu ». Langeron partit sur ce mot au commencement de 1790.

La malignité publique se donna alors carrière sur son compte. On avait déjà supposé Damas expatrié à la suite d'un duel peu honorable avec un de ses camarades de régiment; tant un départ pour la lointaine Russie semblait alors chose suspecte! Pour Langeron, les uns mirent en avant sa mésintelligence avec sa femme, les autres un duel encore plus étrange où il aurait mis à mal, au cours d'une chasse, son évêque, l'ancien jésuite de Séguiran. Mais il est difficile d'autre part de concilier ces allégations avec les sentiments qu'il manifesta l'année suivante en apprenant la mort de Mme de Langeron, et aussi avec la durée du temps écoulé entre la mort de l'évêque (3 mai 1789) et le passage de son adversaire à l'étranger. Ce n'est pas au temps de la prise de la Bastille que la cour pouvait songer à inquiéter les mauvais maris ou les duellistes. Quoiqu'il en soit, Langeron se présenta bientôt à l'impératrice sous ce nouvel uniforme qu'il ne devait plus quitter : « Mon habit vous va fort bien, lui fut-il dit : il est un peu aristocrate, je ne sais si vous en êtes fâché. J'ai toujours eu une profonde estime pour les gentilshommes français. Je sais que Louis XIV et Henri IV, deux monarques que tous les autres doivent prendre pour modèles, se croyaient et étaient en effet invincibles à la tête de leur noblesse ».

Le jeune officier fut presque aussitôt mis à l'épreuve, et dans de singulières circonstances. Les Suédois venaient de déclarer la guerre à la Russie, et Nassau était rappelé en toute hâte du Sud, impatient de justifier contre eux sa réputation d'amiral invincible; il donna le commandement de dix chaloupes canonnières à ce colonel d'infanterie accouru sur sa trace. Non loin d'eux, un ancien capitaine d'artillerie français, Prévot, fermait par des ouvrages de fortification les débouchés de la Finlande et mettait en état de défense le littoral. Au moment le plus critique, au bruit de la canonnade qui ébranlait ses fenêtres, l'impératrice le manda au palais, pour préparer avec lui les moyens de résistance, et le cas échéant de fuite ; cela valait mieux que de traduire tranquillement Plutarque, comme elle s'en vante, en tête-à-tête avec Zoubov, son favori et son grand maître de l'artillerie [1].

Cependant Nassau manœuvrait audacieusement sur les derrières des Suédois; après les avoir battus une première fois, il subit au bout d'un combat de quatorze heures une défaite décisive. Lui et son lieutenant se donnèrent vainement en spectacle et en exemple ; l'un jouant au matamore, sous son uniforme blanc et son cordon bleu, criant et s'agitant, un pistolet d'une main et une épée de l'autre, sur sa chaloupe bariolée qui courait de rang en rang, conduite par dix-huit rameurs également en blanc, avec des plumets et des ceintures orange [2] ; l'autre méritant que l'envoyé constitutionnel de Louis XVI lui rendît ce témoignage : « (Il) a fait des prodiges de valeur tant à Viborg qu'à Fredericksam ; il a décidé en grande partie le succès de la première affaire, et si tout le monde avait suivi son exemple, la seconde aurait eu une issue bien différente [3] ».

Langeron avait gagné et reçut de la main impériale la croix de Saint-George; Nassau demeura en faveur

(1) Genet à Montmorin, 4 juin 1790 (*Corr. Russie*, t. CXXXII). — Catherine II à Grimm, 13 septembre.
(2) LANGERON, *Mémoires*.
(3) Genet à Montmorin, 13 juillet 1790.

malgré son échec et se vit refuser le conseil de guerre qu'il demandait : « Je n'en ferai rien, lui dit l'impératrice à cette occasion ; vous avez raison parce que vous avez raison, et parce que je veux que vous ayez raison ; ce propos sent un peu l'aristocratie, mais il a encore plus de rapports avec tous les sentiments que vous m'avez inspirés¹ ». Varage et Verbois ayant péri au cours de cette campagne, Nassau leur chercha des successeurs, et avec le concours du maréchal de Castries, ancien ministre de la marine, il mit la main sur un marin éprouvé, le capitaine de vaisseau marquis de Traversay ; il alla lui-même le chercher en Suisse, le fit nommer général-major, puis contre-amiral. Il organisa ensuite contre les Suédois la flottille en permanence, et lui adjoignit un corps d'artillerie sous les ordres de Prévot, promu au rang de brigadier.

Au Nord comme au Sud, l'ancien régime expirant abandonnait ses alliés séculaires, aimant mieux se croire philantrope avec la Russie que rester politique et chevaleresque avec la Suède et la Turquie.

(2) Genet à Montmorin, 31 août 1790.

IV

A ISMAÏL

Retournons maintenant à l'armée du Danube, où devaient se frapper les grands coups. Là commandait Potemkine, qui reproduisait, avec mille raffinements inattendus, dans ses palais improvisés, l'originalité de Souvorov sous la tente. Il y trônait escorté de ses nièces et d'une foule cosmopolite, sacrifiant sans mesure à ses caprices les soldats sous ses ordres et jusqu'aux chances favorables de la guerre, faisant changer tous les jours de nom et d'armes à quelques régiments; plus inquiet de tel courrier qui revenait de Paris, porteur d'une caisse de bijoux ou de comestibles, que de tel autre qui devait lui annoncer la chute d'une place assiégée. Le camp russe étalait en face de l'ennemi tous les charmes et toutes les corruptions d'une cour à demi-barbare.

En semblable compagnie, des gentilshommes français, « vaillants, jeunes et gais », comme dit Byron, devaient se plaire, et ils disputaient les premières places au bal et à la tranchée. On rencontrait parmi eux un certain chevalier de Vilnau, celui-ci authentiquement convaincu d'avoir tué en duel son lieutenant-colonel, Boismilon, sous-lieutenant en France, ici capitaine de chevau-légers, Rosset et Verbois sur la flottille; tous propres à montrer aux Russes, fort inexpérimentés en cette matière, quelle part d'intelligence le moindre combattant peut mettre dans une mêlée au service de la cause commune. Y avait-il quelque coup de main hasardeux à tenter? Ils étaient toujours prêts. Au siège de Bender,

Vilnau s'offre à attacher le pétard à l'une des portes. Il y devait périr; on guérit pourtant ses blessures, et l'impératrice le récompensa en le nommant gouverneur de ses pages [1]. Verbois, moins heureux, fut tué sur son navire. A côté de ces héros en herbe passe un moment Sénac de Meilhan, exilé de la capitale, et s'ingéniant à composer en phrases exclusivement empruntées à Tacite le panégyrique de Potemkine. L'esprit français serait ici moins bien représenté que le courage, si heureusement les plus braves n'étaient aussi les plus spirituels.

Roger de Damas avait reparu sur le théâtre de ses premiers exploits durant l'été de 1789; les opérations militaires y étaient singulièrement ralenties, et il crut pouvoir, en attendant le siège décisif d'Ismaïl, faire une excursion à Paris. Là, cherchant en vain la cour dispersée, trouvant la royauté prisonnière de l'Assemblée et des faubourgs, il fut bientôt au milieu de ses compatriotes comme le Russe à Paris de Voltaire, et redit avec lui en repartant après quelques mois pour l'Orient :

Adieu, je reviendrai quand ils seront changés [2].

Potemkine ne l'attendait plus guère, et le reçut assez froidement; il s'était laissé dire que son protégé avait demandé à servir sur la Baltique. C'en était assez pour exciter son humeur, tant les jalousies étaient vives entre les chefs des diverses armées! Damas s'en aperçut bientôt, lorsqu'il vit, à la nouvelle de la défaite navale de

---

(1) LANGERON, *Mémoires*.
(2) VOLTAIRE, *Le Russe à Paris* (dans les *Poésies diverses*). — « Je souhaite que M. Roger de Damas n'ait pas la tête tournée chez vous, et que vous le renvoyiez au prince Potemkine comme il était » (Catherine II à Grimm, 12 février 1790).

Nassau, les courtisans de Potemkine manifester hautement leur joie : « Messieurs, ne put-il s'empêcher de s'écrier, vous êtes Russes, l'impératrice de Russie a perdu une bataille décisive, huit mille Russes ont été tués; c'est trop heureux, je vous en fais mon compliment, j'en suis aussi enchanté que vous [1] ».

Des sorties de ce genre, jointes à la bonne opinion qu'il avait de lui, et à la défiance toujours en éveil contre les étrangers, ne le mettaient guère en faveur parmi ses compagnons d'armes. Cependant Potemkine lui rendit promptement sa bienveillance, et lui confia un régiment. Langeron arriva à son tour de la Baltique, et l'accueil qu'il reçut n'était aussi qu'à moitié encourageant. Lorsqu'il fut conduit par Damas à l'audience du prince, il fut salué d'une phrase banale qui semblait lui promettre, avec l'indifférence du maître, les dédains des courtisans : un simple signe de tête que Potemkine lui adressa en se retirant rendit incontinent la galerie empressée autour de lui. Dès le lendemain, on travaillait à le brouiller avec Damas : triste effet d'une jalousie incurable, que la gloire acquise ravivait sans la désarmer jamais.

Durant l'automne de 1789, pendant que Damas prenait part au siège de Kilia, Langeron, rappelé en France par des affaires de famille, tombait malade à Vienne, puis rebroussait chemin subitement dans de singulières circonstances. Il avait rencontré dans cette dernière ville le prince Charles de Ligne et le jeune duc de Richelieu. Tous les trois suivaient de loin avec anxiété les événements qui semblaient préparer la ruine simultanée de l'empire turc et de la monarchie française. Un soir, ils étaient réunis à table chez l'un d'eux ; au milieu

---

(1) Langeron, *Mémoires*.

du repas, un courrier du Danube est introduit; il apportait d'heureuses nouvelles et annonçait, sans doute pour se donner de l'importance, de décisives opérations, comme l'assaut d'Ismaïl. A ce mot d'assaut, les convives se lèvent, un seul regard échangé les a mis d'accord; ils se prennent la main, se jurent mutuellement d'être présents à la grande journée qui se prépare. Sans désemparer, ils commandent des chevaux de poste ; dix jours et dix nuits, sous la pluie et les premières neiges de l'hiver, ils brûlent la route. En chemin, ils apprirent la prise de Kilia; les attendrait-on sous Ismaïl? Langeron précéda ses amis auprès de Potemkine, avec des lettres où ils sollicitaient l'honneur de servir sous ses ordres [1]. Il fallait pouvoir braver les regards et l'attitude hostile des généraux et des officiers, et, la permission obtenue, nos Français n'étaient point en peine pour se pousser au premier rang.

Au dire des Russes, le siège devait être court et se terminer par un brillant coup de main. Roger de Damas fut chargé d'installer dans une île du Danube une des deux batteries destinées à foudroyer les principaux édifices, à terrifier les Turcs et à favoriser une attaque par surprise de la flottille. Vingt-deux jours durant, il fut à demeure derrière ses canons, dormant et faisant sa toilette à l'angle du parapet. On savait la place mal défendue du côté du fleuve, et on pensait conjurer ainsi les chances et les horreurs d'un assaut général. Ce plan échoua ; non seulement la flottille dut battre en

---

(1) Langeron écrit lui-même à Potemkine le 11 novembre 1790 : « Je viens mettre aux pieds de Votre Altesse mon zèle et mon dévouement, trop heureux s'il m'était permis d'espérer que je pourrais consacrer ma vie entière à servir S. M. I. » (*Mémoires de la Société d'Histoire et d'Antiquités d'Odessa*, an. 1875, t. IX).

retraite, après avoir essuyé pendant six heures le feu des assiégés, mais les Turcs la poursuivirent et tentèrent même une descente sur l'île où Damas commandait; celui-ci les reçut vigoureusement, leur tua beaucoup de monde et les força de se rembarquer en désordre.

Cependant il avait fallu en venir à des travaux réguliers d'attaque, construire de nouvelles batteries. Souvorov était arrivé au camp, et sur un avis venu de Pétersbourg lança son fameux ordre du jour : Demain les Russes ou les Turcs seront enterrés dans Ismaïl. Parmi les Français, Boismilon venait d'avoir la tête emportée par un boulet ; Damas et Langeron firent partie de la colonne du général Arséniev, chargé d'aborder la place du côté du Danube. La veille de l'assaut, ils soupèrent chez leur chef, jouèrent aux cartes et dirent toute la nuit mille folies. Il y avait onze convives ; on calcula froidement que le tiers des assaillants périrait, et on tira au sort les noms des quatre malheureux voués à la mort : bravade que le hasard récompensa, car, excepté trois, blessés légèrement, tous devaient sortir sains et saufs de l'horrible mêlée [1].

L'assaut commença avant l'aurore, mais l'ombre et le brouillard d'hiver s'étaient dissipés sous l'effroyable feu des Turcs, qui faisait ressembler la place à un volcan en éruption. Damas conduisait par la voie du fleuve cinq cents chasseurs, obligés de débarquer sous la fusillade au pied des défenses en terre durcie dont se couvraient leurs adversaires. Avant d'aborder, six officiers et cinquante hommes étaient déjà atteints. A l'exemple de leur chef, les Russes sautèrent à l'eau, dès qu'ils purent prendre pied, gravirent avec une incroyable célérité les pentes du bastion qui était devant eux. Langeron

---

(1) LANGERON, *Mémoires*.

s'éleva jusqu'au sommet, sur une échelle de baïonnettes plantées dans le talus, si hardiment que, quelques jours plus tard, assisté de deux domestiques, il ne put refaire l'ascension accomplie en quelques minutes. Il fut rejeté dans le fleuve et reçut à la jambe la seule blessure dont il ait été jamais atteint. Ses compagnons, soit dans leur course en avant, soit dans le temps d'arrêt pour attendre le mouvement des autres colonnes, furent réduits à moitié de leur monde.

Sur un autre point, le duc de Richelieu s'exposait avec une témérité égale. Une balle traversa son bonnet, une autre déchira sa botte et son pantalon. En s'exposant ainsi, il sut décider autour de lui un mouvement qui hâta le succès de la journée. Le général Lascy, enveloppé par les assiégés, avait remarqué parmi ceux qui contribuèrent à le dégager un jeune homme d'apparence étrangère; croyant avoir affaire à un Livonien, il le remercia en allemand du service rendu et le félicita de son courage; mais il vit l'inconnu se dérober promptement, et depuis, il cherchait en vain à le rejoindre, quand il le reconnut un jour dans l'état-major de Potemkine, et apprit avec étonnement son nom. Outre l'exemple du courage, Richelieu avait donné à ses émules, et en pure perte, celui de l'humanité; il arracha au massacre une enfant de huit ans, avec la pensée de l'élever et de l'adopter; malheureusement pour elle et pour lui, il la confia d'abord à des mains étrangères, et dès le lendemain on ne put retrouver sa trace [1].

---

(1) CASTELNAU, *Essai sur l'histoire ancienne et moderne de la Nouvelle Russie*, t. II, p. 211, 217. — L'auteur a eu entre les mains des documents manuscrits fournis par le duc de Richelieu. Lord Byron s'est emparé de ces deux épisodes, en y substituant le nom de son héros imaginaire à celui de Richelieu (*Don Juan*, ch. VIII, str. 56-57, 91-96).

Le carnage avait été effroyable. Les vainqueurs marchaient dans un pied de boue sanglante, et Langeron déclare n'avoir jamais pu enlever de ses bas de soie, blancs le matin, cette horrible teinture. Le lendemain, on le présenta à Souvorov. « Il me prit par la main et me demanda où j'avais reçu la croix de Saint-George ; je lui dis que c'était en Finlande, avec M. le prince de Nassau. — Nassau ! Nassau ! s'écria-t-il, c'est mon ami, et il me sauta au cou. Après un moment de silence, il ajouta : — Savez-vous le russe, Monsieur ? — Non, lui répondis-je. — Tant pis, c'est une belle langue ; et il me récita des vers de Derjavine, où je ne compris rien ; ensuite il ajouta : MM. les Français, vous êtes tombés du Voltairianisme dans le Jean-Jacquisme, ensuite dans le Raynalisme, et de là dans le Mirabeautisme, et c'est le pire de tout. Voyant ensuite que je boitais, il m'en demanda la cause ; je lui dis que j'avais eu le pied foulé en tombant du rempart. Alors il me prit dans ses bras, me chargea sur ses épaules, me porta au bas de l'escalier, et me laissa dans la boue sans me dire adieu ».

Quant à Potemkine, il se faisait soigner à Jassy par Massot d'une douleur au pied, et sous prétexte que les chemins étaient inabordables, il écouta Richelieu, qui le dissuadait de venir contempler cet horrible champ de victoire. Les Français eurent leur part des récompenses. Roger de Damas avança d'un degré dans l'ordre de Saint-George, Langeron devint colonel effectif ayant rang depuis le jour de son arrivée en Russie. L'impératrice félicita Richelieu par une lettre autographe, lui envoya une épée d'honneur et la croix de Saint-George : « Il n'y a qu'une voix, disait-elle, sur le duc de Richelieu d'aujourd'hui. Puisse-t-il, ajoutait-elle avec un singulier pressentiment de sa destinée, jouer le rôle du cardinal un jour en France, sans en avoir les défauts ! En dépit de l'Assemblée nationale, je veux qu'il reste duc de Richelieu et qu'il aide à rétablir la monarchie[1] ». En attendant ce jour lointain, le jeune volontaire se hâtait de venir jouir en passant de sa gloire à Paris et à Londres, et y montrait sa croix avec une joie d'enfant.

(1) A Grimm, 2 mai 1791.

LIVRE DEUXIÈME

CATHERINE II, PAUL IER ET LA RÉVOLUTION

CHAPITRE SIXIÈME

CATHERINE II ET L'ESPRIT RÉVOLUTIONNAIRE

I

LES PAROLES

Catherine II était à Kiev, en route pour la Crimée et entourée d'une cour européenne, lorsqu'elle apprit la résolution prise par Louis XVI de convoquer les notables du royaume, et de travailler à une réforme générale de son gouvernement. Ce projet lui parut une satisfaction commode donnée à l'opinion, une imitation de sa bruyante et inutile Commission législative de Moscou. Tout en se défiant du premier ministre Calonne, elle considérait avec un optimisme très philosophique l'agitation croissante des partis, se laissait même aller à louer le doublement prévu du tiers, et, bien loin de penser qu'on touchait à une grande révolution, affectait de croire à une crise passagère, bientôt terminée par la restauration des finances et de l'ordre public. Louis XVI deviendrait ainsi pour l'Europe et pour ses sujets le digne émule de Henri IV [1].

Autour d'elle, le sentiment qui se fit jour et se maintint quelque temps encore était un mélange confus d'étonnement et de curiosité, chez quelques-uns de sympa-

---

(1) « Je ne suis pas de l'avis de ceux qui croient que nous touchons à une grande Révolution » (A Grimm, 19 avril 1788).

thie assez vive, mais aussi vague que désintéressée. Les étrangers félicitaient Ségur sans arrière-pensée; les Russes réglaient prudemment leur attitude sur celle de la souveraine. Tout le monde attendait, balancé entre la crainte et l'espoir de quelque chose d'inattendu et de grand, sur le seuil d'une ère nouvelle comme sur le « chemin de Byzance ».

Transportons-nous maintenant à Pétersbourg, deux ans plus tard. On annonce la prise de la Bastille : « A la cour l'agitation fut vive et le mécontentement général; dans la ville l'effet fut tout contraire... Je ne saurais exprimer l'enthousiasme qu'excitèrent parmi les négociants, les marchands, les bourgeois et quelques jeunes gens d'une classe plus élevée la chute de cette prison d'État, et ce premier triomphe d'une liberté orageuse. Français, Russes, Danois, Allemands, Anglais, Hollandais, tous dans les rues se félicitaient, s'embrassaient comme si on les eût délivrés d'une chaîne trop lourde qui pesait sur eux [1] ». Ségur ajoute que cette « folie » ne dura guère; il est certain que l'impératrice, d'un seul froncement de sourcil, eût bien vite ramené au moins l'apparence de l'ordre accoutumé.

Elle avait souri, comme presque tous les souverains d'alors, à ceux qui avaient amassé la tempête, et en la voyant monter à l'horizon, elle supposait d'abord le danger trop lointain pour venir jusqu'à elle. L'agitation des esprits lui semblait inoffensive; le jour où elle vit le désordre dans la rue, elle comprit. La nouvelle du 14 Juillet lui était arrivée avec ce clairvoyant commentaire traduit d'un mot célèbre : la Révolution en France est consommée et l'autorité royale anéantie. Avec son sens politique si juste, elle n'avait

---

(1) Ségur, *Souvenirs et anecdotes.*

pas besoin de cet avertissement pour prédire dès lors et publiquement le sort réservé à Louis XVI [1]. Dès les journées d'octobre, elle annonçait la chute de la royauté et le meurtre du roi ; et ses entretiens, sa correspondance montrent désormais l'amie des philosophes s'indignant contre l'œuvre de leurs héritiers. Bientôt, devant la succession des violences légales ou populaires, elle passe de la répugnance à l'hostilité déclarée. Elle ferme l'oreille aux belles théories et aux vains compliments qui l'ont charmée jadis, troublée qu'elle est par le bruit des statues de Henri IV et de Louis XIV renversées de leur piédestal, et de la tourmente qui de Paris souffle sur tous les trônes. Elle demeure partagée enfin entre la crainte, l'indignation et cette joie égoïste que les maux ou les dangers d'autrui soulèvent au fond de l'âme humaine et inspirent trop souvent aux politiques.

Avant la fin de 1789, Ségur se présenta à elle en audience de congé ; il avait refusé le rang et l'établissement qu'elle lui offrait, sous l'empire de cette illusion qu'il allait jouer en France un rôle important. Dans cette dernière entrevue, elle lui exprima encore ses vœux pour le roi et la pacification du royaume : tranquillité, force, prépondérance même, elle souhaitait à notre pays tous ces avantages. Puis se rappelant les lettres interceptées par elle, où l'ami de Lafayette manifestait ses sympathies pour le nouvel ordre de choses : « Votre amour de la philosophie et de la liberté vous por-

[1] « J'ai prédit au prince de Nassau et à quantité d'autres, quatre ans à l'avance, ce qui est arrivé à Louis XVI » (A Grimm, 3 septembre 1794). — Dès juillet 1791, son ambassadeur Simoline lui signale « un vœu très manifeste pour mettre M. Robespierre sur le trône d'Henri IV » (FEUILLET DE CONCHES, *Louis XVI*, etc., t. II, p. 173).

tera probablement à soutenir la cause populaire. J'en suis fâchée; car moi je resterai aristocrate, c'est mon métier ; songez-y, vous allez trouver la France bien enfiévrée et bien malade ».

Les événements lui donnèrent vite raison. Une Assemblée qui avait substitué son autorité absolue à l'autorité absolue du souverain ne ressemblait décidément guère aux dociles législateurs de Moscou ; un peuple qui tolérait comme une revanche légitime tant d'attentats aux propriétés et aux personnes lui rappelait au contraire les excès récents de la démagogie moscovite. Le mot d'ordre fut donné en conséquence à la presse, c'est-à-dire au seul journal autorisé, la *Gazette de Saint-Pétersbourg*. Cette feuille, muette sur la réunion des États et le serment du Jeu de Paume, commence par ces mots : « La main tremble d'horreur, etc. », le récit de la prise de la Bastille et des scènes sanglantes qui ont suivi cette victoire populaire. Elle ne raconte pas avec moins d'indignation les journées d'octobre, et désormais le ton de ses bulletins, de plus en plus passionné et sarcastique, trahit la collaboration de quelque rédacteur parisien, émule anonyme de Rivarol et de Suleau. Les Constituants sont comparés à des ivrognes, à ces comédiens dont ils ont reconnu les droits politiques. Alexandre de Lameth, naguère l'hôte de la Russie, est appelé un ennemi de son pays. Mirabeau n'est d'abord pas mieux traité, mais les éloges donnés à son royalisme tardif, les termes mesurés dans lesquels sont annoncés ses derniers actes et sa mort indiquent que les rédacteurs n'ignoraient ni ses relations avec l'ambassade russe, ni les services qu'à Pétersbourg on attendait de lui [1].

---

(1) Les Bulletins de la *Gazette de Pétersbourg* ont été publiés par M. Brückner (*Drevnaïa i novaïa Rossia*, 1876) et analysés par M. Alfred Rambaud (*Revue politique et littéraire*, 14 sept. 1878).

Le plus sûr commentaire de la prose officielle est la correspondance intime de la souveraine avec Grimm. La philosophie et l'art y cèdent le pas à la politique, et sur ce dernier point, la mauvaise humeur et la haine impériales se manifestent en termes d'une originalité pittoresque et d'une franchise parfois triviale : « Je n'aime pas les cordons bleus inscrits dans la garde de nuit, ni la justice sans justice, et ces barbares exécutions à la lanterne. Je ne saurais croire non plus aux grands talents de savetiers et de cordonniers pour le gouvernement... Avec tous leurs arrangements, adieu la France, et voilà qui n'est pas plaisant... Le royaume est à plaindre, et tous les gens sensés ! Pour de la multitude et de son avis, il n'y a pas grand cas à faire [1] ». Elle va ainsi, glissant ses sarcasmes et ses invectives entre deux bulletins de victoire. En femme qui a appris à connaître la France surtout dans les livres, elle déplore la disparition de ce bon ton né à la cour de Louis XIV, et resté la parfaite expression de l'esprit national ; elle suppose que, pour être conséquents avec eux-mêmes, les partisans du nouveau régime finiront par vouer au feu les meilleurs auteurs français, Voltaire en tête. Un jour, elle en vient à dénoncer la triste conclusion de cette période qui devait aboutir à l'âge d'or : « Vous m'avez dit plus d'une fois que ce siècle était un siècle de préparation. Or donc j'ajoute que cette préparation n'était que pour préparer des ordures (et ici un mot grossier en allemand) qui font, ont fait ou feront des malheurs sans fin et des malheureux innombrables [2] ».

Dans le cours de cette guerre à outrance faite aux idées françaises, Catherine finit par rallier à elle la plus

---

(1) A Grimm, 15 novembre 1789, 23 et 25 juin 1790.

(2) A Grimm, 15 novembre 1789, 23 et 25 juin, 12 septembre 1790, 3 avril 1794,

grande partie de l'aristocratie. Fils peu soumis à d'autres égards, le tsarévitch suivait aveuglément sa mère, et proclamait hautement sa sympathie pour un régime présent à ses souvenirs par les splendeurs de Versailles et de Chantilly. Il s'ingéniait à la traduire en manifestations tantôt ridicules, tantôt brutales, contre la Révolution, dont les excès seuls frappaient son imagination déréglée. Un jour on lui présente des officiers dont les queues trop courtes lui paraissent trahir un esprit d'insubordination ; ils sont mis aux arrêts comme suspects de jacobinisme [1]. Un autre jour, au retour de Gatchina, son voisin lui fait admirer de magnifiques sapins qui bordent la route, et a l'imprudence de les appeler « les représentants des siècles passés. — Voilà un mot qui sent la Révolution », telle est la réplique de Paul, avec l'ordre de descendre de voiture, et d'aller prendre place auprès des secrétaires. Ce fut là toute la cause d'une longue disgrâce.

Dans les salons de Potemkine on faisait écho au grand-duc par la bouche du fou Mosse, cet interprète irresponsable du favori, que Ségur nous montre accablant des mêmes dédains, sous une forme ironique, la France et ses maîtres nouveaux. A tous les degrés du *tchine* ce bouleversement égalitaire excitait l'étonnement, et les indifférents eux-mêmes, les gens de plaisir souhaitaient la fin des troubles, afin de retrouver libre le chemin de Paris. Les *outchitéli* étrangers élevaient la voix avec plus de hardiesse, sans manifester toutefois l'intention de rompre leurs chaînes, et de venir jouir sur place des bienfaits de la liberté. Sous leur impulsion, quiconque était jeune et se faisait gloire de penser à la française

---

(1) Lettre de Rostopchine, mai 1794 (*Archives Woronzov*, t. VIII, p. 93-94).

accueillait la Révolution à ses débuts comme il eût accueilli un livre séduisant, hardi, dont il n'eût encore goûté que les premières pages [1]. On entendait les jeunes grands-ducs disserter gravement sur les abus du régime féodal, ou, protégés par leur rang, fredonner impunément dans le palais impérial les chansons révolutionnaires ; ils tiraient de leurs poches, aux yeux des courtisans timorés ou stupéfaits, des cocardes tricolores, et se divertissaient fort, lorsqu'Esterhazy, le porte-parole des émigrés, avait subi quelque mystification, et tué à la chasse un cochon revêtu d'une peau d'ours [2].

Parmi les officiers de la garde, les nouvelles de Paris suscitaient des commentaires favorables ; ces émules platoniques de Lafayette applaudissaient au théâtre le passage du *Mariage de Figaro* où il est fait allusion à la stupidité des soldats qui se font tuer sans savoir pourquoi [3]. Une enfant de sept ans, qui devait s'appeler Mme Swetchine, illuminait sa chambre en l'honneur du 14 juillet. La noblesse de Moscou, disait-on, était prête à se lever en faveur d'une réaction aristocratique et d'un régime à la polonaise. Même après les premières déceptions, en 1791, l'envoyé du roi constitutionnel reçut des visites et des assurances de sympathie furtives adressées en sa personne à la nation régénérée, et il ne s'en étonnait pas : « Les écoles normales, écrit-il, multiplient tous les jours le nombre de ceux qui savent lire ; ils dévorent les extraits des nouvelles de France que l'on publie exactement dans les gazettes russes. J'ai vu plusieurs de ces bonnes gens pleurer de joie en

---

(1) « Au commencement de la Révolution, j'en ai été un partisan assez zélé » (Lettre du prince Kotchoubey, dans les *Archives Woronzov*, t. XIV, p. 24).

(2) Lettre de Genet, 3 janvier 1792 (*Corr. Russie*, t. CXXXVII).

(3) Lettre de Genet, 8 nov. 1791 (*Corr. Russie*, t. CXXXVI).

apprenant que le roi avait accepté la constitution : j'en ai entendu d'autres dire avec enthousiasme que si leurs fils, frères ou parents étaient destinés à aller combattre les Français, ils les conjureraient au nom de tout ce qu'ils auraient de plus cher de tirer en l'air [1] ».

Il y avait donc dans la société russe une double agitation : d'un côté, à défaut de républicains enclins à remuer les souvenirs glorieux et tragiques de Novgorod la Grande, les demeurants du parti aristocratique qui eussent voulu profiter des circonstances, et renouveler contre l'autocratie la tentative de 1733 ; et d'un autre côté les esprits fascinés par un vague idéal de liberté, qui applaudissaient de loin à une Révolution dont ils ne voulaient pas voir les crimes, et dont ils enviaient les bienfaits. En cas d'explosion, que ne pouvait-on craindre d'une nation où s'était produite récemment la révolte de Pougatchev : « Si d'une part, écrivait Genet, je crains l'aristocratie, de l'autre je frissonne en pensant à ce que serait chez un peuple grossier et barbare une révolution populaire : tout serait détruit, tout serait anéanti, tout périrait par la flamme et le fer [2] ».

Ce qui augmentait la stupéfaction, c'était le ton que prenaient à certains moments les victimes de ce grand bouleversement. Le comte de Damas, comme s'il eût été ministre du roi constitutionnel, soutenait devant Potemkine, sans trop le croire, que l'autorité royale sortirait affermie de cette crise. Une scène plus vive eut lieu à l'armée du Danube, la fierté de Langeron n'ayant pu se contenir devant les vanteries déplacées du prince : « Colonel, lui aurait dit Potemkine, je n'aurais besoin que de mes palefreniers pour mettre vos jacobins

---

(1) Lettre du 8 nov. 1791. (*Corr. Russie*, t. CXXXVI).
(2) Lettre du 4 mars 1790 (*Id.*, t. CXXXI).

à la raison. — Prince, lui répondit Langeron, je doute que vous puissiez y réussir avec toute votre armée ». A ces mots les assistants pâlirent, tremblèrent; Potemkine se leva furieux et quitta la table [1]. Les émigrés demeuraient patriotes à leur manière, et ne savaient point se taire, même au prix de la faveur, dès qu'il s'agissait de l'honneur français.

(1) CASTÉRA, *Histoire de Catherine II*, t. III, p. 319.

II

LES ACTES

La conduite de Catherine II envers ces Français dont elle avait favorisé jusque là l'apostolat intellectuel était conforme à ses paroles. Les philosophes avaient été les précurseurs des jacobins et devenaient leurs complices : la disgrâce des premiers accompagna donc la mise hors la loi des seconds. Par hasard l'impératrice pourra affecter une générosité inoffensive en laissant distribuer le numéro du *Moniteur* où elle est qualifiée de Messaline du Nord ; elle se fera chanter le *Ça ira* par un fils d'émigré ; ce qui d'ailleurs ne préjuge pas plus de tendances jacobines que l'habitude, chère aux soldats de Condé, de parodier à leur usage les hymnes révolutionnaires. Dans l'ensemble de sa conduite, l'autocrate sera surtout politique : dès le printemps de 1790, elle interdira tous les papiers relatifs à la Révolution, et jusqu'aux bijoux et aux modes pouvant en donner l'idée. D'une main elle frappera sur ces immigrants de la veille qui, par leurs livres ou leur enseignement, ont propagé l'esprit d'indépendance et de révolte, de l'autre, elle accueillera ces émigrés d'origine plus élevée et de sentiments plus purs qui viennent chez elle défendre à leur manière l'autel et le trône.

De 1789 à 1792, tous les étrangers de langue française établis en Russie (il y en avait au moins dix mille) vécurent sous une loi des suspects qui s'aggravait sans cesse. Quelques-uns avaient envoyé à Paris leur contribution patriotique, ou en qualité de fils de réfugiés avaient revendiqué leurs droits de citoyens. Leurs audaces n'allaient pas plus loin, et cependant, tandis que la *Gazette*, en phrases railleuses ou indignées, dénonçait les événements et les hommes du jour, une police ombrageuse surveillait ces étrangers inoffensifs, regardés comme complices de la propagande parisienne. Une liste de suspects comprenant le nom et la profession de chacun fut dressée dans chaque province, et employée à seconder des mesures plus vexatoires qu'efficaces. Un jour ce sont plusieurs négociants de Pétersbourg qui sont emprisonnés sur des rapports venus de Vienne, puis relâchés avec force excuses; un autre jour, c'est la troupe allemande en représentation qui reçoit défense de jouer *Hamlet*, la pièce présentant des situations humiliantes pour la majesté royale [1].

L'histoire de Cuinet d'Orbeil, racontée par Masson, en dit beaucoup sur les nouvelles dispositions de l'impératrice et de sa cour. Cet obscur homme de lettres arrivant de la capitale à Péterhof est abordé par un courtisan : « Vous savez la nouvelle, M. le démocrate. Le roi est échappé de Paris. — Oui, Monsieur le Comte, mais j'en sais aussi une plus grande, c'est qu'il a été repris ». Stupéfaction générale; on sut bientôt que les deux courriers annonçant l'évasion et l'arrestation de Louis XVI étaient arrivés presque en même temps, et que le second avait été retenu à Pétersbourg, comme un trouble-fête probable pour l'entourage impérial. D'Orbeil paya cher une indiscrétion involontaire; il fut dès lors attentivement surveillé. Sur quelques mots favorables à la Révolution sortis de sa bouche, il fut impliqué dans je ne sais quel complot imaginaire, enlevé de nuit, et transporté à fond de cale d'un vaisseau; il se

---

(1) *Moniteur* du 3 mai 1792. — Hermann, *Geschichte Russlands* (*Ergänzungs Band*, p. 105).

noya en voulant s'échapper [1]. Catherine ne mettait pas en doute l'efficacité de semblables moyens : J'ai eu ici, disait-elle en 1791, de ces Français qui ont voulu prêcher la nouvelle doctrine, je les ai mis à la maison de force, ils sont devenus doux et tranquilles en fort peu de temps [2].

Le successeur provisoire de Ségur, Genet, était un esprit délié, infatué de principes philosophiques, sans consistance de caractère; il représentait alors avec un dévouement bruyant et sincère le roi constitutionnel en Russie, comme il représentera la Convention aux États-Unis. Sa correspondance diplomatique est intéressante; les remarques curieuses, les traits bizarres s'y succèdent. Sentant croître avec les progrès du désordre le discrédit de la France à l'extérieur, il faisait de son mieux pour être autre chose qu'un observateur impuissant, mais il voyait de jour en jour les marques d'attention se retirer de lui, et une sorte de conjuration officielle le confiner dans un cercle toujours plus resserré de « femmes sensibles et d'amis éprouvés ». Après l'affaire de Varennes, la cour lui fut interdite, la chancellerie se refusa à la moindre communication écrite ou verbale avec lui. Il était réduit à transmettre à Paris des on-dit sur des allées et venues des premiers émigrés. Lorsqu'il eut à notifier l'acceptation de la constitution par Louis XVI, il envoya son secrétaire Moissonnier solliciter auprès du vice-chancelier Osterman un entretien où il devait remettre une lettre du roi, ou sinon réclamer un passeport pour un courrier à expédier à Paris. Le rapport de cet agent subalterne est caractéristique :

(1) MASSON, *Mémoires,* ch. XI.
(2) GEFFROY, *Gustave III et la cour de France,* t. II, p. 131.
(3) Lettre du 16 décembre 1791.

« Je trouvai M. Tati, chef-conseiller du collège des Affaires étrangères et premier secrétaire du ministre, je lui fis lire le premier ordre de M. Genet ; il me répondit que cette affaire ne le regardait pas, et que je devais m'adresser à M. Weidmer, secrétaire du Conseil d'État. Je m'informai où je pourrais lui parler ; il me dit qu'il ignorait quand je pourrais le voir. A midi et demi je me rendis de nouveau à la Chancellerie et n'y trouvai personne. J'y retournai encore à quatre heures du soir, je demandai M. Weidmer ; on me dit qu'il était chez le ministre. Je montai à l'appartement de Son Excellence, et j'attendis que M. Weidmer fût sorti de son cabinet. Il vint enfin ; je m'annonçai de la part de M. le chargé d'affaires de France, et pour toute réponse il me tourna brusquement le dos. Je descendis avec lui à la Chancellerie, le pressant de m'entendre, je le suivis d'un bureau à l'autre, recevant à chaque porte un nouvel affront. J'insistai cependant si vivement qu'il fut obligé de me dire qu'il ne me connaissait pas pour être envoyé de la part de M. Genet ; je lui montrai le premier ordre qu'il m'avait donné, il le lut et me dit qu'il ne pouvait point se conformer à ma demande. Je lui demandai s'il me faisait cette réponse par ordre du ministre, il me l'assura ; je lui demandai si je pouvais parler moi-même à Son Excellence, il me dit que cela n'était point possible. Alors je le priai de me faire expédier un passeport pour le courrier du cabinet du roi, dont le nom se trouvait sur le second papier dont j'étais porteur. Il refusa de lire cette note et me dit qu'il ne pouvait pas plus se mêler de cette affaire que de l'autre, parce qu'on ne reconnaissait plus M. Genet dans cette cour-ci ministériellement [1] ».

(1) Lettre de Genet, 4 nov. 1791 (*Corr. Russie*, t. CXXXVI).

L'infortuné chargé d'affaires essaya encore assez inutilement de renouer les relations officielles par l'intermédiaire du gouverneur de Pétersbourg, des envoyés d'Espagne et d'Autriche; il dut s'en tenir à transmettre par la poste des lettres en clair qu'il savait destinées à l'épreuve du cabinet noir, et où il exaltait hypocritement le génie de Catherine. Sa maison était entourée d'espions, et les royalistes de son espèce n'étaient guère mieux traités que des pestiférés. Un jour Bulliot, chargé du vice-consulat de Cronstadt, se présente devant le prince Woronzov : « Que voulez-vous, Monsieur? — Je viens, Monsieur le Comte, pour avoir l'honneur de vous communiquer..... — Point de communications, Monsieur, nous ne les aimons point et nous n'en voulons point de la part de la France d'aujourd'hui. — L'Assemblée nationale..... — Point d'Assemblée nationale, point de nation; nous ne connaissons point cela. — Mais, Monsieur, c'est en vertu des ordres du roi... — Bon, votre roi est prisonnier, il ne peut donner aucun ordre; l'anarchie règne à sa place. — Il est cependant essentiel pour la sûreté de la navigation française, garantie par le traité de commerce, que vous jetiez au moins les yeux sur ce papier : vous verrez..... — Je ne veux rien voir, Dieu m'en préserve ! remettez promptement ce papier dans votre poche. Je l'exige, dépêchez-vous [1]..... ».

Cette situation étrange dura jusqu'en Juillet 1792; à la nouvelle des événements du 20 juin, parut une note qui expulsait Genet sous huit jours.

Une telle guerre, inexorable bien que poursuivie à distance, se développa surtout depuis l'expansion victorieuse de la nouvelle république au-delà de ses fron-

---

(1) Lettre de Genet, 24 avril 1792.

tières. Catherine II n'en souhaitait pas pour cela, comme une condition nécessaire de l'ordre public européen, la restauration des Bourbons. Elle était une parvenue, et n'eût pu adhérer sans embarras ni réserves au dogme de la légitimité. Comme les « carmagnoles », elle devait le pouvoir à une révolution, à un régicide : le jour de son avènement, les casernes avaient fait la loi à Pétersbourg comme les faubourgs la firent à Paris le 10 août 1792; le cou de Pierre III avait été livré par elle à un lacet meurtrier, comme celui de Louis XVI le fut à la guillotine; Ivan VI prisonnier à Schlüsselbourg reparaissait dans Louis XVII captif au Temple? De ces rapprochements qui s'imposaient à sa pensée, la tsarine était loin de conclure à des rapports naturels entre l'autocratie et le jacobinisme, et elle allait employer l'une, dans l'intérieur de ses États, à combattre, à étouffer l'autre. Illuminés, francs-maçons, libéraux de toute nuance passèrent donc sous sa loi des suspects; ainsi que plus tard Napoléon l'Angleterre, elle eût voulu, mais sans faire un pas, mettre la France en état de blocus. Elle établissait du moins contre elle, comme contre la peste, un cordon sanitaire, et elle attendait des armes d'autrui la victoire.

Le meurtre du 21 janvier lui causa un saisissement tel, qu'elle dut se mettre au lit; un deuil de six semaines fut ordonné à la cour. Bientôt parut un ukase qui imposait aux étrangers de langue française habitant ses États un serment de haine à la Révolution, de fidélité à la religion et au roi Louis XVII, et un désaveu du régicide sous peine d'expulsion. A l'exception d'une cinquantaine, sans doute Belges ou Suisses, tous durent faire à l'église catholique ou au temple l'acte de soumission exigé; acte d'autant plus méritoire, que désormais la moindre relation avec leur pays devenait un crime. En effet le traité de commerce de 1786 cessant ses effets, toute importation française était prohibée. Non seulement les journaux et les publications de Paris furent arrêtés à la frontière, mais les libraires reçurent l'ordre de remettre à la police, en vue d'un examen et d'un triage rigoureux, les livres et les tableaux qu'ils avaient en magasin; et ils évitèrent à grand'peine ce coûteux dérangement en se résignant à des visites domiciliaires [1].

Se souvenant peut-être de ses relations avec Voltaire, la tsarine ne détruisit point cette bibliothèque qu'elle avait payée cent cinquante mille livres, mais elle reléigua le buste du grand homme dans un coin. Voltaire était traité comme l'ont été depuis, dans nos édifices publics, à chaque changement de régime, les souverains déchus; les honneurs du Panthéon qu'il partageait avec Mirabeau l'avaient irréparablement compromis, et devaient lui suffire désormais. Laharpe, précepteur du grand-duc Alexandre, fut épargné jusqu'en 1795; mais le frère de Marat dut changer de nom, et s'appeler M. de Boudry, du nom de son village; et Sibourg et du Pujet, l'un précepteur des grandes-duchesses, l'autre bibliothécaire de l'impératrice, furent expédiés en Sibérie.

Le Théâtre-Français restait ouvert, sous une sévère surveillance. Un chambellan du tsarévitch ne voulut-il pas un jour faire arrêter un spectateur coupable d'avoir applaudi cet adage banal : Sans égalité, point d'amitié. Un jacobin seul était capable de saluer au passage une phrase aussi impertinente. C'est la contre-partie de l'histoire de ce conventionnel qui à Paris menaçait le parterre, à cause des marques d'approbation données à

---

(1) *Moniteur* des 30 mars, 1er mai et 4 juillet 1793. — Masson, *Mémoires*, ch. xi.

ce simple hémistiche : « Des lois et non du sang ! » L'inquisition autocratique en vint à incriminer dans une tragédie posthume du poète Kniajnine de vagues maximes sur la liberté, qui étaient naguère des lieux communs de l'entourage impérial. Ce vers : Un roi joint les faiblesses d'un homme à la puissance d'un Dieu, parut sans doute une allusion à la vie privée de l'impératrice, et l'Académie des Sciences, qui avait publié la pièce sous son patronage, devint responsable de l'injure. Le *président*, la princesse Dachkov, eut avec Catherine une entrevue orageuse, qu'elle put croire le prélude de sa disgrâce, et une tragédie où quelques sentences dans le goût de Voltaire eussent jadis passé inaperçues, et dont le dénouement était à la gloire de l'autocratie, fut saisie et frappée d'interdit [1].

Si l'impératrice étouffait sur la scène toute parole propre à éveiller l'imagination de ses sujets, en France elle était livrée aux risées de la foule. Ce n'était plus seulement Volney lui renvoyant en signe de protestation contre ses desseins la médaille d'or dont elle l'avait jadis gratifié [2]; dans son *Jugement dernier des rois*, Sylvain Maréchal réunissait sur un rivage désert les souverains de l'Europe chassés par leurs sujets, et montrait la tsarine se battant avec le pape, dont elle brisait la croix d'un coup de sceptre, et qui lui lançait sa tiare à la tête : et au dénouement, malgré son vœu *in extremis* de passer aux Jacobins ou aux Cordeliers, elle

(1) Masson, *Mémoires*, ch. ix.
(2) Lettre de Volney à Grimm (*Moniteur* du 5 décembre 1791). Cette lettre lui valut une réplique de Grimm, assez lestement tournée pour avoir été attribuée à Rivarol. Volney se repentait à la fin de sa vie d'avoir agi ainsi : « Si, disait-il, au lieu d'irriter les souverains favorables à la philosophie, nous eussions eu une conduite plus modérée, la liberté n'eût pas éprouvé tant d'obstacles, ni coûté tant de sang ».

était engloutie par un volcan vengeur avec tous ses complices.

Les martinistes et les francs-maçons de Moscou subirent le contre-coup de la guerre déclarée aux idées françaises. Pourtant ces hommes, libéraux par raison, religieux par sentiment, autoritaires par instinct, restaient profondément Russes de caractère. Ils avaient applaudi sans arrière-pensée aux victoires et aux conquêtes du règne. Un d'eux, Lopoukhine, s'était empressé de désavouer le mouvement de 1789 : « Je demande à Dieu, a-t-il écrit quelque part, qu'il préserve notre patrie de cet esprit de fausse liberté qui ruine tant d'États en Europe, et qui à mon avis est partout pernicieux [1] ». Rien n'y fit; après avoir tourné en ridicule ces innocents réformateurs, l'impératrice se prit à les craindre, et en août 1792, Novikov fut arrêté; sa *Société typographique* dut se dissoudre, et, à la suite d'un long procès où furent surtout incriminés les rites clandestins de la secte, Novikov fut enfermé à Schlüsselbourg ; il n'en devait sortir qu'à l'avènement de Paul Ier.

Après lui, ce fut le tour de Raditchev. Ce protégé des Woronzov, receveur-général des douanes, dans un livre intitulé *Voyage de Saint-Pétersbourg à Moscou*, pastiche de Raynal, approuvé étourdiment par la censure, avait comparé les ventes de serfs à la traite des nègres. La question du servage lui semblait librement ouverte à la discussion, depuis que la *Société d'Économie* l'avait mise au concours et que la Commission législative de Moscou l'avait discutée. Mais ce qui était jadis licite ne l'était plus ; Raditchev l'éprouva bien vite. Son livre fut con-

---

[1] Lettre citée par A. Rambaud, *Les libéraux Russes et la réaction* (*Revue politique et littéraire*, 19 mars 1881).

fisqué, il fut lui-même condamné à mort par la chancellerie secrète, et par le sénat au knout et aux travaux publics, comme ayant sonné « le tocsin de la Révolution ». A l'occasion de la paix avec les Suédois, sa peine fut commuée en dix ans d'exil en Sibérie. Étrange révolutionnaire, qui datait d'Irkoustk un jugement des plus sévères contre Rousseau ! Il fut aussi amnistié après la fin du règne [1].

Tout faisait ombrage, et la police exagérait selon l'usage les précautions recommandées. Un vieillard aperçu à sa fenêtre avec une robe de chambre et une toque rouges fut incontinent arrêté, et on dut lui faire des excuses lorsqu'on l'eut reconnu pour un ancien officier-général, émigré et royaliste fidèle.

A la cour, même en matière de modes, on entendait demeurer en deçà de 1789, et maint ajustement, maint bijou rappelant le monde des sans-culottes devint suspect ; autre imitation involontaire de la secte triomphante à Paris. Quelques jeunes gens en revanche trouvaient dans l'adoption des nouvelles modes une occasion de fronder sans péril l'opinion ou le goût prédominant. « La manie, écrit Rostoptchine, de porter de grosses cravates qui cachent le menton a choqué. L'impératrice a ordonné pour la seconde fois de ne les plus porter ; mais nos jeunes gens, en dépit de la défense, s'habillent comme auparavant, et le dernier dimanche, la comtesse Soltykov ayant voulu mettre à la raison son neveu, il fit sonner si fort le mot de liberté, qu'elle s'enfuit à toutes jambes, croyant voir dans la famille Galitzine le germe d'une révolution [2] ».

---

(1) Masson, *Mémoires*, ch. x. — Herrmann, *Ergänzungs Band*, p. 105. — *Archives Woronzov*, t. IX, p. 181, t. XII, p. 431.
(2) Lettre du 12 décembre 1793 (*Archives Woronzov*, t. VIII).

Ce n'étaient là que des exceptions sans importance. En général, fils de boyards ou parvenus, ces courtisans instruits et vêtus à la française appartenaient à une société trop différente de la nôtre pour s'associer en quelque façon au mouvement de 1789. Au-dessous d'eux, point de tiers-état, mais des paysans ignorants et muets, au-dessus d'eux un pouvoir paternel en théorie, absolu en réalité, glorieux par le fait des circonstances. Entre ces deux institutions incontestées, l'autocratie et le servage, quelle place y avait-il pour l'égalité et la liberté entendues au sens moderne? Peu importe donc que de jeunes Russes s'entichent des déclamations de Jean-Jacques et des harangues de Mirabeau ; peu importe que les élèves de Laharpe portent les couleurs ou chantent les airs de la Révolution; bientôt les familiers du Palais d'Hiver, reniant leur éducation, oubliant leurs lectures, diront avec Simon Woronzov : « Le prétendu siècle de la philosophie est celui des paradoxes et de tous les crimes; [1] » et la Russie, en face de la transformation politique et sociale de l'Occident, deviendra le foyer lointain mais principal de la réaction européenne.

(1) *Archives Woronzov*, t. IX, p. 268. — A. RAMBAUD, *La Révolution française et l'aristocratie russe* (Mémoire lu à l'Académie des sciences morales et politiques. 1878).

CHAPITRE SEPTIÈME

CATHERINE II ET L'ÉMIGRATION

I

CATHERINE II ET COBLENZ

Les rapports de Catherine avec le parti de l'émigration, envisagés au point de vue politique, méritent à peine le regard de l'histoire. La souveraine de la Russie n'était nullement intéressée à intervenir directement dans les affaires de France. Elle avait à sa réserve une excuse sans réplique, l'éloignement qui l'autorisait à assister les émigrés en argent ou en promesses, et lui permettait pourtant de recueillir le fruit de cette générosité, sous forme d'hommages profitables à sa gloire. L'éloignement était aussi, pour certains de ses conseillers, un motif d'affirmer l'impuissance de l'esprit révolutionnaire sur le peuple russe : Nous serons les derniers, pensaient d'autres, mais nous serons aussi victimes de cette contagion universelle.

Ce qui caractérise pour nous les relations de l'impératrice avec le parti royaliste, c'est le soin avec lequel elle y distingue les représentants légitimes de l'ancien régime, de l'ancienne société. Ce régime, cette société lui étaient surtout connus par l'histoire [1]. Elle lisait alors avec passion les Mémoires de la Ligue et du dix-sep-

(1) V. sa note manifeste sur le rétablissement de la monar-

tième siècle, comptant y trouver des leçons applicables au temps présent, et elle en conseillait la lecture aux royalistes. Avec Voltaire, elle ne comprenait guère saint Louis et regardait le Béarnais comme le vrai fondateur de la monarchie française, le type du monarque idéal. Dans sa correspondance avec les princes, il n'est de lettre où le nom de Henri IV n'apparaisse. Elle se laissait de son côté comparer à Élisabeth d'Angleterre, alliée du roi de Navarre contre une faction rebelle, et pouvait se voir à ses moments perdus illustrant de son nom les chants d'une nouvelle *Henriade*. On devine dès lors quel sentiment lui inspirait Louis XVI avec ses volontés contradictoires : « L'on dit que le maître se plaît à cette bourgeoiserie, et voilà ce qui ne détruira point la chose ». Elle lui envoya par acquit de conscience quelques témoignages de sympathie, quelques subsides; mais « comment aider quelqu'un qui ne veut pas être aidé » ? Le mépris que son attitude humiliée et équivoque lui inspirait l'emportait en elle : « Que diraient Boileau et son grand roi » ? Elle eût voulu voir l'héritier de Louis XIV à Metz, agitant le panache blanc d'Ivry, et elle le contemplait avec stupéfaction aux Tuileries, signant la constitution qui le désarmait et prêtant des serments qu'il n'avait nulle envie de tenir : « Je suis dans une colère horrible ; j'ai tapé du pied en lisant ces... ces..... horreurs-là [1] ». De là les avanies prodiguées à Genet. L'interprète des vœux et des desseins de Louis XVI à l'étranger ne lui était guère moins désagréable ; c'était le baron de Breteuil, l'homme qui, au nom de Louis XV,

chie française (*Archives Russes*, 1866, p. 399-422). « Les Mémoires de la Ligue et surtout ceux du duc de Sully... méritent d'être lus par les intéressés ».

(1) A Grimm, *passim*, surtout les lettres des 25 juin 1790 et 25 septembre 1791.

lors de la Révolution de 1762, avait refusé son concours à elle et à ses complices.

Combien plus lui agréait cette cour bruyante et pompeuse transplantée à Coblenz, avec son état-major de gentilshommes, de généraux, de magistrats et d'évêques! Les envoyés des comtes de Provence et d'Artois, le comte de Sombreuil, le baron de Bombelles, le comte Esterhazy, arrivèrent à elle dès l'été de 1791. L'ancien ministre Saint-Priest tenait à garder une situation indépendante, et se laissa présenter par le chargé d'affaires constitutionnel; les autres employèrent l'ambassadeur d'Autriche, et Esterhazy finit par occuper, sous les yeux de Genet, le logis de Ségur. L'impératrice les admit aux réceptions journalières et aux soirées théâtrales de l'Ermitage, et agita pour leur plaire beaucoup de vains projets.

Ses envoyés parurent à leur tour à Coblenz, y firent grand bruit et peu de besogne. Nassau, en grand uniforme d'amiral, tint maison et table ouvertes; Roumianzov harangua solennellement le maréchal de Broglie, vit défiler devant lui une armée de gentilshommes et finit par jouer un rôle, celui de favori de la favorite platonique de Monsieur. Tout se passa, sous couleur de négociations, en compliments, en conversations par lettres, où de part et d'autre on dépensait beaucoup d'esprit pour rien [1]. Catherine II envoya des roubles, promit des régiments qui ne vinrent jamais, et fit passer des conseils qui offrent un singulier mélange d'appels très opportuns à la modération et d'idées

---

(1) « Voltaire, écrit à ce propos Markov à S. Woronzov (oct. 1791), a dit que le plus grand de tous les chapitres, c'est le chapitre de ce qu'on pourrait faire et de ce qu'on ne fait pas. Cette vérité est plus vraie pour nous que pour aucune autre nation » (*Archives Woronzov*, t. XX).

chimériques. Il fallait vivre sur un trône semi-oriental pour placer parmi les moyens de consolidation de la monarchie restaurée des distinctions de costume dignes de la Salente de Fénelon : « Les personnes d'un rang supérieur ne se montreraient jamais qu'habillées, avec leurs marques distinctives, comme cordons, etc., etc., très parées. Les princes n'admettraient personne en leur présence en frac, ou autrement vêtu qu'avec la parure convenable au rang et qualité d'un chacun dans la monarchie, afin d'écarter l'idée d'égalité parfaite ».

A Coblenz, il était convenu de la regarder — était-ce une preuve de son habileté ou l'effet de l'éloignement ? — comme une amie dévouée, et par conséquent de parler d'elle avec vénération. « Vingt fois, avoue le *Moniteur* républicain, Condé a relevé le courage de ses gentilshommes avec une parole de l'impératrice ». Monsieur, sacrifiant à cette manie de pédantisme qu'il ne perdit jamais, la comparait à Prométhée dérobant au ciel ses rayons pour animer la terre [1]. Avec son frère, il lui envoyait ses compliments de condoléance sur la mort de Potemkine, et se mettait sans réserve sous sa direction politique. C'était lui transmettre directement l'héritage du grand roi et la considérer comme le « vengeur présent de la majesté violée ». On peut mesurer ainsi le chemin fait par la Russie depuis le commencement du siècle, et apprécier le rang qu'elle avait su prendre, la France aidant, dans la civilisation et l'ordre social européens.

Cette situation était acquise, et l'amour-propre de Catherine II fut singulièrement flatté, lorsqu'après l'a-

(1) Lettre du 31 juillet 1791 (FEUILLET DE CONCHES, *Louis XVI, Marie-Antoinette*, etc., t. II, p. 185). Ce recueil contient beaucoup de pièces intéressantes sur les relations entre les princes émigrés et l'impératrice.

vortement de la campagne de 1792, elle put faire savoir au comte d'Artois qu'il était attendu auprès d'elle. Un Bourbon à sa cour lui constituait un avantage bien supérieur aux secours qu'elle se proposait de donner, et déjà on l'avait entendue s'écrier, après l'aventure de Varennes, qu'elle aurait considéré l'hospitalité donnée à Louis XVI comme l'acte le plus remarquable de son règne [1].

Aussi, dès que le prince eût débarqué à Riga, elle sut lui témoigner beaucoup, tout en le maintenant à une distance favorable à ses intérêts. Beaucoup d'honneurs et le moins de secours possible, tels étaient la mesure de ses sympathies et le caractère de son alliance. Elle était femme, une question d'amour-propre la préoccupait surtout, il fallait que les pompes du Palais d'Hiver fussent au niveau de celles de Versailles, et ce fut une émulation jalouse autant qu'une sympathie chevaleresque qui fit les frais de la première réception. Complimenté à son arrivée par le favori en titre Zoubov, entouré d'une maison somptueuse, dînant deux fois par semaine à l'Ermitage, le prince fut traité en fils de France et en lieutenant-général du royaume. Catherine put admirer à loisir la grâce de ses manières, apprécier la nullité de son esprit politique, et pas une fois elle ne le mit à même de l'aborder en particulier et de traiter avec elle, cartes sur table, des affaires de la monarchie française : « Vous êtes, lui répétait-elle, un des plus grands princes de l'Europe, mais il faut l'oublier quelque temps, et être un bon et valeureux partisan ; par ce moyen vous redeviendrez ce que vous êtes fait pour être. Songez qu'à la fin de cette année ou vous ne devez plus vivre, ou vous devez vivre glorieusement pour votre patrie et le rétablissement de votre

---

[1] Whitworth à lord Granville, 9 août 1791 (dans HERRMANN, *Ergänzungs Band*, p. 116).

maison ». Et déjà elle le voyait se saisissant sur la frontière de la première bicoque venue, et y appelant à lui les bons Français. Elle versa entre ses mains un million pour ses frais d'entrée en campagne, et lui ouvrit un crédit jusqu'à concurrence de quatre millions auprès de son ambassade de Londres. Afin d'engager en quelque sorte son honneur chevaleresque, elle fit bénir solennellement une riche épée, dont la lame portait ces mots : *Donné par Dieu pour le roi*; puis, lors de leur dernière entrevue, au milieu de toute sa cour, elle la lui présenta avec ces mots : « Je ne vous la donnerais pas, si je n'étais persuadée que vous périrez plutôt que de différer de vous en servir ». Le prince, assure un témoin oculaire, prit l'épée et dit avec trop peu de physionomie : Je prie V. M. I. de n'en pas douter. Se souvenait-il alors que le comte du Nord lui avait courtoisement retenu d'avance l'épée avec laquelle il aurait pris Gibraltar? Non seulement il lui était impossible après dix ans de répondre à ce délicat compliment, mais il ne devait pas même tirer en tête de ses fidèles celle qu'il reçut alors; il la livra aux usuriers en échange de maigres secours qui soulagèrent, sans les venger, ses compagnons d'exil.

On espérait mieux du prince français; aussi fourrures, bijoux, vaisselle de campagne, cadeaux de toute espèce furent distribués à lui ou à sa suite; deux bâtiments de guerre furent mis à sa disposition pour le transporter en Angleterre, et comme son entourage inspirait aussi peu de confiance que son caractère, les comtes de Vauban et de Damas étaient chargés, conjointement avec le général Korsakov, de le conseiller, et s'il était possible, de le conduire [1].

(1) Vauban, *Mémoires pour servir à l'histoire des guerres de la Vendée*, 1re Partie. — Roger de Damas, *Mémoires* inédits.

L'arrivée du prince en Angleterre devait être pour lui et pour tous une déception complète. Dès son premier pas sur le sol britannique, il se vit menacé d'être arrêté comme insolvable, et se hâta de repasser en Allemagne. C'était cependant l'heure des grandes luttes vendéennes; et la tsarine, qui laissait Souvorov écrire à Charette une lettre de félicitations enthousiastes, déplora bien haut l'inertie de son protégé : elle avait cru le quitter sur le chemin des batailles, et elle le voyait réduit à fuir devant le bâton d'un constable, sans avoir joint l'ennemi. Comme plus tard Napoléon, elle s'écriait : « N'eût-il à sa disposition qu'une barque de pêcheur, il devrait s'en servir et rejoindre ceux qui versent leur sang pour lui [1] ».

Le comte d'Artois avait déçu ses espérances ; elle écarta avec dédain les mouches du coche empressées derrière lui, et dont le bourdonnement montait jusqu'à elle. Calonne se montra à sa cour ; avec son étourderie et sa fatuité ordinaires, il se figurait devoir remanier en tête-à-tête avec elle la carte d'Europe, et il dut se retirer avec la réputation d'un songe-creux, sans avoir conquis la sympathie ni même l'estime [2]. La grande impératrice jugeait mieux la Révolution que les émigrés et leurs imprudents amis. Elle voyait clairement sortir d'elle une autocratie à deux faces, l'une bienfaisante, l'autre despotique, née de ce qu'elle appelait énergiquement le « reflux des armées dans l'intérieur [3] ». Les Bour-

---

(1) Parole de Napoléon Ier citée par Crétineau-Joly, *Histoire de la Vendée militaire*, t. II, p. 412.

(2) Catherine II à Grimm, 11 mai 1796. — On trouve dans Castéra (t. IV, p. 28-30) quelques anecdotes curieuses sur son séjour en Russie, qui témoignent de sa légèreté et de son incurable présomption.

(3) *Soc. Hist. de Russie*, t. IX, p. 278.

bons étaient alors bien loin de sa pensée ; elle sentait qu'un bel-esprit de cabinet comme le comte de Provence, qu'un guerrier de théâtre comme le comte d'Artois étaient insuffisants pour cette tâche, condamnés par leur inaction volontaire ou non, par leur impopularité méritée ou non, à l'impuissance. Le duc d'Orléans, qu'elle consigna sévèrement aux portes de l'empire, portait le poids de l'apostasie paternelle, et elle en vint à se demander si la nation n'accepterait pas la restauration de la monarchie avec le prince de Condé; celui-là du moins avait tiré l'épée et tenu la campagne pour la cause royale. Elle pressentait en tout cas à l'extrémité de cette arène sanglante « un homme supérieur, habile, courageux, au-dessus de ses contemporains et peut-être du siècle même; est-il né? Ne l'est-il pas? Viendra-t-il[1] »? Cet homme était venu; il était Français à peu près comme elle était Russe, et il remportait en Italie, quand elle mourut, ses plus belles victoires. Il confisquait pour le Louvre les tableaux des galeries italiennes sans plus de façon que Catherine les collections de Varsovie pour l'Ermitage; il allait détruire d'un trait de plume la république de Venise, plus ancienne encore que la république polonaise. Enfin c'était une révolte militaire qui devait lui donner, comme à la femme de Pierre III, le pouvoir suprême. Il avait donc tous les titres pour être reconnu par une souveraine qui avait dit *in petto* avant lui : « Les lois de justice et de convenance sociale ne sont pas faites pour moi », et qui se fût justifiée de cette faiblesse par un vers de son auteur favori :

Le premier qui fut roi fut un soldat heureux.

(1) A Grimm, 11 février 1794.

II

LES ÉMIGRÉS A L'ARMÉE

Catherine II pouvait au moins savoir gré à la Révolution d'une de ses conséquences inattendues, l'émigration. « Au lieu de donner des hommes, disait d'elle en une ligne épigrammatique le *Moniteur* français, elle en veut recevoir [1] ». Or à ce moment la destruction de l'ancienne armée rendant oisifs bon nombre d'officiers, Louis XVI les eût vus avec plaisir passer, munis d'un congé régulier, au service russe [2]. Quelques-uns vinrent, Forstembourg et Schweizer des dragons de Schomberg, Lambert de Royal-Cravate, de Vende de l'artillerie. Vioménil, Vauban, Bouillé offrirent, par l'intermédiaire de Grimm, leur épée, et ce dernier annonçait des officiers de toute arme à sa suite, puis sollicité à cause de sa réputation militaire par Gustave III, il se fia davantage au zèle antijacobin du roi de Suède. Le courant naissant de l'émigration ne se portait point jusqu'à la lointaine et froide Russie. Ceux qui avaient quitté leurs foyers pleins d'angoisses passaient gaiement la frontière, et leur fuite aboutissait à une prome-

(1) *Moniteur* du 21 décembre 1793.
(2) Montmorin à Genet, 28 mars 1791. Le *Moniteur* du 6 mai signale les décorations accordées aux héros d'Ismaïl, et ajoute : « On attend (en Russie) un grand nombre d'officiers étrangers, parmi lesquels beaucoup de Français ».

nade aux redoutes d'Aix-la-Chapelle ou de Spa, en Suisse ou en Italie. Ils croyaient leur retour prochain, à la faveur des chances de la guerre, et ils plantaient leur tente à l'arrière-garde des coalisés, prêts à suivre le flux des envahisseurs ; puis, entraînés par le flux de leurs compatriotes victorieux, ils s'arrêtaient aussitôt le danger passé, et se reprenaient à marquer le pas dans leur nouvel asile, les yeux sur la route de France.

D'ailleurs eussent-ils émigré sans esprit de retour, était-il raisonnable d'espérer d'eux les mêmes services que ceux rendus à la Prusse par les victimes de la Révocation de l'Édit de Nantes? Une semblable comparaison péchait par un point essentiel, signalé dès lors par l'ambassadeur anglais : « Les Français, dit-il, qui au siècle dernier ont passé dans les pays protestants, appartenaient pour la plupart aux classes laborieuses et productrices de la société, tandis que les émigrés d'aujourd'hui sont des gentilshommes possédés de l'esprit de parti, accoutumés à discuter librement sur tous les sujets politiques, ou bien, s'ils appartiennent aux classes inférieures, ils se composent de gens qui ont servi sous le prince de Condé, et ont dégénéré en une armée fort indisciplinée [1] ».

L'armée des princes venait d'être licenciée; seul, Condé tenait encore le drapeau blanc aux bords du Rhin, et l'Autriche, qui soldait ses troupes, refusait leurs services à partir du 1er avril 1793. Le prince se tourna vers Catherine II et demanda asile pour lui et ses compagnons d'armes. La réponse ne se fit pas attendre. Un soir de décembre 1792, les émigrés campés à Willingen virent descendre de voiture, devant

---

(1) Whitworth à lord Granville (dans HERRMANN, *Ergänzungs Band*, p. 328-329).

l'auberge qui servait de quartier-général au prince, un jeune homme d'une figure agréable, revêtu d'une pelisse et s'exprimant dans une langue inconnue ; deux barils très pesants qu'on disait remplis d'or furent transportés à sa suite. Bientôt chacun sut que cet envoyé mystérieux était Richelieu, le héros d'Ismaïl ; ces barils contenaient soixante mille roubles, mais à quel prix fallait-il acheter ce secours ? Au prix d'un exil lointain, laborieux, sans fin selon toute apparence. La tsarine avait accueilli avec empressement une proposition qui mettait à ses ordres quinze cents gentilshommes et trois à quatre mille artisans et laboureurs ; aussi comptait-elle les installer sur le bord oriental de la mer d'Azov, à l'extrémité du Kouban, aux environs de Pétrovskaïa ; là on leur bâtirait deux villes, et dans l'espoir qu'ils attireraient à eux bon nombre de leurs compatriotes, on dressait déjà des plans pour cent vingt villages. Chaque colon devait recevoir son lot de terre, les nobles et les prêtres une portion double. Richelieu était désigné comme gouverneur, Esterhazy comme inspecteur des travaux, et Condé était revêtu du titre de général-inspecteur.

Catherine n'eut pas à reconnaître les vices d'un projet qu'elle estimait être un coup de maître. Officiellement ses offres furent acceptées, et la négociation parut aboutir ; mais ni l'espoir d'une condition plus tranquille, ni l'appât des roubles envoyés pour leurs frais de voyage ne séduisirent les soldats de Condé. « Nous avons été atterrés, écrit l'un d'eux..... nous aimerions mieux mourir et nous faire tuer en France que d'accepter une offre semblable [1] ». Le gouverne-

---

[1] *Souvenirs d'un officier royaliste*, par de R (omain), t. II, 1re partie, p. 284-288.

ment autrichien leur épargna cette extrémité en revenant sur une résolution prise et en les reprenant à sa solde. De nouvelles sollicitations restèrent sans effet sur eux. La plupart préféraient être chevaliers errants au service du roi qu'ouvrir des sillons en Crimée, et il ne fut point donné suite à ce projet. Quelques individus le reprirent dans des moments critiques; mais en définitive Richelieu seul paraît, comme on le verra plus tard, l'avoir réalisé sous une autre forme, avec un plein succès.

Attirerait-on du moins des gentilshommes isolés, disposés, en désespoir de cause, à peupler et à défricher les déserts? Une conversation que Karamzine eut à Paris pendant son séjour sert à prendre sur le fait ces hommes que la perspective même d'un exil lointain ne corrigeait pas. Un émigré du lendemain consultait le jeune Russe en vue d'un établissement dans le Nord; les questions témoignent d'une futilité incurable, comme les réponses d'une vanité naïve : Le climat est-il bon ? — L'hiver est dur, mais on en souffre moins qu'en Provence; les appartements sont bien chauffés, et les dames se promènent en traîneau, sous l'action d'un vent piquant qui ramène les roses sur leurs joues. — Quelle est la saison la plus agréable? — Le printemps (et ici une description enthousiaste). — Quels sont les plaisirs de la société ? — Les mêmes qu'ailleurs, bals, soupers, spectacles. — Aime-t-on les étrangers? — L'hospitalité est la principale vertu des Russes ; du reste nous savons gré aux étrangers de leur civilisation, des idées utiles et des impressions agréables dont nous leur sommes redevables et qui étaient inconnues à nos pères. — Les femmes sont-elles bien traitées en Russie? — Chez nous surtout elles sont reines. — Y a-t-il beaucoup de gibier? — A cette question, dit Karamzine, j'ai répondu de façon que M. le Comte n'eût rien de plus pressé que de s'écrier : Un fusil ! Des chevaux ! Partons !

Ce n'était point à ces fugitifs de Versailles, plus habitués à faire la révérence qu'à pousser une charrue, qu'on pouvait demander l'oubli de l'exil dans le travail. Beaucoup sollicitèrent et obtinrent, il est vrai, des concessions de terres; quelques-uns furent mis en possession de starosties confisquées aux Polonais. Les Polignac habitèrent quelque temps, grâce aux Potocki, une maison près du château de Tulczim, et se bornèrent à reconstituer leur ameublement de salon avec les tapisseries dont la confection occupait leurs tristes loisirs. Choiseul-Gouffier séjourna un moment en Gallicie, tout étonné d'avoir pour fermier un gentilhomme qui le saluait à la mode féodale ou orientale en lui embrassant les genoux. Esterhazy était pourvu en Volhynie, et venant prendre possession de ses terres, se trouvait en face du propriétaire dépossédé, qui refusait de lui céder la place [1]. Le marquis de Lambert acceptait trois cents paysans près de Narva. Soumis à des devoirs qu'ils ignoraient ou ne voulaient pas connaître, au milieu de serfs dont ils ne parlaient pas la langue, en proie à la nostalgie de la cour, cette cour fût-elle un exil, ces étrangers délaissaient vite leurs nouveaux domaines; on en cite qui les vendirent, et le produit de la vente dépensé, en redemandèrent d'autres [2]. L'exploitation agricole du comte de Clermont-Tonnerre sur les bords du Dniéper, malgré une prospérité passagère, ne paraît pas avoir duré [3]. Choiseul-Daillecourt succomba dans sa

---

(1) *Mémoires mss. de la duchesse de Saulx* (fille de Choiseul-Gouffier).

(2) Catherine II à Grimm, 5 août 1796.

(3) Rostoptchine à S. Woronzov, février 1796. — Ducret, *La Russie et l'esclavage*, t. I, p. 55.

ferme de Crimée à la fois à la maladie et à l'ennui. Plus habiles étaient ceux qui sollicitaient de loin un secours, une pension dont ils vivaient tant bien que mal à Vienne ou à Hambourg.

Restaient comme moyens d'existence l'armée et la cour. La perspective d'un grade élevé ou d'un brillant avenir eût pu attirer les anciens officiers de l'armée royale. Beaucoup hésitaient d'autre part à servir un souverain qui ne leur fournissait pas même indirectement l'occasion de tirer l'épée pour leur roi, et exigeait d'eux implicitement l'oubli de leur origine. Roger de Damas avait été mal vu, lors de son passage à Pétersbourg, à cause de son affectation à porter l'uniforme français. Catherine II cherchait d'ailleurs exclusivement les serviteurs dont l'âge ou le mérite lui garantît de longs et d'utiles services, et dans les avances qu'elle fit alors à plus d'un proscrit, elle gardait l'arrière-pensée de s'attacher pour jamais ces talents ou ces dévouements devenus inutiles à leur patrie [1].

Elle essuya donc plus d'un refus. Saint-Priest, qu'elle avait jadis décoré du cordon de Saint-André, dont elle louait sans réserve l'esprit et le caractère, déclara qu'après avoir eu la confiance de son souverain, il ne pouvait s'attacher à aucun autre, et n'accepta que des missions temporaires à Vienne et à Stockholm [2]. Le marquis de Pons, bien qu'il eût constamment et avec succès combattu la politique russe en Suède, reçut les mêmes offres qu'il déclina également [3]. D'autres rendirent seu-

---

(1) « Le marquis de Juigné m'a écrit pour entrer à mon service; je sais que c'est un homme estimable, mais ses qualités militaires ne me sont pas connues, et il doit être très vieux, et vous lui avez très bien répondu » (A Grimm, 3 avril 1794).

(2) DE BARANTE, *Notice sur le comte de Saint-Priest* (en tête du volume *Lettres et instructions de Louis XVIII*, etc.), p. 160.

(3) *Mémoires de la duchesse de Saulx.*

lement des services passagers ou reçurent de purs titres honorifiques. Le comte de Toulouse-Lautrec s'était laissé engager, parce qu'il se croyait sûr, à une pareille distance de la France, de ne pas avoir ainsi à combattre ses compatriotes. Un officier de premier mérite, le marquis de la Rozière, eût rejoint en 1795 l'armée turque, si la tsarine ne se le fût attaché par un brevet de général-major. Il y avait en revanche dans les rangs des républicains un jeune officier, disgracié par le Comité de Salut public, hors d'état de donner l'essor à son génie naissant, qui exprimait alors à un ami son dessein d'aller organiser l'artillerie turque ; puis il se rejetait sur le projet d'offrir son épée à Catherine II, et peut-être eût-il donné suite à cette idée, si on ne lui eût fait observer que les royalistes seuls étaient les bienvenus sous les drapeaux des tsars. Cet officier était Bonaparte ; les amis qui l'arrêtèrent changèrent sans s'en douter pour la France et peut-être pour la Russie le cours de l'histoire [1].

Il est donc facile de compter ceux qui entrèrent dans l'armée russe avec l'espoir d'y faire leur fortune militaire ; un Quinsonas, qui montait en habit de garde française à l'assaut de Praga ; un Broglie, colonel d'un régiment dans la campagne de Perse ; les trois Lambert, le père ancien maréchal de camp et inspecteur-général, les fils dont l'aîné fut tué en Pologne et dont le cadet devait

---

(1) *Notice sur Volney*, en tête de ses *OEuvres complètes*. — « J'ai regretté bien souvent que le général Tamara, chargé en 1789, pendant la guerre avec les Turcs, d'organiser une flottille dans la Méditerranée n'ait pas accepté la proposition de Napoléon de passer au service de la Russie ; mais le grade de major, auquel il prétendait comme lieutenant-colonel de la garde nationale corse, lui valut un refus. J'ai eu cette lettre plusieurs fois entre les mains » (ROSTOPTCHINE, *La vérité sur l'incendie de Moscou*).

parvenir aux plus hauts grades. Les volontaires du Danube s'étaient dispersés; Nassau était rentré dans l'obscurité pour le reste de ses jours; seuls Langeron et Richelieu demeurèrent sous l'uniforme russe, encore vinrent-ils aux Pays-Bas en 1793 suivre, avec une mission spéciale, les opérations de l'armée autrichienne. Langeron, soit au siège de Valenciennes où il hâta la reddition de la place, soit au camp de César où il sauva la vie au duc d'York, parut avec cette bouillante valeur qu'il devait si longtemps dépenser contre sa patrie [1]. Après avoir adressé à l'impératrice les bulletins des campagnes de 1793 et 1794, ils restèrent l'un et l'autre en Russie, désormais convaincus des vues intéressées des puissances et de leurs plans hostiles à l'intégrité du royaume.

La cause des Bourbons semblait perdue : la Russie ne traitait plus les émigrés en proscrits sûrs de leur revanche, c'est-à-dire en hôtes de passage; elle les regardait comme des réfugiés, réduits à lui consacrer sans conditions le reste de leur vie. Le cercle d'indignes favoris qui entourait Catherine écarta Richelieu et Langeron de la cour. Heureusement le feld-maréchal Roumianzov leur offrit le commandement de deux régiments dont il était propriétaire. Richelieu devint ainsi colonel de cuirassiers, et il s'acquitta de ses fonctions avec tant de rigueur, qu'en trois ans il ne vint pas une seule fois à la cour, dont il n'était éloigné que de quelques lieues. Le devoir s'accordait ici avec une prudence bien entendue; nos émigrés, comme on va le voir, ne réussissaient qu'à demi dans un monde où ils retrouvaient leurs passions, mais nullement leurs intérêts. « Les jeunes

---

(1) Mémoire de LANGERON à l'impératrice (Archives des affaires étrangères, France, vol. DCLI).

gens de la cour les détestaient parce qu'ils avaient eu quelque succès auprès des femmes, et les gens sensés parce qu'ils ne cessaient de parler des privilèges de la noblesse dans un pays où l'aristocratie est beaucoup plus à craindre que la démocratie [1] ».

(1) Lettre de Genet, 5 juin 1792.

III

LES ÉMIGRÉS A LA COUR

La cour était le seul champ propice à ces naufragés de l'ancien régime, si brillants par l'esprit ou les manières, mais incapables de toute idée sérieuse comme de toute occupation suivie. « Il n'y aura bientôt plus de noms étrangers à Pétersbourg, écrit en 1793 le prince de Ligne, et Mme Vigée-Lebrun va bientôt se croire à Paris, tant il y a de Français dans les réunions ».

Quelques figures se distinguent au milieu de la foule des intrigants, des parasites, des hommes à projets cherchant à se faire valoir; d'abord Esterhazy, agent officiel des princes au milieu de cette colonie aristocratique. L'impératrice l'a établi dans une somptueuse demeure, a monté sa maison, et lui sert une forte pension annuelle. Esterhazy eût-il tous les défauts que ses contemporains lui reprochent, un extérieur désagréable, des manières brusques, un goût cyniquement avoué pour le despotisme sous sa forme la plus brutale, il savait malgré tout se faire bien venir des puissances du jour et de celles du lendemain, de Zoubov et du grand-duc Paul [1]. L'impératrice aimait à le faire causer, et se faisait chanter par son fils, en guise de passe-temps, les chansons républicaines. D'influence réelle, elle ne lui en accorda jamais; et dès 1794 on ne paraissait plus autour d'elle s'occuper des affaires de France, sinon par bienséance. Les his-

(1) V. son portrait dans Castéra, t. IV, p. 28-30.

toires des émigrés se racontaient comme des contes de fées, dont l'imagination se repaissait, mais dont la politique n'avait que faire.

Les deux personnages qui s'acquirent ou s'attribuèrent à côté d'Esterhazy quelque importance étaient un militaire et un diplomate, le marquis de Lambert et le comte de Choiseul-Gouffier. Le premier avait eu dans l'armée royale de la réputation et même un certain prestige ; aussi était-il persuadé que les intérêts de l'émigration reposaient sur lui. « Ses conversations avaient lieu à voix basse ; il entrait et sortait d'un salon sans avoir pris part à rien et que l'on eût fait attention à lui. Il avait toujours l'air d'un conspirateur. Homme estimable et d'une vertu austère, il se croyait en droit de donner des avis avec autorité, et l'on y souscrivait [1] ». Avec cela atteint de cette jalousie qui en tout temps et en tout lieu a possédé les émigrés, et enclin à écarter ceux d'entr'eux dont la faveur naissante lui portait ombrage.

Choiseul-Gouffier présente une physionomie plus agréable. Il était venu directement de Constantinople, où il avait dû souvent, comme ambassadeur, contrarier les desseins de la Russie ; singulier ennemi, qui ne négligeait aucune occasion d'encenser son adversaire. L'impératrice fut à son égard aussi généreuse qu'envers le marquis de Pons, et elle le reçut en soldat vaincu et apportant sa soumission : « Entre ennemis glorieux, lui avait-elle dit à la première entrevue, hors du combat tout différend cesse et l'on se rend réciproquement justice ; vous avez fait votre devoir, joué votre jeu, et moi j'ai mené ma petite barque le mieux que j'ai pu [2] ». Recueilli sur la « petite barque » qui portait les dépouilles

(1) *Mémoires de la duchesse de Saulx*.
(2) Anecdotes sur Choiseul-Gouffier, recueillies par sa veuve (Ms. appartenant à M. le prince de Bauffremont).

de l'empire turc, Choiseul-Gouffier s'y tint dix ans, et sut se faire promptement des amis, ce qui est souvent la meilleure manière d'écarter ses adversaires ; il eut pour lui la souveraine et le favori Zoubov, et bientôt terres, paysans, places lucratives pour lui et les siens compensèrent et au-delà les pertes qu'il avait faites. L'impératrice racheta sa vaisselle d'argent, lui octroya deux mille ducats de pension, et à son fils aîné une lieutenance dans les gardes. Son second fils entra au corps des cadets [1].

Entre tous, Choiseul-Gouffier paraît avoir conquis mieux que la faveur, la confiance. Tandis que Ségur subissait tristement à Paris le joug de la Terreur, son ancien collègue arrivait à point nommé à Pétersbourg, et, avec sa bonne grâce un peu étudiée, y relevait dans les salons cet empire de la conversation que la France égarée ruinait avec tant d'autres choses. Catherine regarda bientôt l'ambassadeur déchu comme un des hommes propres à recommander sa mémoire à la postérité. C'est ainsi qu'un jour elle le fit appeler, et lui tendant un journal français où était reproduite contre elle l'accusation de complicité dans le meurtre de Pierre III : « Les Français sont entièrement dénaturés ; je ne suis point forcée de m'expliquer, mais je vous jure devant Dieu que jamais je n'ai ordonné la mort de personne..... vous m'entendez, de personne » ! La mort de Louis XVI avait ressuscité devant elle le fantôme du régicide : « Avez-vous des nouvelles de M. de Ségur ? de-

---

(1) « Voilà donc encore, grâce à V. M., une famille aussi heureuse qu'elle est vertueuse et intéressante ! Le comte de Choiseul mérite vos bienfaits à tant d'égards ! Et son fils que je connais beaucoup est bien digne de son père et des bontés de mon auguste souveraine » (Le prince de Ligne à Catherine II, 1793).

mande un autre jour l'impératrice à Choiseul-Gouffier.— Aucune, Madame, depuis le moment où il a cru que je ne lui répondrais pas [1] ». C'est là ce qu'on peut appeler un mot de courtisan par excellence, où se combinent ingénieusement l'esprit, la flatterie, l'art de se faire valoir, et Choiseul-Gouffier possédait à fond ces qualités ou plutôt ces artifices.

A côté de Choiseul-Gouffier, bel-esprit autant que diplomate, le groupe des littérateurs et des artistes se restreint et s'efface. Ceux qui se montrent encore deviennent suspects de démocratie ; il suffit de nommer des écrivains obscurs comme le poète de salon Grimont, ou le biographe Tranchant de La Verne, en passe de recueillir les matériaux de deux livres médiocres sur Potemkine et Souvorov. Catherine croyait de plus en plus que le talent fait payer trop cher les services qu'il peut rendre. La façon dont elle traita Grimm le prouve.

Jusqu'en 1792, Grimm était resté à Paris son correspondant et le dispensateur de ses bienfaits, et dans ses lettres il avait nettement témoigné de ses sentiments antirévolutionnaires : façon nouvelle de reconnaître les bienfaits prodigués de loin à lui et à sa famille adoptive, celle de Bueil. Aucun d'eux ne parvint pourtant à franchir les frontières de la Russie. Grimm a laissé sur cette période de sa vie un mémoire énergiquement accusateur contre sa protectrice, malgré son ton respectueux [2]. Ce n'est pas que la tsarine l'eût mal traité en apparence ; pour l'indemniser du tort que lui avaient fait les confiscations révolutionnaires, non seulement

---

(1) Lettre de Rostoptchine, juillet 1793 (*Archives Woronzov*, t. VIII, p. 72).

(2) Ce mémoire, publié dans le t. II de la *Société d'Histoire de Russie*, a été reproduit par les derniers éditeurs de Grimm en tête de la *Correspondance littéraire*.

elle lui continua sa pension, mais lui envoya vingt mille roubles, et lui en promit cinquante mille autres en vue de l'achat d'une maison à Vienne ou d'un domaine en Autriche. Une seule offre ne vint pas, celle d'un asile à Pétersbourg ou sur n'importe quel point de la Russie, et ses insinuations à cet égard expirèrent devant un refus inflexible, déguisé sous divers prétextes. On subordonnait sa venue tantôt à la fin de la mauvaise saison, tantôt au rétablissement complet de sa santé. Il resta donc confiné à Gotha, et fut forcé en désespoir de cause d'accepter, deux mois avant sa mort, le poste de ministre russe à Hambourg.

Sénac de Meilhan n'attendit pas moins vainement un ordre de rappel. Réfugié à Hambourg, il y travaillait en même temps à deux ouvrages, l'un sur l'ancien régime, l'autre sur la Russie. Vers 1795, il pria Zoubov d'accepter la dédicace du premier, et de lui obtenir le visa impérial pour le second. Sa satisfaction eût été complète, s'il eût pu changer sa pension contre le moindre coin de terre dans les états de sa protectrice. A lui aussi de mauvaises raisons furent opposées ; il se fit rappeler que le climat du Nord ne lui convenait point ; son essai historique dut être oublié, et il s'en alla achever de vivre à Vienne, en tête-à-tête avec un des plus spirituels admirateurs de Catherine, le prince de Ligne.

Les artistes, comme par le passé, excitaient moins de défiance. Doyen, bien qu'il eût été chargé en 1790 de l'inventaire des objets d'art confisqués aux couvents de Paris, devint à cette époque le peintre favori de la cour et le décorateur des palais impériaux. Catherine II, dit-on, goûtait assez sa conversation pour lui avoir fait donner au théâtre, tout près de sa loge, une place d'où elle pouvait s'entretenir avec lui.

L'arrivée de Mme Vigée-Lebrun, durant l'été de 1795,

ne changea guère ses prédilections. Cette artiste, si appréciée des contemporains de Louis XVI, devait un regain de vogue à la Révolution; en Italie et en Autriche, où elle fuyait les agitations de sa patrie, elle avait retrouvé la plupart des modèles illustrés par son pinceau, et avait fait connaître à l'étranger son talent maniéré, mais séduisant. Les Russes étaient disposés à la bien recevoir, et elle se trouva d'abord l'objet d'un engouement général. L'impératrice, suivant la mode, commanda à Mme Vigée-Lebrun les portraits de deux de ses petites-filles. A peine les eut-elle vus, que sa sentence implacable tomba sur l'auteur : « Ni ressemblance, ni goût, ni noblesse... Ce sont deux singes accroupis qui grimacent à côté l'un de l'autre [2] ». Cet arrêt, souligné et commenté sans doute par d'autres jalousies féminines, valut à Mme Vigée-Lebrun, comme femme du monde et comme artiste, quelques déconvenues; il est à croire qu'elle les oublia vite et facilement, à en juger par la longue durée de son séjour, et par la liste des portraits qu'elle exécuta depuis, où figurent les plus grands noms de la Russie.

(1) A Grimm, 8 novembre et 19 décembre 1794. Cf. les lettres de Rostoptchine à S. Woronzov, des 14 septembre et 19 décembre. — « Ses avantages extérieurs et l'appui qu'elle trouva dans la société de Mme de Polignac lui avaient acquis une célébrité que pouvait justifier un talent rare chez une femme; mais ses connaissances dans les arts étaient fort ordinaires, et son esprit fort médiocre » (*Mémoires de la duchesse de Saulx*).

IV

ÉMIGRÉS ET VIEUX-RUSSES

De cette rencontre fortuite entre deux aristocraties, l'une naguère gâtée de la fortune et aujourd'hui chassée de ses foyers, l'autre attachée à ses traditions semi-féodales et semi-bureaucratiques, courbée sous une autorité impérieuse, résulta-t-il quelque changement dans les habitudes et les mœurs de la société russe ?

Le commun des émigrés était médisant, voué à des conversations sans ménagements pour autrui ou à des récréations puériles, rendu famélique par les circonstances. Certains salons de la capitale peuplés de Français devinrent des foyers de médisance clandestine. Chez Mme Divov, au petit Coblenz, comme on disait, les scandales de la cour, vaste matière à raillerie et à persiflage, étaient passés en revue. De là sortit probablement certain libelle qui atteignait directement l'impératrice dans sa vie privée et qui fut reconnu comme l'œuvre d'un émigré pensionné par elle [1]. Ce côté est odieux : il en est un autre tant soit peu ridicule, celui que Gogol a signalé, quand il rappelle que ces étrangers avaient apporté avec eux les passe-temps de salon à la mode au temps de Louis XVI, les charades en action, les bouts-rimés, les énigmes, les portraits, la main-chaude, le *pigeon-vole* avec les gages et pénitences, en

---

(1) Anecdotes historiques à la suite des *Mémoires de Masson*. — Mme VIGÉE-LEBRUN, *Souvenirs*, ch. xx.

un mot « cette vaine et sotte gymnastique de l'esprit introduite chez nous par MM. les Français, comme des récréations du bel-air [1] ».

Si maintenant des grandes villes nous passons dans les provinces, nous trouvons bon nombre de pauvres hères, voués par leur misère au rôle de complaisants et de parasites. Tourguéniev met en scène, à côté d'un boyard moderne confit dans le culte d'Helvétius et de Condillac, un émigré qui s'est décoré du titre de commandeur, et qui paie en plates flatteries l'hospitalité dédaigneuse qu'il reçoit. Si le Russe laisse tomber de ses lèvres pour la centième fois quelque madrigal fané, l'émigré de s'écrier aussitôt : « Digne de M. de Saint-Aulaire »!
— « A table, quand Ivan Matvéitch lui adressait une question, comme par exemple : N'est-ce pas, M. le commandeur, c'est Montesquieu qui a dit cela dans ses *Lettres persanes?* il répondait avec componction, en laissant couler une cuillerée de soupe sur son devant de chemise : Ah! M. de Montesquieu! un grand écrivain, Monsieur, un grand écrivain! Ivan Matvéitch lui dit une fois : Les théophilantropes ont eu pourtant du bon. Sur quoi le vieillard cria d'une voix émue : M. de Kolontonskoï (depuis vingt-cinq ans qu'il vivait là, il n'avait pas appris à prononcer correctement le nom de son amphytrion), leur fondateur, l'instigateur de cette secte, ce La Réveillère-Lépeaux était un bonnet rouge. — Non, non, repartit Ivan Matvéitch en souriant et en savourant une prise de tabac, des fleurs, des vierges, le culte de la nature... Ils ont eu du bon, ils ont eu du bon [2] »!

Il y a autre chose à signaler que ce mélange de deux

---

(1) *Les Ames mortes*, ch. xii.
(2) I. Tourguéniev, *L'Abandonnée*.

corruptions, au temps où la vieille société française et la jeune société russe rapprochées par la Révolution en venaient à se toucher et à se mêler. Non-seulement la langue douteuse inculquée aux familles par les *outchitéli* de Neuchâtel ou de Montbéliard s'affine et s'épure, mais on voit s'ouvrir un salon véritablement russe [1]; la princesse Dolgorouki en est la reine, et justifierait à elle seule l'affirmation un peu hardie sortie de sa bouche, qu'alors le bon goût avait sauté à pieds joints de Paris à Pétersbourg. Mme Vigée-Lebrun, qu'elle traita en amie et qui la peignit avec les attributs d'une Sibylle, raconte quelle impression agréable lui causèrent la beauté, l'esprit et l'accueil de cette charmante femme. Les hommages les plus empressés, les plus illustres, celui de Potemkine entre autres, vinrent à la princesse Dolgorouki sans toucher à sa réputation. Fidèle jusqu'au bout à la France, c'est elle qui à Berlin embellira, par ses soins délicats et son intelligente amitié, les derniers jours de Rivarol [2].

Le salon du prince Biéloselski était aussi largement ouvert aux étrangers. Ce personnage, ancien chargé d'affaires à Turin, avait été, disait-on, relevé de ses fonctions à cause du ton trop littéraire de ses dépêches et des vers français qui remplissaient son portefeuille. Marmontel s'était jadis chargé de la publication de ses essais poétiques, et ses épîtres aux Français et aux Anglais, beaucoup plus que son ode soi-disant pindarique

---

(1) « Olga parlait un peu français, mais avec un accent russe très prononcé. L'époque où elle vivait ne connaissait pas encore les émigrés français » (Tourguéniev, *Scènes de la vie russe*, Les trois portraits).

(2) Le prince de Ligne a tracé son portrait (*OEuvres choisies*, t. III, p. 231). — De Lescure, *Rivarol et la Société française*, etc., p. 481-486.

à la princesse Dolgorouki, le placent en effet en bon rang derrière l'auteur de l'*Épître à Ninon*. Flatté des louanges de Voltaire, il a répandu les siennes un peu au hasard, avec l'accent d'un Philinte philosophe, trahissant toutefois ses préjugés nationaux par l'accusation de folie jetée à l'abbé Chappe, et ses faiblesses de courtisan par quelques avances aux jésuites, protégés de sa souveraine. Nul n'était plus propre, par sa conversation, ses connaissances et son goût, à faire aux émigrés les honneurs de son pays.

A côté de ce monde tout occidental, le vieux monde russe reprend corps et couleur; il se réveille en maudissant les royalistes et les jacobins, les uns comme des faquins insupportables, les autres comme des brigands sanguinaires. Son principal interprète est un aide de camp du tsarévitch qui depuis a donné des preuves sans réplique de sa haine contre la France, le comte Rostoptchine. Il y a selon lui trop d'Allemands dans l'administration, et trop de Français dans la société. Contre ceux-ci il ne tarit pas en mordantes épigrammes, qui sont bien près d'être des invectives : « Je m'étonne comment ces gens peuvent inspirer un intérêt réel. Je ne leur en aurais jamais accordé d'autre que celui qu'on a à la représentation d'une pièce touchante; car cette nation n'existe que par la comédie et pour la comédie. — Quand on étudie les Français, on trouve quelque chose de si léger dans tout leur être qu'on ne conçoit pas comment ces gens tiennent à la terre; je suis tenté de croire qu'ils sont formés de gomme élastique qui se prête à tout. — Les scélérats et les imbéciles sont restés dans leur patrie, et les fous l'ont quittée, pour grossir le nombre des charlatans de ce monde [1] ». Çà et là une figure particu-

(1) Lettres des 28 sept. 1792, 28 mai 1794, déc. 1798 (*Archives Woronzov*, t. VIII et XXIV).

lière l'arrête, autour de laquelle il entasse les ombres malveillantes. Lambert n'est qu'un hypocrite, Esterhazy qu'un intrigant. Derrière eux Saint-Priest, ce diplomate qui eût fasciné Catherine si elle avait pu l'être, lui en impose : « Si tous les Français qui approchaient le roi ressemblaient au comte de Saint-Priest, le royaume de France aurait existé [1] ».

Ces confidences s'adressaient à un ami digne de le comprendre, Simon Woronzov, ambassadeur à Londres, et presque naturalisé Anglais par ses habitudes et ses sympathies. Ici la coalition entre les esprits correspond à celle entre les puissances ; anglomanes et germanisants donnent la main aux Vieux-Russes. Woronzov, qui avait blâmé le partage de la Pologne, souscrivait volontiers au démembrement de la France. Ce gallophobe forcené, adorateur quand même de Mme de Sévigné, a écrit dans le français le plus correct de nombreuses lettres où il prodigue, sans preuves à l'appui, à Louis XVI et aux siens les épithètes les plus injurieuses. Le roi n'a selon lui ni cœur ni esprit ni caractère ; ses frères sont nuls ou étourdis, et le comte de Provence sera accusé au besoin — reproche étrange dans une bouche russe — d'incliner vers le despotisme. Sur les émigrés, ses appréciations sont aussi vives au fond que peu diplomatiques dans la forme ; « corrompus, lâches, serviles, intrigants », ils ne méritent ni les uns ni les autres aucune pitié [2].

Au fond de cette antipathie féroce il y a un honneur

(1) Lettre du 1er février 1796.
(2) Lettres des 30 août 1788, 23 octobre 1792, 14 juin, 9 juillet et 30 août 1793. — Toutefois il ne peut s'empêcher d'admirer Marie-Antoinette, « cette femme dont l'héroïsme est digne d'une fille de Marie-Thérèse... Cette magnanime princesse n'a été bien connue que depuis ses disgrâces... » (Lettres des 11 septembre 1792 et 13 août 1793).

fait aux émigrés, car ce qu'on hait en eux, c'est la France et l'esprit français. Doublement aveuglé par son *chauvinisme* et par sa passion aristocratique, Woronzov comme Rostoptchine eût rendu plus amer aux martyrs de la Révolution, s'il l'eût pu, le pain de l'exil. En les confondant avec les démagogues dans ses anathêmes, il en était venu à les trouver trop peu étrangers aux idées combattues par eux, aux principes dont ils étaient victimes. Whitworth lui servait d'interprète le jour où il écrivait cette phrase étrange : « Quoique émigrés, ils sont plus ou moins infectés des opinions qui dominent dans leur pays [1] ».

Cela est vrai en ce sens qu'il avaient gardé, sinon l'amour, du moins l'orgueil du pays qu'ils avaient quitté. L'honneur d'avoir passé à Versailles survivait chez ces transfuges à toutes les impressions postérieures, à toutes les séductions du Palais d'Hiver ou de l'Ermitage, et la jeune duchesse de Saulx était leur fidèle et délicate interprète, quand elle déclarait vouloir observer à tout prix, au sortir de la cour de France, « le devoir de n'être étonnée d'aucune grandeur ».

(1) HERRMANN, *Ergänzungs Band*, p. 329.

CHAPITRE HUITIÈME

RÈGNE DE PAUL Ier

I

L'ARMÉE DE CONDÉ

En montant au trône, le tsarévitch Paul sortait d'une disgrâce qui avait duré autant que sa vie. S'il eût obéi aux instincts qu'il tenait de la nature et que l'éducation avait fortifiés en lui, il eût annulé du premier au dernier tous les actes de sa mère ; mais on ne brise pas avec des traditions politiques comme avec des usages mondains ou des habitudes personnelles, et sa manière de juger la France et la Révolution française était peut-être le seul point où il fût d'accord avec Catherine II. Bien plus il était prêt à transformer en actes les intentions hostiles qu'elle avait sans cesse témoignées, sans vouloir aller au delà. Il avait visité la France sous cet ancien régime si séduisant par ses dehors, ses parties superficielles et brillantes. La cour et la ville l'avaient encensé à l'envi. Or, sortant de cette retraite de Gatchina qu'il avait aménagée sur le modèle de Chantilly, il se croyait tenu de rendre l'hospitalité reçue, de la payer par les plus sérieux sacrifices. Avant donc de conduire la seconde coalition contre la France, il chercha à rallier sous sa protection toutes les forces dont l'autorité monarchique et religieuse disposait encore en Europe [1].

L'armée de Condé fut la première.

Cette armée tenait depuis six ans le drapeau royal aux bords du Rhin. Composée de gentilshommes volontaires et d'anciens officiers contraints au métier de soldat, ayant à sa tête en 1797 près de deux cents généraux, elle offrait un spectacle unique. Dans ses rangs, peu ou point de discipline; point d'obéissance, sinon sous le feu ennemi ; passion folle du jeu qui poussait chefs et soldats à hasarder sans cesse sur une carte leurs maigres ressources, paie, pain de munition, et cela même au bivouac, la nuit, à la clarté des vers luisants, même en ligne, sur le pommeau de leur selle ; goût des lettres, se traduisant par de gais ponts-neufs ou de médiocres petits vers, qu'on récitait ou chantait sac au dos, dans l'ennui des longues marches ; courage impétueux, ferme pourtant, qui valut souvent à cette élite sacrifiée le dur privilège de soutenir au profit de l'étranger contre des compatriotes vainqueurs le faix des retraites. Toutes ces qualités ou ces faiblesses des Français d'autrefois parcouraient maintenant le monde sous l'étendard proscrit de Condé. Ces hommes, toujours français d'esprit, et qui croyaient l'être de cœur, même la baïonnette croisée contre leurs concitoyens, comprenaient l'honneur à la manière antique, féodale, et dans l'histoire de Robert d'Artois et de Charles de Bourbon ne retenaient que la désobéissance, nullement la trahison. Leur camp constituait, en dehors du foyer nomade de milliers de familles errantes et besoigneuses, le seul

(1) Sur les faits qui suivent, voir d'Ecquevilly, *Campagnes du corps de Condé.* — Th. Muret, *Histoire de l'armée de Condé.* — Puymaigre, *Souvenirs d'émigration.* — *Russie, Mém. et doc.*, t. XXXI, p. 367 et suiv.

coin de terre où les Bourbons fussent obéis ; et de fait cette armée, qui comptait des régiments allemands comme celui de Hohenlohe, et d'où sortaient à chaque instant des volontaires pour les armées anglaise, autrichienne ou russe, cette armée, qui fut elle-même successivement à la solde de l'Angleterre, de l'Autriche et de la Russie, avait perdu quelque peu son caractère national ; elle appelait à elle de partout les chevaliers errants de la cause des rois, et c'est en la considérant de la sorte que Paul Ier à son tour l'appela à la défense du vieil ordre social européen.

L'Autriche vaincue venait de faire la paix avec la République ; désormais inutile sur le Rhin, qu'allait devenir l'armée de Condé ? Paul se rappela alors l'accueil de son chef à Chantilly quinze ans auparavant ; et en juillet 1797, malgré les représentations du chancelier Bezborodko, il se montra disposé à le lui rendre, à lui et à ses compagnons d'armes. Son aide de camp Gortchakov vint sur place en notifier les conditions. Chacun devait garder la liberté de son culte, sa solde et son grade ; mais il fallait prendre l'uniforme et la cocarde russes, prêter serment de fidélité au tsar, et s'exiler en Wolhynie, sans espérance prochaine de combattre pour le roi ni de revoir la France. Aux impatients de quitter le service, on promettait des terres à deux cents lieues plus loin. La pensée de Catherine II, le plan vainement proposé par Richelieu s'imposaient cette fois aux royalistes en armes. La Révolution du 18 fructidor leur interdisait à nouveau la patrie ; rester en Allemagne, c'était se vouer à l'isolement et à la misère. Les plus hardis demandèrent seuls un congé temporaire ou définitif ; cinq mille environ souscrivirent à cette capitulation qui les ramenait à l'état de régiments suisses à la solde étrangère ; encore certains ne se décidèrent-ils qu'au dernier moment ; d'autres disparurent des rangs après quelques heures de marche.

Le voyage par journées d'étape, en bateau sur le Danube, puis à pied, à travers la Moravie et la Pologne autrichienne, avait à lui seul quelque chose d'effrayant ; il dura près de trois mois. Les uns l'accomplirent avec résignation ; les autres, affectant l'insouciance, fredonnaient une chanson ironique contre l'empereur d'Allemagne, à laquelle les incidents de chaque journée faisaient ajouter de nouveaux couplets.

Le prince de Condé avait pris les devants en poste ; dès son entrée sur le territoire russe, soit courtoisie, soit respect de la discipline, il endossa son nouvel uniforme, ce qui ne l'empêcha pas d'être partout traité en prince. A Pétersbourg un magnifique palais lui avait été assigné pour résidence ; des valets à sa livrée l'attendaient à sa descente de voiture ; le roi de Pologne, les grands-ducs, les ambassadeurs étrangers vinrent le visiter ; Paul l'accueillit en ami, et lui promit son entière confiance : « Tous mes ministres, lui dit-il, sont au désespoir du traitement que je vous fais ; ils croient que leurs intérêts personnels en souffriront ; aussi ne vous adressez qu'à moi pour les ordres généraux à recevoir ; mon fils et le comte Rostoptchine régleront seuls avec vous les objets de détail ». Rien de mieux ; toutefois le prince, façonné malgré lui à la défiance, devina sous la bienveillance du tsar une humeur capricieuse. Comme officier-général russe, il s'en alla à la parade piétiner dans la neige et chapeau bas à la suite du souverain ; il sentait qu'il fallait « aller doucement, pour ne pas se casser le nez [1] ». Le prince reparut en lui, quand il eut à placer sur sa poi-

---

[1] Lettre au duc d'Enghien, 12 déc. 1797 (dans CRÉTINEAU-JOLY, *Histoire des trois derniers princes de Condé*, t. I, p. 178).

trine, au-dessus de la plaque du Saint-Esprit, la croix de Saint-André. Après une longue négociation à ce sujet, il fut convenu que les deux décorations seraient mises sur la même ligne; l'honneur de la France et de la maison de Bourbon étaient saufs.

Dès les premiers jours de janvier 1798, l'armée émigrée avait atteint la frontière de l'empire. Par une journée brumeuse, sous un ciel glacé, elle franchit le Bug, arbora sa nouvelle cocarde; un pope assis près du rivage dans une misérable cabane reçut au passage ses serments. Puis on se remit en route jusqu'aux environs de Doubno, où les soldats furent mis en cantonnements dans un rayon de vingt lieues. Là ils revêtirent l'habit vert, la lourde capote et furent reconstitués en cinq régiments, trois d'infanterie aux noms de Condé, Bourbon et Hohenlohe, deux de cavalerie aux noms de Berry et Enghien, sous des drapeaux aux couleurs de Condé ou russes, écartelés de fleurs de lis.

La paix régnait sur le continent; les émigrés étaient donc condamnés à un repos dont on ne pouvait prévoir le terme. L'idée de colonies agricoles à établir près de la mer d'Azov reparut; une commission, où Condé avait délégué plusieurs officiers de son état-major, fut chargée de l'examiner sur place; ses conclusions, fondées sur la prétendue stérilité du pays, furent bien entendu défavorables, car il s'agissait de terres, non pas à habiter, mais à cultiver, et les gentilshommes français, qui ne savaient manier que l'épée, furent réduits à attendre, sous le rude joug de la discipline russe, une nouvelle occasion de combattre.

Une soumission rigoureuse, silencieuse, était pour eux chose nouvelle, et cette fois il fallait vaquer à une parade quotidienne d'une heure et demie, même par vingt degrés de froid, apprendre des manœuvres inusitées, ne pas chasser à sa fantaisie sur les terres des seigneurs voisins, s'astreindre à tous ces menus détails d'équipement auxquels le tsar attachait un si grand prix : « A force de nous faire peur, écrit le duc d'Enghien à son père, on nous a rendus attentifs, exacts au service enfin. Même les chasseurs nobles font à peu près ce qu'on leur ordonne [1] ». Les punitions étaient devenues fréquentes et quelquefois impitoyables; plusieurs gentilshommes furent mis en congé d'office et reconduits jusqu'aux limites de l'empire; un soldat d'infanterie noble convaincu d'avoir attaqué la nuit, pour le dévaliser, son camarade en sentinelle, fut condamné à avoir les narines arrachées et à recevoir cent coups de knout; une lettre surprise, qui contenait des tirades contre la servitude et le despotisme, en fit envoyer un autre en Sibérie.

Le tsar se prenait déjà à suspecter ces serviteurs peu dociles, à les accuser de propagande révolutionnaire : « J'ai sauvé la noblesse française de la misère, dit-il dans une lettre rendue publique; je saurai la sauver de l'esprit de sédition ». Ceux qui lors du départ d'Allemagne avaient obtenu un congé temporaire furent arrêtés à la frontière, excepté une vingtaine, et Condé obtint avec peine la levée de ce rigoureux interdit. D'autres en revanche désertèrent, et passèrent en Autriche au milieu de mille dangers.

A ces épreuves professionnelles se joignaient celles d'un genre de vie nouveau. Les émigrés réunis dans les villes étaient soumis à des gardes fréquentes et au service monotone des garnisons; ceux qui étaient cantonnés dans les villages habitaient des cabanes incommodes, côte-à-côte avec des hôtes répugnants, man-

---

(1) Lettre du 25 janvier 1799 (dans Crétineau-Joly, t. II, p. 258).

quaient de correspondances régulières et parfois de provisions. En général cependant la nourriture était à bon marché, et nos gentilshommes eussent fait de notables économies sur leur solde, si elle ne leur eût été payée en un papier qui perdait près de la moitié de sa valeur: les juifs, intermédiaires indispensables, bénéficiaient de la différence. Une épidémie qui désolait le pays les épargna si bien qu'il passa en proverbe de dire : les Polonais en meurent, les Russes en vivent, les Français en rient. Enfin ces derniers retrouvaient en Wolhynie le superflu, demeuré pour eux le nécessaire, c'est-à-dire les plaisirs mondains que la noblesse polonaise, étourdie et légère comme la nôtre, mettait à leur portée. A Doubno, on jouait plus gros jeu que jamais. Un soir, raconte l'un d'eux, passant en traîneau avec un de mes amis près d'un château illuminé, nous y entrâmes, nous présentâmes l'un l'autre, et fûmes bien reçus et hébergés pendant plusieurs jours [1].

Là on jouait la comédie de société, voire Regnard ou Beaumarchais, et de hauts personnages de l'armée ne croyaient pas se compromettre en acceptant des rôles de duègne; on bravait à huis-clos la volonté du tsar, qui avait interdit la valse à ses sujets, on se faisait prêter les livres de nos philosophes par les dames et les demoiselles, qui en raffolaient comme du fruit défendu. Le duc de Berry était le plus ardent à ces fêtes improvisées, auxquelles il participait sans souci de son rang et quelquefois de sa dignité personnelle ; brave cœur au demeurant qui, dans un de ces bals, ayant outragé par mégarde un de ses officiers, lui offrait incontinent réparation, et croisait le fer avec lui dans la prairie voisine. Des intrigues galantes se nouèrent, puis les indiscrétions

---

(1) Puymaigre, *Souvenirs d'émigration*, p. 46.

et les impertinences commises, les Noëls satiriques qui payaient d'ingratitude l'hospitalité donnée firent se fermer beaucoup de portes. Certains Polonais s'étonnaient d'ailleurs de ne pas trouver dans les Français des alliés sympathiques à leurs épreuves. Esclaves de la foi militaire, les émigrés étaient d'accord avec leurs vainqueurs pour les accuser de jacobinisme; ils les savaient en grand nombre dans les armées républicaines; on se montrait déjà, parmi ces proscrits abrités sous le drapeau tricolore, le portrait du conquérant de l'Égypte, et on répétait avec la candeur naturelle à ceux qui souffrent et qui espèrent : Voilà notre libérateur.

En 1799, une coalition générale, à laquelle Paul Ier donne le branle, se forme contre la France. Pour la première fois, depuis les circonstances passagères qui les avaient mis en présence à Danzig et à Cracovie, Russes et Français se combattaient face-à-face; et les batailles livrées en Italie et en Suisse furent particulièrement opiniâtres et sanglantes, à cause du genre de courage spécial aux deux peuples. Ceux que nous appelions encore des barbares portaient au feu une intrépidité froide, avec laquelle ils savaient user leurs adversaires, comme la pierre use la flamme. « Plus durs à tuer que difficiles à vaincre », avait déjà dit d'eux le grand Frédéric. La victoire était le prix tantôt d'une ténacité machinale, et tantôt d'une intelligente témérité. Souvorov qui, dans le français le plus bizarre, avait tour à tour félicité Charette, flétri « Robert Pierre et Calot Gerbois[1] », conduisait la lutte avec son énergie doublée de charlatanisme, et, sur la Trebbia et dans les Alpes, sut bientôt à quoi s'en tenir sur ces adversaires qu'il esti-

---

(1) V. ce curieux spécimen de son style français dans les *Archives Russes*, 1866, p. 1002.

mait faciles à soulever et à lier comme des gerbes de blé.

D'autres Français s'offraient à le guider sur le chemin de Paris, et s'agitaient autour de lui, avec moins d'éclat et d'honneur que les volontaires d'Ismaïl. Un ancien capitaine du génie, de Tinseau, mouche du coche qui avait figuré dans presque toutes les entreprises de l'émigration, un certain Varicourt nommé par Mallet du Pan contribuaient à ses plans de campagne [1]. Xavier de Maistre avait du moins l'excuse de son origine savoisienne ; ce jeune officier, à qui l'ingénieuse fantaisie du *Voyage autour de ma chambre* venait de faire une réputation littéraire, conquérait l'amitié du barbare, et devait le suivre jusqu'à Moscou, où il reçut son dernier soupir. Vioménil, Autichamp, Langeron avaient reçu ailleurs des commandements. Le premier conduisit à Jersey et à Guernesey dix-sept mille hommes destinés à tendre la main aux chouans et aux Vendéens. En avril 1799, le corps de Condé quitta ses cantonnements de Wolhynie ; en août seulement, il repassait le Bug, puis traversait l'Allemagne au milieu des démonstrations contradictoires qui avaient signalé son premier passage. A son arrivée sur le lac de Constance, la campagne était finie, la bataille de Zurich perdue, et Souvorov en pleine retraite. C'était le sort des émigrés de former partout la réserve qui n'avait plus que l'honneur militaire à sauver. Une seule fois, le 8 octobre, ils en vinrent aux mains à Constance avec les républicains. Le régiment des grenadiers de Bourbon, séparé du reste de l'armée, le duc d'Enghien à sa tête, se fit jour à la

---

(1) Un certain nombre de lettres et mémoires de Tinseau sont conservés à la Bibl. imp. de Pétersbourg (BERTRAND, Catalogue es mss. français, p. 119).

baïonnette, après avoir perdu son colonel et son drapeau englouti dans le Rhin. En revanche, un drapeau conquis fut envoyé à Pétersbourg, et le tsar remercia le régiment de ce trophée par l'envoi d'un nouvel étendard où se lisait, autour d'une image de la Providence, cette inscription : Pour avoir pris un drapeau sur les Français infidèles.

Là s'arrêtèrent ses relations avec cette armée qui peu après, avec son assentiment, passa à la solde anglaise.

II

LOUIS XVIII A MITTAU

Presque en même temps que ses fidèles, le chef de la maison de Bourbon vint se mettre sous la protection de Paul Ier. Son frère d'Artois n'avait tiré nulle part l'épée bénie devant lui à l'église Sainte-Catherine, et végétait, avec son vain titre de lieutenant-général du royaume, en Angleterre. Quant à lui, éloigné par les Autrichiens de l'armée de Condé, il était relégué au fond d'une bourgade allemande, lorsqu'en novembre 1797, Paul Ier lui offrit un asile. La réponse s'étant fait attendre deux mois, c'en fut assez pour refroidir le tsar, et il ne manifesta plus d'une façon sérieuse et suivie ni confiance dans l'homme, ni enthousiasme pour la cause.

Louis XVIII fut au début trompé par les apparences. Pour la première fois il allait, sans être reconnu roi de France, recevoir les honneurs dûs à un souverain. Le comte Chouvalov se rendit au devant de lui jusqu'en Allemagne et l'amena à Mittau, dans l'ancien château des ducs de Courlande. Promesse lui était faite d'une pension annuelle de deux cent mille roubles, sans compter d'autres subsides pour les personnes de sa suite. Quand il approcha de Mittau, les corps d'arts et métiers vinrent à sa rencontre; la garnison le reçut sous les armes, et fournit un poste d'honneur au château.

Voici donc, de par le tsar, une image bien pâle, reconnaissable pourtant de Versailles qui se dessine à l'improviste sous le ciel du Nord. Au centre est un petit-fils de Louis XIV, d'une majesté d'autant plus étudiée qu'elle sert à masquer l'absence du pouvoir, inflexible sur ses droits et sur ses vues politiques, et jouissant de l'innocent appareil de la royauté comme s'il eût recouvré l'exercice de l'autorité absolue ; bel-esprit d'ailleurs autant que prince, roi devant son bureau comme d'autres le sont sur le champ de bataille, estimant un billet bien tourné l'art souverain par excellence et en soignant le style comme celui d'une proclamation destinée à retentir dans l'Europe entière. Ses tantes, filles de Louis XV, étaient alors transportées sur une frégate russe d'Ancône à Trieste ; sa nièce, madame Royale, échappée aux pièges de la diplomatie autrichienne, venait le rejoindre, ainsi que tant d'autres, sous la protection de ses souvenirs personnels. A l'âge de quatre ans, elle avait dit au comte du Nord en le quittant et en répondant naïvement à l'expression de ses regrets : J'irai vous voir, et elle venait, dans les circonstances les plus imprévues, les plus flatteuses pour l'orgueil russe, sceller l'union de toute la famille des Bourbons par son mariage avec son cousin le duc d'Angoulême. Au printemps de 1799, des noces royales se célébrèrent à Mittau ; le cardinal de Montmorency, grand-aumônier de France, était venu d'Allemagne pour y présider, et la relation de cette fête de famille fut envoyée aux gazettes européennes comme un indice des destinées meilleures préparées par la protection des tsars au roi très-chrétien.

Autour de Louis XVIII, des personnages portant des noms historiques, Villequier, Guiche, Aumont, Sérent, Cossé-Brissac, étaient groupés, et si étroitement, qu'un roturier égaré au milieu d'eux pouvait écrire : « L'ancienne ligne de démarcation s'élargit au lieu de se rétrécir. Qui n'est pas grand seigneur n'est rien et même ne doit être bon à rien [1] ». Cent gardes du corps, chargés du service intérieur des appartements, et l'épée nue, formaient la haie sur le passage du prince. A cet embryon de cour se superposait un simulacre de gouvernement ; le principal conseiller officiel était Saint-Priest, naguère bienvenu de Catherine II comme de Louis XVI ; puis derrière lui, comme au beau temps de Louis XV, un confident intime présidant à la diplomatie secrète, le comte d'Avaray. Celui-ci était l'ami du prince, et se montra à plusieurs reprises hostile aux serviteurs de tout rang, témoin le duc de La Vauguyon, qu'il avait écarté deux ans auparavant ; Saint-Priest fut de même remercié pendant un voyage diplomatique à Vienne. Louis XVIII, si net et si fier quand il s'agissait de ses droits dynastiques, cédait volontiers sur les questions de personnes, et Mittau comme Blankenbourg eut sa petite révolution ministérielle.

Ces intrigues, l'éloignement de la France, une impuissance qui s'accusait partout et sous mille formes n'empêchaient pas Louis XVIII de préparer de son mieux, par correspondance, les éventualités d'une restauration. Il recevait régulièrement les rapports de son Agence dite de Souabe ; il lui adressait des notes anonymes pour la presse allemande, afin de n'être pas oublié, et aussi des instructions dûment signées et soigneusement rédigées, destinées à faciliter l'exercice de son autorité, au cas du triomphe de la coalition qui se préparait. Enfin il se cherchait des défenseurs au loin par la plume comme par l'épée.

---

(1) Lettre de Courvoisier (secrétaire de d'Avaray), 8 novembre 1796 (*Archives particulières*).

Une note partie de Mittau fit appel à la fois à Joseph de Maistre et à Mallet du Pan. A ces deux étrangers, si différents entre eux, les deux meilleurs champions d'une contre-révolution possible, on demandait de faire connaître le caractère et les intentions de Louis XVIII, mais on voulait qu'ils parussent agir spontanément, sans paraître avoir reçu leurs inspirations de Mittau. Il est singulier pour de Maistre que cette invitation directe à défendre les Bourbons lui soit venue une première fois de cette Russie qu'il ignorait encore, et qui devait bientôt offrir un terrain favorable à son apostolat monarchique et religieux. Mais en ce moment il ne lui convenait pas d'engager une polémique qui l'eût contraint à des engagements formels, il laissa tomber sans y répondre l'invitation, comme si elle ne lui fût point parvenue ; et en cette année 1799, la parole fut à Souvorov et à son armée [1].

Pendant que la seconde coalition se nouait entre l'Autriche et la Russie, le chef des Bourbons essayait de s'y faire une place ; il écrivait assidûment à ses agents dispersés à la porte de toutes les cours, et avec l'espoir de reprendre au milieu des régiments russes le chemin de son royaume, il poursuivait avec ténacité à Pétersbourg le succès qui lui tenait le plus au cœur, et qui fuyait toujours devant lui, celui d'une reconnaissance officielle de son titre. Entre lui et le tsar, les relations se détendirent un peu à l'époque du mariage de la duchesse

---

[1] « Je me rappelle l'année de 1799, où j'étais accusé à Turin de correspondance avec le chef de la maison de Bourbon (*nefas!*)... Jamais je n'avais adressé une ligne à cette auguste et malheureuse cour » (*Corr. dipl.*, sept. 1809). L'intermédiaire de Louis XVIII en cette circonstance fut un des chefs de son agence de Souabe, le président de Vezet, qui ne reçut pas de réponse.

d'Angoulême; la signature de Paul fut mise au bas du contrat, et un collier de diamants offert avec de délicats compliments; des décorations furent échangées, M. de la Ferté-Mun, puis M. de Caraman furent accrédités comme représentants du prince français. Néanmoins jamais la royauté de Louis XVIII ne fut officiellement reconnue. Souvorov se rendant à l'armée passa par Mittau, et se laissa aller à dire : « Si le Saint-Esprit m'éclaire, j'espère bien servir Votre Majesté ». Mais ni Paul ni le tsarévitch, malgré les insinuations réitérées de Saint-Priest, ne vinrent visiter leur protégé.

« Paul Ier, écrit en mai 1799 un des familiers de Louis XVIII, est un despote qui croirait flétrir sa dignité par des procédés et des formes; il est mécontent on ne sait pourquoi; il en agit avec le roi comme avec un sous-lieutenant d'infanterie... L'empereur a trouvé mauvais que le roi donnât des passeports pour venir à Mittau; il les a annulés et a défendu qu'aucun Français entrât dans ses États sans une permission signée de sa main, et cet ordre extrêmement gênant a été envoyé à tous les ministres, sur toutes les frontières sans que le roi en ait été seulement informé. Il n'est point question de la subsistance du roi, qui semble abandonnée; les lettres sont devenues sèches et fières, mais il faut se taire, car le causeur pourrait aller en Sibérie[1]... ». Louis XVIII était gêné, quoiqu'il fît, dans ses moyens de correspondance et jusque dans le choix de ses serviteurs; on n'arrivait pas librement à lui, et il n'eût pu quitter Mittau sans une permission spéciale et des formalités très longues.

« Le roi de France doit résider à Paris, et non à Mittau », telle fut une des dernières paroles de Souvorov.

(1) Lettre de Courvoisier, 9 mai 1799 (*Archives particulières*).

III

LES RELIGIEUX

La vieille France ressuscite alors en Russie, non seulement par ses émigrés, mais par ses déportés; les ordres religieux suivent de près les régiments de Condé, et retrouvent pour quelques heures la liberté et le repos en terre orthodoxe.

Un d'eux même y fut revêtu par le caprice du tsar d'une splendeur éphémère, qui ne le releva point d'une ruine récemment consommée; c'était l'ordre cosmopolite de Malte. Il avait suffi à Bonaparte allant en Égypte de le toucher de la main pour le renverser; il plut à Paul Ier de reconstituer auprès de lui cette milice, dont les glorieux souvenirs parlaient à son imagination. La noblesse française, si largement représentée par ses cadets dans les rangs des chevaliers, était directement intéressée à cette restauration. L'italien Litta fut l'instigateur principal et l'instrument des négociations qui valurent au tsar schismatique le titre de protecteur de l'ordre, puis la dignité de grand-maître. Aux intrigues qui préparèrent cette transformation inattendue on trouve mêlée jusqu'à la première actrice du Théâtre-Français, Mme Chevalier, l'amie toute-puissante du tout-puissant favori Koutaïssov : et quand elle fut accomplie, quand Paul eut reçu les croix portées par d'Aubusson, Lisle-Adam et La Valette dans trois sièges mémorables; quand il eut élevé à la hâte une chapelle où de grandes stalles sculptées aux armes de Saint-Jean attendent encore en vain leurs titulaires ; enfin quand il eut reçu sous un dais magnifique, dont les dessins étaient dûs à un émigré, l'hommage des grands-prieurés encore existants, il crut l'Ordre de Malte pour jamais ressuscité.

Son fils et ses principaux familiers furent les acteurs de cette mascarade, qui n'aurait aucun intérêt pour nous, si le « grand-prieuré russe catholique » n'eût été constitué en grande partie avec des émigrés royalistes, résidant ou non en Russie, et décorés des titres de commandeurs ou de chevaliers de justice ; ils offrent une liste de plus de cent noms, en tête de laquelle figurent le prince de Condé et l'archevêque d'Albi, qu'illustrent des Choiseul, des Damas, des Broglie, et où presque toutes nos provinces sont représentées, la Bretagne par un Cheffontaine, le Dauphiné par deux Quinsonas, la Bourgogne par un d'Archiac, la Franche-Comté par un Saint-Mauris, etc.[1]. Parmi les officiers de l'ordre, on remarque un d'Ervelange-Vitry, qui plus tard prit au sérieux la discipline de l'ordre ecclésiastique, et entra dans la Compagnie de Jésus. Toute cette pompe dont Paul Ier entourait la dernière relique des croisades ne devait pas lui survivre, et n'était qu'une pompe funèbre.

Les Jésuites, sans porter l'épée, étaient pour les partisans du vieil ordre politique européen une recrue bien autrement utile. Au retour de son couronnement, le tsar visita leur collège d'Orcha, et les assura de sa bienveillance. Grâce à son chef, l'Autrichien Gruber, qui devait être un des principaux agents de la réconciliation avec la France, la Compagnie obtint (octobre 1800) l'accès de la capitale ; l'Université de Vilna lui fut ouverte, l'importance du noviciat de Polotsk s'accrut, ses missions de l'Archipel recouvrèrent la protection

---

(1) *Ordre souverain de Saint-Jean de Jérusalem*, Saint-Pétersbourg, 1799. — De l'imp. impériale, 58 p.

dont elles avaient bénéficié au temps du gouvernement monarchique en France; enfin, par bref du 7 mars 1801, sur la demande de Paul, elle fut officiellement reconstituée en Russie.

Les autres ordres religieux chassés d'Allemagne et de Suisse par l'invasion républicaine trouvèrent également asile dans l'empire. Parmi les congrégations de femmes, celle de la Visitation trouva au monastère de Vilna un refuge où se rencontraient des fugitives de toute provenance ; l'une d'elles, sœur Bétauld de Mâcon, y avait été appelée comme professeur de français au pensionnat. Cette hospitalité devait être rendue bien plus tard, en 1865, par les visitandines de Versailles aux religieuses lithuaniennes victimes à leur tour de la persécution.

La communauté des trappistes se reconstitua presque entière dans les provinces catholiques de l'empire. Elle avait alors pour chef Augustin de Lestranges, personnage ardent et austère jusqu'à exagérer les rigueurs prescrites par la règle. Il avait fondé en Piémont, en Suisse, aux Pays-Bas, des maisons de trappistines placées non loin des trappistes, selon les prescriptions de la règle primitive cistercienne. Dans une de ces maisons, la fille du prince de Condé s'était réfugiée sous le nom de sœur Marie-Joseph, sans se douter qu'un long voyage se préparait pour elle, qui la rapprocherait de son père. Lors de l'entrée des Français en Suisse, Lestranges, chassé de son asile de la Val-Sainte près Fribourg, songea à profiter des bonnes dispositions de Paul Ier, et la princesse Louise, qui se souvenait de l'aimable comte du Nord, pria celui-ci d'être son interprète auprès du tsar.

Sans attendre la réponse, les trappistes se mirent en route, en trois corps, comme les soldats émigrés, les religieux cheminant à pied, les religieuses dans des charrettes couvertes, sur des routes difficiles et souvent encombrées de troupes. Au lieu de joyeux refrains, on chantait des psaumes si le pain manquait ; çà et là la charité ou la pitié ouvrait pour la nuit un monastère ou une auberge ; sinon on dormait en plein air, sur la terre nue. Quelques uns descendirent le Danube en radeau, et ne prenaient terre que le dimanche, au pied de quelque église où ils entendaient la messe [1].

A Augsbourg, une réponse du tsar parvint aux fugitifs ; trente d'entre eux seulement étaient admis à Orcha, et à titre provisoire. Les fils de Rancé comme l'héritier de Louis XIV étaient accueillis avec une répugnance mal déguisée aux portes de l'empire. Après avoir installé à Orcha son avant-garde, Lestranges alla plaider lui-même la cause de ses religieux retenus sans ressources de l'autre côté des frontières, et il finit par obtenir la jouissance de six monastères en Lithuanie et en Pologne.

Le séjour des trappistes en Russie ne dura guère et un peu par la faute de leur chef. Sur le front de Lestranges comme sur celui de Paul on eût pu écrire : Ordre, contre-ordre, désordre. Il avait à lutter contre la malveillance des autorités diocésaines, et quelques menues difficultés furent le prétexte d'une brouille avec l'archevêque de Mohilev et l'évêque de Vilna. On parlait aussi de son désaccord avec la princesse Louise, des prétentions qu'il mettait en avant afin de se faire chasser et de fuir dans la lointaine Amérique. Pendant près d'un an il disparut, et laissa ses religieux livrés à eux-mêmes, jusqu'à l'heure inévitable d'une nouvelle dispersion.

(1) *La Trappe*, par un trappiste de Sept-Fonts, ch. VII.

En 1806, un de ces monastères existait encore à Kartuzskaïa Bereza, dans le gouvernement de Grodno. Le supérieur était un Polonais élevé en France, homme du monde réfugié dans le cloître après la mort prématurée de sa femme et de ses enfants. Il avait servi sous Washington, restait invinciblement fidèle à la cause nationale, et était devenu comme tous ses compatriotes grand admirateur de Napoléon. Une fois un officier de la garnison voisine, avec lequel il s'était lié, et qui le vint voir un dimanche de 1807, fut témoin d'un singulier spectacle. Après l'office, les moines se rendirent en procession vers la tour placée à l'un des angles du couvent; ils s'arrêtèrent devant une brèche qu'on venait d'ouvrir, et où on vit surgir une sorte de squelette ambulant, vêtu d'un froc usé et ceint d'une courroie. Soutenu par deux de ses frères, il s'agenouilla devant le prieur, qui prononça sur lui les paroles de l'absolution, l'embrassa en pleurant, et au milieu de la communauté le ramena au monastère. C'était un religieux qui, bien avant 1789, avait commis en France un crime pour lequel le pape lui avait imposé une réclusion de trente années; et il avait obéi, vivant entre quelques pieds carrés, en tête-à-tête avec un crucifix, une Bible et un bréviaire, en face d'une lucarne par où il recevait ses aliments. Chassé par la Révolution de cette prison volontaire, il avait achevé dans la tour de Kartuzskaïa Bereza les dix ans de pénitence qui lui restaient à accomplir, et dont il ne se jugeait pas dégagé par l'exil. Le secret de sa réclusion avait été si bien gardé, que personne, parmi les habitants du village, ne l'avait soupçonnée [1].

(1) A. Von Vizine, Un souvenir de ma jeunesse (dans l'*Antiquité Russe*, août 1881).

Cet intérêt envers le clergé français manifesté par Paul Ier était la conséquence de sa sollicitude bien entendue pour ses sujets polonais, et des devoirs qu'il s'était créés comme soutien du monde qui s'écroulait. Il tenait alors si étroitement à ces devoirs, et les interprétait de telle sorte qu'il faisait prendre à domicile, conduire à la messe et ramener entre deux haies de soldats les émigrés portés à oublier dans sa capitale l'office du dimanche [1]. On a voulu voir dans ces actes, généreux ou bizarres, plus qu'une simple satisfaction d'orgueil ou qu'une manœuvre politique habile ; on y a soupçonné une préparation de l'opinion publique à cette réunion des Églises grecque et latine plusieurs fois rêvée depuis un siècle. On a rappelé l'asile offert au cardinal Maury, et ce vœu exprimé à Gruber : « Si le pape a besoin d'un refuge sûr, je le recevrai comme mon propre père, et toutes mes forces seront employées à sa défense ». On a affirmé, sur de sérieux indices, que la translation à un schismatique de la maîtrise de Malte aurait été consentie par le pape en échange d'importantes concessions ultérieures, et des négociations, dont le secret transpira alors jusqu'à Paris, n'auraient échoué que par la mort de Paul, victime d'un complot où les passions religieuses comme les haines personnelles auraient eu leur place. Avec un semblable prince, toutes les surprises étaient possibles, toutes les conjectures sont permises.

(1) X. BRANICKI, *Les Nationalités Slaves* (Paris, 1879), p. 288.

IV

LES NOUVEAUX *OUTCHITÉLI*

Une autre immigration se produisait, dont les conséquences assez graves pour l'orgueil national n'apparaissaient point encore. A côté des proscrits du clergé régulier se montraient de nombreux représentants du clergé séculier; ils s'étaient rappelé l'asile accordé à la Compagnie de Jésus, la haute faveur attribuée à quelques-uns de ces prêtres étrangers, les compliments de condoléance envoyés à Pie VI lors de la confiscation du Comtat-Venaissin. Ceux qui vinrent devaient être établis sur les terres occupées par des catholiques italiens et polonais, et ni la protection de la souveraine, ni la charité publique ne firent défaut à ceux de leurs confrères qui de loin osaient l'invoquer [1]. Catherine assurait expressément de sa bienveillance l'archevêque de Paris, frère d'un ancien envoyé à sa cour. Deux évêques seulement lui demandèrent l'hospitalité, celui de Rennes à Vilna, et le coadjuteur d'Albi, Bernis, à Pétersbourg; mais trois prêtres délégués par les prélats réfugiés en Suisse reçurent contre les usages la permission de faire dans les principales villes des quêtes qui leur rapportèrent près de cent mille livres, et, à l'audience qu'elle leur accorda, Catherine rendit spontanément hommage aux vertus et aux épreuves du clergé français.

L'esprit de prosélytisme, autant que l'esprit de cheva-

---

(1) Cette immigration est constatée au *Moniteur* du 10 avril 1792, d'après une lettre de Pétersbourg du 8 mars.

lerie, subsistait chez les petits-fils des roués de la Régence, et révélait à la société russe un côté nouveau du caractère français. On les verra à l'œuvre dans quelques années. En attendant ce schisme à rebours qui doit rallier un certain nombre d'âmes au catholicisme, cet esprit s'exerçait à la sourdine sur un terrain plus facile à aborder que celui de la religion, et s'emparait sans y paraître de l'éducation de la noblesse.

De par l'émigration laïque ou ecclésiastique, une nouvelle génération de précepteurs avait surgi. Aux protestants et aux philosophes de Montbéliard et de Suisse devenus suspects succédèrent des prêtres, voire des marquis ou des comtes, ces derniers sortis des rangs de l'armée de Condé, et cédant à la tentation d'avoir un traitement fixe, un domicile stable, un domestique à leurs ordres et une table bien servie [1]. Aussi ignorants que les aventuriers de la période précédente, ils apportaient du moins avec eux des idées toutes contraires à celles qui avaient fait jusque-là le fond de l'éducation. « La marche de l'esprit humain est changée », s'écrie avec désespoir Masson [2]. Cela était vrai, en ce sens que l'hostilité aux religions positives n'était plus bien portée; pourtant ni les croyances ni les mœurs ne s'amélioraient sérieusement au contact du prêtre étranger. Celui-ci était un maître de langues, et rien de plus. Il figure à la première page d'*Eugène Onéguine*, veillant avant tout à la santé

(1) *Journal d'un fourrier de l'armée de Condé* (Thiboult de Puisact, p. 217.

(2) *Mémoires*, ch. x. — « La Révolution Française de 1789, en nous envoyant un contingent nombreux de ses émigrés, qui cherchèrent des emplois de précepteurs et d'institutrices, contribua puissamment à imprimer un cachet français à l'éducation de cette génération, et à assurer l'influence de la France au détriment de sa rivale l'Allemagne ». (Svitoff, La femme Russe dans la *Nouvelle Revue* du 1er août 1880).

de son élève, lui épargnant une discipline sévère et traitant avec indulgence ses petites fautes, jusqu'à ce que l'enfant devenu adolescent s'échappe de ses mains, l'âme vide, pour faire brillante figure dans le monde [1].

Quelques-uns de ces *outchitéli* nouveaux, sans être des philosophes, restaient des philantropes à l'ancienne mode. Un d'eux, le Franc-Comtois Ducret, d'abord précepteur particulier, puis directeur d'une maison d'éducation à Moscou pendant seize ans, fut à même d'observer de près une société si différente de la nôtre, et profita d'une situation qui lui donnait une certaine liberté pour prêcher discrètement une devise plus humaine encore que révolutionnaire : égalité, fraternité. On le traitait de fou ; toujours est-il que les maîtres se cachaient de lui quand ils affirmaient à nouveau leur droit d'infliger la bastonnade. Un livre qu'il publia depuis, *la Russie et l'esclavage*, nous présente un répertoire raisonné des faits qui ont amené peu-à-peu, sous une action où le génie français prédominait, l'émancipation des serfs.

Le clergé fournissait le principal contingent à cette seconde génération d'instituteurs étrangers; et le premier gentilhomme qui se mit à son école accepta tout de lui, la foi comme le savoir. Élevé à La Haye, par un père qui avait édité le dernier ouvrage d'Helvétius, le prince Dmitri Galitsine avait reçu de sa mère des leçons et des exemples propres à effacer en lui les impressions du siècle qui finissait. Amélie de Schmettau, femme de l'envoyé russe en Hollande, voulut d'abord faire de ses

---

(1) D'autres se virent élever soudain aux honneurs, comme il était d'usage sous ce règne. Torcy, *outchitel* d'un médecin de l'impératrice, devient conseiller de cour, et fera certaine figure dans le monde officiel (F. Christin à la princesse Tourkestanov, 6 mars 1819, dans les *Archives Russes*, 1883).

enfants des stoïciens, jusqu'au jour où, éclairée par les lumières de l'Évangile, elle s'efforça de les rendre des chrétiens sérieux et complets. Le jeune Galitsine, filleul de l'impératrice, partit pour les États-Unis en 1792, sous prétexte d'achever son éducation ; il emportait sur son cœur un petit livre que sa mère lui avait remis au moment du départ, les *Confessions* de saint Augustin. Il le lut si bien que, de l'autre côté de l'Océan, il se mit presque incontinent sous la direction de nos Sulpiciens proscrits ; il entra au séminaire de Baltimore, et en sortit prêtre et missionnaire catholique pour le reste de sa vie [1].

A ce titre il était désormais banni de son pays et ne reparut plus en Europe. La Russie s'ouvrait en revanche aux membres de ce clergé dont il était devenu l'élève ; un moment il fut de bon ton d'avoir un d'eux attaché à sa maison : « Ne m'envoyez, écrivait une dame un peu trop naïve, ni un Français, ni un Allemand, mais un abbé ». Dans les dépêches de notre ambassadeur en l'an X on peut relever les noms d'un certain nombre de ces ecclésiastiques, à côté des noms des plus grandes familles : l'abbé de Billy chez les Odoïevski, Brice, ex-chanoine de Notre-Dame-de-Liesse, chez les Samoïlov, Gandon d'Angers, Macquart de Reims et Vialart d'Albi chez les Galitsine, Surugues chez les Moussine-Pouchkine [2]. Un séminariste comtois, Ambroise Magnin, figure en qualité de professeur à l'Institut de commerce de Moscou ; non loin de lui un ancien lieutenant-colonel de dragons enseigne le dessin. Il n'est pas jusqu'aux souvenirs de Port-Royal qui ne se montrent avec un Arnauld d'Andilly dans la maison du prince Viazemski.

---

(1) Sa vie a été écrite plusieurs fois, et tout récemment en anglais par SARAH BROWNSON, sous ce titre : *Prince et prêtre*.
(2) *Corr. Russie*, t. CXLI. V. l'Appendice II.

A Pétersbourg, l'abbé Deloche entre à l'Institut Sainte-Catherine ; le frère d'un mendiant béatifié, l'abbé Labre, apparaît auprès du frère de Marat.

Le maître et le modèle de cette colonie enseignante fut l'abbé Nicolle, ancien préfet des humanités au collège Sainte-Barbe. Ce prêtre avait pour le professorat une vocation et un zèle extraordinaires. Il venait de refuser avec ses collègues le serment à la constitution civile du clergé, lorsque Mme de Choiseul-Gouffier le donna comme compagnon et comme guide à son second fils Raoul, qu'elle voulait éloigner de France. Venus ensemble en Italie, le maître et l'élève rejoignirent Choiseul-Gouffier à Constantinople, et le suivirent en Russie. C'est alors que le premier, afin d'inspirer au second une émulation salutaire, imagina de lui associer dans ses études cinq autres enfants, et, sans sortir de son rôle de précepteur, créa une sorte d'institut domestique, qui empruntait à l'enseignement public son plus puissant ressort. Le gouvernement, effrayé d'abord de cette nouveauté, lui avait imposé de ne pas réunir plus de six élèves ; il dut céder devant des demandes d'admission toujours plus nombreuses. L'abbé Nicolle appela à lui plusieurs de ses anciens collègues, les abbés Surugues, Salandre, Septavaux, l'ancien professeur à Brienne Lémery, et bientôt il fut à la tête d'un établissement peuplé des plus beaux noms de l'aristocratie. En élevant de jeunes Russes, il croyait encore travailler pour la France ; d'ailleurs, habile à s'insinuer, « un des plus fins merles que j'aie vus de ma vie », a dit Joseph de Maistre [1].

Telle était son autorité, telle était l'influence qu'il savait exercer sur de jeunes âmes et de jeunes esprits

---

(1) Lettre à l'abbé Vuarin, 26 août 1820.

que, malgré son origine et son caractère, il sut vaincre pendant longtemps les préjugés et s'attirer la confiance universelle. Cette invasion pacifique agissant sur la génération nouvelle par l'éducation, sur l'âge mûr par la parole et l'exemple, n'effrayait pas encore les Vieux-Russes : « Volontiers, écrit Rostoptchine à l'abbé Nicolle, je consulterai M... et M... sur le blason ou sur la qualité des vins ; mais quand il s'agira d'éducation je ne m'adresserai qu'à vous, monsieur l'abbé, et croirai vous montrer par là combien j'aime mon enfant [1] ».

Cet essai de l'abbé Nicolle reçut un plein développement à partir de 1800, lorsque les Jésuites obtinrent l'accès de la capitale, et y créèrent un collège bientôt florissant. Ce collège, qui comptait jusqu'à quatre cents externes en 1804, s'augmenta deux ans après d'un pensionnat réservé aux fils de nobles et où la plupart des professeurs, les PP. Rosaven, de Grivel, Forget, Ploquin, Follope étaient français [2]. Les élèves étaient non seulement russes, mais orthodoxes, et les jésuites consentirent à s'abstenir de tout prosélytisme, et à ouvrir à certaines heures leurs salles aux popes chargés de l'instruction religieuse. Cette tolérance habile n'était pas chose nouvelle dans leurs établissements ; car ils la pratiquaient quarante ans auparavant à Mittau, où ils enseignaient les lettres profanes aux luthériens de Courlande.

Avec le temps, a-t-on dit, ils devinrent moins discrets. Un de leurs élèves indigènes, et des plus illustres, fournira la réponse. « Le niveau des études était élevé. Ceux qui voulaient étudier bien et solidement en avaient tous les moyens et étaient bien dirigés : Séve-

---

(1) Frappaz, *Vie de l'abbé Nicolle.*
(2) Gagarin, *Vie du P. Follope* (Plon, 1877), *passim.*

rine entre autres peut servir d'exemple. La conduite des professeurs envers les élèves n'était pas trop sévère, plutôt paternelle, rappelant la famille. On tolérait une certaine liberté d'opinions et d'expressions. Quelqu'un dit un jour en classe que de tous les jésuites, c'était Gresset qu'il aimait le mieux... Je puis dire avec conscience et positivement que je n'ai jamais entendu un mot, jamais remarqué la moindre allusion qui aurait pu indiquer une tendance à nous attirer moi ou les autres de leur côté. Jamais on n'a tenté d'insinuer que l'Église romaine est plus haute et plus salutaire que l'Église orthodoxe ; et mon esprit était alors assez éveillé pour comprendre les attaques les plus adroites et les plus détournées. Il n'y avait aucune différence dans les rapports avec les élèves des deux confessions. Les papistes n'avaient, vis-à-vis de nous, ni prérogatives, ni privilèges. On ne nous menait pas à l'église; nous allions les jours de dimanche et de fête à l'église russe. Pendant le grand carême nous faisions nos Pâques selon l'usage. Il est vrai que pendant l'année nous n'observions pas les jours de maigre russe, c'est-à-dire le mercredi et le vendredi, mais les jours romains... Cette propagande culinaire ne pouvait avoir, semble-t-il, une grande influence sur nos esprits et nos sentiments religieux [1] ».

Cette vie scolaire ainsi réglée par les disciples de Loyola était une leçon permanente de tolérance, que recevaient côte-à-côte les fils de boyards et les fils d'émigrés. Ceux-ci trouvaient asile d'autre part dans les écoles de cadets : « Nous élevons, avait dit Catherine, l'espérance de la France, et ce sont ces jeunes gens-là qui relèveront la monarchie [2] ». Il faut lui rendre cette

---

(1) VIAZEMSKI, OEuvres, t. I, p. 21 et suiv.
(2) A Grimm, 21 septembre 1793.

justice, qu'elle se laissait dominer par un respect sincère pour le passé glorieux de notre nation. Souveraine, elle eût été tentée d'être hostile ; en face des Français proscrits, elle voulait rester, selon l'expression légèrement ironique de Choiseul-Gouffier, une « bonne femme ». Jamais le nom d'un Montmorency, d'un Richelieu, à plus forte raison d'un Bourbon prononcé devant elle ne la trouva indifférente ; dans les rois de France, même dans leurs serviteurs héréditaires, elle saluait malgré elle ses aînés en grandeur.

V

ORDRE, CONTRE-ORDRE, DÉSORDRE

Le gouvernement de Paul Ier a deux faces : l'une le montre modelé sur l'ancien régime français, en copiant les usages et en recueillant les débris ; l'autre nous présente une parodie intermittente de la Terreur, les caprices personnels du tsar désignant à toute heure, au hasard, des suspects et des victimes.

Courtisans, gens d'église, artistes, administrateurs, officiers venus de France ressentirent d'abord les effets de sa bienveillance. Amis du comte du Nord ou ennemis de la Révolution, c'est tout un. La princesse de Tarente est nommée dame à portrait, et la comtesse de Marsan, sans quitter Ratisbonne, est gratifiée d'une pension. Les rédacteurs d'une feuille royaliste de Hambourg, Bertin d'Antully et Romance de Mesmon ayant été arrêtés et menacés d'extradition par le Sénat, le premier fait rappeler au tsar le poème où il l'a jadis célébré ; il est aussitôt réclamé, ainsi que son compagnon, par voie diplomatique, et ils sont attachés, l'un au théâtre impérial, l'autre au ministère des affaires étrangères. Le dernier intendant de Normandie, Cordier de Launay, reçut un brevet de conseiller d'état, et s'établit pour le reste de ses jours en Russie, où il vécut d'ailleurs dans la retraite, tout entier à la composition d'ouvrages bizarres et parfaitement oubliés. L'helléniste Vauvilliers, victime du 18 fructidor, se souvint d'avoir lu je ne sais quelle traduction grecque à l'Académie des Inscriptions devant Paul, et c'en fut assez pour en faire un académicien russe. Un prêtre breton, l'abbé de Sendilly, qui avait hébergé au passage le grand-duc allant à Brest, reçut de l'argent et un passeport pour venir à Pétersbourg, où il devait être pendant vingt ans le plus charitable et le plus estimé des curés [1].

Les artistes continuaient à être les bienvenus. Doyen achevait sa carrière en peignant les plafonds du palais Michel. Mme Vigée-Lebrun, délivrée des dédains de Catherine II, charmait émigrés et indigènes par son talent un peu factice et son esprit un peu banal, et son grand portrait de Marie-Antoinette, qu'elle avait fait venir de Paris, provoquait l'admiration et la « sensibilité » générales. Choiseul-Gouffier restait le courtisan par excellence, l'homme en faveur, et, rappelé aux savantes distractions de sa jeunesse, était promu aux fonctions importantes de Directeur de l'Académie des Beaux-Arts. Même à l'armée, les émigrés tendaient à accaparer les meilleures places. Richelieu demeurait modestement à l'écart, à la tête de son régiment; mais Langeron, qui avait fait pleurer le tsar au récit des malheurs de Louis XVI, devenait en deux ans brigadier, général-major, lieutenant-général et inspecteur d'infanterie. Deux militaires de renom, Autichamp et Vioménil, passèrent dans l'armée russe avec leurs grades; le premier avait été mandé d'Angleterre, en mémoire de l'impression qu'il avait faite jadis, à la tête de la gendarmerie de Lunéville, sur le grand-duc Paul; il fut placé à la tête des gardes à cheval, et consulté fréquemment sur l'organisation militaire [2].

Jamais on ne s'était livré aux étrangers avec tant

---

(1) J. DE MAISTRE, *Corr. dipl.*, 18 avril 1817.
(2) GEORGEL, *Voyage à Saint-Pétersbourg*, p. 296-300.

d'apparente bonne foi. Les plus favorisés se fussent pourtant trompés en s'abandonnant à l'avenir avec confiance, car la faveur impériale ignorait la mesure, et surprenait toujours, tantôt par le choix de ses élus, tantôt par le tour donné à ses manifestations. Un certain Laval (d'autres disent Lovel), sorti des antichambres de l'ambassade française à Constantinople, et sans autre moyen de parvenir que sa jeunesse et son agréable extérieur, avait plu à une demoiselle riche et bien née ; l'un et l'autre, d'accord contre les parents de celle-ci, allèrent se jeter à l'improviste aux pieds du tsar, en implorant sa protection. Paul fit droit à leur requête selon le mode original qu'il affectait, et il annonça, de façon à n'être démenti par personne, le prochain mariage du *comte de Laval*. Il donnait ainsi aux Montmorency de France un cousin apocryphe et quelquefois gênant par ses prétentions [1].

Un autre exemple de ses fantaisies nous a été transmis par le principal témoin. Le baron de Damas, celui-ci bien authentique, était sorti de l'école des cadets, et devait passer, en rejoignant son corps, par Gatchina, où se trouvait le tsar; redoutant une présentation à un souverain habitué à déconcerter quiconque l'approchait, il s'était arrangé de façon à traverser cette résidence la nuit. Arrêté et conduit chez le commandant de place, il dut se résigner à le suivre le lendemain au palais ; le vieux soldat faisait des signes de croix, le jeune homme — malgré sa queue à la prussienne qui lui venait jusqu'au bas de la taille, son habit d'uniforme et son tricorne à galons, il ressemblait à un enfant de treize ans — n'était guère plus rassuré.

(1) Lettre de Tatischev à Woronzov, 22 sept. 1799 (*Archives Woronzov*, t. XVIII). Cf. au t. XIX une lettre de Tchitchakov du 10 juin 1813, et d'ALLONVILLE, *Mémoires secrets*, t. V.

« Enfin parut l'empereur : Monsieur le baron, me dit-il (jamais on ne m'avait donné ce titre), à quels Damas appartenez-vous? — Votre Excellence... Votre Majesté impériale, dis-je, mon père est mort à Quiberon. C'était rappeler à l'empereur une circonstance où la noblesse française avait fait preuve d'honneur et de dévouement, deux choses qui flattaient singulièrement l'âme élevée de ce souverain. L'empereur me demanda encore comment j'étais entré à l'école militaire, puis quelques autres détails insignifiants. Je parlais à mon tour très haut et le plus clairement qu'il m'était possible. Je remarquai dès lors que Sa Majesté parlait beaucoup mieux le français que moi. Enfin l'empereur me quitta après m'avoir salué d'une manière fort polie, et le commandant me dit à l'oreille de l'attendre chez lui.

« Au contraire, dans les bureaux du commandant, on voulait que je partisse sur le champ; mais quand j'eus raconté ses paroles, on manifesta pour moi quelque crainte. J'aurai, disait-on, fait quelque sottise, et ce mot d'Excellence, adressé à l'empereur, semblait avoir quelque gravité. Enfin le commandant revint : Je vous fais mon compliment, me dit-il; vous êtes sous-lieutenant dans le régiment des gardes dont je fais partie et qui est en garnison ici. Je remerciai, ne sachant s'il fallait me réjouir ou me plaindre [1] ».

Rien de plus juste que ce dernier mot, car une parole du maître suffisait à précipiter au plus bas ceux qu'une parole avait élevés. En France, une journée révolutionnaire emportait d'un coup tout un parti, comme un boulet la file d'hommes rangée dans sa direction; mais en Russie Paul pouvait faire de chacun à son gré un

---

[1] *Mémoires* du baron de DAMAS.

malheureux réduit à envier les proscrits de Fructidor, et il céda trop fréquemment à la tentation. L'autocrate, comme la multitude, aimait à briser ses idoles.

Les derniers « jacobins » furent frappés, cela va sans dire. Les frères Masson étaient pourvus d'un haut grade dans l'armée et d'alliances dans le pays ; un d'eux avait succédé à Laharpe près du tsarévitch ; mais on les soupçonnait de lire les gazettes avec une partialité non dissimulée pour l'œuvre révolutionnaire, et il revint à des gens trop zélés qu'ils admiraient hautement le génie militaire de Bonaparte. En conséquence ils furent jetés en traîneau, et conduits aux frontières [1]. Tel était le sort des adversaires secrets ou présumés ; il devint bientôt celui des indifférents et même des serviteurs fidèles.

Un des principaux commerçants de la capitale, fournisseur de la cour, Guillaume Raynaud, se trouva impliqué sans motifs dans un complot contre la vie du souverain, et, ses biens confisqués, on le conduisit à pied et enchaîné en Sibérie [2]. Langeron avouait qu'un rien pouvait causer sa disgrâce, et qu'il marchait sur un terrain mouvant. D'Autichamp ayant conseillé de réformer son régiment, en fut privé, puis en reçut pour dédommagement un autre avec l'inspection des troupes de l'Ukraine. Là aussi il voulut détruire des abus, envoya des rapports où il dénonçait les malversations de certains colonels, et se fit par là des ennemis qui lui valurent une rechute dans la disgrâce. Il allait repartir pour Londres, lorsque l'entremise du tsarévitch le fit rentrer une seconde fois en faveur. Le revoyant un jour

---

(1) MASSON, *Mémoires*.
(2) ERNEST DAUDET, *Mon frère et moi*, p. 10-11.

à la parade, Paul, sans faire aucune allusion au passé, l'investit d'un nouveau et important commandement, puis quatre mois après, le renvoya brusquement, sous un prétexte futile : « Si j'avais mieux connu Paul Ier, disait d'Autichamp en se rembarquant à Riga, je n'aurais jamais quitté l'Angleterre ».

Les plus habiles, les plus modestes ne furent pas épargnés. Paul tenait à justifier son mot fameux : Il n'y a de grand seigneur en Russie que l'homme auquel je parle, et pendant que je lui parle. Choiseul-Gouffier, coupable d'avoir fait visite au comte de Cobenzl alors en disgrâce, perdit sa place à l'Académie des Beaux-Arts et fut exilé dans ses terres, et Lambert, pour avoir reçu Choiseul-Gouffier après sa chute, dut quitter Pétersbourg avant le coucher du soleil. Richelieu fut privé de son régiment, sous prétexte qu'il avait conduit ses soldats sans ordre éteindre un incendie : circonstance heureuse en somme pour sa gloire, qui lui épargna de faire contre la France la campagne de 1799 ; et, cette campagne achevée, ce fut Souvorov qui expira sous le double coup de ses défaites et de sa disgrâce.

Cette funeste versatilité de caractère devait influer sur la politique, et amener dans les relations de Paul avec la France le même revirement que dans ses relations avec ses sujets de naissance ou d'occasion. Ses armées n'ayant pu forcer les frontières de la République, Paul détourna des Bourbons son cœur et sa pensée, et le crédit de son favori le plus intelligent, Rostoptchine, s'exerça avec succès en faveur de la paix. Dumouriez accourut d'Angleterre, et espérait, aidé du prestige d'une réputation militaire encore intacte en Russie, retenir le tsar dans la coalition. Paul parut d'abord se rendre à ses remontrances ; puis soudain non seulement il se détacha de ses alliés, mais accentua dans un sens extrême son changement de politique [1].

En mars 1800, les émigrés qui n'étaient point enchaînés par un service personnel durent repasser la frontière. Les trappistes s'embarquèrent à Danzig après mille vicissitudes. Mlle de Condé, à la suite d'un court séjour chez des bénédictines lithuaniennes, passa en terre prussienne, à Varsovie. Enfin Louis XVIII, au milieu de ses illusions royales, reçut en 1801 de singulières étrennes de son fantasque ami. Son agent Caraman reçut l'ordre de quitter la capitale dans deux heures, et ses réclamations personnelles lui attirèrent une sèche réponse de Rostoptchine : M. de Caraman, se bornait-on à lui dire, a donné des sujets de mécontentement ; le tsar entend être maître chez lui, et se souvient que l'hospitalité est une vertu et non un devoir. Quelques jours après, Paul, estimant cette vertu superflue, notifiait sans phrases à Louis XVIII son expulsion de Mittau. En plein hiver, le chef des Bourbons dut à l'improviste quitter son asile. La duchesse d'Angoulême portait sur elle les papiers les plus précieux de son oncle et ses diamants, qu'elle fut forcée d'engager en route ; aucun passeport n'avait été envoyé à son nom, et l'on se demandait avec angoisse si elle ne serait point retenue à la frontière. Le jour il fallait avancer péniblement, quelquefois à pied, au milieu d'une tempête de neige, la nuit relayer dans de misérables auberges. Les serviteurs du prince, dispersés, frappés comme lui sans avoir le temps de se reconnaître, le rejoignirent à grand'peine à Memel, puis à Varsovie [2].

Le règne de Paul Ier n'a été pour la Russie et l'Eu-

(1) GERGOEL, *Voyage à Saint-Pétersbourg*, p. 279-294.
(2) Le départ de Louis XVIII donna lieu à un certain nombre de relations, où la sensibilité de ses fidèles se donna car-

rope qu'une suite de surprises. L'avant-dernière fut un scandale pour l'émigration ; c'était l'alliance qui se préparait avec Bonaparte. La dernière survint qui emporta le tsar lui-même, et qui devait amener un grand changement dans les relations des deux gouvernements et des deux sociétés.

rière. La plus connue est celle du vicomte d'Hardouineau. Le manuscrit (incomplet) de son *Journal* est à la Bibl. Nat. (Nouv. acquisit. fr., n° 103), ainsi qu'une longue lettre à sa sœur sur cet événement (fol. 72).

LIVRE TROISIÈME

ALEXANDRE I*ᴇʀ* ET NAPOLÉON I*ᴇʀ*

CHAPITRE NEUVIÈME

RÈGNE D'ALEXANDRE Ier (1801-1807)

I

ÉDUCATION D'ALEXANDRE

Alexandre Ier, élève de Frédéric-César Laharpe dans sa jeunesse, ami de Napoléon dans son âge mûr, disciple de Mme de Krüdener à la fin de sa vie, a inauguré dans l'histoire sociale de la Russie une ère nouvelle. Il était né avec une âme élevée, un cœur droit, porté à l'affection et à l'enthousiasme : « Il n'a pas son pareil dans le monde, disait de lui Rostoptchine, peu indulgent d'ordinaire pour ses semblables ; jamais le moral et le physique n'ont été plus achevés dans un individu [1] ». Heureux dons de la nature qui eussent été inutiles au milieu des exemples contagieux de la cour, si le jeune Alexandre n'eût trouvé pour les faire fructifier les leçons de son précepteur et la tendresse vigilante de son aïeule.

Le Vaudois Laharpe, préposé à son instruction, le forma comme Romme avait formé Paul Strogonov, Plutarque et Tacite à la main, corrigés par l'*Émile*. On

(1) Lettre d'avril 1793 (*Archives Woronzov*, t. VIII, p. 65). — Catherine II (A Grimm, 18 sept. 1790) trace de son côté un portrait enthousiaste de son petit-fils.

a conservé les « Archives de honte » d'Alexandre, autrement dit une série de *Confiteor* où l'enfant expose par ordre ses penchants vicieux, ses manquements à la règle, exprime ses regrets, son repentir s'il y a lieu, se rend compte enfin de ce que la nature l'a fait et de l'action progressive de la raison en lui; quelquefois on suspend aux murs de sa chambre d'étude l'aveu, écrit de sa main, d'un mensonge ou d'une désobéissance [1].

Cette première éducation fut donc toute stoïque. Alexandre apprit de son précepteur étranger à estimer, sinon à pratiquer rigoureusement, ses devoirs envers lui-même; à cet égard les leçons de morale pratique lui faisaient défaut. C'était là le malheur de l'école philosophique, impuissante à contenir les mœurs, après avoir affranchi l'esprit de toute règle. Par une contradiction que sa propre éducation explique, l'impératrice s'ingéniait à inculquer à *Monsieur* Alexandre — ainsi l'appelait-elle avec une tendre gravité — les principes d'une moralité sévère, et elle-même les foulait cyniquement aux pieds. Si bien fermés qu'eussent été longtemps les yeux du jeune homme, ils finirent par s'ouvrir, et ce fut une vive atteinte portée à ses habitudes de respect. Déjà il tenait de son aïeule celle de compter pour peu de chose l'autorité paternelle; car quel prestige pouvait avoir aux yeux de ses enfants le grand-duc Paul, écarté de la cour et de l'armée, ne pouvant voir ses fils qu'une heure ou deux par semaine, et justifiant presque sa disgrâce par ses caprices et ses bizarreries?

D'autre part, du côté de la religion, aucun aliment sérieux n'était offert à cette âme à la fois enthousiaste et faible. Laharpe, dont l'intelligence exercée mais étroite n'avait pu dépasser la vérité philosophique, ne

---

[1] *Soc. Hist. de Russie*, t. V, p. 4 et suiv.

lui inspira qu'indifférence à l'égard du christianisme ; il lui fit lire Locke, Mably, Rousseau, mais point l'Évangile ; il lui avait glissé dans ses dictées cette définition du Sauveur : Juif dont la secte des chrétiens tire son nom [1]. Ce n'était guère là la tradition de Versailles, dont la cour de Russie croyait pourtant avoir recueilli la meilleure part. Au début de ce siècle, Fénelon, chargé d'élever le petit-fils de Louis XIV, avait fait d'un prince né avec des passions terribles un homme parfaitement maître de lui, d'un prince esclave de ses caprices un homme pénétré de sa responsabilité future, se sachant fils de saint Louis et voulant l'être en effet ; il travaillait il est vrai les yeux sur l'Évangile, et non loin d'un monarque qui ne donnait plus que de sages exemples. Entre les mains de Laharpe au contraire grandissait, non pas un Russe du dix-huitième siècle, mais un exemplaire de l'homme, cet homme idéal dont les théoriciens de 1789 ont libellé les droits; et cet exemplaire était offert au monde par une impératrice et une cour étrangères aux principes de la morale privée et publique.

Il n'était pas jusqu'à la notion de ses devoirs envers ses semblables, c'est-à-dire envers ses futurs sujets, qui ne fût présentée au jeune prince d'une manière inusitée. Laharpe était deux fois l'ennemi de la tyrannie, et comme républicain et comme sujet malgré lui des patriciens de Berne. Il pensait aux devoirs des gouvernants plus qu'à leurs droits, et il le déclara nettement dans le mémoire qu'au moment d'entrer en fonctions il remit à l'impératrice. Celle-ci le lui rendit avec des apostilles de sa main, parmi lesquelles celle-ci, textuellement extraite

---

(1) *Religion et mœurs des Russes* (Anecdotes recueillies par J. DE MAISTRE et publiées par le P. Gagarin), p. 19.

d'un document officiel : Nous faisons gloire de le dire, nous n'existons que pour nos peuples. Au fond elle n'était guère d'accord avec lui, car elle pensait avec certains philosophes que « la meilleure preuve de la liberté d'un peuple, c'est son bien-être [1] » ; seulement elle jugeait sans danger l'influence de telles doctrines sur un jeune prince destiné à régner; l'expérience journalière du pouvoir devait suffire à en contrebalancer l'empire. Longtemps sa surveillance sur l'enseignement de Laharpe se manifesta uniquement par des paroles bienveillantes. Ainsi, après avoir lu une leçon sur le gouvernement helvétique, qui était en même temps un panégyrique, elle écrivait au bas : M. Laharpe, continuez, vos leçons de cette sorte, vos sentiments me plaisent beaucoup. Une semblable éducation présageait à certains l'abdication prochaine et volontaire du pouvoir absolu, le triomphe des idées nouvelles.

Survint la Révolution française, et l'ébranlement causé par elle dans le monde réveilla de leurs rêves l'aristocratie russe et son chef. Catherine II fit lire à son petit-fils la constitution de 1791, la lui expliqua article par article, joignant à cette leçon un commentaire qu'il interpréta sans doute à son tour [2]. Puis le jeune héritier de l'empire vit venir jusqu'à lui les représentants de l'ancien régime, le comte d'Artois, le duc d'Enghien : « Vous voyez, lui disait son père à la nouvelle de quelque scène sanglante arrivée à Paris, qu'il faut traiter les hommes comme des chiens ». Laharpe, à qui le tsarévitch n'adressait jamais la parole, que les courtisans regardaient de travers, tenait bon et prenait ouvertement la défense des nouveaux principes, qu'il

(1) Duclos, *Voyage en Italie*.
(2) Lettre de Genet, 8 juin 1792 (*Corr. Russie*, t. CXXXVIII).

justifiait... par l'histoire ancienne! Il rédigeait en même temps, sous le voile de l'anonyme, une foule d'écrits destinés à préparer la délivrance de son pays natal, et il vint un jour où Bernois et émigrés, à force de délations, firent décider son renvoi. A la suite d'un première entrevue avec la souveraine, où il avait hautement protesté contre le titre de jacobin qu'on lui donnait : « Soyez républicain, jacobin, tout ce que vous voudrez, lui fut-il répondu, je vous crois honnête homme, cela me suffit, restez auprès de mes petits-fils ». Cette réconciliation ne dura pas; un manque d'égards dont Laharpe eut à se plaindre amena bientôt sa retraite définitive. Il fut congédié avec dix mille roubles, une décoration de Saint-Vladimir et le grade de colonel, et rentra en Suisse, « heureux d'avoir payé sa dette au genre humain [1] ».

Ce départ fit verser au tsarévitch d'abondantes larmes ; il dit adieu ou plutôt au revoir à celui qu'il appelait son ami, son bienfaiteur ; il voulut rester (l'expression est de Laharpe) le fils de son âme, de ses pensées. Depuis il ne cessa de lui écrire, en ayant soin de faire mettre ses lettres à la poste de Berlin, de peur qu'elles ne fussent interceptées. D'autres continuèrent auprès de lui l'apostolat philosophique du précepteur disgracié, et cette seconde éducation qu'Alexandre recevait des événements n'effaçait pas les traces de la première [2].

Masson, son secrétaire des commandements, composait alors auprès de lui son poème des *Helvétiens*, sorte d'épopée en l'honneur des Suisses primitifs, où une divinité unique et mal venue à Pétersbourg, la Liberté,

---

(1) *Mémoires* de LAHARPE (publiés par J. Vogel).

(2) Une partie de leur correspondance a été publiée par la Soc. Hist. de Russie, t. V, p. 19 et suiv.

remplaçait les classiques habitants de l'Olympe. L'auteur paraphrasait en dix chants une pièce célèbre de Voltaire, avec la prétention secrète d'opérer dans la langue et le style poétiques la révolution que la France avait opérée dans l'État. Aussi, tout en célébrant son héros anonyme, un peuple vainqueur de la domination étrangère, il flétrissait les excès de l'autocratie, déplorait la chute déjà bien ancienne de la république de Novgorod, et saluait les grands événements de 1789.

Masson fut expulsé à son tour; l'âme d'Alexandre n'en resta pas moins pénétrée pour jamais par de semblables sentiments. Longtemps il avait gémi d'être entouré de courtisans frivoles, dont l'éducation avait été bornée à l'étude du français, des frivolités françaises, du jeu surtout, et c'est dans un de ces accès de mélancolie et de dégoût qu'il écrivait à son ami Kotchoubey : « Je ne me sens pas du tout fait pour la place que j'occupe en ce moment, et encore moins pour la place qui m'est destinée... Un jour, j'irai m'établir avec ma femme aux bords du Rhin, où je vivrai tranquille en simple particulier, faisant consister mon bonheur dans la société de mes amis et l'étude de la nature [1] ». En 1812 on l'entend s'écrier au lendemain de ses victoires : Non, le trône n'est pas ma vocation, et si je pouvais changer honorablement de condition, je le ferais volontiers. Enfin, à la veille de sa mort, il songe à s'établir avec un seul aide de camp, sous le costume indigène, aux bords de la mer Noire.

Il ne faut pas prendre au sérieux ces fantaisies pastorales, que le jeune mari d'Élisabeth de Bade caressait comme un rêve de félicité domestique, où l'autocrate

---

[1] Lettre à Kotchoubey, 10 mai 1796 (publiée dans KORFF, *Avènement de Nicolas Ier*).

rassasié de puissance et de gloire cherchait l'oubli de ses déceptions. Du moins elles témoignent en lui d'une grande exaltation et d'une excessive mobilité de sentiments, unies à une absence inévitable de convictions. Il ne pouvait démêler le vrai du faux dans les enseignements multiples et contradictoires qu'il avait reçus, et ne sut pas donner à ses peuples, à cause du trouble perpétuel de son âme, tout ce qu'on était en droit d'attendre de lui. Au fond il était le fils légitime du dix-huitième siècle, l'élève des théoriciens de l'Encyclopédie, partant sans le savoir, je dirais presque sans le vouloir, le contradicteur des souverains qui l'avaient précédé. A l'inverse de son aïeule, il préférait Jean-Jacques à Voltaire, et accordait son admiration complaisante et superficielle au *Génie du Christianisme* et à la *Critique de la raison pure*, à l'abbé Vuarin et à Fellemberg.

Ce qui constitue son originalité comme souverain, ce qui fut sa faiblesse, c'est la part excessive donnée dans toutes ses résolutions à l'imagination et au cœur ; ce qu'il a aimé, ce dont il a subi la séduction lui a paru la vérité, vérité d'un moment, changeante comme ses impressions, comme son entourage. Son histoire serait un piquant sujet d'observation pour les amateurs de la doctrine évolutionniste ; c'est surtout celle des conseillers ou des amis qui l'ont successivement attiré, entraîné, dominé. Enfant, il a écouté Laharpe, jeune homme, Czartoryski, homme mûr, Spéranski, au déclin de sa vie, Araktchéev, et avec ces hommes si divers, il a accueilli des idées souvent généreuses, souvent chimériques. Disputé entre elles et les traditions nationales, les devoirs, les préjugés si l'on veut de l'autocratie, il s'est laissé poursuivre sans cesse par des ombres brillantes et vaines, tour à tour évanouies sous ses yeux ; il a pris pour des oracles, sauf à les oublier ensuite, certains mots qui entre les quatre murs du Palais d'Hiver n'avaient aucun sens et n'éveillaient aucun écho. L'Ange de l'humanité, ainsi l'appelait Klopstock; un Grec du Bas-Empire, disait de lui Napoléon. Il ne faut le placer ni si haut, ni si bas. Comme homme privé et comme prince, Alexandre eut ses faiblesses. Tantôt pour le bien général, tantôt pour son propre intérêt il fit plier devant lui les principes et les hommes; son libéralisme était, comme le philosophisme de son aïeule, un passe-temps dont son imagination caressait la chimère, et que la politique du moment rejetait dans la région des rêves. Selon Metternich, une idée mettait deux ans à se développer en lui, passait à l'état de système pendant la troisième année; la quatrième année l'altérait, la cinquième la mettait en pièces [1]. Envers Napoléon, il passe du dédain à l'enthousiasme, de l'enthousiasme à la haine irréconciliable; de même envers les Bourbons à qui il a donné asile, qu'il laisse partir sans regrets, qu'il replacera sans empressement sur leur trône. Après avoir rêvé une confédération européenne fondée sur le respect des droits de chacun, il finira par dire au congrès de Vienne: La volonté de l'Europe, c'est le droit. Ce pontife de l'Église grecque a fini, dit-on, par une abjuration clandestine aux mains d'un prêtre catholique; et une des dernières paroles de l'autocrate est celle-ci: « On a beau dire ce qu'on veut de moi, j'ai vécu et je mourrai républicain ». Encore une fois il était sincère; seulement il ne s'était jamais bien connu lui-même.

(1) Metternich, *Mémoires*, t, I, p. 315-319.

II

ALEXANDRE ET BONAPARTE. — LES GOUVERNEMENTS

Étant donné ce caractère d'Alexandre, on le voit d'ici flottant dès le début entre l'ancienne France et la nouvelle, entre l'homme de génie qui tenait le pouvoir à Paris et le roi traditionnel naguère encore réfugié en Courlande. Issu d'un meurtre et d'une révolution de palais comme sa mère, la légitimité était pour lui peu de chose, l'autorité était tout. Or, depuis le 18 brumaire, la France avait un maître qui était à la fois le créateur, l'interprète et l'exécuteur de la loi. Il ambitionnait pour lui la gloire avec la puissance, et on put croire Alexandre entraîné par quelques sympathies mystérieuses et par l'attrait d'un inconnu plein d'espérances, quand, à l'exemple de son père, et avec une certaine hésitation, il tendit la main au nouveau chef de la République française.

Il avait déclaré dans son manifeste vouloir gouverner « suivant les principes et d'après le cœur de Catherine II ». Était-ce bien vrai ? Une ère nouvelle commençait, où l'influence de l'Occident allait s'exercer d'une toute autre manière qu'au siècle précédent. Le tsar avait pour conseillers officiels les meurtriers de son père; sans les écarter, il se fit un gouvernement secret, imité de Louis XV et de sa diplomatie. Laharpe, qui de Suisse avait dû fuir en France la colère de Paul Ier, obtint réparation complète par son rappel en Russie auprès de son ancien élève. Il y passa huit mois;

il serait difficile de préciser son œuvre; il donna sans nul doute des conseils de vive voix et par écrit, et on peut seulement affirmer que son esprit subsiste dans la plupart des réformes accomplies depuis. Il s'éloigna bientôt, quoiqu'on fît pour le retenir, se sentant mal à l'aise dans une cour où il coudoyait à chaque pas des adversaires secrets, et préférant s'en tenir à une correspondance qui le maintenait en tête-à-tête avec l'empereur, et avec l'empereur seul.

L'influence immédiate appartenait à des jeunes gens, Russes ou Polonais, mais élevés à la française. Strogonov, le disciple de Romme, était l'un d'eux. Avec leur aide Alexandre s'essayait à fonder un Comité de salut public, capable de mettre un frein au despotisme de son gouvernement. Deux ou trois fois par semaine, ces jeunes gens allaient dîner au Palais; après le repas, à l'abri des indiscrets, on dissertait de tout, on faisait mille projets pour l'avenir. Paroles un peu en l'air, car, sorti de ce sanctuaire où il vivait dans l'idéal, le jeune tsar se sentait replongé dans la routine du passé, personnifiée par une foule d'influences auxquelles il n'osait ou ne savait se soustraire. A l'extérieur, tandis que Bonaparte marchait brutalement à la suprématie, il voulait être, sans conquêtes, le redresseur général des torts, le pacificateur écouté et obéi, le garant de la paix européenne. A l'intérieur, il accomplit un certain nombre de réformes très françaises d'origine, et qui par leur nature aussi bien que par leur date prennent rang dans l'histoire à côté de celles du premier consul.

Il obéit d'abord à ses inspirations généreuses et à la pensée de son aïeule en reprenant le plan de codification des lois ébauché à Moscou en 1767 sous le patronage de Montesquieu, et, comme préface à ce recueil, on discuta une sorte de déclaration théorique où les droits des sujets étaient rappelés, les obligations du souverain avouées et ses attributions vaguement définies. On ne poussa pas plus loin cette sorte de mise au net des devoirs jadis donnés par Laharpe à son élève, mais on supprima les collèges institués par Pierre le Grand, et qui contenaient chacun un étranger, un initiateur à la civilisation occidentale; on les remplaça par des ministères, exclusivement confiés à des Russes. La tendance vers l'égalité civile se fit jour par des mesures favorables à l'émancipation des serfs. Un mémoire de Laharpe (octobre 1801) avait indiqué les moyens d'opérer lentement cette grande révolution, sans nuire aux droits acquis. Alexandre s'imposa de ne plus faire de donations d'âmes, renouvela les défenses de vendre ses sujets aux enchères, et consacra chaque année des sommes importantes à l'acquisition par la couronne de terres à esclaves. Un ukase de février 1803 légalisa les contrats d'affranchissement volontaire entre les propriétaires et leurs serfs; ce qui allait créer une classe de cultivateurs libres, une sorte de tiers état rural. Le ministère de l'instruction publique, qu'on appelait un peu naïvement le ministère de la civilisation, était institué; et l'enseignement supérieur se développait par l'organisation des Universités de Kasan et de Kharkov, et la réforme de celles de Dorpat et de Vilna. L'Académie des sciences de Pétersbourg fut également reconstituée sur de nouvelles bases, et Jauffret vulgarisa en Russie à l'usage des sourds-muets les méthodes de Sicard et de l'abbé de l'Épée [1].

Plus tard vint Spéranski, un fils de pope instruit, ardent, plein de grandes vues et de beaux rêves qui,

(1) Aperçu des changements opérés en Russie sous le règne d'Alexandre, dans le *Magasin encyclopédique*, 1806, p. 5 et sq.

grâce à une faveur trop tôt perdue et à travers d'incroyables vicissitudes personnelles, montra à la Russie la loi abstraite à côté du tsar tout-puissant et égale à lui. Napoléon, qui l'avait vu à Erfurth, l'a défini « le personnage le plus intelligent et le plus probe de la cour de Russie ». Il était en effet attaché à l'alliance conclue à Tilsitt comme à un moyen de poursuivre des réformer administratives au lieu de conquêtes. J'ignore si ses auxiliaires français à la Commission des lois, Deschamps, un ancien procureur fiscal de l'Angoumois, l'abbé alsacien Grandidier lui furent bien utiles[1]; ses correspondants Locré et Dupont de Nemours étaient assurément plus compétents pour l'élaboration du Code auquel il a attaché son nom, et que ses adversaires appelaient une mauvaise traduction du Code Napoléon. Il lui avait du moins emprunté tout ce qui pouvait convenir à une nation non homogène et non dotée de l'égalité. En 1809 il fit décider l'équivalence des grades universitaires et de certains degrés du *tchine*, ce qui était imposer certaines conditions aux fils de nobles candidats aux emplois publics. On lui doit aussi l'ukase de Février 1810 relatif aux finances, publiant des tableaux de dépenses et de recettes, instituant une caisse d'amortissement, sorte d'ébauche du Grand-Livre et du budget français. Cette même influence lui fit créer le Conseil de l'empire[2], sorte de parlement de fonctionnaires divisé en quatre sections, et qui eût été. si on l'eût cru, exclusivement investi du droit de légiférer, les ministres res-

---

(1) Grandidier était un ancien professeur de botanique. Deschamps fut remplacé par un fabricant de savon marseillais, nommé Rouvier (Lettre 9ᵉ (anonyme) sur la Russie. — *Russie, Mém. et doc.*, t. XXXII).

(2) « Calqué à la vitre sur celui de France » (J. DE MAISTRE, *Corr. dipl.*, 21 avril 1812).

tant chargés de l'administration, et le sénat de la justice en dernier ressort. Ces distinctions tranchées prouvent qu'il avait étudié Sieyès et la constitution de l'an VIII.

Quant à lui, il se présente à nous comme un Turgot moscovite, plus remarquable par ce qu'il a souhaité que par ce qu'il a réalisé. Il eût désiré l'abolition du servage et du *tchine*, c'est-à-dire le droit du peuple à la propriété, de la noblesse à l'indépendance. Ces deux classes eussent ensuite été représentées par deux assemblées exerçant le pouvoir législatif. Ici l'esprit anglais se faisait sentir ; néanmoins Spéranski dans l'ensemble de son œuvre est bien solidaire de la France, car sa faveur est contemporaine de l'alliance avec ce pays, et prit fin subitement à la veille de l'invasion de 1812 [1].

Ainsi, dans les deux plus grands États de l'Europe d'alors, le siècle s'ouvrait par une série de réformes intérieures. Bonaparte et Alexandre ne s'imitaient pas réciproquement, mais ils s'appliquaient l'un et l'autre à traduire dans les institutions les idées politiques nées et développées durant le siècle précédent. Bonaparte inscrivait en tête de la Constitution consulaire la Déclaration des Droits de l'homme ; il réglait d'une façon précise les attributions des ministres ; il instituait un Sénat dit conservateur ressemblant assez au Sénat dirigeant de Pétersbourg ; il créait aussi un Conseil d'État. Il préparait cette reconstitution de l'instruction publique qui aboutira à l'organisation de l'Université de France ; enfin, s'il n'avait pas de serfs à émanciper, il consacrait dans son Code l'égalité de tous les citoyens devant la loi. Malheureusement la passion autocratique lui fit de son vivant altérer son œuvre et se donner un démenti : on le vit relever les prisons d'État, après avoir

(1) Saint-René Taillandier, *Le comte Spéranski* (*Revue des Deux-Mondes*, 15 octobre 1856).

garanti des juges à tous, déporter ceux qui lui déplaisaient à l'île d'Elbe ou aux Seychelles, et faire casser par un sénatus-consulte la décision souveraine d'un jury. Il en vint à ne pas plus tolérer qu'un tsar une résistance ou même une contradiction; et néanmoins son œuvre a duré, car il travaillait, d'accord avec le sentiment public, sur un terrain complètement déblayé par la Révolution, et ce qu'il faisait était si bien en harmonie avec les mœurs nationales, que les démentis qu'il s'est donné n'ont trompé personne sur l'utilité et l'opportunité de son œuvre.

Voyez au contraire Alexandre; certes on peut le croire plus désintéressé dans ses plans que Bonaparte, sans faire injure à ce dernier. Après son aïeule, qui aimait tant nos Mémoires, il avait lu sans doute le mot de Retz à Condé : Il n'y a que Dieu qui puisse exister par lui seul, et il s'était préoccupé après tant d'autres de chercher ce « milieu entre les peuples et les rois » que Retz regrettait déjà au temps de la Fronde. Mais il ne comptait pas assez avec les préjugés d'une aristocratie établie sur une double base, la richesse territoriale et les cadres de la hiérarchie administrative ; il compta peu également avec l'ignorance d'un peuple habitué héréditairement à l'obéissance passive; il ne se prémunit surtout pas assez contre les tentations incessantes du pouvoir suprême, et dans la pratique tint à prouver qu'il restait le maître absolu. Appuyé sur une tradition qui manquait à Napoléon, il supprima en fait tout droit d'initiative, et en vint à affirmer que le contreseing d'un ministre n'était pas nécessaire à la validité de ses ukases. Il eût bien voulu que tout le monde fût libre, a dit son confident Czartoryski, à condition que tout le monde fît librement et spontanément sa volonté seule.

III

ALEXANDRE ET BONAPARTE. — LES SOCIÉTÉS

En même temps que les deux gouvernements, les deux sociétés renouaient entre elles les liens rompus par la Révolution. Pendant que Karamzine, devenu directeur du *Messager de l'Europe,* célébrait à Moscou la gloire du premier consul, les boyards de vieille race, les privilégiés du *tchine* reprenaient le chemin de Paris, sachant bien y retrouver le luxe et les arts échappés au cataclysme de l'ancien régime. Sans son père, gallophobe entêté, Michel Woronzov eût pris du service dans l'armée consulaire, de même que son grand-oncle avait monté la garde à la porte de Louis XV [1]. On revit au milieu de nous un Russe auteur de vers français, Basile Pouchkine, qui fut en relations avec Delille, Legouvé, Bernardin de Saint-Pierre. Les *Mémoires secrets* de Masson parurent, écho des passions soulevées naguère par la seconde coalition, sans que le ministre russe osât protester autrement que par quelques observations timides [2]. En revanche la publication tardive du *Voyage*

---

(1) Lettre de Simon Woronzov, 28 juin 1803 (*Archives Woronzov*, t. XVII).

(2) Markov annonce à son ami Al. Woronzov qu'il s'est borné à parler de cette publication au ministre de la police : « Je n'ai pas fait de démarche officielle, sachant que notre empereur dédaigne ces sortes de choses » (Lettre du 14 janvier 1802. — *Archives Woronzov*, t. XIV, p. 276).

de La Messelière devenait un témoignage aux mains de ceux qui niaient le despotisme autocratique. On s'intéressait à l'*Histoire de Russie* de Tooke récemment traduite, à la *Pétréide* jusque-là inédite de Thomas ; bientôt ce sera le tour de l'*Élisabeth* de Mme Cottin. Didot faisait hommage au nouveau tsar de sa collection de classiques in-folio, l'helléniste Gail et le physicien O'Reilly lui dédiaient des ouvrages. Musiciens et acteurs, Boïeldieu, Rode, Mlle Sainval, Mme Grassini partaient à l'envi pour Pétersbourg.

Le représentant officiel du premier consul auprès d'Alexandre n'était pas un bel-esprit à l'image de Ségur; Hédouville, ancien gentilhomme, tint son rang d'ambassadeur avec dignité, mais sans éclat. Il ne lui était pas difficile d'intéresser le tsar à la gloire militaire de son pays. Il était plus délicat d'attirer l'attention de l'impératrice sur les nouvelles modes françaises : « Je ne les lui ferai envisager, assure l'honnête diplomate, que sous le point de vue de l'élégance pour les lui faire désirer [1] ». Comme avant-garde ou comme renfort, Bonaparte lui envoya quelques représentants de la nouvelle génération militaire plus propres à séduire par le prestige de leur personne ou de leur nom, Duroc, Caulaincourt, La Tour du Pin, Colbert-Chabanais. Ce dernier en particulier devait entretenir Alexandre d'idées libérales et philosophiques, insister sur la considération dont jouissaient les Russes à Paris. Caulaincourt lui inspira de son côté cette haute et grave estime qui a peut-être plus fait au Palais d'Hiver pour notre nation que la grâce musquée des diplomates d'autrefois.

Un obstacle subsistait à cette liaison naissante, les émigrés, et Duroc constate que par eux les Russes

---

(1) Lettre du 7 frimaire an X (*Corr. Russie*, t. CXLII).

s'étaient formé sur la France les idées les plus singulières. Le premier consul ne voyait pas d'un œil tranquille ces demeurants du passé, si loin qu'ils fussent, rester debout hors de sa portée. Il amnistiait volontiers quiconque était roturier, n'avait pas porté les armes contre sa patrie, était voué aux arts mécaniques et libéraux [1]. Il demeurait impitoyable envers ceux qu'il appelait des instigateurs de coalitions, et qui étaient en outre les partisans d'un ordre de choses hostile à sa personne. Ses instructions à son envoyé portent : Les recevoir tous sans en voir aucun. Il prescrivit ensuite d'exiger d'eux un serment, c'est-à-dire un acte de soumission et, sauf exception, ce serment devait être prêté en France. Un certain nombre demanda des délais et des dispenses. Sur les listes envoyées par Hédouville, les professions les plus diverses se rencontrent ; à côté des précepteurs et des institutrices, les plus nombreux, figurent le chambellan Lefournier de Wargemont, le marin de Mallesise, l'ancien intendant Cordier de Launay, l'archevêque de Bernis, l'acteur Imgarde, dit Floridor, le médecin Soulage, le commerçant Baltus. Quant à ceux qui s'étaient expatriés uniquement par fidélité aux Bourbons, leur situation fut l'objet de longues négociations [2].

Par son premier traité avec Bonaparte, Alexandre s'était engagé à traiter les émigrés chez lui comme le premier consul les Polonais en France, c'est-à-dire mal. Il fit de son mieux pour concilier ce devoir avec ceux que le passé lui imposait. A son avènement, il avait trouvé Louis hors de Russie ; sans le rappeler aussitôt

---

(1) Lettre au grand-juge Regnier, 16 septembre 1802 (*Correspondance de Napoléon I*[er]).
2) V. l'Appendice II.

à Mittau, il rétablit sa pension. Il eût voulu lui obtenir du gouvernement français quelques dédommagements pécuniaires; mais Talleyrand exigeait que les sommes convenues fussent versées directement entre les mains du prince, ce qui eût été acheter et obtenir ainsi une renonciation à ses droits; et rien ne put aboutir. Grimm et Sénac de Meilhan sollicitèrent aussi sans succès le remboursement des pertes faites par eux durant la Révolution ; Bonaparte tint à l'écart ces lettrés hors d'âge, dont sa gloire n'avait rien à attendre. Il dédaigna de même Choiseul-Gouffier, que Talleyrand, en souvenir d'une ancienne amitié, avait voulu employer à la réconciliation entre les deux pays, et se crut suffisamment généreux, en laissant au service russe quelques Français spécialement recommandés par le tsar. On en trouve parmi eux qui depuis ont combattu avec acharnement Napoléon, et qui se montrèrent alors empressés de se mettre en règle avec la loi de leur ancienne patrie.

D'autres émigrés subsistaient, les irréconciliables du parti, abrités derrière l'autocratie, de même que les vieux terroristes cherchant la main de Napoléon pour les sauver du naufrage. La Russie leur était un sol particulièrement propice, et en fait inviolable. L'un d'eux, Ferrand, était félicité par Alexandre pour son *Esprit de l'histoire;* on avait lu la dédicace placée par Delille en tête de sa traduction de l'*Énéide*, et on n'ignorait pas que dans le manuscrit de son poème *Malheur et Pitié* il conviait le petit-fils de Catherine II à la restauration des Bourbons. C'était à cette cour lointaine que l'auteur d'*Édouard en Écosse*, Alexandre Duval, trouvait, avec un refuge momentané contre la colère du premier consul, une hospitalité empressée, et on ne saurait s'étonner de voir Talleyrand, moins tolérant que Vergennes, exercer sa censure sur des présents envoyés à quelques savants ou littérateurs de Paris. Pozzo di Borgo, cet échappé de la Révolution que sa haine de Corse contre Napoléon rendait ennemi de sa patrie, était alors nommé conseiller d'État par Alexandre, et des émissaires des Bourbons se montraient ailleurs avec le titre officiel d'agents russes : à Dresde, ce d'Entraigues dont Bonaparte avait déjà surpris les intrigues à Venise en 1797; Vernègues à Naples; à Paris même, le Suisse Christin, ancien employé des bureaux de Calonne devenu le conseiller intime de Markov.

Ces questions de personnes, affirmées sans importance à Pétersbourg, touchaient au vif Bonaparte, surtout depuis le maintien hautement affiché des prétentions de Louis XVIII; il les trancha à sa manière accoutumée. En août 1803, il fait arrêter Christin; en novembre, même mesure à l'égard de Vernègues, que le pape n'osa défendre ; quant à d'Entraigues, désigné plus particulièrement à sa colère par un écrit hostile, il réclama son rappel par l'intermédiaire de l'électeur de Saxe, et cette démarche ayant été sans effet, il exigea son expulsion de Dresde : Nous ne sommes pas tellement à la quenouille que de souffrir patiemment de tels procédés, s'écriait-il pour donner le change, à la suite d'un entretien avec l'ambassadeur Markov [1].

Markov par représailles étalait en plein Paris les passions de sa caste, qui étaient celles du monde royaliste. Il prenait pour confident Choiseul-Gouffier, resté sourdement hostile au régime nouveau, et se livrait contre le gouvernement à des manifestations déplacées ou puériles. Contre les intentions de son maître il entravait la reprise des relations commerciales entre les deux pays,

---

(1) Markov à Talleyrand, 3 vendémiaire an XII (*Corr. Russie*, t. CXLIII).

sous prétexte que la France avait tout à y gagner, et la Russie tout à y perdre, et profitait en même temps de ses immunités diplomatiques pour se livrer à la contrebande. On surprit son nom en tête d'une liste de souscription à des pamphlets contre le régime consulaire : Le tsar a son opinion, disait-il sous forme d'excuse, mais les Russes ont la leur.

Ces incartades de Markov envenimèrent les relations, qui devinrent tout à fait mauvaises après l'exécution du duc d'Enghien, au printemps de 1804. La nouvelle de ce crime arriva à Pétersbourg un samedi, veille d'une réception diplomatique. Alexandre, poussé par sa mère, prit le deuil de son ami, et passa sans mot dire devant l'envoyé français. Bonaparte dès lors ne ménagea plus rien, témoin sa lettre à Talleyrand du 31 mars : « Les émigrés sont des hommes condamnés à mort par les lois de leur pays, et considérés dans tous les pays comme des individus morts civilement ; que des émigrés cependant soient employés en Russie, nous n'y avons jamais trouvé à redire ; mais ce dont nous nous plaignons, c'est que la Russie prétende les protéger et les accréditer au milieu des intrigues qu'ils trament sur nos frontières ».

Les instructions de Talleyrand commentent cette thèse et cherchent à établir que les émigrés, quoique morts civilement, sont des Français rebelles : « L'existence politique des émigrés ne peut elle-même cesser que par la perte irrévocable de toute perspective de réintégration dans les droits civils... Ceux qui ne sont pas soumis sont des coutumaces, des exilés qui portent partout le poids de leur faute ». Il ajoute que le premier sentiment de ces individus étant la vengeance contre le gouvernement issu de la Révolution, ils auront difficilement assez de sagesse pour se conformer aux idées et aux intérêts de la nation qui aura voulu les adopter. Les dernières notes échangées entre les deux gouvernements sont d'un ton bien différent. A Pétersbourg il est exclusivement question des affaires pendantes en Allemagne et en Italie; aux Tuileries, où l'empire allait entrer, on ne pense qu'aux serviteurs de l'ancienne royauté. Tous les griefs qu'on vient de citer s'accumulant sous la plume impérieuse de Napoléon, la guerre s'ensuivit, guerre où la Russie servit deux fois de corps de réserve aux puissances allemandes, et qui eut pour théâtres l'Autriche en 1805, la Prusse en 1806, la Pologne en 1807. Jamais la France en armes ne s'était autant rapprochée du sol russe; elle ne devait s'arrêter qu'à ses frontières.

IV

ALEXANDRE ET BONAPARTE. — LES ARMÉES

Nous n'avons pas à raconter ici les grandes journées d'Austerlitz, d'Eylau, de Friedland. Depuis l'an VII, les armées russe et française avaient appris à se connaître sur de vastes champs de bataille ; une autre guerre se poursuivait d'une capitale à l'autre, qui rompait pour la première fois entre les deux nations la bonne harmonie intellectuelle. Jusqu'alors la littérature n'avait pour ainsi dire pas tracé entre elles de frontières. Que les deux pays fussent ou non en lutte, la société russe s'inclinait devant la suprématie des Occidentaux, et continuait à les prendre pour modèles ; et ceux-ci saluaient quand même la lumière venue du Nord, sans y trouver d'ombres. Les temps sont bien changés, et les livres et la presse sont employés de part et d'autre à seconder les efforts des combattants.

A aucun moment, Napoléon ne négligea la conduite de cette campagne. Dès août 1805, il faisait insérer dans les feuilles de Francfort et de Hambourg des répliques aux notes russes. En France il imposait aux journaux des articles malveillants sur ses adversaires, comme traduits de l'anglais ; il essayait d'éveiller l'attention sur leurs projets ambitieux. Depuis, ses bulletins de victoire ne cessèrent d'insister sur les motifs de haine qui devaient séparer les Allemands et les « enfants des Tartares ». Ceux-ci n'étaient pour les besoins de la cause que des pillards, des barbares, — il appuie sur cette expression — sauf quelques officiers d'éducation soignée et d'anciens prisonniers de 1799 tout prêts à déserter pour revoir la France!. La pensée que les vaincus d'Austerlitz ont voulu atténuer la portée de leur défaite l'exaspère; il collabore aux *Observations d'un officier français* sur la relation russe officielle de la bataille, et dans un de ses bulletins, entre deux nouvelles militaires, il glisse une page de polémique pleine de cette ironie puissante si facile aux victorieux : « Ce qui indigne les gens sensés, c'est d'entendre l'empereur Alexandre et son Sénat dirigeant dire que ce sont les alliés qui ont été battus. Toute l'Europe sait bien qu'il n'y a pas de famille en Russie qui ne porte le deuil; ce n'est pas la perte des alliés qu'elles pleurent. Cent quatre-vingt-quinze pièces de bataille qui ont été prises, et qui sont à Strasbourg, ne sont pas les canons des alliés. Les cinquante drapeaux russes qui sont suspendus à Notre-Dame de Paris ne sont pas les drapeaux des alliés. Les bandes de Russes qui sont morts dans nos hôpitaux ou sont prisonniers dans nos villes ne sont pas les soldats des alliés, etc… Plus la guerre durera, plus la chimère de la Russie s'effacera, et elle finira par être anéantie ».

De son quartier d'Osterode, Napoléon surveillait les nouvelles de Russie données par les journaux français, et veillait à ce qu'elles ne fussent pas trop favorables à ses ennemis; il faisait traduire en russe les bulletins de la Grande armée et expédiait à Constantinople dix mille exemplaires d'une brochure attribuée à un « vieil Ottoman », et qui était un appel à la guerre sainte. Lesur rédigeait sous son inspiration un tableau malveillant des progrès de la puissance russe; certain manuscrit

(1) *Bulletins de la Grande armée*, 15, 25, 26, 34.

soi-disant trouvé dans le cabinet du roi de Prusse lui servait de prétexte à remuer de nouveau l'opinion européenne au sujet du partage de la Pologne. D'Hauterive, le second de Talleyrand, était invité à écrire sur le même sujet. L'*Histoire de l'Anarchie de Pologne*, écrite par Rulhière pour l'instruction de Louis XVI, les mémoires d'un espion révolutionnaire de bas-étage, Méhée de la Touche, étaient livrés par ordre à l'impression. Enfin c'est de cette époque que date la mise en circulation du Testament de Pierre le Grand, œuvre inspirée par Napoléon selon les uns, esquissée déjà par le chevalier d'Éon selon les autres, et extraite alors de nos archives pour les besoins de la lutte [1].

Du côté des Russes, où la seule opinion appréciable est celle des classes élevées, la littérature suffit sans la presse pour diriger les esprits dans un sens belliqueux. Les rapports officiels, cela va sans dire, atténuent de leur mieux les échecs subis, transforment en succès les journées douteuses. Les correspondances privées ou diplomatiques — celles de Simon Woronzov et de Joseph de Maistre sont caractéristiques à cet égard — exagèrent ou travestissent sans cesse les faits, transmettent, d'après des témoignages frivoles ou intéressés, les nouvelles les plus invraisemblables. Il suffit au Russe, pour chanter victoire, qu'il ait pu se reformer après une défaite à quelques lieues du champ de bataille, et il ne s'avouera pas battu, bien au contraire, si son ennemi s'est borné à le courber, sans le coucher à terre.

C'était le moment où les écrivains commençaient à se dérober par patriotisme à l'influence occidentale. On verra bien encore Voeykov traduire les *Jardins*, et

---

(1) Selon d'autres encore, il serait l'œuvre de l'émigré Tombeur, rédacteur de la *Gazette de Pologne*, et aurait été forgé en 1794 (*Russie, Mém. et doc.*, t. XXXI, p. 327).

Gneditch *Tancrède*, mais les romantiques, sous une enseigne anglaise ou allemande, vont prêcher l'émancipation du génie slave. En attendant Joukovski, le barde de 1812, Ozerov, fidèle malgré tout aux procédés du théâtre français, fait jouer son *Dmitri Donskoï*, tableau de la lutte entre les princes russes et les hordes tartares. Là les Français à leur tour deviennent sous des noms supposés des barbares, et en dépit du cadre, des accessoires empruntés à Voltaire, le public applaudit à ce tableau allégorique d'une guerre dont on préjugeait imprudemment le dénouement glorieux; il répéta avec l'accent d'une espérance qui ne devait pas encore être satisfaite : « O roi des rois, bénis, affermis, élève la Russie, et que l'étranger dise en frémissant de crainte : Peuples, le Dieu des Russes est grand » ! On est loin du culte de la Nature et de l'Être suprême.

Peu de campagnes ont été plus dures de part et d'autres pour le soldat que celle de 1807. Dans le désert fangeux et boisé de la Pologne, l'hiver s'annonçait par des torrents de neige intermittente suivis de pluie; hommes et chevaux campaient ou manœuvraient dans une mer de boue. On se battit à Eylau sous un ciel bas, au milieu de tourbillons de neige, et Dieu sait que de sang coula au travers de cette brume glacée, que les feux de file rayaient comme des éclairs ! A Thorn et à Kœnigsberg, les hôpitaux et les édifices publics furent encombrés de blessés, et combien furent abandonnés dans les champs ou tombèrent sans pansement sur les routes ! Si horrible qu'elle fût, cette guerre n'était pourtant pas sans merci. Elle était entrecoupée par des démonstrations courtoises, attestant chez les Russes, avec un certain étonnement d'avoir à verser le sang français, le désir de relations constamment amicales ; ainsi que plus tard sur les glacis de Sébastopol, les officiers cherchaient les moindres occasions de s'entretenir avec les nôtres ; les Cosaques eux-mêmes faisaient des avances, et nos gendarmes d'ordonnance en particulier, presque tous anciens émigrés, répondaient à ces manifestations avec un empressement de bon augure [1]. Au lendemain de la bataille, la pitié réconciliait les combattants qu'une courtoisie réciproque avait rapprochés la veille. Ils avaient un ennemi commun, le Juif allemand ou polonais qui spéculait sur leurs misères, et rôdait sur les champs de carnage, dépouillant les morts et les retournant pour leur arracher jusqu'à leurs boutons d'uniforme. Tel il est en 1807, tel on le retrouvera à Vilna en 1813, suivant à la piste les vainqueurs et les vaincus.

Un contemporain raconte avoir vu à Kœnigsberg un Russe et un Français blessés étendus côte-à-côte ; le premier se soulevant avec effort détacha la couverture roulée autour de son corps, et la jeta à son ennemi mourant, en lui disant : *Da, Franzos* (tiens, Français! [2]). Voilà l'image des deux armées épuisées, qu'aucune haine héréditaire n'a poussées l'une contre l'autre, et qui, l'ivresse du combat passée, savent se plaindre et se tendre la main.

La peinture nous a montré Napoléon le lendemain d'Eylau, au milieu des blessés ennemis qui se soulèvent avec espoir sur son passage. Ces malheureux se croyaient destinés à être tués et même à être mangés; l'humanité du vainqueur étonna et toucha du même coup ces âmes grossières. De leur côté, nos prisonniers conduits à Kœnigsberg avaient conservé leur gaieté, ils criaient : « Vive l'Empereur quand même », et ne pestaient que contre les Allemands. Enfin pour la première fois un

---

(1) Lettres de Ney et de Murat, dans COLBERT-CHABANAIS, *Traditions et souvenirs*, t. III, p. 283, 327.

(2) ERNOUF, *Les Français en Prusse*, p. 186.

certain nombre des nôtres furent emmenés en captivité au cœur de l'empire, et l'homme du peuple français entra au foyer russe.

Ce qu'il dut penser de ses hôtes, nous l'ignorons ; et il est à craindre qu'il ne se soit pas montré à eux sous son meilleur jour. Parmi les prisonniers de la Grande armée comme parmi les émigrés royalistes, l'éloignement favorisait et multipliait les chevaliers d'industrie, les faiseurs de dupes, par vanité ou vulgaire intérêt. « Un jeune fourrier de chasseurs s'étant procuré un petit habit gris se disait élève sorti de Saint-Cyr, et pris au moment où il allait rejoindre son régiment d'infanterie. Tel maréchal de logis se faisait lieutenant, tel adjudant capitaine... Chacun racontait ses prouesses, vraies ou fausses. Les caractères n'étant plus contenus par la discipline se montraient à découvert [1] ».

Le hasard avait pourtant mêlé à ces parvenus, pour l'honneur de notre vieille réputation, deux hommes d'une éducation et d'un caractère supérieurs, qui par leur nom tenaient à l'ancienne société, et par leur rang à la nouvelle. L'un était le jeune Montesquiou-Fezensac, descendant de Louvois par sa mère, et fils d'un écuyer du comte de Provence qui, tout homme d'esprit et académicien qu'il fût, avait prétendu établir sur pièces que Clovis était son ancêtre. Son héritier ne pensait pas pour cela à restaurer à son profit le trône royal ; simple soldat en 1805, il était devenu officier d'ordonnance du maréchal Ney, lorsqu'il fut enlevé, le jour de la bataille d'Eylau, par un parti de hussards en reconnaissance. L'autre s'appelait Ségur : c'était justement le fils de l'ancien envoyé du roi en Russie devenu grand maître des cérémonies à la cour impériale ; victime

---

(1) Montesquiou-Fezensac, *Souvenirs militaires*, p. 187.

aussi de sa témérité, il passa des mains des Cosaques qui l'avaient dépouillé et maltraité dans celles des généraux d'Alexandre, moins brutales, mais aussi tenaces. L'histoire de leur captivité est curieuse, tant à cause de leurs rapports avec leurs gardiens que de leurs relations fortuites avec des compatriotes séparés d'eux par leur situation, leurs affections, leurs souvenirs.

Pour l'un et l'autre, l'attitude des généraux russes varie sans cesse, et souvent dans le même individu. Osterman fait à Ségur, avec menaces, des questions sur l'armée française qui sont une offense ; puis un effort le ramène à son rôle d'homme civilisé ; il tend la main au prisonnier blessé et lui cède son propre lit. Un autre commence par le faire asseoir à sa table, puis éclate en une sortie déplacée et violente contre Napoléon. Parmi ces hommes de guerre ou de cour chez qui les instincts et les formes de la société polie sont inégalement développés, toutes les nuances, depuis la brutalité sans phrases jusqu'à la courtoisie raffinée et affectueuse, sont représentées. Le feld-maréchal Kamenski, n'ayant pu arracher à Ségur les réponses qu'il attendait de lui, ordonne de le faire partir en plein hiver, à pied, pour le fond de la Russie. Survient un colonel, plus humain, qui prend sur lui de lui fournir un traîneau, et au milieu de la route, à Smolensk, Apraxine, un ancien familier de Catherine, après avoir rudoyé en public le prisonnier, lui ouvre ses bras : « Causons ensemble comme à Pétersbourg : j'ai causé tant de fois avec votre père » ! Il l'accable de soins délicats; il se propose même de l'envoyer à la cour, en messager officieux du parti de la paix, espérant que sous le couvert de son nom ses paroles entraîneront Alexandre. Beau rêve, qui s'évanouit devant l'ordre impératif de partir pour Vologda, non loin de la mer Blanche !

De même Korsakov, le gouverneur de Vilna, chez qui Fezensac trouva deux mois son couvert mis, et qui avait la faiblesse, lui le vaincu de Zurich, de dénigrer, sans croire se rabaisser ainsi, les talents de son vainqueur. Son départ laissa le jeune officier à la merci d'un général qui, pour le punir d'une visite tardivement faite, l'expédia à trois cents lieues de là, à Kostroma, bien plus loin que Moscou.

C'était là pour les deux vaincus une façon inattendue, et un peu rude, de pénétrer les mystères de la vie indigène. Tant qu'ils avaient été en terre polonaise ou lithuanienne, ils avaient recueilli à chaque étape, sous forme d'un mot ou d'un regard lancé au passage, d'un peu de nourriture ou d'argent glissé dans la main, des témoignages significatifs des sympathies populaires; même au milieu de l'état-major ennemi, Paris et ses délices étaient avec leurs gardiens le sujet de conversations favori. Mais il fallut ensuite traverser en traîneau ou en charrette non suspendue, au triple galop des chevaux, des champs de neige sans fin. Ce voyage forcé ne permit pas à Ségur, comme l'espérait Napoléon, de paraître sur le théâtre des triomphes mondains de son père, et malgré lui il se trouva avoir sous les yeux une nouvelle face du monde moscovite, la face populaire, en attendant la face militaire qu'il devait peindre un jour de sa plume ardente et poétique. Il passa cinq mois à Vologda, vaste bourgade de bois et de briques; il pouvait à son gré s'y croire transporté au cœur de l'Asie, ou ramené à des temps déjà bien anciens pour l'Europe occidentale. Il n'eut guère à se louer du gouverneur; en revanche, dans les châteaux de la petite noblesse il trouva une gaieté décente, même après les repas, une connaissance remarquable de notre langue, et une liberté assez grande de pensée et de parole l'égard du gouvernement. Des personnes distinguées par leurs manières et leurs connaissances l'aidèrent à supporter son isolement. Une des sœurs du maître de police lui demanda des vers : il lui rima un madrigal avec la même grâce que son père pendant le voyage de Crimée cédant aux instances de Catherine II ; et se souvenant peut-être que l'ambassadeur avait composé à ses moments perdus un *Coriolan*, il s'imposa l'élaboration d'une tragédie dont le sujet était emprunté à la mythologie. La joie de sa délivrance, dit-il, fut plus tard mêlée d'un regret, celui de n'avoir pu achever ses cinq actes [1].

Fezensac était aussi à sa façon un lettré, à en juger par certain portrait d'Homère qu'on surprit sur lui, et qu'un maître de poste voulut détruire, le prenant pour un portrait de Napoléon. Dans son exil de Kostroma, la femme du gouverneur lui montra seule quelque intérêt et lui prêta des livres. « On parlait peu français et un peu plus allemand. Personne ne nous donna à dîner; mais nous reçûmes quelques invitations à des collations qui duraient presque toute la journée, avec le genre d'hospitalité particulier aux peuples à demi-sauvages .. Il est bon de vivre avec les Russes, quand on peut se passer d'eux [2] ».

Ségur est plus favorable à ses hôtes; aux portes de la Sibérie il est tombé sous le charme, comme son père dans les salons de l'Ermitage. Il est vrai qu'en dehors de ses compagnons de captivité, la France a été uniquement représentée à ses yeux par un misérable émigré vagabond, aussi bas devant lui le lendemain de Friedland qu'il avait été insolent le lendemain d'Eylau. Fezensac au contraire avait rencontré à ses premiers

---

(1) Ph. de Ségur, *Histoire et Mémoires*, livre XXII, ch. iii-vii.
(2) *Souvenirs militaires*, p. 190.

pas en Russie des hommes dignes d'estime. A Vilna, la maison du fils de Choiseul-Gouffier, marié avec une Polonaise, lui offrit d'agréables distractions ; puis ce fut un gentilhomme au service russe, le baron de Damas, jeune officier studieux, grave, presque austère, qui de l'aube à la nuit instruisait des recrues, puis le soir pour se distraire lisait La Bruyère, apprenait quelques pages de Bossuet et de Massillon, et retrouvait ainsi à deux siècles en arrière quelque chose de la patrie perdue. Il rechercha le premier l'officier français, vint le visiter assidûment, et échangea avec lui sur les choses militaires des communications également intéressantes pour l'un et l'autre. Il eût volontiers provoqué des confidences politiques; Mittau n'était pas loin, et Louis XVIII y habitait encore ; des prisonniers français blessés y avaient été transportés, et l'abbé Edgeworth, le dernier confesseur de Louis XVI, allait y succomber à leur service. Le baron de Damas parlait quelquefois à son interlocuteur de la petite cour où il était admis, et lui insinuait délicatement qu'on aurait plaisir à l'y voir. Fezensac se tut, et un autre émigré, ami de sa famille, lui ayant écrit pour lui offrir sa bourse et celle de ses amis, il montra la lettre à Damas, en ajoutant qu'il aimerait mieux manger du pain noir que de recevoir quelque argent de Mittau. Malgré les couleurs différentes de leurs drapeaux, les deux soldats étaient Français et dignes de se comprendre.

Le nom des Bourbons était alors prononcé de nouveau dans les conseils du tsar. Le malheureux Louis XVIII, après avoir formulé « sur la Baltique » sa protestation contre le nouvel empire, était réduit à recommander à Alexandre ses derniers amis, sollicitant une starostie pour d'Avaray, une pension pour l'archevêque de Reims, et osant rappeler que ses fidèles gardes du corps s'étaient montrés « aussi bons Russes que Français [1] ». On pensa à lui vers la fin de 1806, au plus fort de la lutte, au moment où un ukase expulsait de l'empire, dans le délai de dix jours, tous les sujets français, excepté les officiers de l'ancienne armée royale moyennant la production de leurs titres, les négociants établis depuis plus de quinze ans, les professeurs et artistes sous condition d'un serment solennel de soumission. La Maisonfort rédige alors et imprime sous la rubrique d'Osnabrück un pamphlet intitulé *Tableau politique de l'Europe;* l'envoyé sarde Joseph de Maistre compose un mémoire sur l'utilité de reconnaître comme roi l'hôte de Mittau. Ce mémoire, rempli de vues élevées et prophétiques, fut peut-être une des causes qui décidèrent Alexandre partant pour son armée à s'arrêter auprès du prétendant français; mais il ne sortit rien de cette entrevue, et Louis XVIII eût-il séduit le tsar par son esprit et son adresse, l'impression qu'il fit fut vite effacée : Alexandre aura bientôt oublié le prince dépossédé pour le conquérant vainqueur qui lui offrira, comme le tentateur de l'Évangile, mieux que l'honneur d'une restauration, c'est-à-dire le partage de l'empire et du monde. Après avoir attiré Napoléon jusqu'à ses frontières, il crut possible une alliance intime entre le successeur fortuit de Louis XIV et l'héritier de Catherine II, jusqu'au jour où, réveillé par une audacieuse invasion, il dut suivre d'étape en étape jusqu'à Paris les armées de l'Europe. Aucun règne n'a été plus agité, dans le pays de l'immobilité et du silence : règne glorieux en définitive, et dont plus d'un Français, naufragé de l'ancien régime, a préparé la gloire !

(1) Lettre du 13 février 1805, dans les *Archives Russes*, 1872, p. 186.

CHAPITRE DIXIÈME

RÈGNE D'ALEXANDRE Ier (1807-1812)

I

ISOLEMENT D'ALEXANDRE

Le rideau tombé sur les hécatombes d'Eylau et de Friedland se relève soudain sur l'entrevue amicale, presque fraternelle de Tilsitt. Une grande et haute comédie politique succède à la pièce sanglante où ont succombé tant de malheureux, ensevelis dans les neiges et les boues de la Pologne. Alexandre achève sa première évolution; l'ami du duc d'Enghien lui donne comme successeur le meurtrier de ce prince; le chevalier de la reine de Prusse s'est laissé fasciner par l'homme qui a outragé son idole. N'accusons pas son âme, naturellement belle et ouverte aux nobles sentiments, mais son caractère. Les plus louables illusions l'avaient poursuivi pendant plusieurs années; il avait formé de grands projets où il accordait ensemble la prospérité de son empire et la paix de l'Europe, l'extension de sa puissance et la protection des faibles; puis, la guerre l'ayant trahi et la Révolution semblant avoir fait faillite entre les mains de Napoléon, Alexandre, détrompé et irrité, se rejetait dans une autre voie; il acceptait de faire l'expérience interrompue par la mort de son père. Et cependant, nature fine autant que mystique, il ne se livre pas absolument à une alliance qui flatte et surprend son nouvel ami comme lui-même; soit regret inconscient du passé, soit pressentiment de l'avenir, il conserve quelque arrière-pensée, et reste maître de lui sous le charme.

Napoléon ne lui ménagea point les avances. En le voyant, il s'était, dit-on, écrié : C'est Apollon, comme ces émigrés qui le comparaient à une statue de l'Amour dressée au milieu des jardins de Tsarskoé-Célo. A Tilsitt il le combla de délicates prévenances; plus tard il faisait interdire la vente des Mémoires de Masson ; il armait et organisait en bataillons, avant de les lui renvoyer, les prisonniers des dernières campagnes. Alexandre ne resta pas en arrière, à en juger par les dépêches de l'envoyé napoléonien Savary. A l'envoi d'un service de Sèvres il répondait par un don de fourrures ou par l'autorisation de prendre des bois dans ses forêts pour la marine française; il laissait percer son désir de posséder le tableau des *Pestiférés de Jaffa*, hommage indirect au grand homme qui l'avait inspiré. Ayant appris que Napoléon voulait rendre à son infanterie l'uniforme blanc, il dit hautement : « Les armées françaises ont fait des choses glorieuses sous l'uniforme bleu, aussi je le préfère ». C'était affirmer par métaphore qu'il n'était plus *blanc*, mais *bleu*, attaché aux idées nouvelles semées par la France dans le monde [1].

(1) Savary à Talleyrand, 23 août 1807 (*Corr. Russie*, t. CL\. Il ajoute : « L'empereur vient de faire remettre à M. Denon par le grand maréchal une traite de cinquante mille francs pour acheter des tableaux des maîtres français... Il m'a demandé si l'empereur avait acheté le tableau des *Sabines* de David. Il m'a demandé également si je connaissais un nouveau tableau appelé la *Peste de Jaffa*, et si j'en connaissais le sujet. J'ai répondu que oui, et, après me l'avoir fait raconter, l'empereur me dit avec

Il donna bientôt de nouveaux indices de sa conversion. En même temps qu'il exprimait son intention de venir à Paris s'instruire aux séances du Conseil d'État, il accueillait les officiers et les ingénieurs dont Napoléon lui offrait les services, le colonel de Ponthon, qui mettait en état de défense, ainsi que Prévot vingt ans auparavant, le littoral de la Baltique, et quatre élèves de l'école polytechnique, Destremx, Potier, Fabre, Bazaine. Le premier fut placé à la tête de l'Institut du corps des voies et communications créé en 1810; on lui doit le pont de la Néva et le fort Pierre à Cronstadt. Le dernier eut en 1811 un fils qui devait un jour être — et c'est tout ce ce qu'il convient de rappeler de lui — gouverneur de Sébastopol renversé par les armes françaises. A côté d'eux, Brun de Saint-Hippolyte dirige les constructions navales, de Lancry fonde à Sisterback une importante manucfacture d'armes [1], l'architecte Thomas de Thomon élève à Pétersbourg le théâtre, la bourse, la colonne triomphale de Pultava.

De son côté le groupe des artistes, relevé des rigueurs de l'ukase de 1806, se reformait avec les acteurs en vogue à Paris, le danseur Duport, la tragédienne Georges, celle-ci pourvue, dit la chronique du temps, d'une mission intime et quasi-diplomatique. Le musicien Boïeldieu était attaché à la cour sans interruption depuis 1803, protégé par l'éloignement contre les suites d'un imprudent mariage. Il y écrivit pour les représentations d'*Athalie* des chœurs où les cent chantres

---

étonnement : Et il a touché les pestiférés! Pour le coup, c'est fort, j'eusse mieux aimé aller à cent batailles que faire cela... Quelques napoléons que nous avions ont été désirés et recherchés comme des médailles ».

(1) Mémoire sur la marine russe (*Russie, Mém. et doc.*, t. XXIX).

de la chapelle impériale figuraient les lévites d'Israël. Bien qu'engagé à fournir trois opéras par an, il composa tout au plus, en sept ans de séjour, une dizaine de partitions, dont une seule, *Les Voitures versées*, est restée à la scène. Il ébaucha du moins deux des pièces qui ont assuré sa réputation ; *Jean de Paris* et *Le Nouveau Seigneur de village* [1].

Cette transformation passagère et factice de la cour sous l'œil du tsar amenait l'éloignement des conseillers et des amis de la veille. Pozzo di Borgo sollicitait la permission de voyager et partait en attendant et en prédisant des jours meilleurs. Louis XVIII ne demeura plus longtemps à Mittau, au milieu de ce simulacre de cour représenté par quelques serviteurs mal payés, sous un toit si délabré que pendant l'hiver sa femme devait se promener dans la salle de billard, un parapluie à la main [2] ! Talleyrand avait fait savoir que sa présence en Russie importait peu à Napoléon. Le prince exilé eut-il vent de cet avis, comme du singulier projet qui consistait à lui assurer une opulente retraite à Versailles? En tout cas il jugea de sa dignité de quitter Mittau, et sans renoncer à la pension qu'il recevait du tsar, il passa en Angleterre. Cinquante ans plus tard, en 1859, c'était la guerre et non la paix avec la France qui éloignait de l'Autriche son héritier, soumis à de nouvelles influences, et entendant d'une façon plus conforme à l'esprit moderne ses devoirs envers la patrie.

Le chef des Bourbons laissait derrière lui bon nombre de fidèles, Russes ou Français. La cour et l'aristocratie restaient fermées à la pensée qui avait dicté les stipula-

---

(1) A. POUGIN, *Boïeldieu, sa vie et ses œuvres*, p. 89-121.
(2) *Life of general Robert Wilson*, t. II, p. 332.

tions de Tilsitt, et Alexandre pouvait dire avec vérité à Savary : « Ici il n'y a que vous et moi qui aimions la France ». Tout ce qui comptait dans la société — cette société si bien analysée par Léon Tolstoï dans son grand roman *La Guerre et la Paix* — parlait de l'Occident avec cet accent indéfinissable où se démêlent à la fois, par d'imperceptibles nuances, l'amour, l'émulation, la jalousie et la haine. Déjà sur le Niémen plusieurs officiers avaient protesté par leur attitude contre l'alliance nouvelle, et Platov avait refusé d'entrer en relations avec les maréchaux, se relâchant à peine pour Berthier [1]. A Paris, l'ambassadeur Tolstoï cherchait plus à flatter le faubourg Saint-Germain que les Tuileries, et l'impératrice-mère, à deux pas du tsar, ralliait autour d'elle les ennemis de Bonaparte. Née à Montbéliard, elle était de cette France extérieure qui a toujours haï l'autre, et faisait répandre les préjugés qu'elle tenait de sa propre éducation par les élèves de l'Institut de Smolna.

A son arrivée, Savary ne put d'abord faire consentir aucun propriétaire d'hôtel garni à le recevoir; au bout de six semaines, il n'avait obtenu l'entrée d'aucun salon, et en était réduit pour unique distraction à la promenade publique. De nombreux regards hostiles le suivaient, et un public implacable et invisible enregistrait ses déconvenues. C'est ou peu s'en faut la situation de Genet en 1791. Dans les églises on récitait solennellement des prières contre la France; les librairies regorgeaient de pamphlets gallophobes; la police saisit des lettres où on faisait appel contre le tsar à de nouveaux Pahlen et Beningsen. Savary s'ingéniait à trouver les moyens de

---

[1] « I am delighted with the conduct of the Russian officers towards the French. Not the slightest symptom of cordiality appeared » (*Life of general Robert Wilson*, t. II, p. 301).

briser le cercle hostile dont il était entouré; il s'arrangea au début de façon à rendre indirectement quelques menus services à la petite cour de Mittau, et il crut avoir beaucoup fait lorsqu'il eut recommandé, dans le salon de l'émigré Laval, à Joseph de Maistre son successeur Caulaincourt. Il crut aussi pouvoir se féliciter de l'accueil favorable qu'un de ses auxiliaires, M. de Montesquiou, avait reçu chez l'impératrice-mère, oubliant qu'on traitait bien Montesquiou à cause de son nom et non à cause de son maître. Caulaincourt, issu de l'ancien régime, était en revanche compromis par sa participation plus ou moins volontaire à l'exécution du duc d'Enghien ; il dut en venir à se disculper expressément auprès du tsar, à l'insu de Napoléon. Sa présence humiliait les uns, irritait les autres; pour l'impératrice-mère, le grand-écuyer des Tuileries était l'écuyer tranchant : calembourg qui a dû passer par une bouche d'émigré avant d'arriver dans la sienne.

Le salon de la princesse de Tarente faisait écho à celui de l'impératrice. Les royalistes, la veille encore en possession de la faveur et du crédit politiques, se maintenaient dans les réunions mondaines; ils y reprenaient le terrain gagné par la Révolution autour d'eux, à la faveur de la gloire consulaire ; ils entretenaient en haut lieu l'irritation naturelle aux vaincus d'Austerlitz et de Friedland, et poussaient à une revanche plus sérieuse que leurs frivoles épigrammes. En général une certaine fleur de politesse et d'esprit attirait en eux, et l'on n'avait guère le droit, moins d'un siècle après Pierre Ier, d'être sévère à leur égard. On les considérait comme les derniers représentants d'une société disparue, presque d'une nation dont le caractère était désormais dénaturé, et la destinée livrée à je ne sais quel mystérieux hasard. De leur côté ils retrouvaient en partie sous le régime autocratique l'impunité qui leur était jadis acquise en France. Je pourrais nommer tel d'entre eux qui, rentré sous le Consulat, regimba vite contre les lois nouvelles; après avoir roué de coups son curé, puis l'huissier chargé de lui notifier la condamnation encourue de ce fait, il revint sur la terre privilégiée de l'arbitraire et du servage pour ne plus la quitter.

Napoléon voyait avec colère chez ses nouveaux alliés des Français, surtout des officiers rebelles à son prestige et à sa direction. Ce fut sans doute au lendemain de Tilsitt qu'il essaya de ramener à son service Traversay et Langeron ; et l'irritation causée par leurs refus dut contribuer à grossir la liste d'émigrés dressée à Fontainebleau en novembre 1807[1]. Cette mesure eut pour complément le décret d'avril 1809 visant tous ceux qui depuis le 1er septembre 1804 occupaient à l'étranger des fonctions militaires ou civiles, et soumettant même ceux qui jouissaient de lettres de naturalisation à un ordre de rappel immédiat en France, sous peine de confiscation de leurs biens. Ceux qui demeurèrent en Russie après cette invitation menaçante étaient bien des irréconciliables.

Cette colonie titrée avait ses parvenus, tout comme la science représentée par les précepteurs suisses ses charlatans. D'Allonville, alors employé chez les Rostoptchine — il était à bonne école pour médire — ne s'est pas fait faute de les signaler [2]. Il cite entre autres un ancien

---

(1) « Il observait qu'en Prusse comme en Russie et en Autriches la plupart des officiers à talents étaient Français, et il trouvait inconvenant que, quand la patrie ne repoussait pas un citoyen, il allât porter chez ses ennemis le fruit de l'éducation qu'il avait reçue dans les institutions de son pays » (Rovigo, *Mémoires*, t. IV, ch. v).

(2) *Mémoires, secrets*, t. V.

laquais qui se prétendit issu des Ligny-Luxembourg, éteints depuis longtemps, fut cru sur parole et honoré de la faveur des deux impératrices. Son fils trouva mieux ; il affirma être Louis XVII, et l'on ignore s'il fit beaucoup de dupes loin de son prétendu royaume. La fraude était permise dans un pays où je ne sais quelle intrigante se fit, dit-on, passer pour la comtesse de Lamotte, l'héroïne du procès du Collier morte depuis 1791 [1]. Laval, devenu chambellan, ayant obtenu de Louis XVIII la confirmation de sa noblesse, avait fini par se croire un parent des Montmorency, dont l'écusson décorait la porte de son hôtel. Melchior de Moustier n'était guère mieux reconnu par la grande famille française de ce nom ; c'était du moins un des trois gardes du corps qui avaient suivi Louis XVI à Varennes, et le grand-duc Constantin avait dit de lui : Cet homme-là distille l'honneur.

L'armée avait aussi ses aventuriers ; il en est un que Louis Veuillot a crayonné en passant, et en lui laissant prudemment l'anonyme. C'était un enfant du hasard, Français par son nom et son père ; tout jeune, sous l'œil d'un hetman de Cosaques, en face des Turcs, il s'exerçait au double art de la versification et de la cuisine. Au siège de Schumla, un heureux hasard lui fit découvrir un endroit où la brèche était facile ; on lui dut la prise de la ville, et bien que « sceptique, paresseux, goguenard, douillet, gourmand », il devint un personnage. Mais bientôt il se fit mal voir, à cause de certaine chanson où le maître était en jeu ; son insolente bonne fortune à la guerre put seule le relever de cette disgrâce. En 1813, au siège d'une place, il débitait un jour quelque fadaise à son voisin, à deux pas de l'état-major impé-

---

(1) HOMMAIRE DE HELL, *Les Steppes*, etc., t. II, ch. XVI.

rial : « Que dit ce faquin de Français, s'écrie soudain le tsar. — Qu'il faut prendre la ville, lui fut-il répondu au hasard. — Qu'il la prenne, répliqua Alexandre, je lui donne deux heures ; il montrera ainsi qu'il sait faire autre chose que des chansons ». Deux heures après, à la suite d'incidents trop longs à raconter, le jeune « faquin » était dans la place, et l'épée du commandant entre ses mains, introduisait les assiégeants. L'empereur lui donna sur place une de ses croix et le fit colonel. Il n'avait pas vingt-cinq ans ; ce fut là le sommet et le terme de cette carrière de hasard [1].

Un petit nombre de ces proscrits volontaires pouvait jouir de l'existence du gentilhomme oisif, propriétaire de terres et de serfs. Comme si tout espoir de revoir leur patrie eût été perdu, ils étaient entrés dans des familles russes ou polonaises : Saint-Priest s'allia aux Galitsine, Choiseul-Gouffier aux Potocki, Langeron aux Troubetskoï, Ollone aux Martianov, Quinsonas aux Odoïevski, Michelet aux d'Oubril, Modène aux Soltykov. « Le chevalier de Lignières... tombe épris de la princesse de Menchikov. Il reste à ses pieds, lorsque chacun rentre en France ; il passe sa vie à lui adresser de jolis vers, des chansons badines, et à surveiller les revenus de son ami le comte de Bruges, qui a épousé une princesse Golovkine [2] ». Les plus intelligents font partie à divers titres de l'armée ou de l'administration. Nous verrons bientôt

---

(1) L. VEUILLOT, *Çà et là*, t. II, p. 127-134.
(2) FORNERON, *Histoire générale des émigrés*, t. I, p. 424. — « Voilà encore un émigré qui enlève un grand parti (Quinsonas) en épousant une princesse Odoïevski ; la Russie est véritablement les Indes ou le Pérou pour les étrangers » (*Archives Viazemski*, t. I, p. 249). On pourrait en revanche en citer un autre qui échoua dans ses prétentions matrimoniales, par ce seul fait qu'il avait porté les armes contre la France.

à l'œuvre ceux qui sur la mer Noire, et aussi hélas ! sur la Bérésina et sur l'Elbe, ont conquis des épaulettes et des rubans de Saint-George ou de Sainte-Anne.

Pour compléter la physionomie de ce *refuge*, rappelons qu'en 1805 on vit apparaître sur les rayons de la Bibliothèque impériale et à l'Ermitage une partie des titres nationaux et domestiques des grandes familles françaises. Cette collection était due à un certain Doubrovski, qui en 1789 était attaché à l'ambassade de Paris et à qui ses relations avec les lettrés avaient donné le goût des recherches historiques. La Révolution le servit à souhait dans sa poursuite des documents rares et des manuscrits précieux. Lors du pillage de la Bastille, il put acquérir à vil prix sur place des centaines de liasses maculées de boue et dispersées par les vainqueurs sur le pavé. Plus tard, lorsque les Bénédictins, héritiers des collections Séguier et Harlay, furent chassés de leur sanctuaire érudit de Saint-Germain-des-Prés, il profita de leur détresse, et moyennant trente-six mille livres, s'appropria une partie de leurs trésors. Douze mille livres furent payées comptant ; quand il voulut s'acquitter pour le reste, ses débiteurs avaient fui sans laisser de traces, et il ne put découvrir qu'un vieillard réfugié à Londres, à qui il servit une petite pension jusqu'à sa mort. Plus tard il céda ses richesses au tsar moyennant divers avantages pécuniaires et honorifiques, et l'émigré d'Augard, sous la haute direction du comte Alexandre Strogonov, fut chargé de les garder [1].

C'est ainsi que les musées de Pétersbourg, comme les galeries publiques et privées d'Angleterre, recueillirent et gardèrent d'abondantes épaves du naufrage de l'ancienne monarchie française. Il y avait là des manuscrits

---

(1) *Archives Russes*, 1878, n° 8.

sans prix, depuis la Bible de la maison d'Albret au livre d'Heures de Mme Élisabeth. Ces pages enluminées avec art, ces autographes signés de noms illustres, annotés par Mabillon et Montfaucon, excitaient une curiosité respectueuse. On y voyait jusqu'à un modèle d'écriture pour Louis XIV enfant ainsi conçu :

Aux rois est dû l'hommage : ils font ce qui leur plaît. Nulle part une semblable pièce n'était mieux à sa place que dans la capitale des tsars ; là-seulement la triste leçon qu'elle contenait pouvait être encore mise à profit [1].

(1) BERTRAND, *Catalogue des mss. français dans la bibliothèque de Pétersbourg*. — *Anecdotes* recueillies par J. de Maistre et publiées par le P. Gagarin.

II

LE PARTI NATIONAL

Nous avons nommé tout à l'heure Alexandre Strogonov ; cet ancien familier de Catherine II, cet ancien hôte de Paris avait gardé en vieillissant les mœurs du siècle précédent ; seulement il s'était pris d'une belle passion pour les talents indigènes, et consacrait ce qui lui restait de jours et de biens à élever l'église cathédrale de Notre-Dame de Kazan ; il estimait d'avance comme le chef-d'œuvre de l'art russe ce temple à l'italienne, démarqué en quelque sorte depuis par les statues dressées à sa porte des généraux libérateurs de 1812. « Un jour, raconte Joseph de Maistre, qu'il avait l'honneur d'avoir l'empereur à table chez lui, il lui dit dans un moment d'enthousiasme : Enfin, Sire, nous n'avons plus besoin de talents étrangers, nous les possédons tous. L'empereur répondit : Cela étant, donnez-moi du vin de Madère ; et il présenta son verre. Ce prince se moque le plus sincèrement de toutes ces sottises nationales, et c'est peut-être un mal qu'il ne soit pas assez Russe [1] ».

En dépit du souverain une évolution commençait qui, chez les esprits cultivés aboutira au dédain, je ne dis pas à la ruine, des influences étrangères. On a déjà cité la virulente sortie de Tchitchakov contre ces auxiliaires venus du dehors qui encombrent les degrés du Panthéon national. Dans quelques années, protectrice de l'Allema-

---

(1) J. de Maistre, *Corr. dipl.*, 12 nov. 1811.

gne et victorieuse de la France, la Russie, sous le drapeau libérateur de Minine, croira n'avoir plus besoin de personne.

Ce mouvement d'opinion qui gagnait la nouvelle capitale était déjà très caractérisé dans l'ancienne: « Qu'est-ce que Pétersbourg, dit encore J. de Maistre, écho vibrant des sentiments qui se heurtaient au sein de cette singulière société ; une grande maison de plaisance, pas plus et même moins russe que parisienne, où tous les vices dansent sur les genoux de la frivolité ¹ ». Rien en effet de moins russe que ce Pierre Ier dressé sur son rocher en costume romain, que ces résidences de Gatchina et de Péterhof où un art étranger avait ressuscité Trianon et Marly. Moscou au contraire, situé au centre de l'empire, demeurait la métropole religieuse et commerciale, avec son antique Kremlin et les centaines d'églises qui la couronnaient de leurs dômes et de leurs croix dorées.

Toutefois il ne faut pas se prendre encore aux apparences. La société moscovite elle aussi reste française par la langue, les manières, le costume. Elle lit les poésies françaises de Golenitchev-Koutousov parues en 1811; elle est fière de posséder la bibliothèque des Boutourline, composée de vingt-six mille volumes, avec son catalogue imprimé à Paris et qui passe à son apparition pour le modèle du genre, celle du comte Rosoumovski célèbre par ses incunables, celle des Golovkine par sa collection de classiques, celle de Michel Galitzine où le Psautier de saint Louis dort à côté de l'*Adonis* de La Fontaine calligraphié par Jarry ². Au milieu d'elle vit

(1) J. de Maistre, *Corr. dipl.*, 8 nov. 1812.
(2) *Moscou avant et après l'incendie*, par G. L. D. L., 1814, p. 15. — Le Psautier de saint Louis fut offert en hommage par le prince Galitzine à Louis XVIII après la Restauration.

une colonie remuante et joyeuse d'artistes et de marchands français ; quelques-uns vieux émigrés comme le chevalier d'Isarn qui se livrait sans croire déroger au commerce des grains ; d'autres simples aventuriers qui se disaient nobles et vivaient d'expédients ; six ou sept prêtres, à la tête desquels l'abbé Surugues, ancien principal du collège de Toulouse, devenu chapelain de l'église Saint-Louis-des-Français. Une actrice, Mme Fusil, a tracé un tableau piquant de ce monde bigarré où toutes les classes, toutes les professions vivaient fraternellement côte-à-côte. Elle-même était bien accueillie dans les salons aristocratiques, surtout chez la comtesse de Broglie, russe de naissance ; elle y enseignait la lecture à haute voix, et y chantait les romances à la mode, le *Montagnard émigré*, *Joseph* et le *Beau Dunois* [1].

Malgré ces concessions à l'étranger, malgré les boutiques du Pont-des-Maréchaux, les Russes de Moscou se laissaient aller à une déclamation perpétuelle contre Bonaparte et son peuple. Parmi eux dominaient les nobles menacés d'être évincés par les gens à diplômes, les boyards humiliés devant les fils du pope Spéranski, les propriétaires alarmés des projets hostiles au servage, les amis quand même du passé. Au milieu d'eux vivait Karamzine, encore sous le coup des déceptions que lui avait causées la France de 1789. Pour échapper à ce cauchemar, il faisait de sa patrie le sujet exclusif de ses méditations. Tout étant détruit en Occident, il estimait qu'en Orient il fallait tout conserver, et en 1810 il publia le manifeste du vieux parti russe sous forme d'un mémoire au tsar *sur l'ancienne et la nouvelle Russie*.

Il y a dans cet ouvrage une partie polémique dirigée contre le favori du jour Spéranski ; puis, en attaquant

---

[1] Louise Fusil, *Souvenirs d'une actrice*.

les réformes récentes, Karamzine en vient à juger les anciennes et leur auteur Pierre Ier. Il en veut à ce dernier d'avoir rabaissé ses sujets à leurs yeux, d'avoir altéré les mœurs de la noblesse de manière à la faire passer pour étrangère aux yeux de la nation. Il relève à ses dépens ses prédécesseurs, les héros des temps lointains dont il prépare avec amour l'histoire. Enfin, s'élevant à des considérations générales que Joseph de Maistre eût signées des deux mains : Ce n'est pas, dit-il, à l'aide d'un mécanisme constitutionnel régulier qu'on guérira un mal moral; l'abolition du servage et la propagation de l'instruction, loin d'être des panacées, ne seront pas même des palliatifs, car la nuit du péché plus que la nuit de l'ignorance pèse sur la Russie. Que les Russes soient honnêtes, et ils seront libres. Or Karamzine demande l'initiation de cette régénération sociale à l'autocratie, c'est-à-dire à la force. Qu'il ait ailleurs affirmé ses tendances républicaines, peu importe, il n'aurait fait qu'imiter Alexandre lui-même, et en définitive aurait pensé avec son compatriote d'occasion, Xavier de Maistre, qu' « un bon gouvernement, c'est une réunion d'honnêtes gens, quelque soit le nom qu'on lui donne, soit qu'ils aient un roi à leur tête, soit qu'ils se gouvernent eux-mêmes [1] ».

Non loin du théoricien vit le pamphlétaire, l'homme dont le nom a servi « de refrain à l'incendie comme celui de Marlborough à la chanson », Rostoptchine. Ancien ministre de Paul Ier, il a été contraint à une retraite dont il ne sortira qu'en 1812. Il est en effet dangereux à tous par ses boutades, et dans une cour, chacun pourrait le redouter. Ses lettres publiées témoignent de l'originalité de son esprit et de son humeur; elles sont écrites en

---

(1) *OEuvres et correspondances inédites* publiées par E. Réaume.

une langue qui rappelle celle de Saint-Simon, avec une plume d'où le fiel et la haine du mal coulent sans jamais tarir. Sur ses terres, Rostoptchine expérimentait les méthodes nouvelles d'agriculture, faisait venir des machines et des têtes de bétail de l'étranger ; il était très-flatté d'avoir pour précepteur de ses fils un ancien instituteur du Dauphin ; un prêtre français dirigeait la conscience de sa femme devenue catholique. De ces servitudes il se dédommageait en paroles, déployant dans sa conversation et ses lettres un chauvinisme exalté, une hostilité systématique aux influences et aux coutumes exotiques, quelles qu'elles fussent.

Sa première protestation en faveur des mœurs nationales fut une nouvelle intitulée *Ohé! les Français!* Puis vint une comédie satirique, *les Nouvelles ou le mort vivant*, jouée à Moscou au lendemain d'Eylau, dirigée contre les trembleurs et les colporteurs de nouvelles exagérées. Puis éclata le pamphlet *Pensées sur l'escalier rouge du Kremlin*, publié sous un pseudonyme. Ce ne sont que quelques pages, mais quel Allemand, dans ses accès de teutomanie, a plus abondamment déchargé sa bile? Même à travers la traduction, on est saisi par la puissance de l'ironie et des invectives. Pourquoi respecter les Français, qui ne respectent plus leur propre passé? Rostoptchine sait à ce moment l'ennemi aux portes de l'empire; on comprend dès lors l'amertume des plaintes qu'il a mises dans la bouche de son interprète imaginaire, Silas Andrévitch Bogatizev :

« Resterons-nous encore longtemps à imiter les singes ?... Seigneur, n'avez-vous donc créé la Russie que pour qu'elle nourrisse, engraisse et enrichisse toute la canaille étrangère, et encore, sans que personne dise merci à la nourrice? Qu'il arrive un Français échappé à la potence, aussitôt on se l'arrache, et lui, il fait des façons, se dit prince ou gentilhomme... et il n'est en réalité qu'un laquais ou un boutiquier, ou un commis de la gabelle, ou un prêtre interdit qui s'est sauvé par peur de sa patrie. Il fait le dédaigneux pendant deux semaines, puis il se livre à des opérations commerciales ou se fait précepteur, quoiqu'il sache à peine lire.... Qu'enseigne-t-on aujourd'hui aux enfants? A bien prononcer le français, à tenir les pieds en dehors et à se friser les cheveux. Celui-là seul est spirituel et charmant qu'un Français prendra pour son compatriote. Comment peuvent-ils aimer leur patrie, quand ils savent mal même leur propre langue? Leur patrie est le Pont-des-Maréchaux et Paris leur paradis. Ils n'ont aucun respect pour leurs parents, méprisent les vieillards, et n'étant capables de rien, se croient propres à tout. Dieu éternel, il est temps d'en finir.... Le malheur, c'est que notre jeunesse lit *Faublas* et non l'histoire. S'il en était autrement, elle se serait aperçue que toute tête française n'est qu'un moulin à vent, un hôpital et une maison de fous.... ». Suit une appréciation de la Révolution, qu'on dirait tracée par une plume d'émigré dans une main tartare, et à laquelle il devait donner cinq ans après un si terrible commentaire [1].

Que l'esprit moscovite se défendît dès lors à outrance, dans les limites de l'empire, contre l'influence occidentale, cela se conçoit; mais il nourrissait en outre des projets d'invasion et de bouleversement où les amis de Souvorov préparaient à la France le sort de la Turquie et de la Pologne. Paul Ducret raconte quelque part avoir assisté, vers le temps de la bataille d'Austerlitz, à certain banquet où les convives, croyant qu'il ignorait le russe, donnèrent, le verre en main, carrière à leurs am-

---

(1) A. DE SÉGUR, *Vie de Rostoptchine*.

bitions et à leurs haines. Mobiliser toutes les peuplades du Nord, leur livrer les riches campagnes de la Bourgogne et de la Lorraine, abattre les vaincus par la terreur ou les transporter par mer jusque dans les mines et sur les terrains en friche de la Russie, appliquer en un mot à la France les procédés dont on avait usé envers la Pologne leur semblait chose désirable et facile. Le but c'était le rétablissement de la féodalité par le servage, et l'hégémonie du monde slave sur les ruines de la religion et de la civilisation latines [1]. Lorsque Napoléon disait : Grattez le Russe, vous retrouverez le Tartare, il exprimait sous une forme générale et trop absolue l'indignation légitime que de semblables folies, écloses au milieu des pâtés de Périgueux et des bouteilles de champagne, étaient de nature à exciter.

(1) Notes inédites citées dans une biographie de Ducret (*Annuaire du Jura*. 1860. p. 334-338).

III

JOSEPH DE MAISTRE

Pour la première fois alors, un homme de grand esprit et de grand caractère, le comte Joseph de Maistre, se trouve représenter en Russie le génie de la France. Sous la protection d'un titre diplomatique, il séjourne quatorze ans dans cette capitale où Voltaire n'a pu parvenir, où Diderot n'a pu demeurer, et qu'il devra un jour quitter lui-même bon gré mal gré; en attendant il y compose des livres en opposition complète avec ceux qui plaisaient aux contemporains de la grande Catherine; et à deux pas du palais qu'habite le chef de l'Église grecque, à cinq cents lieues de Paris, il se fait une réputation chère à la fois à l'Église catholique et à la France.

Joseph de Maistre a été souvent considéré, abstraction faite de son origine, de ses relations et des vicissitudes de sa vie, comme une sorte de Père laïque de l'Église; il a fait école par ses procédés d'argumentation, le ton de sa polémique et l'accent de son style; les critiques de toute sorte, les unes sérieuses, les autres dédaigneuses ou venimeuses n'ont pas plus manqué à sa mémoire que les éloges. Le meilleur moyen de le juger sans parti-pris serait de le remplacer dans le cadre extraordinaire que les événements lui avaient fait, de rechercher quelle influence la Russie a eue sur son talent, quelle part elle peut prétendre dans la composition de ses ouvrages.

Ministre plénipotentiaire d'un roi plus qu'à demi détrôné, il lui suffisait, et il le fit avec un tact parfait, de ne pas laisser périmer les droits de son maître; mais ces droits ne pouvaient revivre qu'au prix de l'abaissement de la France, et il se trouvait ressembler un peu à ces héros du drame antique combattus, non pas entre la passion et le devoir, mais entre deux devoirs essentiellement contraires et également impérieux. Comme son frère Xavier, ce serviteur de la maison de Savoie pouvait dire : « Je regrette vivement mon pays, mes parents, et la France qui est bien aussi mon pays [1] ». Il avait beau faire, l'élément gaulois dominait dans son être, et une singulière fatalité selon lui l'avait fait tomber à sa naissance à Chambéry, sur le chemin de Turin à Paris [2]. Comment il aimait et comprenait la France, un ouvrage bientôt célèbre l'avait déjà dit; cet écrivain, ce penseur de vieille race et de tradition parlementaire admirait le passé religieux et monarchique de notre pays surtout par comparaison avec le présent, et tout en détestant l'usurpation révolutionnaire, il se tenait à part des demeurants de l'ancien régime proprement dit. On l'a vu décliner en 1799 l'honneur de mettre sa plume au service du Prétendant. Plus tard il paraît sortir quelque peu de cette réserve. Il entre en Russie avec une lettre de recommandation de l'envoyé de Louis XVIII à Vienne, et Langeron qu'il a rencontré à la frontière lui fait le premier les honneurs du pays. En 1804 il collabore à la protestation des Bourbons contre la proclamation de l'empire; rayé de la liste des émigrés et fait malgré lui citoyen français, il approuve et encourage sans scrupule tout acte hostile au dominateur de l'Europe; il

---

(1) *OEuvres et correspondances inédites.*
(2) J. DE MAISTRE, *Corr. dipl.*, 13 oct. 1812.

envoie son fils, conscrit réfractaire de Napoléon, combattre avec les chevaliers-gardes à Friedland. Malgré ces apparences, il est resté étranger aux rancunes étroites et aux idées systématiques du parti auquel il est lié ; ses écrits et sa conduite en font constamment foi.

Joseph de Maistre s'inclinait en effet devant la Révolution comme devant une expiation ou une rénovation nécessaire. La France, même républicaine, lui semblait le soldat de Dieu, et il est saisi involontairement chaque fois que la grande figure de l'homme du destin se lève devant lui : Lorsque je le voyais passer, lui disait un prisonnier piémontais, mon cœur battait comme quand on a couru de toutes ses forces, et mon front se couvrait de sueur, quoiqu'il fît très-froid. Joseph de Maistre ressent dans son imagination une impression analogue. Il cédait évidemment à une sorte de fascination lorsqu'au lendemain de Tilsitt, il faisait demander une audience à Napoléon, sous prétexte de l'entretenir des intérêts de son maître. Il ne reçut pas de réponse ; toutefois les attentions de nos ambassadeurs, auxquelles il répondait avec une mauvaise grâce hautaine, lui prouvèrent que sa démarche n'avait pas déplu. Le vieux sang savoisien était promptement remonté à son cerveau pour lui faire dire : L'Europe est à Bonaparte, mais nos cœurs sont à nous [1].

Tel était le singulier Français que la Révolution amenait à Pétersbourg comme pour la juger, la toiser de loin, au-delà des frontières de son empire. La Russie devient bientôt, concurremment avec la France, le principal sujet de ses observations, et un jour, avec l'accent d'une gratitude plus haute et plus désintéressée que celle de Voltaire, il pourra s'écrier : « Jusqu'à mon

---

[1] A d'Avaray, 12/24 juillet 1807.

dernier soupir, je ne cesserai de me rappeler la Russie, et de faire des vœux pour elle. Naturalisé par la bienveillance que j'ai rencontrée au milieu de ses habitants, j'écoute volontiers la reconnaissance lorsqu'elle essaie de me persuader que je suis Russe [1] ».

Comme homme privé, Joseph de Maistre avait un grand avantage sur les philosophes ses prédécesseurs : son genre de vie aussi bien que ses convictions inspiraient le plus profond et le plus juste respect. Son traitement était modique, il n'avait aucune fortune personnelle, demeurait par conséquent sans maison, souvent sans domestiques; la dignité du roi ni la sienne n'y perdirent jamais rien. Il était séparé de sa femme et de ses filles, surtout d'une enfant qu'il n'avait pas revue depuis sa naissance, et il supportait, sans jamais se plaindre autrement qu'à voix basse, ce double exil qui le privait de sa famille et de sa patrie. Les rêves, les regrets qui le poursuivaient durant ses insomnies, sous ses rideaux d'indienne, étaient son tourment et sa consolation. Le jour il écrivait à sa fille, à ses amis dispersés en Europe; dans ce triste intérieur, où la solitude naturelle au diplomate s'aggravait des douleurs privées, il faisait trêve aux maussades préoccupations de la politique par les plus sévères études et les plus hautes méditations.

L'homme du monde et l'homme public dominaient cependant en lui. Dans les cercles de Pétersbourg, même en face des survivants de l'âge antérieur, Alexandre Strogonov, l'amiral Tchitchakov, il étonnait. il éblouissait, il s'imposait; non pas qu'il fût maître en cet art exquis de la conversation révélée aux Russes par

---

(1) Esquisse de l'Épilogue des *Soirées de Saint-Pétersbourg* (dans les *Lettres et opuscules*, t. II, p. 341). — Cf. *Corr. dipl.*, 26 septembre 1815. 27 décembre 1816.

Ségur et Choiseul-Gouffier; mais tantôt il racontait de la façon la plus attachante, comme lorsqu'il évoquait la *Vision de Charles XI* fixée depuis sur le papier par Mérimée; tantôt il prêchait, il parlait pour ainsi dire d'avance à un auditoire d'élite ses grands ouvrages, sans écouter les réponses et sans fuir le sommeil quand ses interlocuteurs saisissaient la parole. On sait ce qui lui arriva avec Mme de Staël : on les avait mis en présence, et dans leurs personnes Genève et la Savoie, le catholicisme et le protestantisme. De Maistre parla avec feu, fut écouté avec patience. Corinne lui donna vivement la réplique, et croyait l'avoir réduit au silence, lorsqu'elle s'aperçut qu'il dormait; ils ne se revirent plus [1].

Les lettres de l'illustre polémiste paraissent rendre assez exactement l'accent et le tour de sa parole incisive. Il était courtois dans l'expression, mais son accent indiquait son mépris pour l'art des transactions et des nuances; c'est ce qui explique le mot d'Hédouville sur lui, si vif sous son apparence débonnaire : « De l'esprit, mais point de sens [2] ». Il aimait mieux faire crier son adversaire que le convaincre : « Si j'étais Français, a-t-il osé écrire au risque de faire croire à son scepticisme, je serais tenté de m'enrôler systématiquement sous l'un ou l'autre des drapeaux exagérés, tant je suis persuadé que les systèmes modérés sont des moyens sûrs pour déplaire aux deux parties. On peut se moquer du sien *in petto* en toute sûreté de conscience (j'entends en partie), mais il faut en avoir un [3] ». En Russie il lui suffisait, sauf à s'entendre appeler tantôt ultra et tantôt

---

(1) « Impertinente femmelette », dit-il de Mme de Staël dans ses *Soirées*. « Pie conspiratrice », dira plus tard Rostoptchine.
(2) Hédouville à Talleyrand, 16 prairial an XI.
(3) *Corr. dipl.*, 5 juillet 1817.

jacobin (ce qui le classait malgré lui dans l'odieuse catégorie des modérés), de répandre sous forme d'aphorismes, de boutades, de sentences prophétiques parfois hasardées, une foule d'idées neuves révélées depuis par des publications tardives ou posthumes.

Joseph de Maistre, au moins à cette époque, semblait désintéressé de la gloire littéraire. Son jeune frère Xavier était alors l'écrivain de la famille. Venu avec lui des Alpes, c'est comme un François de Sales mondain à côté d'un Rousseau catholique. Cet ancien compagnon de Souvorov, après avoir pour vivre ouvert un atelier de peinture à Moscou, obtint, grâce aux relations de son frère, la place de directeur de la Bibliothèque et du Musée de l'Amirauté; puis il servit à l'armée du Caucase, et fut bientôt naturalisé par ses alliances, ses occupations, ses habitudes de vie. Il donnait alors une suite à son *Voyage autour de ma chambre* dans son *Expédition nocturne*, préparait *Les prisonniers du Caucase* et *La jeune Sibérienne*, et à la veille de 1812 envoyait à ses amis du val d'Aoste la triste et douce méditation du *Lépreux*. Le héros était comme lui un émigré, un fugitif de la principauté d'Oneille qu'il avait rencontré à Turin; plus tard il se rappela cette étrange figure entrevue au passage, et lui donna sans y paraître l'immortalité. Son frère lui avait fourni une préface; Xavier se montra reconnaissant en traçant à la hâte de sa plume légère l'introduction des *Soirées*.

Le comte Joseph n'était point homme à s'attarder aux descriptions; il écrivait, sans intention de publicité immédiate, à l'adresse de certaines personnes, dans une pensée d'apostolat. S'il refusait d'entrer au service du tsar, il donnait avec succès ses avis sur le temps présent, rédigeait à l'occasion un projet d'édit en faveur de la Pologne, et philosophait à son aise sur le passé. C'est ainsi qu'étudiant la révolution sociale opérée par Pierre Ier, il combine les arguments de Raynal et de Jean-Jacques avec les théories de ses *Considérations sur la France*, et reproche aux Russes d'avoir subi le joug d'institutions exotiques auxquelles rien ne les avait préparés, d'avoir créé des académies, quand les savants leur manquaient. De même qu' « aucune constitution ne résulte d'une délibération », aucun progrès social ne peut s'accomplir par la seule volonté d'un homme; ici et là l'action des mœurs publiques et du temps est nécessaire [1]. Si la liberté politique doit venir à son tour, qu'au moins son avènement soit facilité par une forte éducation morale donnée à ceux qui en profiteront. J. de Maistre part de là pour refaire le procès des sophistes parisiens, premiers auteurs de cette lente révolution, et aux ferments redoutables semés par eux jusqu'au bout de l'Europe : « L'épouvantable littérature du dix-huitième siècle est arrivée en Russie subitement et sans préparation, et les premières leçons de français que ce peuple entendit furent des blasphêmes…. Les serfs, à mesure qu'ils recevront la liberté, se trouveront placés entre des instituteurs plus que suspects et des prêtres sans force et sans considération…. La liberté fera sur tous ces tempéraments l'effet d'un vin ardent sur un homme qui n'y est point habitué…. ». C'est bien là, ou peu s'en faut, la prédiction du nihilisme, faite déjà vingt ans auparavant à l'étourdie par Genet [2].

S'il ne pardonne point aux philosophes, J. de Maistre est assez indulgent envers les illuminés, non seulement hostiles à toute destruction irréfléchie, mais empressés à offrir un aliment quelconque aux âmes avides de foi.

(1) « J'en veux toujours à Pierre Ier, qui a jeté cette nation dans une fausse route » (*Corr. dipl.*, 18 juillet 1814).
(2) *Quatre chapitres sur la Russie* (publiés à part en 1859).

Aussi l'a-t-on accusé après coup d'être leur disciple; on a voulu voir le germe de plusieurs de ses théories dans quelques phrases de Saint-Martin. Il est certain de son propre aveu qu'il avait vu et entretenu le célèbre mystique [1], qu'il avait étudié et transcrit les écrits de ses disciples, et que l'illuminé russe, contempteur de sa religion et lecteur assidu de sainte Thérèse ou de Fénelon, lui semblait un allié utile. Mais se plaçant à un point de vue rigoureusement catholique, il ne pouvait faire d'emprunts sérieux à de telles doctrines; quelques analogies curieuses d'idées, nées ici et là d'une opposition instinctive à la critique desséchante et implacable des encyclopédistes, n'autorisent pas à réduire l'œuvre de Joseph de Maistre à je ne sais quel plagiat furtif et habilement développé. Son œuvre considérée de près est elle-même une réaction contre le mysticisme énervé et flottant de Novikov et de Karamzine.

Comme corps politique, la Russie offrait à l'envoyé de Sardaigne un spectacle fécond en méditations. Libre jusque-là de la superstition des constitutions écrites, elle s'en tenait à sa constitution naturelle, traditionnelle, personnifiée dans un prince éminent et respecté. Comme corps social, elle souffrait dans ses membres esssentiels, soit de l'antagonisme élevé entre la vieille morale et la nouvelle philosophie, soit de l'atrophie du clergé et de l'indifférence des hautes classes. Sous le règne précédent, on avait rejeté toute croyance, les meilleurs disant de l'Évangile avec Mme Rostoptchine : Quel malheur qu'un livre si beau ne soit pas vrai ! On n'adorait plus que la force vivante et triomphante. La majesté souveraine était bien déchue depuis l'assassinat d'un tsar au pied de son lit et d'un roi de France en place publique.

(1) *Corr. dipl.*, 10 mai 1816.

Eût-on voulu se réfugier dans le sein de l'Église nationale, on se trouvait en face d'un clergé ignorant et méprisé. A ces fléaux Joseph de Maistre signalait le remède possible dans une réforme de l'éducation publique et dans un retour de l'Église russe à la communion du Saint-Siège. De là deux campagnes, l'une marquée par ses *Quatre Chapitres sur la Russie* et les *Lettres sur l'Instruction publique* au comte Rosoumovski, l'autre par les études préparatoires du livre *du Pape*.

Les deux premiers de ces écrits étaient destinés à un lecteur unique, le tsar. L'auteur y parle à la fois en catholique et en Vieux-Russe, hostile à la philosophie germanique et aux réformes de Spéranski [1]. Le développement récent et hâtif donné à l'enseignement supérieur l'effrayait, parce qu'il ne s'appuyait point, comme autrefois, sur la religion ; et il se mit à indiquer, avec moins de détails que Diderot s'adressant à Catherine II, ce que devait être une Université modèle. Il s'insurgeait non contre la science, mais contre la science séparée de la religion et tendant à se substituer à elle. Dans l'état actuel des choses, il lui suffisait de voir les représentants les plus actifs de l'idée catholique, c'est-à-dire les jésuites, autorisés à donner librement le haut enseignement, et il obtint en effet, en février 1812, au nom du salut public, que leur collège de Polotsk fût érigé en Académie :
« Cette société, disait-il au tsar, est le chien de garde qu'il faut bien vous garder de congédier. Si vous ne voulez pas lui permettre de mordre les voleurs, c'est votre affaire, mais laissez-le rôder au moins autour de

(1) Il a plusieurs fois jugé, et sévèrement, Spéranski (*Lettres et opuscules*, t. I, p. 229, 254). Dans sa *Corr. dipl.* (21 avril 1818), il l'appelle « mauvais politiquement, novateur constituant jusque dans la moelle des os, et grand ennemi de toute distinction héréditaire ».

la maison, et vous éveiller lorsqu'il sera nécessaire, avant que vos portes soient crochetées, ou qu'on entre chez vous par les fenêtres [1] ».

Le traité *du Pape*, qu'il n'osa faire paraître durant son séjour en Russie, était destiné à combattre cette idolâtrie du pouvoir temporel, cette confusion entre les mêmes mains de l'épée et de la crosse qui est le plus sûr garant du despotisme. Il se rappelait Pierre Ier parodiant, au milieu d'une orgie crapuleuse, les cérémonies du conclave, le métropolitain Platon osant dire en 1790 : Le pape est la cause de tout ce qui se passe en France [2], Alexandre enfin s'écriant à la vue des démêlés de Napoléon et de Pie VII : Je suis pape, c'est bien plus commode. Il voyait ce même Pie VII humilié et prisonnier, et il lui plaisait de relever ainsi au fond de son âme le Saint-Siège des épreuves qu'il subissait dans ses deux patries d'adoption; il s'écriait audacieusement, en face du tsar orthodoxe qui ignorait la papauté et du nouveau Charlemagne en lutte avec elle : « Le dogme capital du catholicisme est le Souverain Pontife ». Écrivant au bruit de combats comme l'Europe n'en connaissait point encore, il signalait à Rome un remède préventif aux maux toujours suspendus sur l'Europe, et il décernait au successeur de Pierre une infaillibilité fort différente de celle qui a été définie au concile du Vatican; car il la déduisait de l'axiome très-contestable qui la confond avec la souveraineté, et la présentait principalement comme une garantie d'ordre social. Son livre est bien plus d'un diplomate que d'un théologien.

L'impression des événements récents est encore plus sensible dans son réquisitoire contre l'Église gallicane.

(1) Lettre du 26 juin 1810 (publiée en appendice à la suite des *Quatre chapitres sur la Russie*).
(2) FORTIA DE PILES, *Voyages*, etc., t. III, p. 287.

Il s'agit bien désormais du projet de réunion élaboré jadis par les jansénistes, et repris en ce moment, sans espoir de succès, par l'ancien évêque constitutionnel Grégoire, dans une correspondance avec le métropolitain de Moscou! Derrière l'Église gallicane, Joseph de Maistre vise l'Église orthodoxe, et c'est en les assimilant trop étroitement l'une à l'autre dans sa pensée qu'il s'en prend, quand la vieille France est à terre, à une des plus grandes institutions de ce vénérable édifice. Des abus du passé, il réprouve et flagelle celui-là sans ménagements, confondant de propos délibéré le gallicanisme étroit des Parlements avec ce gallicanisme fondé sur un instinct naturel et chrétien, et qui est un des éléments essentiels du génie français. Il ne voit que Louis XV expulsant, à l'exemple de Pierre Ier, la Compagnie de Jésus. Aussi ses écrits eussent fait scandale en France cinquante ans auparavant, et peut-être n'eussent-ils point évité la censure séculière et ecclésiastique; il fallut, pour protéger leur publicité, la réaction qui suivit 1815; et encore les survivants de l'ancien clergé organisèrent-ils contre lui la conspiration du silence; il se plaint dans ses lettres de leur mauvais vouloir. Tout compte fait, c'était ailleurs qu'il espérait voir fructifier ses révélations et ses leçons : « Croyez que le chapitre sur la Russie tombera à Saint-Pétersbourg comme une bombe [1] ».

En attendant l'effet de sa polémique, Joseph de Maistre confiait discrètement ses vues, ses indignations, ses espérances à quelques amis, aux compagnons de ses « soirées » d'été sur la Néva; là la Russie était présente par son Sénateur, la France par son Chevalier, et devant eux le Comte, donnant carrière à son imagination avivée

---

(1) *Corr. dipl.*, 26 janvier 1820.

par la foi, tentait à leur usage commun l'interprétation des mystérieux décrets de la Providence. Autour de sa thèse se groupent bon nombre de digressions qui, prises à part, font crier au paradoxe, et qui sont la marque du temps sur l'ouvrage. L'invective contre Voltaire consacre la déchéance d'une gloire que Catherine II avait reniée, et que Chateaubriand venait de faire pâlir; les pages sur le bourreau et sur la guerre ont été commentées d'avance par la Terreur, par les effroyables tueries de 1807 et de 1812; et l'ouvrage inachevé fait songer jusque par son imperfection à la grande idée qui l'a inspiré, et dont l'homme ne saura jamais le dernier mot.

Au lieu d'y mettre la dernière main, J. de Maistre confia au public, de son vivant, sous une autre forme, quelques-unes de ses idées favorites ; c'était en 1814, au moment où Alexandre, à la tête de la coalition, croyait avoir écrit la conclusion du drame révolutionnaire. Son *Essai sur le principe générateur des constitutions* s'adresse à tous les temps et à tous les pays; mais ses derniers mots, nous ramenant encore dans le milieu où vivait l'auteur, sont un anathème aux Académies corruptrices, un salut à la Russie jadis glorifiée par des ministres et des généraux qui n'avaient rien d'étranger, un vœu pour l'épanouissement lent et régulier de sa grandeur.

IV

LES CONVERSIONS

Il ne pouvait suffire à J. de Maistre de dissiper certains préjugés ou d'améliorer la situation légale de ses coreligionnaires. Il lui fallait prendre position dans la place ennemie, s'emparer des consciences comme des esprits ; et il sut en effet, au milieu de ce monde flottant entre le despotisme des institutions et l'anarchie des idées, éveiller le doute raisonné en plus d'une âme, doute qui devait aboutir aux plus fermes, aux plus héroïques convictions. De ce côté il avait plus d'un auxiliaire ; une réaction peu étendue, mais intense, était conduite par une certaine classe d'émigrés en faveur du catholicisme, et faisait une trouée au cœur de la plus haute société. Étudions ici cette révolution à huis-clos, où l'intrigue et la mode n'eurent guère de part ; c'est un de ces chapitres délicats de l'histoire des âmes, plein de péripéties moins importantes sans doute, plus intéressantes peut-être que les révolutions des empires, et dont la conclusion lentement préparée se traduit d'ordinaire par le *Je vois, je sais, je crois* du poète.

Un obscur émigré doit recueillir, d'après un témoignage très compétent, « l'honneur de l'introduction du catholicisme en Russie [1] ». C'était un ancien officier de marine, le chevalier Bassinet d'Augard, sorti brusquement de l'incrédulité à la suite d'un sermon du jésuite

(1) Mme Svetchine au P. Gagarin, 17 sept. 1844.

de Beauregard et habitué à batailler contre les incrédules dans les salons de Paris. Il y avait en lui une originalité peu ordinaire, car un mémoire sur le commerce du Japon qu'il adressa à Catherine II en 1796 pour se faire admettre dans ses États avait valu à l'auteur cette apostille de la main impériale : « Un des premiers fous de l'Europe... Je prie le ciel qu'outre cela ce ne soit pas un des plus grands charlatans du monde [1] ». On pouvait se défier d'un homme qui affirmait connaître le lieu où Darius, après la bataille d'Issus, avait enfoui ses trésors. Il pénétra non sans peine en Russie, fut recueilli comme Mme de Tarente chez la comtesse Golovine, et finit par être nommé sous-directeur à la Bibliothèque impériale. On le recherchait à cause de son aménité et de sa facilité pour les parodies et les bouts-rimés, et ce qui vaut mieux, quelques amis se laissèrent gagner par la contagion de sa foi tranquille et ardente.

Le récit de ses derniers moments est une page caractéristique dans l'histoire de la communauté catholique renaissante. « Il languit pendant un mois sans grandes douleurs et s'éteignit tout doucement, assis presque tout le jour dans un grand fauteuil, devant une table sur laquelle était un crucifix de trois pieds de haut. Pache Golovine et Catiche Tolstoï, alors demoiselles d'honneur de l'impératrice, passaient chez lui plusieurs heures chaque jour. Le chevalier, sentant qu'il s'affaiblissait, demanda l'extrême-onction. Le jour et l'heure en furent fixés. Ces demoiselles voulurent y assister, ainsi que la comtesse Golovine qui n'était pas encore convertie. Le P. Rosaven, confesseur du chevalier, expliquait aux dames en français les prières de l'Église à mesure qu'il les prononçait. Après l'administration, le chevalier resta

---

(1) A Grimm, 5 janvier 1796.

quelque temps recueilli en silence. Pendant ce temps-là, Pache et Catiche avaient tourné autour du fauteuil du malade et s'étaient placées devant lui, debout, aux deux côtés du crucifix. Enfin le chevalier leva les yeux ; Que vois-je, dit-il en souriant, c'est une vision! Voilà le Calvaire, et deux anges au pied de la croix [1] ».

On a cité les personnes qu'il avait successivement et lentement amenées à ses propres croyances; c'étaient la comtesse Golovine et ses filles Lise et Prascovie, la comtesse Rostoptchine et ses sœurs, la comtesse Tolstoï et sa fille. Les femmes, qu'aucune considération d'ambition ne retenait, se laissaient surtout entraîner et convaincre. Dans un pays où la liberté de l'apostolat n'existait pas, la propagande était limitée aux salons et aux classes élevées. Telle jeune fille ou grande dame, nièce d'un correspondant de Voltaire comme la comtesse Golovine, petite-fille d'un traducteur de l'*Encyclopédie* comme Mme Svetchine, qui ignorait sa langue, qui dans la maison paternelle avait vu passer un gentilhomme ou un prêtre fugitif, commençait par suivre la messe grecque sur un paroissien catholique; elle récitait la prière pour le roi et la France transmise par Mme Elisabeth au chevalier d'Augard et par celui-ci à ses amis; puis les incidents d'une conversation, quelque lecture imprévue remuaient sa conscience à l'improviste : elle se rappelait son éducation religieuse livrée à des protestants étrangers, réduite à quelques rares leçons de catéchisme, et aboutissant à une participation machinale aux sacrements, vers le temps de Pâques; l'étude, la méditation ébranlaient sa volonté, et il ne lui restait plus qu'à s'agenouiller devant un de ces jésuites vengés

---

(1) P. DE GRIVEL, *Le chevalier d'Augard* (*Contemporain*, octobre 1877).

par l'hospitalité de l'autocratie des dédains de l'ancien régime. Elle était devenue presque sans le savoir, et elle restait sans le dire la servante du Dieu que la Révolution avait frappé dans Louis XVI et qu'elle poursuivait dans Pie VII.

Joseph de Maistre était le théologien laïque et le Père Rosaven le directeur spirituel de ce petit groupe de converties et de catéchumènes. Chacune d'elles avait transcrit de sa main un livre contenant deux petits traités apologétiques du premier sous forme de lettre, et deux autres lettres du second [1]. Comment étaient-elles arrivées à ce déchirement moral, le plus douloureux de tous, qui sépare en deux une vie humaine et se traduit par une abjuration? Autant de conversions, autant d'histoires; le but est le même, les chemins pour y parvenir sont infiniment variés. Tantôt le cœur et l'imagination, tantôt l'esprit et l'étude leur servent de guides à travers les obstacles de toute nature, et les font passer outre.

La princesse de Dietrichstein, une Chouvalov, se dit saisie par une vision qu'elle a eue le jour anniversaire de sa naissance, et où un saint Suaire porté par deux anges vêtus de blanc s'est déployé devant elle; l'année suivante c'est une Bible, tombée par hasard entre ses mains pendant la semaine sainte, qui lui ouvre les yeux. Elle vient à Rome; le spectacle des vertus et des épreuves du pape achève de l'ébranler, et enfin, après plusieurs années douloureuses, elle se décide à une abjuration [2].

Long aussi fut l'apprentissage de Sophie Soymonov,

(1) C'étaient la *Lettre à une dame protestante* sur la maxime qu'un honnête homme ne change pas de religion, et la *Lettre à une dame russe* (la comtesse Tolstoï) (publiée en 1876).

(2) *Conversion de la princesse Al. de Dietrichstein, née Chouvalov, racontée par elle-même*, Paris, 1879.

plus tard Mme Svetchine. Elle avait été élevée selon l'esprit de sa génération, dans le culte des civilisations étrangères, dans l'oubli de la religion nationale, dans le respect des héros de la Bastille. Mais de bonne heure aussi elle eut le goût du travail; on a de longs extraits de ses lectures, qui commencent en 1801, seconde année de son mariage; on y peut suivre le travail de sa pensée, de son âme avide de croyances. Dans le premier volume, les écrivains du dix-huitième siècle tiennent une large place; Pascal et Massillon apparaissent dans le second; puis Bossuet et Fleury, ces deux oracles de l'Église gallicane maudite par J. de Maistre, qu'elle lut malgré lui (au moins le dernier), se trouvèrent décider sa soumission à l'unité romaine [1]. Elle flotta quelque temps dans le vide, entre le culte orthodoxe et la philosophie de Hegel; les entretiens de l'auteur *du Pape*, les livres qu'il lui prêta, ses propres réflexions décidèrent en 1815 sa conversion définitive.

Ainsi faisait la comtesse Rostoptchine, nourrie des idées d'Helvétius. Ses relations avec l'envoyé sarde attirèrent son esprit vers les études religieuses, et la conclusion de ces études fut une abjuration secrète entre les mains du curé catholique de Moscou, l'abbé Surugues. Une fois par semaine, cet ecclésiastique venait dîner chez Rostoptchine; au sortir de table, la comtesse se promenait avec lui dans ses vastes salons en causant, et personne ne se doutait que ce tête-à-tête cachait l'entretien d'une pénitente et de son confesseur. Enfin un jour elle

[1] « Si je n'avais qu'une couronne, c'est à Bossuet que je la donnerais. — La vie que je lui dois (à Fleury) établit de lui à moi une paternité à laquelle je ne dispute rien ». (DE FALLOUX, *Mme Swetchine,* t. I, p. 191-192). Il y a sur elle une lettre bien sévère de la princesse Tourkestanov à Christin (2 décembre 1815), qui trahit l'opinion du monde russe à l'endroit de sa conversion.

entre chez son mari, et lui annonce son changement de religion. Lui resta d'abord sans réponse et comme foudroyé ; puis, huit jours après, il vint à elle et l'embrassa : Tu m'as déchiré le cœur, lui dit-il, mais tu as raison d'obéir à ta conscience, c'est la volonté de Dieu. N'en reparlons jamais [1].

Lors de son premier voyage à Pétersbourg, Mme Galitsine ne révéla que tard à sa fille le secret de sa conversion, et celle-ci, qui avait répondu à cette confidence par un serment de haine au catholicisme, devait non seulement suivre sa mère, mais finir à l'étranger, sous la règle du Sacré-Cœur.

Ces conquêtes clandestines n'étaient pas les seules que l'esprit catholique, servi par la langue et l'esprit français, fît dans l'empire russe. Les Jésuites, renforcés par des congrégations formées à leur image — Pères du Sacré-Cœur, Paccanaristes, Pères de la foi — rejoints par les vieux débris de la compagnie, fortifiés par des recrues accourues de France dans leurs noviciats de Polotsk et de Dunabourg, reprenaient et poussaient en tous sens leur œuvre d'enseignement et d'apostolat. Leur collège de Pétersbourg avait remplacé dans la faveur publique le pensionnat de l'abbé Nicolle : un des professeurs, le Père Rosaven, dirigeait en outre une conférence privée de philosophie où se réunissaient quelques jeunes gens d'origine diverse, mûrs avant l'âge, et presque tous officiers, Nicolas de Serra-Capriola, le baron de Damas, Rodolphe de Maistre, le prince Pierre Galitsine [2]. A côté du collège des jésuites venait de s'ouvrir le lycée de Tsarskoé-Célo, où professait le frère de Marat, « M. de Boudry », jacobin impéni-

---

(1) A. DE SÉGUR, *Vie de Rostoptchine.*
(2) Lettre citée par A. DE MARGERIE, *Le comte Joseph de Maistre*, p. 418.

tent; là l'élève se préparait à la vie mondaine, et le maître ne lui enseignait guère d'autre principe de morale que le point d'honneur. Aux jésuites eux-mêmes il était défendu de parler religion devant leurs élèves; jusque sous leur main, l'orthodoxie russe protégeait avec soin les siens. Les jésuites acceptèrent sans murmurer cette situation, qui les réduisait à la propagande muette de l'exemple; ils s'en remettaient à la Providence, à l'imprévu qui changerait les conditions de leur apostolat et agrandirait leur œuvre.

La Russie est tout un monde, depuis la capitale où règne une civilisation raffinée, à la steppe où le nomade campe sous la tente. Alexandre appela ces prêtres étrangers, assouplis aux tâches les plus diverses, au milieu des colons allemands de la province de Saratov. Le Franc-Comtois de Grivel se voua particulièrement à les consoler, à les instruire, à les acclimater en quelque sorte autour de sa station de Krasnopolis. La vie devait lui sembler dure en un pays où ses yeux ne rencontraient ni une pierre, ni une colline, sur une plaine couverte de neige pendant cinq mois avant d'être brûlée par les rayons d'un soleil italien; fils d'un soldat, il se disait prêt cependant à y finir ses jours, sans pouvoir pressentir qu'il en serait chassé et mourrait à l'autre bout du monde, dans la libre Amérique. On rencontre également ses confrères à Astrakhan, où ils fondent en 1807 un pensionnat bientôt populaire; au delà du Caucase à Mozdok, aux prises avec les Arméniens et les Tatars ; à Odessa, à partir de 1811, avec l'ancien chevalier de Malte d'Ervelange-Vitry [1].

A Riga, leur mission fut particulièrement hardie et féconde. Dans cette ville allemande de langue, luthé-

(1) P. CARAYON, *Documents sur la Compagnie de Jésus*, t. XX.

rienne de religion, l'Église romaine avait perdu depuis près de trois siècles droit de cité, et n'était rentrée que timidement avec quelques franciscains, sous le règne de Catherine II, afin d'y soutenir les espérances des catholiques fidèles. Les jésuites y arrivèrent en 1804, et la meilleure part de leur propagande sur la population Allemande, Lettone et Polonaise de ce grand port revient à des Français. Un prêtre de Metz, Coince, était entré au noviciat de Dunabourg et en sortit en 1806 pour devenir à Riga l'âme du mouvement catholique. De Mittau, la duchesse d'Angoulême lui envoya des subsides ; trois nobles émigrées, Mme de Cossé-Brissac et ses filles, furent ses principales auxiliaires. Il trouva ses principaux moyens d'action à l'école et à l'hôpital, dans la lutte contre l'ignorance et la misère. Les écoles ouvertes en 1810 aux enfants des deux sexes suivaient les programmes de l'Université voisine de Dorpat; sans tenir compte des tendances de l'autorité vers l'emploi exclusif du russe, on y enseignait les diverses langues en usage dans la ville. On organisa ensuite l'Institut des demoiselles nobles, subventionné par l'impératrice, et qui compta jusqu'à cinq cents élèves, sans distinction d'origine ou de communion. Mme de Cossé-Brissac en était directrice avec le concours de sa fille aînée ; l'autre y était maîtresse de musique et de dessin ; et telle était la confiance qu'elles inspiraient, que de toutes parts on leur demandait pour institutrices leurs meilleures élèves. En 1814 seulement, Coince put poser la première pierre d'un hôpital, desservi par les Dames dites de la Miséricorde, sorte de congrégation dont les membres devaient joindre aux diplômes scientifiques les vœux de pauvreté, chasteté, obéissance, être à la fois médecins et garde-malades [1].

(1) P. CARAYON, *Documents sur la Compagnie de Jésus*, t. XX.

Ainsi, d'un bout à l'autre de l'empire, la Compagnie de Jésus détruisait sans y paraître les barrières élevées devant elle par la défiance d'un gouvernement absolu. Ces successeurs des plus ardents champions de l'unité religieuse en Europe s'étaient soumis en Russie à un régime sans exemple jusqu'alors. Ils étaient tolérés, à condition de ne tenter ouvertement, de n'espérer aucune conquête sur les chrétiens des autres communions; et non-seulement ils vivaient en bonne harmonie avec le clergé local, comme le supérieur des missions d'Astrakhan, qui deux fois par semaine dînait chez l'évêque orthodoxe, mais ils se résignaient à n'être dans leurs collèges que des répétiteurs des sciences humaines. Alexandre les conservait à son service, parce qu'ils lui semblaient utiles à ses sujets, et jusque-là peu redoutables à son autorité.

— D. Paquelin, *Vie de la comtesse de Cossé-Brissac*, 1re partie, ch. xv.

CHAPITRE ONZIÈME

LE DUC DE RICHELIEU

I

FONDATION D'ODESSA

On sait l'exclamation de Pierre Ier à Paris devant la tombe du cardinal de Richelieu : « Grand homme, si tu avais vécu de mon temps, je t'aurais donné la moitié de mes États pour apprendre de toi à gouverner l'autre ». L'expression de ce regret nous frappe aujourd'hui, comme si elle eût caché quelque vague pressentiment; car, moins de cent ans après, nous voyons l'héritier de Richelieu, investi d'un pouvoir souverain sur la Russie méridionale, y fonder sur des bases solides la puissance des héritiers de Pierre le Grand.

Le littoral de la mer Noire, au moment où il fut atteint et partiellement conquis par les Russes, avait déjà été touché plutôt que pénétré par la civilisation, grâce aux colonies grecques et aux comptoirs génois; mais il subissait depuis plusieurs siècles l'empire de l'islamisme, c'est-à-dire de la barbarie entretenue par le fanatisme; ses nouveaux maîtres trouvèrent devant eux de vastes solitudes semées de ruines. Du Bug au Dniester, on ne trouvait plus une maison. Lorsque Catherine II visita ses récentes conquêtes, on dut suppléer par une étrange mise en scène aux tableaux que l'œil des rois aime à rencontrer : « La partie de ces steppes où nous nous trouvions, écrit Ségur sur la route de Crimée, ressemblait à une toile unie dont un peintre commence à faire un grand tableau, en y plantant quelques hameaux, quelques bocages, quelques champs cultivés ; mais cet ouvrage, avançant avec lenteur, lui laissera encore pendant plus d'un siècle l'apparence d'un désert [1] ».

Ségur se trompait ; des mains françaises, moins de vingt ans après, devaient faire de cette esquisse un tableau à peu près achevé, et à certains égards un chef-d'œuvre. Odessa fut le point de départ et resta le centre de cette rapide colonisation.

La première préoccupation des conquérants avait été de découvrir quelque station hospitalière à leurs navires. La création de Kherson ne donna pas, on l'a vu, les résultats espérés. Plus près de la frontière turque, à l'extrémité d'une steppe immense, sur un plateau sans bois, sans eau, battu des vents et bordé par une haute falaise, s'élevait le château turc d'Hadji-Bey. Au pied de ce château, une large baie se prolongeait vers l'est, déjà signalée par les Anthoine comme une rade sinon sûre, du moins commode [2]. Pendant la guerre terminée par la paix de Jassy, l'amiral Ribas prit Hadji-Bey, et proposa au gouvernement d'établir dans le misérable hameau situé au pied du fort une colonie de Grecs de l'Archipel. Au début ce devait être un port militaire, et les premières constructions furent des fortifications et des casernes. Puis on pensa à y créer un port marchand propre à servir de débouché aux productions de la Pologne russe ; ce qui restait difficile aux bouches du Dniéper, et ce qui

(1) *Souvenirs et anecdotes.*
(2) *Essai historique sur le commerce et la navigation de la mer Noire* (par Anthoine), p. 50.

était impossible aux bouches du Dniester, dont la rive droite appartenait toujours aux Turcs. L'Académie de Pétersbourg effaça en conséquence de la carte le nom d'Hadji-Bey, et lui subsista celui d'une cité grecque, Odyssos, qui avait existé, disait-on, dans ces parages. La ville fut déclarée fondée par ukase de mai 1792; l'année suivante, l'impératrice lui assigna deux millions de roubles pour les édifices publics, et délimita libéralement son territoire.

Paul Ier lui fit sentir, comme à tout ce qui venait de Potemkine, les effets de son humeur capricieuse. Aussi, à l'avénement d'Alexandre, Odessa était encore un rassemblement de tentes, de cabanes en terre, de boutiques en plein vent habitées ou tenues par des marchands italiens, grecs, juifs, bulgares. On y comptait cinq maisons de commerce, dont une française. Quatre mille cinq cents âmes au plus y végétaient; les dépenses publiques dépassaient les revenus, et les choses les plus nécessaires à la vie manquaient à ce point, qu'on dut y envoyer par ordonnance spéciale un boulanger, un serrurier et un menuisier. « Quelques fripons avaient métamorphosé Odessa en une petite république dont ils étaient les chefs suprêmes; ils achetaient, vendaient, établissaient des impôts, s'enrichissaient d'une manière scandaleuse [1] ». Tous cherchaient à se tromper, et la justice était au plus offrant.

Alexandre avait fini par comprendre que, pour mettre un terme à la corruption et à l'anarchie administratives, il fallait une autre main que celle d'un Russe. L'arrivée du duc de Richelieu marqua la fin du désordre et aussi

(1) REUILLY, *Voyage en Crimée et sur les bords de la mer Noire en 1803*, p. 265-266. — Castelnau (t. III, p. 14-15) ajoute des détails caractéristiques. En 1803, les revenus de la ville se montaient à 40675 roubles, les dépenses à 45122.

le commencement du progrès. Au commencement de février 1803, il fut nommé lieutenant général et gouverneur d'Odessa.

Cette mission, qu'il devait à l'amitié impériale, était aussi particulièrement profitable et agréable à son ancienne patrie. L'année précédente, il était venu à Paris mettre ordre à ses affaires de famille : occasion toute naturelle de régler sa situation comme émigré. C'est alors, dit-on, qu'il aurait manifesté son hostilité au nouveau gouvernement assez vivement pour mériter un ordre immédiat d'exil. Assistant à la pièce d'*Édouard en Écosse* en face du premier consul, il aurait applaudi avec affectation aux allusions malignes que cette comédie pouvait offrir, et le lendemain aurait reçu avis de quitter Paris dans vingt-quatre heures, la France sous huit jours. Il est certain que Bonaparte surveillait alors de près les royalistes, et qu'aux applaudissements partis de la loge du duc de Choiseul à l'intention des Bourbons, il répondit par l'interdiction de la pièce. Sa colère s'étendit-elle aux manifestants? L'auteur d'*Édouard en Écosse* dut s'exiler momentanément. Si Richelieu fut atteint par une mesure semblable, sa disgrâce ne dura guère; car six mois après, Bonaparte lui offrit sa radiation définitive, sur une nouvelle insinuation de l'envoyé russe. Il l'autorisait de plus, ainsi que son neveu d'Aumont, à demeurer au service étranger, sous condition de déclarer à Hédouville sa qualité de Français et de s'engager à repasser la frontière au premier signe [1].

Bonaparte venait de signer avec la Porte le traité du 25 juin 1802; notre pavillon obtenait enfin explicitement l'entrée de la mer Noire; or quoi de plus avantageux s'il trouvait à l'extrémité de cette route nouvelle un

---

(1) V. l'Appendice II, Art. Richelieu.

Français pour le saluer et l'accueillir ? On songeait à faciliter aux navires de Marseille les moyens d'aller chercher dans la Nouvelle-Russie les bois de mâture et les céréales. Aussi Odessa est-il dès lors signalé comme le « vrai port de commerce, dont Kherson ne peut être considéré que comme l'entrepôt [1] ». Richelieu, sans renoncer à sa devise : *Ni changer ni craindre*, promit avec empressement son concours [2]. Bonaparte prit acte de ses engagements, et ne dédaigna pas d'être agréable au fidèle serviteur des Bourbons, tantôt en faisant supprimer un pamphlet où il était peint comme un roué digne de son père, tantôt en empêchant la représentation d'une pièce injurieuse pour la mémoire du maréchal son aïeul [3]. Un attaché de la légation française, Reuilly, accompagna le nouveau gouverneur allant prendre possession de son poste.

« Une âme ardente, une soif ardente de gloire, une tête bien organisée et un cœur, voilà ce qui distinguait le petit-fils du maréchal de Richelieu [4] ». Tel on l'avait vu à Ismaïl, tel on va le revoir dans son paisible empire. Il était soustrait au contrôle des gouverneurs civil et militaire de la province, et devait correspondre directement avec les ministres et le tsar. A part quelques subventions spéciales que lui valut son crédit auprès d'Alexandre, il lui suffit des ressources recueillies sur place pour transformer peu à peu ce caravansérail maritime en une ville peuplée et prospère.

---

(1) DE BAR, *Notes sur le commerce de la mer Noire* (*Corr. Russie*, t. CXL).

(2) Richelieu à Talleyrand, 11 février 1803 (*Corr. Russie*, t. CXLII).

(3) Cette pièce était intitulée *Le Lovelace Français*. V. en outre la *Décade philosophique*, t. XXXI, p. 353-356, 569.

4) LANGERON, *Mémoires*.

Bientôt des rues droites, larges de cinquante pieds, s'élevèrent ou se développèrent suivant un plan déterminé. Une subvention particulière fut servie sous forme de prêt à long terme à ceux qui s'engageaient à édifier une maison dans l'espace de deux ans, ce qui était d'autant plus facile que le sous-sol des bâtiments fournissait la pierre nécessaire aux constructions. Une taxe modique sur chaque mesure de blé exportée procura un fonds annuel destiné à l'établissement ou à l'entretien des églises, des ponts et des chemins.

En dix ans, le nombre des maisons passa de sept cents à deux mille; les temples des diverses religions ou communions chrétiennes sortaient du sol les uns en face des autres, la cathédrale orthodoxe, l'église catholique, l'église grecque, la synagogue. Casernes, hôpitaux, marchés, réservoirs d'eau à l'usage du bétail employé au transport des grains, le gouverneur n'oublia rien que sa demeure, qui attendait encore à son départ des réparations urgentes et toujours généreusement ajournées. Le revenu de la ferme des eaux-de-vie, cédé à la ville en vue de la construction des jetées et des quais, s'accrut rapidement; il dépassait en 1808 cent trente mille roubles. Grâce à ces subsides, à l'envoi de deux bataillons qui accrurent le nombre des travailleurs, on eut bientôt paré aux inconvénients qu'offrait le peu de sécurité de la rade. Les casernes élevées au bord de la mer devinrent des habitations privées et des magasins. La vieille citadelle turque, désormais isolée de la ville, fut désarmée et transformée en Quarantaine.

Avec ses toits de planche ou de tôle, ses rues boueuses et défoncées, Odessa n'offrait guère encore l'aspect d'une capitale; c'était déjà un grand marché, le débouché des richesses agricoles de l'Ukraine et de la Pologne, la rivale heureuse de Danzig comme de Trébizonde. Elle avait profité d'abord, concurremment avec les autres ports de la mer Noire, de la réduction d'un quart sur les droits supportés, d'après le tarif général, par les marchandises importées et exportées ; la franchise fut ensuite accordée à celles qui venaient par mer jusqu'à certaines douanes de l'intérieur, limitrophes de la Moldavie et de la Valachie, de l'Autriche et de la Prusse, et un entrepôt s'ouvrit, où elles pouvaient attendre dix-huit mois les acheteurs sans être astreintes aux droits d'entrée. Dès 1804, un bureau qui délivrait de la monnaie de cuivre contre des assignations de banque facilita les transactions, et débarrassa les trafiquants de la servitude d'un change souvent onéreux. Enfin, en 1808, un tribunal de commerce commença à fonctionner, sous la présidence d'un des fils de Saint-Priest. L'activité généreuse du duc triomphait ainsi de la routine indigène, et aussi peut-être des secrets desseins des Russes, intéressés à se réserver exclusivement l'exploitation de ces riches contrées.

De nombreux bâtiments peuplèrent vite le port, Anglais de Malte, Espagnols des Baléares, venant chercher du blé, des viandes salées, des bois de construction et de mâture. On en compta trois cents dès 1802 et cinq cents l'année suivante. La France, l'Autriche, l'Espagne, Naples établirent des consulats. Au lieu de prendre la route de Danzig, ou même celle de Kherson au delà du Bug, les céréales de la Podolie, de la Galicie, de la Volhynie furent dirigées désormais sur Odessa, et en dix ans le chiffre des affaires passa sur cette place de cinq millions à quarante-cinq millions de roubles.

Chaque année amena, il est vrai, ses épreuves : ce furent en 1805 une mauvaise récolte et une invasion de sauterelles, qui causèrent le renchérissement des denrées et ralentirent les progrès déjà sensibles de l'exportation. Le mal fut largement réparé l'année suivante, mais la guerre reprit alors avec les Turcs, pour durer presque sans interruption de 1806 à 1812. Tout en combattant, et sur plus d'une frontière, Richelieu, aux heures de répit que la lutte lui laissait, sut assurer à ses subordonnés, presque sous le feu de l'ennemi, les bienfaits de la paix ; car il obtint cet étonnant résultat que Russes et Turcs, en armes sur le Danube, se rencontraient pacifiquement dans les ports placés sous sa surveillance. Durant la seule année 1808, près de quatre cents bâtiments venus du Bosphore mouillèrent en rade d'Odessa. La circulation des navires ottomans, d'abord autorisée lors de la reprise des hostilités en 1809, fut ensuite suspendue. Richelieu croyait ainsi affamer Constantinople, qui trouva promptement des ressources à Chypre, en Égypte, en Italie ; en présence de tels résultats, il accourut lui-même à Pétersbourg solliciter la révocation de cette mesure. Il eût voulu, disait-il à qui voulait l'entendre, que sa main se fût desséchée lorsqu'il écrivit pour proposer une mesure aussi funeste [1].

Le blocus continental était un autre fléau, aussi fatal que la guerre à une cité que son commerce d'exportation faisait vivre. Le consul français veillait attentivement à ce que, sous le couvert de certificats frauduleux obtenus à Constantinople, des denrées coloniales d'origine anglaise ne pénétrassent point dans le port. Or, il savait le duc disposé à favoriser les échanges par tous les moyens, « peut-être même sans considération étrangère ». Ayant vu un navire américain entrer en rade, et sachant que la contrebande se cachait de préférence sous ce pavillon, il alla trouver Richelieu, et lui insinua avec ménagements qu'on pourrait accuser Odessa d'être

---

(1) J. DE MAISTRE, *Corr. dipl.*, 5 juin 1811.

un débouché ouvert à une nation en guerre avec la Russie : « Vous vous trompez, lui fut-il répondu avec un certain embarras, on n'est pas plus tolérant ici que dans les ports de la Baltique; au surplus, la responsabilité du gouvernement n'est point en jeu ; car une commission composée d'une section du tribunal de commerce est chargée de veiller à l'exécution des ordres donnés par lui ». Le duc n'avouait pas les instructions rigoureuses envoyées sur les instances de l'ambassadeur français; il éludait de son mieux les effets du système prohibitif, se bornant à protéger de tout son pouvoir ses compatriotes et leur commerce. Les abus de la contrebande étaient selon lui de peu d'importance sur un point isolé, surtout lorsqu'on avait, comme en Russie, sept cents lieues de frontières sèches à garder [1].

Les progrès de la population suivirent ceux de la richesse. On vit accourir à côté des Russes, des Français, des Italiens, des Allemands, des Arméniens et des Moldaves, des Juifs Caraïtes ou Polonais, et jusqu'à des Klephtes de mer, tels que Lambro, qui avaient pourchassé le croissant sur l'Archipel. Langeron n'avait pas tort d'appeler la cité nouvelle, comme telle ville américaine de nos jours, « l'égout de l'Europe ». Pourtant elle reçut de bonne heure des étrangers uniquement attirés par la bonne réputation du nouveau gouverneur : « J'étais, écrit le négociant Sicard, à cette époque (1804) à Marseille; on y parlait à peine d'Odessa, sans avoir nulle idée de la ville et du pays, ni conséquemment de son commerce, et j'ai vu décider trois ou quatre expéditions pour Odessa sur ce que le jeune duc de Richelieu, comme on disait alors, en était gouverneur. Ce fut sous

(1) Mure (consul à Odessa) à l'ambassadeur Caulaincourt, 24 février 1810 (*Corr. Russie*, t. CL). — Cf. les lettres de Caulaincourt à Roumianzov et à Champagny, des 14 et 18 avril.

les mêmes auspices que je me décidai moi-même à y venir passer quelques mois, et que je m'y suis ensuite fixé. C'est en un mot l'histoire de presque tous les étrangers établis à Odessa [1] ». En 1806, Richelieu sut rendre illusoire autour de lui l'ukase expulsant la plupart des Français, et donna asile à bon nombre d'entre eux. Au bout de dix ans, la population d'Odessa avait quadruplé et comprenait plus de trente mille âmes.

Richelieu ne négligeait pas ce qui pouvait contribuer à la salubrité générale et à l'embellissement de son horizon. Le chevalier de Rosset avait planté le premier arbre sur ce sol dénudé, un peuplier près de la Quarantaine; puis vinrent la création de vergers, l'ouverture d'un jardin public, les semis de graines d'acacia blanc qui devaient transformer les principales rues en allées ombragées. « Un habitant, raconte encore Sicard, avait devant la porte de sa maison deux jeunes arbres d'acacia qui souffraient de la sécheresse; le duc passe, l'observe, entre dans la maison et dit au propriétaire : Je vous prie de donner un peu d'eau à ces arbres, ils vont se dessécher; vous me ferez plaisir, ou, si vous ne voulez pas le faire, permettez que je les fasse arroser moi-même. Un fruit obtenu de nos plantations l'enchantait, il s'en emparait, le montrait pour faire voir le succès ». Pour lui un arbre de plus sur cette terre désolée, c'était comme une âme de plus dans son empire.

Cette anecdote entre mille indique le caractère qu'il avait su donner à son autorité. Autant il se montrait sévère dans l'accomplissement de ses devoirs, autant il

---

(1) SICARD aîné, *Lettres sur Odessa*, 1812. Ces lettres sont au nombre de quatre; la première a été insérée dans la *Bibliothèque Britannique* de Genève. Elles avaient pour but de faire connaître Odessa, et particulièrement de répondre aux bruits défavorables répandus çà et là sur cette ville.

était affable dans ses relations et simple dans sa manière de vivre. Il aimait, a-t-on dit, à voir vanter sa modestie ; façon maligne d'interpréter les justes satisfactions de conscience qu'il devait éprouver et parfois involontairement trahir. En tout cas, cet étrange orgueilleux, installé ou plutôt campé dans une petite maison de la rue qui porte aujourd'hui son nom, donnait quatre audiences par jour à ses subordonnés, écoutait chacun avec une obligeante attention, et s'occupait avec la même ardeur des tâches les plus diverses. Son seul délassement était d'aller passer deux heures à ce qu'il appelait son palais ; c'était une petite habitation à quelque distance de l'enceinte, avec un terrain clos dont il taillait les arbustes et cultivait les fleurs. Son caractère imposait le respect, et ses œuvres le suivaient, comme dit l'Écriture. Il s'acquérait la réputation d'un administrateur éclairé et laborieux, ferme et paternel, incorruptible surtout, et se regardant, ce qui est rare en Russie, non comme investi d'une autorité sans contrôle sur des « âmes mortes », mais comme ayant charge d'âmes vivantes et libres [1].

(1) Sur l'œuvre de Richelieu, les Archives des Affaires étrangères (*Russie, Mém. et doc.*), contiennent un certain nombre de pièces intéressantes, particulièrement au t. XVI un mémoire de l'attaché d'ambassade Reuilly, daté de 1801, qui a passé depuis dans le récit imprimé de son voyage sur la mer Noire, des notes du chef d'escadrons Paultre datées du 18 juin 1803, un *Aperçu rapide du commerce*, etc. (anonyme), au t. XXVI un mémoire daté d'Ékatérinoslav (1809), et signé Contenius, conseiller d'État.

II

COLONISATION DE LA NOUVELLE-RUSSIE

Dès 1805, le gouverneur d'Odessa était devenu le lieutenant de l'empereur dans les trois provinces de Kherson, d'Ékatérinoslav et de la Tauride; il tenait donc sous son commandement civil et militaire le littoral de la mer Noire, du Kouban au Dniester, et après 1812 au Pruth. La Podolie, les gouvernements de Kiev et de Pultava, le pays des Cosaques du Don formaient les limites de ce vaste territoire, encore appelé Nouvelle-Russie. Richelieu étendit jusqu'à eux, en tous sens et sans relâche, sa bienfaisante activité.

Peupler et défricher, tel était le double but, essentiel à atteindre ; aussi attira-t-il avant tout des colons agricoles sur les domaines de la couronne et les terres vacantes. Jusque-là les concessions étaient faites pour vingt ou trente ans, et impliquaient la charge de construire des habitations; en 1808, elles devinrent définitives. Des lots de terre furent distribués à des employés du gouvernement en récompense de leurs services, et même à des pauvres arrêtés pour vagabondage qui, durant leur détention, n'avaient donné aucun sujet de plainte. Autour d'Odessa, des Alsaciens ou des Allemands du Sud fournirent le principal contingent de l'immigration. Leurs débuts furent pénibles; ils arrivèrent pendant la mauvaise saison, à l'improviste, sans que rien fût prêt pour les recevoir ; mais, ces premières difficultés surmontées, ils prospérèrent et prospèrent encore dans près de trente villages, dont quelques-uns portent les noms significatifs de Spire, Landau, Worms, Strasbourg. Le gouverneur les visitait souvent, leur parlant leur langue, subvenant avec sollicitude à leurs besoins, s'initiant aux moindres détails de leur vie [1].

Plus à l'est, les cultures agricoles cédèrent la place à l'élève des troupeaux. Un sol fertile et sec, couvert d'herbe fine, appelait cette industrie qui a fait depuis la fortune des premiers colons australiens. L'Allemand Müller y acclimata dès 1804 les mérinos d'Espagne. Richelieu comprit quels profits immédiats et faciles cette immigration apportait avec elle, et quand ce troupeau se fut suffisamment multiplié, il fit acheter par le gouvernement plusieurs milliers de têtes de bétail qui furent gratuitement réparties entre les colons. Le Genevois Pictet de Rochemont, dont la bergerie de Lancy était déjà célèbre, vint ensuite ; en novembre 1803, sa caravane occupait un domaine à douze lieues d'Odessa, qui prit le nom de Novoï-Lancy. Moins de dix ans après, elle comptait onze mille têtes [2]. D'autres troupeaux se formèrent d'éléments empruntés à cette bergerie modèle. Le Suisse Réveillod fonda un établissement semblable sur la rive gauche du Bug. Pauw, un Hollandais, joignit à cette industrie celle de la fabrication des draps ; et au nord-ouest de l'isthme de Pérékop, les filles du Marseillais Rouvier, M.mes de Potier et Vassal, réunirent jusqu'à trente-cinq mille mérinos sur leurs immenses domaines.

(1) Notice sur les travaux administratifs de M. le duc de Richelieu dans la Russie méridionale (par Stempovski) (dans le *Journal Asiatique*, 1822).

(2) *Bibliothèque universelle de Genève* (Agriculture), 1818, vol. III, p. 259 et 828, vol. XIII, p. 81.

Il ne pouvait guère être question, à travers ces territoires à peine peuplés, de routes à construire. Richelieu facilitait du moins sur les voies fluviales les moyens d'échange et de transport. Sur le Dniester, il poussa une reconnaissance jusqu'à Mayak ; en détournant le cours inférieur de ce fleuve vers l'est, il eût conquis son embouchure ; mais rien n'était à faire tant que la rive droite appartiendrait aux Turcs. Sur le Dniéper, où une suite de cataractes nuisait à la rapidité des communications, des écluses furent édifiées, un canal latéral fut entrepris, et, à son extrémité, Kherson s'agrandit d'un quai qui en rendait plus commode l'accès.

La Crimée était ruinée par la guerre et relativement déserte. De cinq cent mille habitants elle était tombée à cent quarante mille, presque tous Tatars, les Arméniens et les Grecs ayant plus ou moins volontairement émigré et emporté avec eux la principale richesse du pays. Au nord de la presqu'île, l'exploitation des marais salants de Pérékop devint plus active, si bien que la vente faite au profit de la couronne décupla en peu d'années. Le duc créa en outre des magasins de réserve, afin que la consommation publique ne souffrit pas de l'insuffisance possible d'une récolte annuelle. A Koslov, l'ancienne Eupatoria, il encourageait avec succès la singulière industrie des boues médicinales ; et sur cette côte méridionale si bien abritée, semée depuis de villas princières ou impériales, qui reproduit le climat et les productions du golfe de Gênes, il établit en 1812 à Nikita un jardin botanique, et y remit en culture le laurier, le grenadier, l'olivier des côtes de Provence. Çà et là les pentes se couvrirent de vignes. On sait combien plus tard les plants de Bourgogne ont fructifié sur ce sol étranger, principalement à Aloupka et à Soudak. Les voyageurs postérieurs ont signalé plusieurs fois en Crimée les traces de la colonisation française, par exemple l'exploitation agricole des frères Compère dans la vallée de Laspi ou la filature de coton de Clari à Caffa ; est-ce aller trop loin que retrouver dans la pensée qui a fait naître ces entreprises, qui a transporté au seuil de la steppe moscovite la côte bourguignonne ou la plaine champenoise, la pensée qui attirait Richelieu de ce côté, y provoquait son active sollicitude, lui faisait même y choisir la retraite de ses vieux jours ?

Une tâche délicate entre toutes consistait à retenir les tribus nomades des Tatars Nogaï, dispersées et abandonnées entre la Bessarabie et le Caucase, faute d'avoir suivi la population musulmane dans son exode vers le sud. Lorsque la guerre recommença contre la Porte, non seulement Richelieu leur épargna, selon les intentions du gouvernement, d'être transportés à l'intérieur du pays sous prétexte de connivence avec les Turcs, mais il garantit sous sa responsabilité leur fidélité, et il les façonna momentanément à la vie civilisée par l'intermédiaire d'un autre Français, Jacques de La Fère, comte de Maisons [1].

Maisons avait été mousquetaire, puis conseiller et président à la chambre des comptes de Rouen. L'émigration l'ayant conduit en Russie, il s'y était établi comme directeur du haras impérial d'Alexandrov, puis de celui de Bérolodki. On l'enleva à ces fonctions en 1807 pour le placer à la tête d'une école normale en Crimée. Si le choix semble bizarre, étant donnée sa situation antérieure, il atteste du moins la variété de ses connaissances et de ses aptitudes. Il se mit en route ; divers incidents ralentirent son voyage, si bien que, lorsqu'il

(1) Les détails qui suivent, ainsi que les extraits de lettres de Maisons, m'ont été obligeamment communiqués par son petit-neveu, M. Victor des Diguères.

arriva en Crimée, je ne sais quel personnage s'était substitué légalement à lui. Obligé de passer oisif l'hiver à Baktchi-Seraï, il entra en relations avec Richelieu, et reçut de lui au printemps de 1808 le commandement des Tatars Nogaï.

Ces peuplades erraient encore sur leurs lourds chariots de bois de pâturage en pâturage; il s'agissait de leur faire comprendre les avantages d'une existence laborieuse et sédentaire. Maisons leur bâtit des mosquées, autour desquelles ils transformèrent peu à peu leurs tentes en cabanes; près de cent villages surgirent du sol, environnés de champs et de jardins où s'acclimatèrent les céréales et les légumes d'Europe. Les Nogaï ne demandèrent plus seulement à la terre leur nourriture annuelle; ils expédièrent le superflu de leurs provisions vers Kertch et Azov. Les produits de la pêche, de la vente des moutons, de la laine, des redevances imposées aux étrangers admis à commercer sur leur territoire leur apportèrent des revenus réguliers. Des Arméniens, des Juifs vinrent s'établir auprès d'eux.

Maisons avait pu apprécier dès le début les difficultés et la grandeur de sa tâche : « Ma place, mandait-il à son jeune frère, est une de celles de confiance du gouvernement; elle me donne beaucoup de peine, mais j'espère qu'elle me donnera de l'honneur, seule chose que j'ambitionne ». Il s'était installé sur la mer d'Azov, à l'angle de la langue de Wessandrie, au milieu du principal groupe des Tatars, bientôt converti en bourgade populeuse et décoré de leur nom, Nogaïska. Sa maison ressemblait à un caravansérail rustique, formé de granges et d'étables, autour duquel paissaient ses troupeaux et qu'entouraient un jardin botanique et un verger planté de dix mille arbres de toute espèce. De là il commandait à vingt mille hommes en état de travailler ou de porter les armes et à leurs familles. Il était parvenu, en invoquant sa popularité, en menaçant de s'éloigner, à soumettre à la vie agricole ceux qui y répugnaient obstinément. Ici encore la douceur intelligente d'un Français avait transformé le sol et ses habitants [1].

Richelieu, qui avait suivi cette entreprise avec sollicitude, et visité ces néophytes de la civilisation, continua et poussa en avant vers le Caucase cette œuvre de colonisation, qui était en même temps une œuvre de défense. Il acheva de disposer le long du Kouban les Cosaques Zaporogues en ligne d'avant-postes contre les Tcherkesses du Caucase, et les renforça de vingt-cinq mille Cosaques de l'Ukraine, appelé des gouvernements de Tchernigov et de Pultava. Son parent Rochechouart éleva en avant de leurs campements et sur un front de cinquante lieues une série de redoutes destinées à remplacer les enclos de haies et de fascines qui jusque là avaient protégé les postes d'observation, et lui-même, secondé par le Génois Scassi établi à Gelentchik, jeta au milieu de ces tribus semi-pastorales et semi-agricoles les éléments d'une civilisation matérielle sérieuse, tels que chemins, écoles, hôpitaux.

On voit d'ici l'étrange bigarrure des populations de la Nouvelle-Russie; partout les colons se distribuaient suivant leurs aptitudes et non selon leurs origines. Ils se reconnaissaient, sous l'autorité de l'homme qui les avait appelés, solidaires les uns des autres, et finiront par se confondre en un même corps de nation. Au début on distingue à peine les Russes dans cette agglomération.

(1) « Il existe des hommes que frappe une idée d'intérêt public; mettant leur gloire à la réaliser, ils achètent le succès par le sacrifice du bien-être de toute leur vie. Tel fut M. de Maisons, et il a obtenu un résultat conforme à ses vœux ». (*Voyages du duc de Raguse*, t. I, p. 349).

Les Français de naissance ou de langue entouraient l'héritier de Richelieu; Raimbert, le conseiller de commerce Raynaud, le chevalier de Rosset, inspecteur de la Quarantaine d'Odessa, le marquis de Castelnau, auteur de l'*Histoire de la Nouvelle-Russie*. Les architectes Schaal et Thomon donnaient les plans de la salle de la Bourse et du théâtre; le Marseillais Albrand continuait l'œuvre des Anthoine à Kherson. A côté de ces noms il faut recueillir celui de l'ingénieur Bazaine, le hasard associant ainsi sur la mer Noire l'homme qui devait sauver la Lorraine en 1815 et le père de celui qui, cinquante-cinq ans plus tard, devait la perdre.

Nos compatriotes demeuraient une élite, partant une minorité. On voit des Bulgares se livrer entre Bender et Tiraspol à l'élève des vers à soie; des Grecs venus de l'Asie-Mineure donner à Simféropol les ouvriers de divers métiers qui lui manquaient; ailleurs des Allemands, des Suisses, des Hollandais comme l'ingénieur de Voland ou Taitbout de Marigny à côté de Français d'Alsace et de Lorraine. Si l'on excepte le Livonien Stempovski, les principaux instruments de la colonisation étaient, comme en général les fonctionnaires russes, des étrangers de provenance variée. A Odessa le commandant de la garnison, Cobley, était Anglais, le Prussien Forster dirigeait les travaux du port, les généraux en résidence à Kherson et à Caffa étaient l'un Hollandais, l'autre Allemand, un troisième Anglais. Richelieu n'excluait personne.

III

RICHELIEU RÉFORMATEUR DE L'INSTRUCTION PUBLIQUE

Quel lien durable pouvait unir, quelle pensée commune pouvait fondre peu à peu en un seul peuple ces laboureurs, ces négociants, ces aventuriers venus de tous les points de l'horizon, et groupés côte-à-côte les uns des autres, avec leurs divisions persistantes de langue, de costume et de religion? Le bienfait d'une éducation uniforme devait, sans sacrifier aucun intérêt, sans violenter aucune conscience, préparer une union plus féconde que l'unité.

L'enseignement supérieur avait reçu vie le premier, ce qui était inévitable en un pays où l'instruction, comme l'ensemble de la civilisation, a commencé par être un privilège aristocratique. En 1804, une Université pour la Russie méridionale fut fondée à Kharkov. Afin d'illustrer ses débuts, on avait fait appel à des hommes éminents de France et d'Allemagne, à Laplace et à Fichte; on dut se contenter de savants sans notoriété, et parmi eux se trouvaient quatre Français, deux anciens abbés, Delavigne, professeur de botanique, Paquis de Sauvigny, professeur adjoint de philosophie, aussi routinier dans ses théories qu'emphatique dans sa parole [1].

(1) « En société il était toujours aimable et toujours distrait. Chez lui, il souffrait du désordre que laissait régner dans son ménage sa femme, qu'il avait épousée à Paris. Sa nonchalance ne connaissait pas de bornes. Il allait au marché avec un dic-

Belin de Ballu est plus connu, même en France, par une estimable *Histoire de l'éloquence grecque*, et ses manies et ses ridicules ne semblent pas avoir trop atteint l'autorité de son enseignement. Le plus actif, celui qui devint pour Richelieu un collaborateur vraiment utile, était Jeudy-Dugour. C'était un Auvergnat que la Révolution avait fait sortir de la congrégation des Doctrinaires, et entrer comme professeur d'histoire dans une école centrale. Ruiné ensuite comme libraire, hors d'état de percer comme auteur, il se laissa emmener en Russie par je ne sais quel prince, et trouva enfin une prébende universitaire à Kharkov. Il devait la conserver au milieu de ces Russes qu'il méprisait et de ces Allemands qu'il détestait, et parvint sur ses vieux jours au rectorat de l'Université de Pétersbourg. Durant son séjour dans le sud, il contribua à organiser les écoles d'Odessa, les inspecta à plusieurs reprises, et ses rapports rendent fréquemment hommage à l'auteur de ces utiles institutions par des traits caractéristiques.

Élevé à l'école toute mondaine de l'ancien régime, Richelieu était en effet un des hommes trop rares de sa génération qui étaient devenus dociles aux enseignements d'une autre école, celle de l'adversité et de l'expérience ; il avait tout appris sans rien oublier ; ce grand

---

tionnaire russe et y provoquait le rire des marchands par son mauvais accent et le double sens qu'en recevaient ses mots. Un jour le porc de son voisin ayant pénétré dans son jardin, il le mit dans un traîneau, le conduisit au tribunal comme *corpus delicti*, et s'adressant aux juges, il leur dit : Messieurs les porcs (*gospoda svini*) au lieu de : Messieurs, ce porc (*gospoda ! eta svinia*). Dans la suite il fut transféré à Pétersbourg ». (*Souvenirs* du professeur Rommel, au t. V de l'ouvrage de Bulau : *Geheime Geschichten und räthselhafte Märchen*).

Sauvigny est l'auteur d'une *Grammaire générale* publiée à Kharkov en 1823.

seigneur exilé s'était fait sans le dire le disciple de cette démocratie qui tend, au lieu d'abaisser sous un même niveau toutes les supériorités intellectuelles ou sociales, à élever vers une même condition ou vers un même idéal les esprits et les âmes. L'homme qui plus tard en France fondait un prix pour le meilleur livre de lecture destiné à la classe populaire ouvrit promptement à l'usage des garçons des écoles paroissiales, une école grecque, une école primaire supérieure de district. L'école populaire de filles qu'il avait également projetée est d'une date postérieure à la fin de son administration. A cette instruction élémentaire se joignit celle plus complète donnée au gymnase ou à l'Institut, le premier destiné aux fils de commerçants, le second réservé aux jeunes gens et aux demoiselles nobles [1].

Le gymnase n'eut jamais qu'une existence précaire et peu florissante, par la faute des parents qui, peu fortunés d'ordinaire, abrégeaient les études de leurs enfants et se contentaient pour ceux-ci de connaissances élémentaires. A l'Institut, l'abbé Nicolle, devenu visiteur des églises catholiques de la Nouvelle-Russie, rédigea un plan d'éducation que Richelieu caractérisait ainsi : « Il peut de préférence être appelé patriotique, car il est

---

[1] On a encore, sous la signature de Richelieu, un avis imprimé en français, une sorte de prospectus destiné sans doute aux familles de la Russie méridionale, où sont exposés à grands traits le programme de l'Institut, la distribution de ses cours, ses ressources et son organisation intérieure. L'auteur, après avoir fait appel aux pères de famille, ajoute : « En mon particulier, je prends avec les parents l'engagement solennel de ne rien négliger pour justifier la confiance qu'on nous marquera. Les enfants élevés à l'Institut d'Odessa conserveront des droits à mon tendre intérêt... ». (SKALKOVSKI, *Matériaux pour l'histoire de l'instruction à Odessa*, dans le *Recueil méridional* de 1859, n° 3).

fondé sur la religion et la connaissance de la langue russe et de l'histoire de la Russie; il est classique, car les langues anciennes n'y sont pas séparées de la langue nationale; il comprend toutes les sciences et les arts utiles et agréables dont la connaissance est l'ornement des hommes de tout rang et de toute condition... ». Les élèves payaient une pension élevée, et constituaient ainsi à l'Institut une riche dotation.

Cet établissement s'était ouvert le 1ᵉʳ juillet 1805. Lorsque Richelieu eut réussi six ans après à le faire reconnaître comme établissement d'utilité publique et à le placer sous la dépendance du gouvernement, il imagina de le réunir au gymnase sous un même chef : de cette façon les maîtres éminents que l'Institut attirait, et qu'il payait en proportion de leur mérite, pouvaient faire participer les élèves de toute condition aux bienfaits de leur enseignement, et doubler en même temps leurs profits personnels ; la dépense devenait moindre pour les familles nobles, l'instruction était plus largement répartie aux familles pauvres. Chacun pouvait profiter de cette réforme, que le duc agitait au moment où les armées russes approchaient de Paris. Elle s'opéra après son départ, mais sous son inspiration et le patronage de son nom [1].

(1) Le Lycée fut fondé par ukase de mai 1817. Sur la liste des premiers professeurs figurent Gillet, sous-directeur et professeur de littérature française et d'histoire ; Boivin, qui enseignait, en même temps que le dogme catholique, la grammaire française et la géographie ; l'ex-bénédictin Rafliche ; Henri Viard, professeur de mathématiques, de physique et d'art militaire ; Jean Laurent, surveillant-adjoint, etc. (J. Mikhnévitch, *Aperçu historique sur le lycée Richelieu pendant les années 1817-1857*).

Deux élèves de l'École Normale de Paris, Bourgon et Gresset, firent inutilement des démarches, en 1817, pour débuter au lycée Richelieu.

Le nouvel établissement, décoré du nom de Lycée, reçut pour directeur l'abbé Nicolle, qui dressa également le plan d'études, et ses premiers collaborateurs accusent aussi par leurs noms une origine française. Richelieu abandonna au Lycée les revenus de son domaine d'Oursouf et lui fit obtenir les privilèges des Universités. C'est là que dès 1818 il reçut les hommages de la gratitude publique ; on y plaça son buste, couronné d'immortelles par un génie ailé qui indiquait en même temps à la Muse de l'histoire cette inscription : *A Richelieu, Odessa reconnaissante.* On se souvenait qu'il ne s'était pas borné à encourager de haut et de loin l'instruction. On l'avait vu dans les écoles interrogeant les élèves, félicitant les maîtres, et prenant plaisir à distribuer les récompenses. Il assistait assidûment aux exercices publics de l'Institut. Les jeunes gens arrivés au terme de leurs études et se destinant à la carrière militaire attiraient surtout son attention ; et on le trouvait sévère, dit-on, particulièrement en mathématiques. L'instruction étendue qu'il avait acquise, et qui scandalisait son frivole grand-père, le servait bien en ces circonstances ; c'est le même homme qui, au gymnase de Kherson, étant salué à l'improviste d'un compliment latin par le directeur, lui répondait sans embarras et fort à propos dans la même langue.

Ainsi l'esprit humain se relevait dans un pays livré depuis de longs siècles à la barbarie. Il n'est pas jusqu'à l'histoire primitive de ces contrées qui n'ait alors reparu au jour, grâce aux fouilles intelligentes d'un Français. La Crimée a des souvenirs mythologiques, héroïques, historiques, attestés encore à nos yeux par le temple d'Iphigénie et le tombeau de Mithridate. Un ancien soldat de Condé, Paul Dubrux, était venu à Kertch en 1809 comme directeur de la douane et de l'exploitation des lacs salins. Au milieu des débris de tout âge offerts à sa curiosité, il devint involontairement et par degrés antiquaire, et se mit à rechercher les traces des civilisations antérieures. Cette occupation, qui était d'abord une distraction pour lui, finit par devenir une passion. Ses premières fouilles dans les *tumuli* furent faites à ses frais; puis, à l'aide d'une faible subvention, il recueillit des objets assez importants pour amener la création d'un musée à Kertch. Enfin, lorsqu'il eut acquis l'expérience nécessaire, il se mit à rechercher l'emplacement des anciennes cités de la contrée, transcrivit les inscriptions qui se montrèrent à lui, et donna ainsi peu à peu un utile commentaire aux géographes et aux historiens grecs. L'Acropole de Panticapée, cette Odessa du monde hellénique, la tombe royale du Kouloba avec ses armes et ses bijoux d'un prix inestimable, telles furent ses principales découvertes [1].

En vérité, comme l'avoue avec autant de franchise que de mauvaise grâce le prince Viazemski, « cette école, quoique sous une enseigne française, a laissé en Russie des traces bonnes et non entièrement stériles [2] ». Supposez à la place de Richelieu un Allemand comme ceux que les tsars ont accueillis, nourris et enrichis en si grand nombre; il n'eût jamais oublié son origine, il eût agi comme certains voyageurs qui ont déploré ou passé sous silence les résultats de l'influence française sur la mer Noire, et exalté au contraire comme seuls dignes d'attention les établissements de leurs compatriotes [3]. Richelieu au contraire n'avait en vue, sa con-

---

(1) *Mémoires de la Société d'Histoire et d'Antiquités d'Odessa*, (an. 1844), t. I, p. 652-653.

(2) Viazemski, *OEuvres*, t. VIII, p. 315.

(3) V. surtout Haxthausen, *Études sur la Russie* (en français), t. III, p. 18-19.

duite constante en fait foi, aucun avantage immédiat soit pour lui, soit pour sa première patrie.

Une autre réflexion s'impose. On s'est extasié de nos jours devant ces États de l'Amérique septentrionale passés en quelques années du néant au développement le plus prospère, devant ces villes comme Chicago qui étalent des monuments magnifiques, des magasins immenses et une innombrable population là où montait vers le ciel, il y a soixante ans, la fumée d'un bivouac indien. Le Nouveau-Monde n'a pas le privilège de semblables prodiges; il n'en a pas même donné l'exemple. Ce que l'esprit de lucre et d'aventure a produit aux bords des grands lacs, sans secousse, sur une terre fertile, ouverte à de nombreux et laborieux émigrants, la volonté d'un homme l'avait déjà accompli en Europe, sur un sol moins favorisé, au milieu de circonstances de nature à entraver son action. Richelieu, représentant d'un souverain absolu, avait rendu l'autocratie bienfaisante à l'égal de la liberté; en un pays où Potemkine avait récemment étalé son faste égoïste, il avait servi sans bruit les intérêts de chacun, depuis ceux du tsar jusqu'à ceux du dernier colon; sa pensée était présente partout, partout aussi son action était féconde.

IV

LA GUERRE SUR LE DANUBE

On attribue ce mot à l'empereur Alexandre : « La Révolution française a fait bien du mal ; je dois cependant lui savoir gré de m'avoir donné trois hommes comme Richelieu, Traversay et Langeron ». Il n'eut pas en effet de plus utiles serviteurs que ces trois transfuges de la cour, de la marine et de l'armée.

Les Russes doivent à Traversay leur puissance militaire sur la mer Noire. Nous avons vu cet officier attiré chez eux par Nassau en 1790 ; il devint bientôt général en chef de la flotte du Sud, et commença à organiser ces formidables arsenaux qui se sont appelés depuis Nicolaïev et Sébastopol. On eût voulu le récompenser en le nommant prince russe ; mais il tint à garder le titre de marquis qu'il avait reçu de Louis XVI, comme devant, disait-il, rappeler à ses descendants que le chef de leur race avait eu le bonheur de naître Français. Il resta donc à Pétersbourg le *marquis*, comme à Odessa Richelieu était le duc, et ses anciens compatriotes ne lui marchandèrent pas leurs hommages. « Il est petit, écrit Reuilly, parle avec vivacité et clarté, comme un homme chez lequel les idées abondent et se classent parfaitement ; il a toutes les manières d'un homme bien né, il est chéri de tous ceux qui servent sous ses ordres ». Caulaincourt constate qu'il est « généralement estimé pour ses talents et pour sa probité » ; et le consul à Odessa ajoute qu' « une grande vivacité dans le caractère, jointe à beaucoup d'activité dans le service et d'ordre dans son immense administration, lui ont gagné la confiance aveugle du gouvernement et l'estime générale [1] ».

Traversay avait contribué, dit-on, à faire nommer Richelieu gouverneur d'Odessa; il lui donna contre les Turcs le concours de ses navires. Richelieu commandait l'aile gauche de l'armée qui durant l'automne de 1806 envahit les Principautés Danubiennes; il ne mit en mouvement sa division sur Akerman qu'après l'occupation de Bender, de Choczim et de Jassy. Vingt chaloupes canonnières venues de Nicolaïev protégeaient le port d'Odessa, vingt autres remontèrent le Dniester pour seconder les opérations de l'armée de terre.

Akerman, immense redoute carrée protégée par de vastes fossés taillés dans le roc et quatre-vingts pièces d'artillerie, pouvait opposer une résistance sérieuse. Richelieu paya d'audace; sous prétexte que la guerre n'était pas officiellement déclarée, il endormit la vigilance de ses adversaires, obtint l'entrée de la place pour lui et deux compagnies de grenadiers, et une fois en présence du pacha, fit si bien qu'il lui arracha l'ordre d'ouvrir chaque maison aux soldats russes, comme à des hôtes de passage. Cette conquête pacifique fut suivie de l'occupation de Kilia, et Richelieu eût même eu la gloire de rentrer sans effusion de sang à Ismaïl, s'il n'eût voulu par délicatesse laisser cette conquête à un de ses amis, plus à portée que lui de la saisir. En proie à une fièvre violente qui le tint vingt jours entre

(1) REUILLY, *Voyage*, p. 209. — Notes de Caulaincourt sur les membres du Conseil d'État. Notes de Mure pour Andréossy, ambassadeur de France à Constantinople (*Russie, Mém. et doc.*, t. XXXII).

la vie et la mort, il réussit à se faire donner Langeron pour successeur.

Son ancien compagnon d'aventures subissait alors une de ces disgrâces auxquelles tout serviteur de l'autocratie doit s'attendre. Élevé très haut par Paul, il était resté en faveur jusqu'à la campagne de 1805, dont il fut, sans avoir démérité, une des principales victimes. La veille d'Austerlitz, il assistait au conseil de guerre où les généraux autrichiens et russes arrêtèrent leur plan d'attaque; on sait avec quelle imprudence ce plan était conçu, de façon à livrer la victoire à Napoléon. Langeron seul osa formuler quelques objections, qui tombèrent au milieu de l'inattention ou du sommeil de ses collègues, et le lendemain, au feu, il eut beau chercher à réparer les fautes du commandement; il fut entraîné dans la déroute, et le tsar, en l'éloignant de l'armée, lui fit payer pour sa part les fautes du général en chef. Toutefois, sa démission n'ayant pas été acceptée, il vint à Odessa attendre des jours meilleurs. La maladie de Richelieu lui fournit plus tôt qu'il ne pensait l'occasion de reparaître les armes à la main sur le théâtre de ses exploits.

Les cinq années suivantes furent les mieux remplies, les plus honorables de sa vie militaire, et ce qui entretient la curiosité inspirée par ce brillant transfuge, c'est de le voir demeurer, sous son uniforme mercenaire, un « muscadin du bois de Boulogne [1] », un Français d'autrefois. Son dernier mot à l'adresse de sa patrie avait été une de ces boutades familières aux hommes de sa caste et de son parti. Ses paysans ayant cru bon de lui apprendre qu'au début de la Révolution ses bois avaient

(1) Lettre du 13/25 mars 1811. — Je dois cette lettre et celles citées dans les pages suivantes à une gracieuse communication de M. le marquis de Chastellux.

été épargnés : Vous avez bien fait, leur répondit-il, je saurai où vous pendre. On devine la réplique. Depuis, Langeron était resté un « bon Russe » avec son épée, comme jadis Voltaire avec sa plume sans quitter Ferney. Au feu, il déployait autant de bonne humeur que de témérité, et reproduisait, avec moins de fougue juvénile, le Roger de Damas célébré par le prince de Ligne.

Vraie ou commandée, sa gaieté dominait l'émotion inséparable de la mêlée, et lui faisait accomplir le sourire aux lèvres son devoir de général et de soldat. Ainsi, mécontent des dispositions d'un de ses subordonnés, il lui disait : « Ma foi (c'était l'introduction nécessaire de toutes ses phrases), vous n'avez pas peur de la poudre, mais vous ne l'avez pas inventée non plus ». Rentré chez lui, il redevenait bel-esprit à la façon surannée du dix-huitième siècle, griffonnait des chansons pour l'*Ambigu* de Londres, journal de l'émigré Peltier, ou rimait des tragédies à l'ancienne mode. On a connu de lui un *Masaniello*, une *Rosamonde* et une *Marie Stuart*[1]. Si l'on engageait la conversation sur l'ancienne cour, sur les réceptions de Marie-Antoinette, de sa voix glapissante il ne tarissait plus. Par ce côté frivole, par les souvenirs de Trianon, il était resté fidèle à la cour, sa première, son unique patrie.

Pendant la campagne de 1807, il dut manœuvrer de concert avec le général Meyendorf, afin d'empêcher le ravitaillement d'Ismaïl, ses forces ne lui permettant ni d'assiéger ni de bloquer la place : « Nous avons été

[1] Brifaut, *Récits d'un vieux parrain*, dans ses *OEuvres*, t. I, p. 331. — Ces pièces auraient été imprimées à un petit nombre d'exemplaires. Brifaut, qui avait connu l'auteur chez Mme Vigée-Lebrun, lors de son passage en France, resta en correspondance avec lui jusqu'à sa mort.

quatre mois à nous battre chaque jour avec les Turcs, écrivait-il à sa cousine la comtesse Charles de Damas ; nos camps étaient si près de la ville que nous avons été tout ce temps sous leurs bombes et leurs boulets ; cette position n'est pas agréable, mais elle prouve qu'on peut s'accoutumer à tout, car nous avons fini par dormir, jouer aux cartes, faire de la musique, et sans être sûrs d'une minute d'existence ; chaque jour on tuait du monde à trente pas de nous [1] ».

Ainsi que Murat, on eût pu le croire invulnérable ; en 1809, dans plus de soixante affaires où il s'exposa, il n'eut, selon son expression, qu'un cheval et deux redingotes de blessés. Sa femme, comme assurée de partager son bonheur, l'avait suivi ; elle vivait et bravait impunément le feu des Turcs à ses côtés. Ses opérations pour la défense de Bucharest en 1808, pour les sièges de Silistrie, de Rustchtuck et de Giurgewo en 1810 firent connaître ses qualités de commandement et d'exécution. Entre deux courses au-delà du Danube, il pouvait à Jassy jouer au Potemkine : « Je suis ici une espèce de vice-roi, logé dans un palais avec gardes, etc. Tous nos boyards, très civilisés malgré leurs barbes, leurs grands bonnets et leurs longues pipes, sont intéressants à connaître et à cultiver. Leurs femmes, maintenant mises à l'européenne, sont aimables et belles ; on se croit quelquefois à Athènes. On danse avec Roxandre, Cassandre, Hélène, Pulchérie, Aspasie, etc. Si j'avais vingt ans de moins, je serais un petit Alcibiade, mais l'âge et ma femme font de moi un Socrate. Nous avons un assez bon spectacle français et un ballet.... [2] ».

En 1811, après avoir vu passer devant lui cinq géné-

(1) Lettre du 19/31 juillet 1807.
(2) Lettre du 16/28 février 1810.

raux en chef, il exerça un moment sans titre le commandement suprême. Il avait alors en main une occasion unique de pousser une pointe au delà des Balkans, de menacer Constantinople et d'imposer la paix. La prudence et un souci bien entendu de sa responsabilité le firent reculer devant cette entreprise. D'autres Français combattaient sous ses ordres : Saint-Priest, qui décida du succès aux assauts de Bazardj et de Lovtcha, aux batailles de Schumla et de Battin; d'Ollone, Quinsonas, brillants officiers de cavalerie; d'Aumont, l'auxiliaire chéri de Richelieu, frappé à mort devant Ismaïl.

Quant au gouverneur de la Nouvelle-Russie, il ne contribua plus à la guerre qu'en envoyant à l'armée une légion de volontaires et un bataillon grec qui ne furent, selon Langeron, ni probes, ni braves, ni utiles. Les officiers étaient un ramassis de Grecs, de Moldaves, d'écrivains, de commis d'Odessa, qui traînèrent leurs boutiques au milieu des camps ; les soldats, bohémiens, corsaires, déserteurs, armés au hasard de sabres et de piques, ressemblaient à des bandits de révolution. Du moins Richelieu avait-il ainsi trouvé moyen de purifier Odessa, et d'écouler au loin un peu de cette lie mêlée malgré lui, dès le début, à la population.

En 1807, nous le voyons se transporter à l'autre extrémité de la mer Noire. Il s'agissait de tenir en respect les belliqueux montagnards du Caucase. Aidé de la flotte, il s'empara d'Anapa, forteresse récente, déjà prise en 1791, et rendue à la paix de Jassy, et de là il put prendre vigoureusement l'offensive contre les bandes de pillards recrutés à l'intérieur du pays. A la fin de 1810, il se porta encore plus au Sud, vers la côte des Abases, et occupa le fort de Soudjouk-Kalé évacué par les Turcs. La conquête de la paix tentait plus cette âme généreuse que la gloire, et il se hâtait de négocier avec ses sauvages adversaires, de les désarmer par l'offre d'échanges avantageux. Une fois pourtant il faillit être victime de sa générosité. Des chefs circassiens, attendus par lui en conférence pacifique à Ekatérinodar, lui dressèrent une embuscade sur le chemin de cette ville; mais leur impatience leur fit assaillir un cosaque à cheval qui précédait le gouverneur, et qui, en s'enfuyant, les conduisit au pied d'une redoute où ils furent tués ou pris pour la plupart.

Richelieu ne fit que passer sur cette côte, en vue de ces montagnes dont la conquête a depuis coûté si cher aux Russes. Constatons cependant qu'un autre nom français se rattache à la prise de possession de ces contrées, celui du comte Octavien de Quinsonas, à qui sont dûs les premiers travaux de fortification et de défense exécutés en Géorgie, et la première route militaire tracée à travers le Caucase, jusqu'à Tiflis.

Odessa même fut le plus beau champ de bataille de Richelieu; il y brava une ennemie fort profitable à sa gloire, car elle l'empêcha en 1812 de conduire ses contingents à Koutousov, la peste. Ce fléau envahissait le littoral de la mer Noire, pendant que les Français marchaient de Smolensk sur Moscou; le 23 août, il fit à Odessa sa première victime. Sa présence, d'abord vainement niée et cachée, se manifesta de plus en plus, malgré les précautions prises. En dépit des entraves apportées à son action par certain fonctionnaire revêtu du titre d'ordonnateur en chef, qui revendiquait la direction de la police sanitaire, le gouverneur parvint à établir une quarantaine générale. Pendant soixante-six jours, les magasins, le théâtre, la Bourse, les auberges, les temples même furent fermés. Les habitants des maisons où la peste était entrée, et que marquait une croix rouge, devaient s'y tenir renfermés et y attendre des aliments. Les troupes, sorties de l'enceinte, formaient autour d'elle un cordon sanitaire, et les familles intactes campaient entre la ville et le cordon. Richelieu, resté au centre de ce champ de mort, venait chaque matin chercher à la Quarantaine son ami le chevalier de Rosset; puis ils allaient, couverts d'habits goudronnés, veiller à l'approvisionnement des hôpitaux et des quartiers infestés; des forçats condamnés à ce service meurtrier sous promesse de la liberté les assistaient. Le soir, rentrés au lazaret, ils prenaient un bain de mer, changeaient de vêtements, puis repartaient afin de présider à l'enlèvement et à la sépulture des morts.

Le fléau ne disparut qu'au bout de six mois, après avoir emporté deux mille six cents personnes et visité çà et là les bourgades voisines. Richelieu passa l'année 1813 à les lui disputer. Quand il vint à Elisabethgrad, les habitants affolés s'opposaient aux mesures sanitaires utiles à prendre, et se refusaient même à laisser ensevelir les morts. Richelieu, une bêche à la main, donna l'exemple aux fossoyeurs et ranima les courages. Grâce à son dévouement et à son énergie, la peste ne frappa qu'un petit nombre de victimes et fut étouffée en deux semaines. Ainsi, suivant l'expression de Joseph de Maistre, il s'était montré, au péril de sa vie, non seulement meilleur que les autres, mais, s'il était possible, meilleur que lui-même. Rosset devait bientôt mourir des fatigues de cette vie héroïque; Richelieu sortit de l'épreuve comme il était sorti de la fournaise d'Ismaïl, glorieux cette fois devant Dieu et devant les hommes, ramené après de longues années à une vue plus nette des desseins de la Providence et à une pratique plus exacte de sa religion. « Après m'avoir exposé, écrit l'abbé Nicolle, quelques doutes que je fus assez heureux pour dissiper, je le vis calme, résolu, je reçus sa confession générale et j'eus la consolation de le communier de ma propre main dans l'église catholique d'Odessa [1] ».

(1) CASTELNAU, t. III, p. 317-341. — FRAPPAZ, *Vie de l'abbé Nicolle*. — LAGARDE, *Voyages dans quelques parties de l'Europe*.

CHAPITRE DOUZIÈME

L'ARMÉE FRANÇAISE EN RUSSIE

I

L'INVASION

En 1812 commence la grande guerre qui amènera successivement et en armes les Français à Moscou et les Russes à Paris. Depuis deux ans, des indices toujours plus graves l'annoncent, et de part et d'autre on s'y prépare sans l'avouer. Un adroit officier, Tchernitchev, déguisant sous des dehors mondains son espionnage, vient chez nous en surveiller les préparatifs; et Napoléon agite de nouveau aux yeux des peuples et des rois, avec une indignation feinte, le soi-disant Testament politique de Pierre le Grand, pour faire trembler l'Europe devant la chimère d'une ambition encore supérieure à la sienne. Allons venger les ravages d'Attila, lui disaient ceux de ses flatteurs qui savaient l'histoire.

La lutte eut la Russie pour premier théâtre. Parmi les Français habitant ce pays, ceux qu'elle troublait sans compensation étaient les plus obscurs et les plus nombreux, artistes comme les acteurs de Pétersbourg qui se réfugièrent à Stockholm, professeurs comme Jeudy-Dugour qui se fit naturaliser, et demeura pour le reste de sa vie M. Degourov, savants comme les ingénieurs venus en 1807 qui furent, malgré leurs protestations, internés officiellement à Jaroslav, et en réalité conduits et oubliés trois ans en Sibérie, ou comme ce médecin qui parvint à franchir la frontière, et s'en vint renseigner de son mieux les envahisseurs. D'autres avaient un nom dans le monde ; Napoléon leur faisait l'honneur de les appeler ses ennemis, et on les vit se serrer alors autour du tsar avec l'espoir secret de vaincre sous sa conduite. A la coalition de l'Europe fascinée ou matée par son ancien ami, Alexandre oppose celle des intérêts, des idées, des croyances confondues par l'empereur des Français dans une persécution commune.

En tête de ces irréconciliables figure Joseph de Maistre. Il lui eût été difficile d'espérer encore la restauration de son maître ; il voyait néanmoins de grands événements se préparer, et il voulait tirer parti pour l'Église catholique de cette crise. Le tsar le consultait alors volontiers, et l'éleva au rang de confident intime; aussi le diplomate exilé, resaisi par l'espérance, rédigeait-il, à l'encontre des desseins qu'on prêtait à Napoléon, un projet de rétablissement de la Pologne, et obtenait-il à Polotsk pour les jésuites les privilèges universitaires, engageant de la sorte indirectement ceux-ci au service de la cause nationale. Il envoyait son fils à l'armée et lui disait adieu avec l'accent d'un Spartiate qui saurait le prix du martyre : « En ce temps-là, malheur aux pères ! Cependant, mon cher ami, ou avec cela ou sur cela !... Aujourd'hui, vous faites une guerre juste et presque sainte... [1] ». Il n'en était pas moins traité par les uns de perturbateur, de fléau, d'homme vendu à Napoléon, par les autres d'ennemi systématique de la Russie et des Russes.

(1) Lettre du 17 juillet 1812 (*Lettres et opuscules*, t. I, p. 276).

Mme de Staël le rejoignit alors, et vint demander à ce pays lointain une hospitalité que le reste du continent leur refusait à l'un et à l'autre. Échappée de Coppet le 23 mai, en compagnie de ce M. de Rocca qu'elle devait plus tard épouser, elle se proposait d'abord de gagner l'Angleterre par Odessa, puis elle se tourna soudain vers Pétersbourg, où le tsar et les deux impératrices la reçurent comme une puissance. Elle eut la satisfaction d'entendre l'autocrate faire en quelque sorte amende honorable pour le pouvoir absolu, lorsqu'à son mot flatteur : « Votre caractère est une constitution », il répliquait : « En ce cas je ne suis qu'un accident heureux ». Les clameurs patriotiques dont elle fut assaillie, à une représentation de *Phèdre* au Théâtre-Français, paraissent n'avoir atteint que ses susceptibilités littéraires : Oh ! les barbares ! Oh ! mon Racine ! s'écriait-elle en rentrant chez elle et en se roulant avec des sanglots sur son canapé [1]. Quant aux insultes à la France, elle n'y pensait guère ou plutôt elle était prête à dire comme quelques jours plus tard à un banquet où l'on portait un toast au triomphe des Russes : Non pas contre la France, mais contre celui qui opprime la France. C'est le cri qui a servi de justification à tous les émigrés militants, et qui unissait alors Joseph de Maistre et Mme de Staël, à la pensée des épreuves de l'Église ou de la liberté.

Tous deux avaient pour excuse leur origine savoisienne ou genevoise. Le zèle royaliste peut seul faire comprendre la présence de Français dans l'entourage ou l'armée du tsar. Le comte Alexis de Noailles venu de Paris, le marquis de Rivière venu d'Angleterre sont des agents chargés de rappeler à l'ennemi de Napoléon une cause oubliée et jugée perdue depuis plusieurs années.

(1) ARNDT, *Meine Wanderungen*, etc.

Pozzo di Borgo travaille à Londres à la réconciliation d'Alexandre et du cabinet anglais. D'autres combattent, le baron de Damas, Héraclius de Polignac, Melchior de Moustier, qu'on retrouvera, au lendemain de Borodino, sur la route d'Hartwell. La Maisonfort, qui aura le courage de célébrer sur le mode lyrique les défaites françaises[1], se fait attacher à l'ambassade russe en Angleterre, et Langeron et Lambert pousseront l'épée aux reins sans miséricorde la Grande armée vaincue.

Aux deux extrémités de l'empire, le funeste contrecoup des divisions créées par le nouvel état social de la France se fait sentir. Au Nord, Bernadotte, poussé à bout par les exigences napoléoniennes, oublie son passé; l'ancien général républicain devenu prince royal de Suède se jette entre les bras d'Alexandre, rassure Mme de Staël réfugiée de Pétersbourg à Stockholm et persuadée que Napoléon la poursuit, envoie enfin à son nouvel allié ses conseils politiques et stratégiques, et le décide, après l'occupation de Moscou, à continuer la guerre. Au Sud, Richelieu convoque les notables d'Odessa, leur dénonce sans ménagements l'ambition et les provocations injustes de l'assaillant, invoque le patriotisme des uns, la gratitude des autres : « Vous avez été témoins, dit-il en terminant, que pendant les neuf ans que j'ai été à la tête du pays je n'ai rien épargné pour assurer le bien-être des habitants... Pour le bien de ma nouvelle patrie, pour son salut, j'ai tout sacrifié et je sacrifie tout. Montrez aussi unanimement en ce jour que vous êtes de vrais Russes, et je n'aurai pas attendu pour mon dévouement à vos intérêts de plus flatteuse récompense[2] ». Lui-même verse au trésor public quarante

---

(1) *Ode* (aux Russes), Saint-Pétersbourg, 1812.
(2) Ce discours a été trouvé dans les archives d'Ékatérinoslav.

mille roubles, somme qui peut-être composait alors tout son avoir. Dix ans avaient passé sur ses promesses au premier consul ; Richelieu se croyait voué à un exil perpétuel. Il est pénible sans doute de l'entendre prêcher la guerre sainte contre ses compatriotes, et l'on a besoin, pour oublier ses paroles d'alors, de se rappeler les services qu'il a rendus depuis à la France abaissée devant la Russie. En face de Napoléon ou d'Alexandre, il s'attachait uniquement à ce qu'il pensait être la cause de la justice ; c'est le souvenir de cette loyale conviction qui dans un cas ajoute à sa gloire, et lui vaudra peut-être dans l'autre quelque excuse.

Ainsi s'unissent contre le maître de la France tous ces Français d'origine, chacun volontairement déclassé au gré de sa passion ou de son espérance. Avec sa délicatesse ordinaire, Alexandre a eu soin de n'en employer aucun sans savoir que cette guerre ne lui causait aucune peine ; ils s'offrent cependant à l'envi [1]. Pour Joseph de Maistre le but principal est la revanche de l'Église contre le César persécuteur ; pour Mme de Staël, c'est le retour de la liberté constitutionnelle ; pour Richelieu, c'est la restauration des Bourbons ; pour Pozzo, c'est la *vendetta* s'exerçant sur son compatriote de Corse ; pour Bernadotte, c'est l'abaissement d'un rival heureux ; et le tsar qui les conduit au combat confond dans son esprit l'idée de ses devoirs de souverain et celle de je ne sais quelle mission sociale et divine.

Telle est l'âme de la résistance ; le corps, c'est le peuple russe, qui pour la première fois sur son sol allait voir face-à-face la France représentée par son armée : armée où l'on entendait parler plusieurs langues et sans équivalent dans l'histoire moderne. Ce camp immense que

---

(1) J. DE MAISTRE, *Corr. dipl.*, 21 avril 1812.

la volonté de Napoléon allait transporter sur le Niémen, le Dniéper et jusque dans la vallée du Volga se dressait devant les Russes comme une de ces caravanes sans fin qui avaient peuplé la steppe au temps des Scythes et des Huns. Les contemporains s'accordent à la peindre comme un rassemblement où les conducteurs de bagages, de troupeaux, de vivres réquisitionnés, les gens des métiers les plus divers égalaient en nombre les soldats. Le sentiment religieux ou patriotique était absent de cette foule; ils se laissaient pousser en avant, les uns par un enthousiasme superstitieux pour la gloire de leur chef, les autres par l'attrait de l'inconnu ou l'espoir du butin; et ils allèrent ainsi, à travers un vaste sillon de feu et de sang, jusqu'au point où le pain, le soleil, l'ennemi même leur manquèrent, et où la retraite inévitable devint un désastre sans précédents.

A leur approche, ce fut dans toute la nation un long frémissement, où la confiance au Dieu des Russes et la colère contre les païens d'Occident dominait la crainte. Le fer aux mains et la croix dans le cœur, avait dit le Père, et partout où il y eut lieu de résister, les images de saint Serge et de saint Nicolas accompagnèrent les combattants. Koutousov, qui affichait l'athéisme, vint s'agenouiller à Notre-Dame de Kasan avant de ceindre son épée. La superstition se mêlait aux élans de la foi nationale; parmi les paysans on se racontait que Joséphine, l'impératrice répudiée, précédait, sous la forme d'une colombe, Napoléon sur le champ de bataille, et lui faisait connaître les mouvements de ses ennemis ; on vit de grandes dames envoûter, comme au moyen âge, le nouveau fléau de Dieu. Les lettrés entraient en lice; tandis que Spéranski était disgrâcié et relégué à Perm, Karamzine et Glinka dans leurs journaux sonnaient la charge contre les idées et la puissance françaises.

On a dit que l'envahisseur avait songé à exploiter le ressentiment des serfs contre une oppression séculaire ; on a même avancé qu'au temps de l'alliance il avait, sous un prétexte d'assistance hypocrite, dispersé à travers la Russie bon nombre d'agents chargés de miner sourdement les bases de l'empire, d'en discréditer, surtout parmi les jeunes, les doctrines politiques traditionnelles [1]. Les intentions de Napoléon à ce sujet peuvent se présumer, ses actes restent douteux. Au milieu des flammes de Moscou, il dut se rattacher à la pensée d'exploiter les divisions du monde moscovite, sous l'empire de cette illusion qu'entre les courtisans et les serfs il y avait dans les villes une bourgeoisie éclairée ; on alla alors jusqu'à évoquer les souvenirs de Pougatchev [2]. Il est possible que certains aient été gagnés par l'enthousiasme contagieux des Polonais, ou aient pensé à profiter de l'invasion pour assouvir de vieilles haines contre leurs maîtres ; quelques adresses parvinrent au Kremlin pendant l'occupation, réclamant l'abolition du servage, et offrant des chefs pour des révoltes partielles ; puis l'étranger s'étant montré en conquérant et non en libérateur, l'idée de lui résister prévalut. On lui résista

(1) Custine, *Lettres sur la Russie*, I. XXXI.
(2) Ségur, *Histoire de la Grande armée en 1812*, liv. V, ch. II. — Entretien de Napoléon avec Mme Chalmé-Aubert (dans Domergue, *La Russie pendant les guerres de l'Empire*, ch. XVI). Lettre au prince Eugène, 5 août 1812.
Napoléon était déjà averti depuis longtemps de l'absence d'une classe moyenne : « Je ne sais pas, écrit Savary à Talleyrand le 21 octobre 1807, où je pourrais trouver ce que V. Exc. entend par cette société indépendante de la noblesse, loin du trône et près du peuple. Après la cour et le ministère, je ne vois que les négociants entre les nobles et les esclaves ; or cette classe des négociants est une colonie composée pour la plus grande partie d'Anglais ; le reste est français ou allemand » (*Corr. Russie*, t. CXLIV).

comme jadis à Darius, en faisant le désert sous ses pas. Ségur cite comme un épisode unique celui de ce pope trouvé dans Smolensk qui, après une entrevue avec Napoléon, prit à tâche de rassurer ses ouailles, et les exhorta à ne plus voir dans les Français des païens et des incendiaires. Tous les autres répétaient avec les mourants de cette journée : Lève-toi, sainte Russie, défends-toi, défends notre religion, notre patrie, notre tsar [1] !

Les seules personnes qui accueillirent l'envahisseur sans arrière-pensée furent ces jésuites de Witepsk et de Polotsk pour qui leur patrie ne comptait plus guère, et qui poursuivaient loin d'elle une carrière qu'elle ne leur eût point permise sous ses lois. Un d'eux, le Père Langue, était un mathématicien de mérite, que Napoléon se plut à entretenir; un autre, le Père Richardot, releva Gouvion-Saint-Cyr blessé sur le champ de bataille; les deux partis le respectaient à cause de son impartiale charité, et il rappela souvent avec succès à ses compatriotes qu'il y avait une autre religion que celle de la gloire. Douze jésuites devaient mourir dans cette seule année au service des blessés et des malades [2].

Quant au paysan indigène, surtout dans la Russie proprement dite, il évitait le moindre contact avec l'étranger impie et barbare, et se dérobait de son mieux aux réquisitions et aux outrages. Dès le passage en Pologne, il fallait que la Grande armée maraudât pour vivre. Chaque étape laissait derrière elle une foule de traînards, de chariots abandonnés, de chevaux morts. Quiconque était blessé refusait d'entrer à l'ambulance, se sentant perdu s'il quittait le régiment. « Notre manière de vivre et de marcher, écrit un officier de la garde, fut toujours

---

(1) BRANDT, *Souvenirs d'un officier polonais*, p. 258.
(2) GUIDÉE, *Notices historiques sur quelques membres de la Société des Pères du Sacré-Cœur*, t. II, p. 109-112.

la même. Partout nous pillions, quand nous trouvions ; partout nous pourvoyions nous-mêmes à tous nos besoins. Partout nous fauchions les blés verts pour nourrir nos chevaux. Jusqu'à Wiazma, je n'avais pas encore vu un seul Russe dans une maison ; et néanmoins la saison s'avançait, et personne ne se demandait où nous nous arrêterions, et comment nous vivrions à notre retour.... Partout on voyait des incendies, non seulement dans la direction que nous suivions, mais à de grandes distances sur notre droite et notre gauche. La nuit tout l'horizon était en feu.... ». Les gens de Pétersbourg tremblaient de loin, et brûlaient leurs papiers ; les paysans retournés à l'état sauvage brûlaient leurs maisons.

Tel était l'accueil du peuple russe ; l'armée, vétérans ou miliciens, chaque fois qu'elle s'arrêta dans sa retraite pour faire face, ne céda le terrain que couvert de morts, et combattit avec une froide résolution pour ses foyers et ses autels. Les tueries d'Hollabrünn et d'Eylau recommencent à Smolensk et à Valoutina. A la Moskowa, autour de la grande redoute, cette armée tint comme une immense redoute vivante qu'il fallut abattre pierre à pierre ; ceux qui finirent par l'emporter, à la distance où ils étaient de leur pays, et se croyant déjà sortis d'Europe, étaient condamnés à la victoire ou à une ruine complète. Dans les deux camps la veillée des armes fut bien différente. Les prêtres russes passèrent au milieu des rangs agenouillés, portant l'image miraculeuse rapportée de Smolensk, Koutousov suivant chapeau bas, et plusieurs racontèrent avoir vu un aigle, présage de victoire, planer sur sa tête. Chez nous, les soldats transis s'entretenaient autour des feux du bivouac des maraudages de la veille ou du butin entassé à Moscou ; les plus ardents, commentant d'avance la proclamation impériale, parlaient de la gloire, du bien-être à conquérir, de l'homme qui se partageait avec le drapeau leurs adorations. De là, sous l'influence de ces mobiles si divers, l'effroyable acharnement des combattants, et la tristesse sans précédents de ce champ funèbre que les vainqueurs en retraite n'allaient pas tarder à revoir, avec ses cent mille cadavres d'hommes et de chevaux non ensevelis, livrés aux oiseaux de proie et aux injures du ciel. Jamais lieu n'a vu se heurter deux grandes armées avec une ténacité si héroïque et si peu de haine : « Bravo, les Français » ! s'écriait Bagration en tombant mortellement blessé ; il applaudissait alors, comme un émule des combattants de Fontenoy, l'infanterie de Friant montant, sous un feu épouvantable, à l'assaut des retranchements russes.

Aujourd'hui un monastère y élève ses dômes coloriés, auquel se rattache une histoire touchante ; tant il est vrai que la pitié et l'amour doivent avoir le dernier mot dans toutes les choses humaines! Déjà à Eylau on avait vu la femme d'un colonel français chercher sur ce grand cimetière le corps de celui qu'elle avait aimé, et l'ayant retrouvé défiguré, reconnaissable seulement à une ancienne cicatrice, elle l'avait traîné jusqu'à la ville voisine, pour l'embaumer ensuite et l'ensevelir auprès des siens [1]. Ce trait de dévouement conjugal, célébré alors par les Allemands eux-mêmes, trouva son pendant cinq ans plus tard, aux portes de Moscou. La veuve du général Toutchkov s'en vint aussi, après la grande bataille, la nuit, sur cette plaine empestée où les bûchers commençaient à consumer les cadavres ; elle la parcourut, retournant de ses mains tremblantes ces corps tombés la face contre terre. Un moine l'escortait, comme au temps

---

(1) ERNOUF, *Les Français en Prusse*, p. 206-207.

d'Edith au col de cygne ; d'une main il aspergeait les morts d'eau bénite, et de l'autre promenait sa lanterne sur leurs visages. La dépouille chérie ne put être retrouvée. Mme Toutchkov, égarée, ne voulut plus quitter cette terre où elle savait son mari couché, et la retraite qu'elle s'était créée devint peu à peu un monastère ; elle y vécut de longues années, en tête-à-tête avec ses lugubres souvenirs. Son amour inconsolable n'a laissé debout sur cette plaine si riche en ossements humains qu'une chapelle funéraire où l'on prie pour toutes les victimes, orthodoxes ou non, de la folie guerrière d'un homme [1].

(1) RAMBAUD, *Français et Russes*, p. 123-144.

II

MOSCOU

Entrer à Moscou, sauver Moscou, telle est la pensée qui domine de part et d'autre, pendant la première partie de la campagne. Il plaisait à Napoléon de conduire ses soldats là où jamais une armée française n'avait pénétré, persuadé qu'il y dicterait la paix : les Russes au contraire se résignèrent plus facilement à une lutte sans merci, après l'incendie et le pillage de leur ville sainte.

Pendant que les Français s'avançaient lentement, le nouveau gouverneur Rostoptchine luttait sans péril contre cette colonie d'artistes et d'artisans qui représentait autour de lui la nation ennemie. Le tsar avait eu beau lui signaler ces étrangers comme inoffensifs et lui recommander de les laisser tranquilles : Rostoptchine se laissa bientôt emporter par sa fureur patriotique : « Qu'on saisisse par les cheveux tout Français qui bougera, disait une de ses proclamations, qu'on me l'amène pieds et poings liés, je me charge du châtiment ». Il annonçait ailleurs vouloir prendre un bain dans le sang des Français. Plusieurs furent arrêtés, expédiés en Sibérie, un entre autres qui composait alors un poème à la louange du tsar, et fut ainsi interrompu de la façon la plus désobligeante. Puis quarante d'entre eux (on avait compris dans le nombre des Allemands, des Suisses, des Juifs) furent arrêtés, jetés sur un bateau plat, et envoyés à Makariev sur le Volga rejoindre les prisonniers des premières batailles. Ils descendirent lentement les méandres de l'Oka, faisant contre fortune bon cœur, s'aidant et se consolant sur leur radeau, les yeux attristés malgré tout par les convois de blessés, par les files de recrues qui allaient rejoindre. Un mystérieux instinct de l'égalité agitait ces populations, au contact, si douloureux qu'il fût, de l'armée française : Mon fils deviendra prince dans votre pays, disaient certains à nos exilés. Un jour une grande lueur rougit l'horizon : « C'est une attention des Russes pour votre Napoléon, s'écrie un mougik à leur passage; il veut prendre ses quartiers d'hiver à Moscou, on lui chauffe les maisons [1] » !

Ceux qui étaient demeurés sous la main de Rostoptchine vivaient en proie à une terreur mesurée aux mauvaises nouvelles qui arrivaient de l'Ouest. Cette terreur fut au comble le lendemain de la grande bataille livrée à Borodino. Une nouvelle bataille est imminente, faisait dire Koutousov vaincu pour pallier sa défaite. Jamais l'ennemi n'entrera à Moscou, répétait Rostoptchine au bruit des *Te Deum* qui célébraient la prétendue victoire; et en même temps il prescrivait d'enlever les caisses publiques, les archives, surtout les pompes destinées à combattre l'incendie, il ouvrait les caves des cabarets de la couronne, les arsenaux et les prisons. Ce fut alors qu'on amena devant le perron de son hôtel un Français et un Russe accusés, l'un d'avoir parlé en termes favorables de ses compatriotes, l'autre d'avoir traduit quelques passages d'une gazette allemande favorables à l'ennemi. Le Français subit une sévère réprimande, puis fut relâché au milieu d'une foule exaspérée, à laquelle il échappa pourtant. Le Russe, traité en traître indigne de

---

(1) DOMERGUE, *La Russie pendant les guerres de l'Empire*, t. I, p. 310.

pardon, reçut du gouverneur un coup de sabre à la tête, et fut aussitôt percé de mille coups.

Quelques heures après, à la suite de l'armée qui traversait la ville, en retraite vers le Sud, Rostoptchine partait à son tour : « Salue Moscou pour la dernière fois, dit-il à son fils en lui montrant les coupoles de la grande cité près de disparaître à l'horizon, dans une demi-heure elle sera en flammes ». Sur deux cent mille habitants, quinze mille au plus étaient restés, petits bourgeois, religieuses, gens du peuple ou étrangers. Là régnait un patriotisme bien supérieur à celui de ces Prussiens qui en 1806 avaient illuminé en l'honneur de Napoléon entrant à Berlin, ou qui se préoccupaient avant tout, dans l'intérêt de leur ville, d'accueillir amicalement (*friedliches benehmen*) le vainqueur [1]. Rostoptchine venait à point pour détruire cette sorte de franc-maçonnerie entretenue par la communauté des idées, des habitudes et des vices qui existait depuis cinquante ans entre les gentilshommes russes et français. Son témoignage est formel : « J'ai voulu ôter à Napoléon toute possibilité de former des relations, de communiquer de Moscou avec l'intérieur de l'empire et de mettre en usage l'influence que le Français s'est acquise en Europe par sa littérature, ses modes, sa cuisine et sa langue. Par ces moyens on aurait produit un rapprochement avec les Russes.... Au milieu des gens qu'on trouva à Moscou, la séduction fut sans effet.... ».

Un Français, fils d'un négociant de Moscou, et parlant avec peine la langue de sa première patrie, s'était présenté à nos avant-postes le soir de la grande bataille, et avait donné les premiers renseignements sur l'état des

---

(1) Ernouf, *Les Français en Prusse*, p. 106, 229.

esprits. Quelques jours après, les vainqueurs arrivaient en vue de la vieille capitale, tous chauds de l'horrible tuerie de la Moskowa, une dernière fois éblouis et trompés à distance par le mirage de cette cité multicolore qui fermait l'horizon, puis glacés au spectacle du désert qui là, comme ailleurs, se dressait devant eux. Ils s'engouffrèrent par les portes abandonnées, sans voir personne aux fenêtres, leur cavalerie galopant en vain à la poursuite d'habitants invisibles. Murat poussait devant lui les Cosaques de l'arrière-garde ennemie en leur criant : Hâtez-vous donc, ou je serai forcé de vous faire prisonniers.

Pendant ce temps Napoléon, descendu de cheval devant une maison du faubourg, attendait en vain la députation de boyards qui devait lui présenter les clés de la ville. Quelques Français parurent, commerçants ruinés, précepteurs délaissés par les familles où ils professaient. L'état-major impérial était mal disposé envers ces compatriotes rencontrés d'une façon si inattendue : « Que faites-vous ici, leur répétait-on. Il n'y a que des gredins, des émigrés qui ne soient pas avec nous ». Cependant Napoléon fit courir sur les traces des ôtages enlevés par Rostoptchine, et accepta avec mauvaise grâce les services de ces Français-Russes, dont la fortune était désormais liée à celle de l'armée. Un lecteur de l'Université, le Messin Villers, fut transformé malgré lui en chef de la police, d'autres en officiers municipaux et en administrateurs civils [1]. On devait pourtant s'estimer heureux de les rencontrer, au milieu de cette solitude funèbre et menaçante dont se trouvait entourée l'armée victorieuse. « La place où je m'établis, écrit l'officier

---

(1) *Mémoires d'un habitant de Moscou* (le chevalier d'Isarn) *pendant le séjour des Français* (Bruxelles, 1871), p. 7.

que nous avons déjà cité, était située sur la communication du Kremlin au château de Pétrovski. Ayant mis pied à terre, je distribuai mes lieutenants dans les maisons voisines pour faire les vivres avec quelques canonniers. Partout ils trouvèrent les portes closes et barricadées. Il fallut se décider à les enfoncer. En un instant tout fut au pillage dans le voisinage. Il était presque nuit, lorsque je fus abordé par un homme qui s'annonça à moi comme Français et qui m'offrit très civilement l'hospitalité pour moi et mes officiers. J'acceptai, il nous conduisit chez lui ; sa maison touchait à mon parc. Nous fûmes reçus par une femme qui s'annonça aussi comme Française. Elle s'unit à notre hôte pour nous donner à souper. On nous mit un couvert ; on nous apporta des sièges ; nous étions dans une maison, conversant en français, il y avait plus de trois mois que nous n'avions vu pareille fête. De ma vie peut-être je n'ai fait un meilleur repas. Notre hôtesse, qui n'avait pas perdu en Russie la démangeaison de parler des femmes françaises, nous entretenait des richesses de Moscou, du luxe et de la beauté des dames ; elle nous assurait que nous y aurions des cantonnements charmants : Il y a tant de palais à Moscou, nous disait-elle, que vous en aurez chacun un. Mes lieutenants s'extasiaient de plaisir, lorsque notre hôte, qui nous avait quittés pour voir ce qui se passait dans le voisinage, rentra tout effaré et nous dit en tremblant : Ah ! Messieurs ! quel malheur ! La Bourse brûle ! — Qu'est-ce que la Bourse ? — Un bâtiment plus grand et plus riche que le Palais-Royal, plein d'ouvrages d'orfèvrerie, des plus riches productions du monde. La perte de cette nuit sera incalculable. Je sortis, et je vis en effet l'horizon en feu, un quartier livré aux flammes. Je dis à l'oreille de mes lieutenants : Nous sommes perdus, les Russes vont brûler Moscou.... ».

C'était en effet la guerre sans merci qui commençait, la guerre contre le feu, en attendant celle contre le froid, et devant ces deux ennemis, la déroute était certaine; partout s'allumaient, sous la main fraternelle des malfaiteurs et des gens de police, des incendies qui finirent par convertir Moscou en un immense brasier. Il devint alors impossible de maintenir l'ordre, et pendant les cinq jours que durèrent les ravages de la flamme, la maraude fit place au pillage. Quelques misérables saisis la torche à la main apparaissaient çà et là, pendus ou fusillés. Les soldats, pressés plus vivement par la faim et la misère, entraient de force dans les maisons; parmi eux surtout les Allemands cherchaient à dérober au feu quelque butin. « Les vrais Français, comme ils étaient bons, a dit un témoin oculaire, mais de leurs alliés Dieu nous garde¹ »! Les rues étaient jonchées de livres et de vêtements de toute espèce; chaque place était un marché où le soldat vendait le superflu pour avoir le nécessaire. Un grand nombre de femmes à la suite de l'armée recueillaient avec avidité les provisions ou les fourrures qu'elles pensaient revendre à haut prix durant la retraite; le désordre était devenu tel, que les postes de service aux portes de la ville ou du Kremlin exigeaient des pillards quelque tribut en nature ou en argent pour les laisser passer. Il y eut des Russes qui prirent part à cette curée, des mougiks acharnés à détruire les richesses des habitations seigneuriales; mais le grand nombre passait de l'effroi à la colère, en voyant les églises changées en bivouacs, et la cantinière des grenadiers de la garde faisant sa cuisine derrière l'autel du couronnement.

(1) Cité par RAMBAUD, *La Grande armée à Moscou* (*Français et Russes*, p. 47). Cet article est rédigé tout entier d'après les dépositions des Russes témoins oculaires.

Après la retraite, on trouvera les puits de chaque maison encombrés de cadavres français.

Ici encore la charité, la pitié sont absentes, excepté auprès des prêtres latins. Tout le clergé russe avait disparu; l'église Saint-Louis fut seule épargnée, et son enceinte qui comprenait un certain nombre de maisons devint un lieu d'asile; l'abbé Surugues, un crucifix à la main, en protégeait l'entrée, et la fit respecter des pillards. Il devait mourir bientôt après dans sa maison saccagée par les Cosaques, victime d'un dévouement au-dessus de son âge et de ses forces.

Un semblant d'ordre succéda à ce premier désastre. Pour relever les courages, une troupe d'acteurs recrutée tant bien que mal dut donner des représentations sur un théâtre échappé aux flammes. Des affiches à la main annonçaient le spectacle; officiers et soldats accouraient à travers les ruines, payant leurs places avec des poignées de roubles et retrouvaient quelque gaieté ou l'oubli momentané du lendemain en applaudissant le *Joueur* ou les *Folies Amoureuses*. Aux environs de Moscou, une trêve tacite s'était établie entre les deux armées. Murat, Miloradovitch et leurs officiers se rencontraient aux avant-postes, et s'interpellaient dans la langue qui leur était familière à tous : « Donnez-nous nos passeports et nous partons, s'écrie un jour un général français, interprète prudent de la pensée des vainqueurs. — Vous êtes venus sans invitation, lui répond-on; il faudra vous en aller sans tambour ni trompette. Nous avons acquis quelques droits à votre estime; nous la perdrions en vous laissant vous en aller l'arme au bras ». Et pendant que les Cosaques traitaient Murat en émir oriental, les paysans s'armaient, couraient sus aux maraudeurs, et ne faisaient point de quartier. On en vit incendier leurs chaumières pour faire périr les soldats qui y dormaient.

A Bogorodsk, après chaque affaire, on amenait une dizaine de prisonniers et souvent plus, que l'on noyait dans la Protka qui coule près du village, ou bien on les fusillait dans la prairie [1].

Le moment de la retraite approchait, et quelques-uns en pressentaient toutes les misères. L'officier dont nous avons déjà invoqué le témoignage raconte qu'il fit remplir son fourgon particulier de galettes, de biscuits, de bouteilles de vin et de liqueurs, de thé et de sucre ; il y plaça de plus, en vue des loisirs présumés des quartiers d'hiver, « une assez belle édition de Voltaire et de Rousseau, l'*Histoire de Russie* de Leclerc et celle de Lévesque, le Théâtre de Molière, les œuvres de Piron, l'*Esprit des lois* et quelques autres ouvrages parmi lesquels plusieurs, tels que l'*Histoire philosophique* de l'abbé Raynal, étaient reliés en veau blanc et dorés sur tranche ». Ces singuliers trophées ne servirent bien entendu à rien, et la plupart des provisions furent perdues.

Enfin, après trente-quatre jours, les Français quittèrent Moscou, non sans avoir arraché de son clocher la croix vénérée d'Ivan, et essayé de faire sauter le Kremlin. Ils étaient alors, au dire d'un témoin, vêtus en carnaval, mais ils n'avaient pas le cœur à la danse ; la colonie étrangère les accompagnait, et devait être enveloppée dans leur désastre. Derrière eux Rostoptchine et les Russes ne tardèrent pas à reprendre possession de leur capitale ; et ce fut à grand'peine qu'une partie des blessés confiés à leur humanité purent être sauvés. Villers fut jeté dans un cachot d'où il sortit à moitié mort après quelques mois. Moscou était bien cette fois le sanctuaire de l'esprit national, où la France, devenue l'ennemie irréconciliable, ne devait plus pénétrer.

[1] RAMBAUD, *Français et Russes*, p. 84.

III

LA RETRAITE

Un grand nombre de témoins ont décrit la retraite de Russie, chacun racontant des épisodes divers, et toujours avec succès, car les cœurs les plus rebelles à l'affection ou à la haine ne sont pas insensibles à la pitié. Or quoi de plus pitoyable que cette immense agglomération de soldats victorieux la veille, saisie par un ennemi invisible qui la presse jour et nuit, au bivouac où elle se croit à l'abri des balles et des lances, et qui va se traînant, dispersant ses trophées, ses armes, ses cadavres de Moscou à la frontière, jusqu'à devenir un troupeau affolé, sans âme et sans voix ? Ce triste tableau devient hideux, quand on se place pour le contempler du côté des vainqueurs, quand on considère, à côté des victimes, ceux qui se regardèrent ou furent à leur insu comme les instruments de la Providence.

Jusqu'à la Bérésina, la marche de la Grande armée conserva un semblant d'ordre ; le vaincu d'Austerlitz, Koutousov, suivait Napoléon à distance, et se bornait, ses compatriotes le lui ont souvent reproché, à le reconduire. Ce héros de la résistance nationale restait un Occidental en pensée, et ne trouvait rien de mieux que de citer La Fontaine pour caractériser les fautes de son grand adversaire ; il le comparait au héron de la fable qui « hasarde à tout perdre, en voulant tout gagner ». A la Bérésina, l'hiver redouble de rigueur, et la situation déjà lamentable tourne au tragique, lorsqu'une nouvelle armée se dresse sur le front des vaincus, et cherche à leur fermer le passage. L'amiral Tchitchakov la commande : encore un type bizarre, fanfaron de scepticisme au milieu d'une société officiellement croyante, jaloux des étrangers, et néanmoins anglomane par ses goûts, gallophile même à ses heures, car les uns ont vu avec étonnement le buste de Bonaparte sur son bureau, les autres signalent son affectation à se montrer au milieu d'un brillant état-major sous la petite tenue d'officier de marine, comme s'il eût revêtu avec elle la redingote grise du grand homme [1].

Deux Français d'autrefois lui servaient de lieutenants. Nous connaissons déjà Langeron : le second était Lambert. Depuis vingt ans, cet officier était au service russe ; il avait débuté auprès de Souvorov, en Pologne, à l'assaut de Praga, et à la différence de Richelieu, ne laissa guère passer de campagne contre les Français sans y paraître. Il eut la jambe traversée d'une balle à Zurich ; en 1806, il recevait le premier choc à la tête d'un corps de cavalerie, et réussit à sauver un certain nombre de pièces de canon dans la retraite qui suivit l'affaire décisive de Friedland. En 1812, au début de la campagne, en face des Autrichiens, il n'engage par politique qu'un semblant d'hostilités, et garde son ardeur pour le moment où il faudra porter le dernier coup à la Grande armée à demi détruite ; il accourt alors à l'avant-garde. Il s'empara d'abord de Minsk, où il détruisit nos magasins de réserve, et recueillit un butin considérable. Sa femme, dit-on, l'en fit profiter plus que de raison ; du moins prenait-elle aussi sa part des dangers, et dans une des journées qui suivirent, on

---

(1) *Journal* de l'Autrichien DE BERCKI (*Russie*, *Mém. et doc.* t. XXXII, p. 275 et sq.).

la vit ramener au feu les soldats ébranlés, en leur faisant honte d'abandonner leur général. Lambert, atteint d'une balle au genou à l'attaque de Borisov, refusa de quitter le champ de bataille : « Je resterai avec vous, disait-il à ses chasseurs, et je mourrai ici, ou j'attendrai que vous me prépariez un logement à Borisov ». Ce ne fut qu'après la prise du village qu'il se laissa conduire aux ambulances, et en chemin, le long de la Bérésina, avec un coup d'œil militaire que Napoléon eût pu apprécier, indiqua le point du passage probable des Français en retraite [1].

Langeron, qui n'était pas blessé, vit de près toutes les horreurs d'une débâcle dont il était un des principaux auteurs, et à la façon dont il les raconte, il faut se demander à sa honte si c'est la compassion ou le dégoût qui dominait en lui. En deux ou trois pages, il a recueilli et condensé des traits affreusement caractéristiques, qui en disent plus sur nos misères que les lamentations épiques de Ségur : « J'ai vu une femme qui venait d'accoucher, et qui était expirée à côté de son enfant mort. J'ai vu un homme mort, ayant les dents enfoncées dans la cuisse d'un cheval qui palpitait encore. J'ai vu un homme mort dans un cheval qu'il avait éventré pour s'y fourrer et s'y réchauffer. J'en ai vu un arrachant avec ses dents les entrailles d'un cheval mort; j'ai vu des hommes morts à qui on avait coupé des lanières de chair aux cuisses, pour s'en nourrir ». Ailleurs il parle sur un ton léger, presque ironique, des singuliers prisonniers qu'il a ramassés sur la route, artisans ou artistes, femmes de toute condition et de tout métier; il s'indigne, comme un bon orthodoxe qu'il n'est pas, des pro-

---

(1) Mikhaïlovski-Danilevski, *Galerie militaire du Palais-d'Hiver*, art. Lambert.

fanations commises au couvent de Molodetchno, et se plaît à rappeler que les Russes étaient bien habillés et bien approvisionnés. Pas un mot, je ne dis pas de remords, mais de regret ou de pitié. Il rappelle qu'il a recueilli et secouru quelques officiers de sa caste, un Durfort, un Fontanges ; cela lui suffit ; son honneur de gentilhomme est sauf, et sa conscience en repos.

Joseph et Xavier de Maistre, ce dernier seulement témoin oculaire, nous ont aussi communiqué leurs impressions ; pour le fond et même pour la forme, elles se rapprochent fort de celles de Langeron. Pourtant on y distingue un accent plus humain ; la plume qui les a tracées n'est plus celle d'un émigré frivole, ou d'un transfuge cherchant à s'étourdir : « Les cadavres des Français, écrit Xavier, obstruent le chemin qui, depuis Moscou jusqu'à la frontière, a l'air d'un champ de bataille continu... J'ai vu des maisons où plus de cinquante cadavres étaient rassemblés, et parmi eux, trois ou quatre hommes encore vivants, dépouillés jusqu'à la chemise, par quinze degrés de froid... Je n'en voyais pas un sans songer à cet homme infernal qui les a conduits à cet excès de malheur... ». Et son frère le citant parle très haut de ce sentiment de pitié qui le pénètre, sans diminuer en rien son respect pour le caractère providentiel de cette grande catastrophe.

En d'aussi affreuses circonstances, l'humanité et la charité cessent d'être des vertus communes ; elles deviennent des devoirs qui s'imposent après réflexion aux âmes d'élite, tandis que la foule exaltée succombe à ses passions cruelles ou égoïstes. Louis XVIII se souvint de tant de malheureux qu'il appelait ses sujets ; il écrivit en leur faveur au tsar, ce qui était une façon adroite de rentrer en relations avec lui, au moment où les défaites françaises rendaient à sa cause quelque espérance. Alexandre n'avait pas besoin de semblables requêtes pour plaindre et soulager les vaincus. Quand à Vilna il eut sous les yeux les débris de cette foule affamée et affolée, enfants enlevés sur le sein de leurs mères, soldats mourants tués à coups de pantoufles ferrées par les femmes juives ou se traînant en proie au typhus à travers la ville ; quand il passa devant ces hôpitaux où étaient empilés plusieurs étages de cadavres et où les fenêtres brisées étaient bouchées par des membres humains, il chargea l'émigré Saint-Priest de distribuer en son nom les secours les plus pressants ; mais que pouvait-on, sinon soulager quelques misères individuelles ? Le froid, la faim et l'épidémie continuaient impunément leurs ravages. Saint-Priest, par son dévouement et son zèle sut corriger, excuser presque sa défection. Alexandre le suivait dans ses courses charitables, caché sous le manteau d'un aide de camp. Le frère du tsar, Constantin, était aussi humain à sa manière, le jour où il faisait sauter d'un coup de sabre froidement asséné la tête d'un officier qui demandait qu'on l'achevât.

Dans quelques châteaux, voire dans quelques pays, en Lithuanie et en Courlande, les prisonniers ne furent pas trop maltraités ; et certaine nouvelle de Xavier de Maistre, qui montre un d'eux successivement à la merci d'une bande de fanatiques et sous le toit d'une femme du monde, nous fait entrevoir le sort très inégal qui les attendait [1]. En 1807, ils étaient peu nombreux, et inspiraient moins la colère que la curiosité ; en 1812, ils étaient devenus légion. Au début de la campagne, on les respectait encore, comme les soldats d'une armée victorieuse, peut-être plus qu'ils ne se respectaient eux-mêmes. La captivité, comme l'invasion ou l'exil, est sur

---

(1) *OEuvres et correspondances inédites*, t. I.

les hommes un agent puissant de démoralisation. Non seulement comme autrefois ces soldats aimaient à se conférer indûment des grades, mais on en vit se soumettre à instruire les recrues qui allaient rejoindre l'armée russe.

Puis vint le moment où ils tombèrent par troupes, désarmés, aux mains de ceux qui les poursuivaient, et le désir de la vengeance empêchait souvent de les considérer comme inoffensifs. On savait d'ailleurs que, parmi les prisonniers russes entraînés par l'armée en retraite, les uns avaient été lâchement massacrés par nos alliés allemands, les autres parqués la nuit dans des enceintes où on les avait laissés périr de froid. On comprend dès lors que la plupart des nôtres aient succombé aux mauvais traitements comme au besoin et à la rigueur de la saison. L'Anglais Wilson raconte avoir rencontré une colonne de cinq cents captifs, reste de douze cent cinquante expédiés du camp; et encore avait-on déjà complété au moins deux fois, à l'aide de traînards ramassés çà et là, le nombre toujours décroissant de ces malheureux. De cinq mille hommes dirigés sur Bobruinsk, vingt arrivèrent vivants; les autres, marchant sous le bâton, déguenillés, affamés, dévorés de vermine, étaient tombés sur la route, collés aussitôt au sol par une gelée meurtrière, ou autour des bivouacs nocturnes, en plein air, au pied de ces bûchers funéraires où quelquefois les agonisants furent jetés pêle-mêle avec les cadavres. A Nijni-Novgorod, quatre cents qui traversèrent le Volga sur la glace n'arrivèrent pas plus d'une centaine à l'autre bord : « Quel horrible froid, disait l'un d'eux, et ces barbares appellent cela une patrie! » A Orel, leurs gardiens hâtaient leur fin pour profiter de la misérable solde qui leur était attribuée.

Quant au peuple russe, après une invasion marquée

par tant de pillages et de profanations, ç'eût été miracle qu'il se fût montré d'ordinaire généreux. Le paysan possède à un très haut degré la mémoire du cœur ; il reconnaîtra après de longues années l'homme qui l'a épargné sur le champ de bataille ou soigné en captivité ; mais il sera impitoyable envers ceux qui ont envahi indûment sa demeure, celle du tsar ou de Dieu. C'est encore Wilson qui nous montre près de Wiazma une foule de paysannes armées de bâtons et sautant en cadence, au milieu de chants nationaux et de cris féroces, autour d'un pin abattu ; de chaque côté de l'arbre étaient soixante prisonniers, le corps nu, la tête posée sur le tronc comme sur un billot, et flagellés ainsi jusqu'à la mort [1]. En dehors de la route funèbre suivie par les armées, les sentiments d'humanité reprirent le dessus ; on ne ferma plus avec horreur aux vaincus la porte des maisons. Plus on était éloigné du théâtre de la guerre, plus la pitié et la sympathie revenaient aux complices involontaires de Napoléon [2]. Les gens riches se cotisè-

---

(1) Wilson, *Private Diary*, t. I. Malgré sa gallophobie, Wilson n'a pu se défendre de la pitié : « As a man and as an Englishman, I did all in my pover to mitigate their griefs ».

(2) « Un soir nous fîmes halte dans les domaines d'un baron redouté au loin pour ses cruautés. Ce forcené voulait nous tuer de sa propre main, et le sergent chargé de nous escorter pendant notre marche eut de la peine à défendre notre vie contre la rage patriotique du vieux boyard » (Récit de Grassini, dans Custine, *Lettres sur la Russie*, t. IV).

« Une dame de ma connaissance a rencontré deux cents Piémontais en route pour Irkoustk; on en avait pitié, à ce qu'elle m'a dit, et les femmes surtout leur apportaient beaucoup de secours, mais ces malheureux à demi nus doivent nécessairement mourir de froid avant d'avoir parcouru la moitié de la route » (J. de Maistre, *Corr. dipl.*, 24 oct. 1812).

V. aussi une lettre datée de juillet 1813 dans les *Lettres sur la guerre de Russie en 1812*, par L. V. D. P. (de Puibusque).

rent pour les vêtir ; paysannes et grandes dames leur envoyèrent des aliments ou bravèrent la fièvre d'hôpital pour les soigner. Beaucoup de prisonniers parvinrent, soit en enseignant le français, soit en adoptant quelque métier manuel, à gagner leur pain dans les villes, jusqu'à Astrakhan ; on cite un certain Désarnod, qui devait se faire une réputation comme peintre militaire. Il y en eut même, dit-on, qui réussirent à s'évader de la Sibérie et à gagner l'Amérique. Mais ne recevant aucun secours de France, condamnés à un séjour qui se prolongea pendant quatre ans (ils n'étaient pas encore tous rapatriés au moment des Cent-Jours), ils furent cruellement décimés par la nostalgie, le besoin, les suites des privations de la retraite. Tous, s'ils ne furent pas irréprochables au point de leur dignité personnelle, demeurèrent pleins de foi dans le génie de l'empereur. Réduits aux dernières extrémités, ils refusaient toute nourriture plutôt que d'accuser l'homme qui les avait amenés à cette horrible condition [1].

De telles hécatombes auraient dû creuser un abîme entre les deux peuples : tant de malheureux périrent, que leurs familles attendirent longtemps et dont elles espérèrent en vain des nouvelles ! Et cependant, dix mois plus tard, quand le reflux de l'invasion russe couvrit la France, qui sait seulement ceux qu'on a cherchés à venger ?

[1] V. dans la *Life of general Rob. Wilson*, t. II, p. 124, le trait de l'officier Montgaillard.

CHAPITRE TREIZIÈME

L'ARMÉE RUSSE EN FRANCE

I

MOREAU

Depuis le jour où la Grande armée, réduite à quelques bandes mourant de froid, eut repassé le Niémen, toute l'Europe pressentit une revanche qui allait conduire les Russes, à travers l'Allemagne délivrée, jusqu'à Paris. Les amis des Bourbons reprirent leur place et leur influence auprès du tsar; ils se multipliaient à son service, ou comme Rochechouart, l'aide de camp préféré d'Alexandre qui, au commencement de 1813, allait jeter au cou de Bernadotte le grand cordon de Saint-George, et l'attirer ainsi vers le camp des alliés; ou comme le jeune officier de Broglie, qui tomba à Kulm, au milieu de la garde russe, « en chrétien et en Français », disait-on autour de lui.

Déjà depuis quelque temps, un homme de guerre qui devait sa gloire à la Révolution, le général Moreau, exilé aux États-Unis, nourrissait la singulière pensée de réunir en régiments les prisonniers survivants de 1812, de descendre à leur tête sur quelque plage de Quiberon, et de porter le coup décisif à l'empire chancelant. Au profit de qui? D'une république constitutionnelle, du roi légitime, ou de ce gouvernement sans nom dont le conspirateur Malet lui attribuait la présidence, durant cette nuit de 1812 où il fut maître de Paris? Nul ne le saura jamais; et chacun de ses biographes a pu, sur des indices divers, supposer à cet égard ce qu'il a voulu. Une seule chose est sûre : Moreau voulait à tout prix traduire en actes ses ressentiments contre son heureux rival. Son projet de proclamation aux Français ne parle que de l'indépendance, traduisez du renversement de Napoléon. En attendant un retour de l'opinion, il en était venu à accepter la pensée de se mettre au service de l'étranger.

Or en 1813 il voyait à la tête d'une coalition la Russie, et à la tête de la Russie un souverain disposé à l'accueillir. Qu'Alexandre ait songé le premier, d'après les conseils de Bernadotte poussé lui-même par Mme de Staël, à appeler à son service l'ancien héros républicain; qu'il ait cédé à l'orgueil de prendre sous sa protection une des gloires militaires d'alors, à l'illusion de jeter la division dans l'armée française, de donner un successeur à Napoléon, un dictateur à la France, un corps à ses rêveries philosophiques et républicaines, cela est possible. Il avait pensé à lui, comme il avait, dit-on, consulté de loin Dumouriez dès 1812[1]. Ce qui est incontestable, c'est l'ardeur avec laquelle Moreau accepta de contribuer dans n'importe quelles conditions à la chute d'un rival abhorré. Il était entré en relations avec le ministre russe

---

(1) « Ce n'était pas de sa réputation militaire que les Russes avaient besoin... C'était un moyen nouveau que l'empereur de Russie mettait en usage : il espérait, avec le général Moreau, mettre de la division dans notre armée. Et comment douter qu'il n'eût déjà alors des projets de bouleversement et de substituer le général Moreau à l'empereur, en cas de succès »? (Rovigo, *Mémoires*, t. VI, ch. xiv).

aux États-Unis, et lui communiquait ses impressions sur les grands événements qui s'accomplissaient en Europe. Une lettre au chancelier Roumianzov, et dont sa femme fut le porteur, paraît avoir été le point de départ des négociations. Un intermédiaire accrédité par lui, son ancien aide de camp Rapatel, vint ensuite développer ses vues et ses espérances. Le tsar ne cacha point son désir de voir auprès de lui le vainqueur de Hohenlinden.

Sur ces assurances, Moreau s'embarqua à New-York vers la fin de mai 1813. Il entreprenait un périlleux voyage, car il était espionné par les agents de Napoléon, et pouvait être arrêté en mer par des croiseurs prévenus de son passage ; il portait sur lui un passeport anglais au nom de John Caro, et un courrier diplomatique chargé de dépêches pour le cabinet russe avait pris place sur son bateau. De Gothenbourg en Suède, où il prit terre, il partit aussitôt pour le quartier-général des alliés, vit en passant son vieil ami Bernadotte, qui lui conseilla de se laisser faire général au service de la Russie, et arriva à Prague la veille de la rupture de l'armistice de Pleswitz. L'accueil fut tel qu'il devait être envers une trahison aussi illustre. Alexandre le prévint, accourut chez lui, l'embrassa, l'entretint pendant deux heures, lui amena le roi de Prusse ; il n'y eut pas jusqu'à l'empereur François qui, oubliant le passé, vint remercier Moreau de son humanité envers les Autrichiens dans ses campagnes victorieuses du Rhin et du Danube. La tête tournée par ces démonstrations, le célèbre transfuge ne tarissait pas en louanges sur le tsar : « Qui ne voudrait, disait-il, mourir pour un tel prince » ! La Providence vengeresse s'empressa d'exaucer ce vœu[1].

(1) Il n'avait voulu cependant accepter ni titre ni uniforme russe (J. DE MAISTRE, *Corr. dipl.*, 18 sept. 1813).

Quelques jours après son arrivée, on se battait aux portes de Dresde. Alexandre, suivi de son nouveau conseiller militaire, s'approcha d'une batterie exposée à une violente canonnade. Moreau pria le tsar de s'éloigner, en lui indiquant un endroit à la fois plus sûr et plus favorable pour suivre l'action. Il le devançait de quelques pas, lorsqu'un boulet lui arracha la jambe droite, traversa son cheval, et lui fracassa le genou de la jambe gauche. On s'empressa autour de lui. Les Cosaques de l'escorte lui firent un brancard de leurs lances, et l'ayant couvert de leurs manteaux, l'emportèrent dans une chaumière voisine. On a voulu entourer cette triste fin de circonstances romanesques; on a raconté que Napoléon l'avait reconnu, et avait pointé lui-même le canon qui lui donna la mort; on a montré son chien le cherchant avec des hurlements plaintifs au milieu de la mêlée où il ne le trouvait plus; mais quoi de plus tragique que le tableau de cette mort expiatoire saisissant le transfuge, le premier jour où il reparaît après vingt ans sur un champ de bataille, l'épée tournée contre ses anciens compagnons d'armes !

Au bruit d'une terrible canonnade, sous les boulets qui démolirent un coin de sa chambre, Moreau fut amputé des deux jambes, et le lendemain, il dut, tout épuisé qu'il était par ses blessures et ses souffrances, et sur un brancard, suivre l'armée en retraite à travers les défilés de la Bohême. Cosaques, Croates, Prussiens se relayaient sous la pluie pour escorter et porter le mourant; Alexandre s'approchait souvent de lui, et s'informait avec sollicitude de son état, sans le fatiguer par une conversation suivie. Au bout de deux jours, il fallut l'abandonner mourant dans la petite ville de Laun. Quelques heures avant d'expirer, il écrivit à sa femme une lettre rassurante, assaisonnée d'un dernier trait contre Napoléon : « Ce coquin de Bonaparte a été heureux selon son habitude... ». Il dicta ensuite ces lignes à l'adresse de son nouveau maître : « Je descends au tombeau avec les sentiments de respect, d'admiration et de dévouement que j'ai éprouvés pour V. M. dès la première minute de notre entrevue ». Puis il ferma les yeux et parut expirer sans souffrances.

Sa veuve reçut du tsar une dotation considérable et une pension. Un monument fut élevé à l'endroit où il était tombé, et où l'on enterra ses deux jambes. On lui fit à Pétersbourg des funérailles solennelles, et le jésuite Rosaven prononça, bien malgré lui, l'oraison funèbre. Son corps repose à l'église catholique à côté de celui du dernier roi de Pologne, Stanislas Poniatowski. Il y aurait matière à réflexion pour un moraliste dans ce refuge commun attribué, loin de leur patrie, à ces deux transfuges qui avaient sacrifié leur honneur de roi ou de soldat à de mesquines rancunes et à d'égoïstes intérêts.

Des écrivains officiels se trouvèrent, en France et en Russie, pour rappeler à grands traits sa vie et l'admirer jusqu'au bout[1]. Les vrais Russes s'indignaient d'avoir vu cet étranger salué comme un libérateur, et les émigrés royalistes n'adoucirent point d'avance à cet allié douteux de leur cause les sévérités de l'histoire. Lors de son arrivée en Europe, ils s'étaient plu à soutenir que son apparition suffirait à désorganiser l'armée française ; en apprenant sa mort, ils affectèrent de voir dans cet événement une revanche de la Providence, châtiant les instruments dont elle s'était servi jadis

---

(1) KARNOVITCH, *Le général Moreau au service de la Russie* (*Ancienne et nouvelle Russie*, t. III, n° 9). — OUVAROV, *Éloge funèbre de Moreau* (Pétersbourg, 1813). — GARAT, *de Moreau*. — SCHOELL, *Recueil de pièces officielles* etc., t. III, p. 61-68.

contre les souverains ². Moreau, dit sans ambages Langeron, était un jacobin qui ne songeait qu'à rétablir la république. Jalousie de métier aussi bien que haine de parti. Il est à croire que les talents et les plans militaires de Moreau n'eussent pas hâté de beaucoup le dénouement d'une guerre décidée presque exclusivement par la supériorité du nombre. Son fidèle Rapatel, suivant sa pensée, et devenu aide de camp du tsar, alla périr d'une balle française à La Fère-Champenoise, en sommant de se rendre un carré où combattait son frère, officier d'artillerie.

(1) La princesse Tourkestanov à Christin, 31 juillet 1813. S. Woronzov à son fils, 29 novembre 1813 (*Archives Woronzov*, t. XVII).

II

DU RHIN A PARIS

Moins de deux ans après le passage de Napoléon au Kremlin, les Russes entraient en France, et en trois mois, à travers des campagnes désertes d'hommes, au milieu de populations qui n'avaient plus la force d'être hostiles, ils arrivèrent à Paris. Les batailles qui leur ouvrirent le chemin de cette capitale furent acharnées et souvent sans merci, et néanmoins, des deux parts, tout en donnant la mort, on semblait regretter le sang versé. C'est une impression française autant qu'humaine qu'Alfred de Vigny a rendue dans *Servitude et grandeur militaires,* à la page où il décrit la surprise d'un corps de garde russe sous Reims. Au milieu de la mêlée soudaine et nocturne, le capitaine Renaud traverse d'outre en outre un petit officier de quatorze ans aux côtés de son père : « Je le soulevai sur un bras, et sa joue tomba sur ma joue ensanglantée, comme s'il allait cacher sa tête entre le menton et l'épaule de sa mère pour se réchauffer.... Etait-ce là un ennemi ? m'écriai-je. Et ce que Dieu a mis de paternel dans les entrailles de tout homme s'émut et tressaillit en moi ; je le serrais contre ma poitrine, lorsque je sentis que j'appuyais sur moi la garde de mon sabre qui traversait son cœur et qui avait tué cet ange endormi.... L'enfant retomba dans les plis de son manteau dont je l'enveloppai, et sa petite main ornée de grosses bagues laissa échapper une canne de jonc, qui tomba sur ma main comme s'il me l'eût donnée. Je la pris ; je résolus, quels que fussent mes périls à venir, de n'avoir plus d'autre arme, et je n'eus pas l'audace de de retirer de sa poitrine mon sabre d'égorgeur [1] ». Plus éloigné encore des événements, le romancier russe a fait écho au romancier français. Un des héros du livre de Tolstoï, *La Guerre et la Paix*, Nicolas Rostov, aux prises avec un officier de Napoléon qu'il renverse, remarque involontairement les yeux bleus et clairs, la figure jeune et douce de son adversaire, et, la mort dans la main, se sent saisi d'une sympathie soudaine pour cet inconnu que la cruelle fatalité des batailles vient de mettre à sa merci.

De telles scènes n'ont pu être entièrement imaginées; elles répondent à des faits échappés au regard de l'histoire, mais parfaitement vraisemblables et probables, étant donnés les caractères des deux peuples qu'ils mettent en présence. Au surplus, les souvenirs de l'occupation nous rendent ce que la fumée du canon nous a caché ; ils nous montrent bien çà et là des villages mis à sac, des attentats à la propriété privée, à la vie des gens désarmés, à l'honneur des femmes, mais ils attestent en même temps, avec toutes les traditions et les relations contemporaines, la supériorité de la discipline russe sur celle des autres armées alliées [2]. Les excès commis furent l'œuvre des Cosaques irréguliers, hôtes incommodes et naïvement féroces, qui furent encore plus ridiculisés que maudits par leurs victimes. Des

---

(1) *La Canne de jonc*, ch. VIII.
(2) BARBAT, *Histoire de Châlons-sur-Marne*, p. 599. — POUGIAT, *L'Invasion dans le département de l'Aube*, p. 119, 145, 369. — FLEURY, *Le département de l'Aisne en 1814*, p. 112. — Cf. au *Moniteur* du 28 février 1814 les doléances des villes de Montereau, Sézanne, Nogent-sur-Seine, Provins et Château-Thierry.

autres soldats du tsar on pouvait dire : Nos amis les ennemis. Lorsque Napoléon fit défiler sur les boulevards de Paris les prisonniers de ses dernières batailles, ces malheureux n'excitèrent sur leur passage que des sentiments de pitié, et la charité publique vint à eux, au lieu de la vengeance.

La Lorraine, destinée cinquante-cinq ans plus tard à une nouvelle et plus cruelle invasion, gardait malgré tout un souvenir sympathique à ces vainqueurs qui n'avaient pas abusé de leur victoire : « Encore si c'étaient des Russes, disait en 1870 une vieille villageoise à la vue des Prussiens; ceux-là du moins étaient plus polis » ! A Nancy, de bons rapports s'établirent promptement entre les troupes et les habitants : « Que de fois, dit un témoin oculaire, n'ai-je pas entendu les citoyens de Nancy et des environs dire qu'ils regardaient comme leur enfant le soldat russe logé chez eux !.... Ils laissaient entre ses mains les clefs de la maison, lui confiaient le soin de veiller sur les petits enfants, et le soldat russe les aidait volontiers dans les travaux domestiques [1]. — Partout où nous nous arrêtions, écrit l'officier Jirkévitch regagnant son pays, soit pour passer la nuit, soit pour nous reposer, nous étions reçus avec hospitalité, avec cordialité [2] ». Saint-Quentin fit graver à ses frais, par gratitude, le portrait de son gouverneur Ougrimov, Paris vota au sien, Sacken, une épée d'honneur.

Une seule fois, au milieu des scènes de l'invasion, la bête populaire se déchaîne, et encore a-t-elle l'excuse

---

(1) N. TOURGUÉNIEV, *La Russie et les Russes*, t. Ier. — « Les Français traitent les Russes de la manière la plus affable » dit la *Gazette de Leyde* du 2 avril 1816 citée par le gallophobe S. Woronzov dans une lettre à son fils.

(2) *Antiquité Russe*, déc. 1874.

des représailles. Le soir du combat de Craonne, les Russes ayant essayé d'enfermer des femmes et des enfants dans les grottes du voisinage, les paysans ramassèrent des armes sur le champ de bataille, et se mirent à massacrer les blessés ; quelques-uns jetèrent sur eux de la paille enflammée, afin de les rôtir vivants encore. On vit des agonisants, ne pouvant plus parler, attirer à eux quelques brins de cette paille, et en faire sur la neige des croix qu'ils montraient à leurs bourreaux, pour les dénoncer à Dieu ou implorer leur pitié. C'est la contre-partie de certaines scènes de la retraite de 1812.

Ailleurs, rien de semblable : beaucoup de ces officiers, venus en vainqueurs de la Bérésina à la Seine, étaient Français par le tour de leur esprit et leurs habitudes mondaines, et ils mirent une sorte de pudeur chevaleresque à nous accabler. Il leur eût suffi, pour se contenir, de penser à leurs alliés de Prusse, qu'ils détestaient peut-être autant que la Révolution. Ils se figuraient être à la suite de Blücher sur le pied des contingents de Bade ou de Darmstadt, et il leur déplaisait d'entendre exalter à tout propos, au lendemain d'Iéna, les victoires de Frédéric II. Langeron exécrait Blücher et Gneisenau, et se trouvait humilié d'obéir à Bernadotte : vieux Russe en cela, aussi bien que vieux Français.

Sous cette influence, nos ennemis se laissèrent aller à nous rendre parfois de délicats hommages. En passant à Saltzbach, la garde russe saluait de ses armes et de ses hourrahs le cénotaphe de Turenne. Pendant le blocus de Metz, le commandant des assiégeants apprend qu'une dame d'un grand nom et d'une grande charité, Anne de Foix de Candale, vient de mourir, et que les Français lui ont fait de magnifiques funérailles; il ordonne aussitôt dans l'église d'Ars-sur-Moselle un service funèbre, et il y assiste à côté des habitants, parce que, selon lui, le nom de Candale rappelait à la fois aux Français d'intéressants souvenirs et d'éminentes vertus [1]. Partout et toujours, on voit percer chez ces étrangers la préoccupation de faire honneur à leur réputation encore mal établie d'hommes civilisés. Platov lui-même, l'hetman des Cosaques, tient à passer pour un *gentleman* en accordant une sauvegarde particulière au château de Buffon, et au sortir de Troyes, se rappelant sans doute l'épithète de barbares dont Napoléon, après tant d'autres, a gratifié ses compatriotes, il laisse pour adieux au conseil municipal ces mots ironiques : « Messieurs, les barbares du Nord ont, en vous quittant, l'honneur de vous saluer ». A défaut des sentiments, la langue eût suffi pour rapprocher les vainqueurs des vaincus, et de même qu'à Reims l'abbé Macquart, ancien précepteur chez les Galitzine, fut un interprète naturel entre ses compatriotes et ses élèves, il se trouva, dans ces combats désespérés où les Français accablés refusaient de se rendre, et dans plus d'une ville occupée, quelque officier russe parlant notre idiome et devenant un médiateur utile.

Le rôle des émigrés servant parmi les envahisseurs était singulièrement difficile, et par leur faute. D'Ollone, devenu gouverneur étranger de Nancy, sa ville natale, n'y recueillit de la part des habitants que de justes témoignages de gratitude, et plus tard Louis XVIII enverra à Lambert la croix de commandeur de Saint-Louis, pour avoir fait régner parmi ses soldats, sur le sol français, la discipline et le bon ordre. En revanche on sait le rôle de Pozzo di Borgo au congrès de Châtillon. Saint-Priest et Langeron furent ses émules, à Reims et devant Paris. Le premier, né à Constantinople

---

(1) BÉGIN, *Biographie de la Moselle*, art. Thomas.

d'une mère autrichienne, élevé à Heidelberg, ne connaissait guère sa première patrie, où il avait passé seulement un an, à la veille de 1789. En 1793, on le trouve au corps des cadets de l'artillerie ; en 1805, il commande les chasseurs de la garde à Austerlitz, et a son cheval tué sous lui. Depuis il s'était créé sur le Danube une réputation plus sérieuse et plus pure, y avait décidé le gain de la bataille de Battin, et s'était emparé de plusieurs places. Un Anglais qui le vit alors déclare n'avoir jamais rencontré un officier de caractère plus loyal et de manières plus séduisantes [1]. D'autres ont loué son humanité, sa piété sincères : en tout cas sa réputation parait avoir irrité Napoléon au point de lui faire chasser de Genève son père, l'ancien ministre de Louis XVI, qui y vivait presque octogénaire.

Le fils, devenu irréconciliable, ne put se venger à son gré du proscripteur de sa famille. Le 1ᵉʳ janvier 1814, il avait passé le Rhin à la tête d'un corps d'infanterie, et pris possession de Coblenz. On lui a attribué à tort, à ce qu'il paraît, le *Vu et approuvé par nous commandant russe* dont les envahisseurs soulignèrent l'inscription d'une fontaine, ainsi conçue : *An 1812, mémorable par la campagne contre les Russes*. Trait d'esprit non signé, et dont le Français égaré à la tête de l'armée russe a porté la responsabilité [2]. Moins de trois mois après, le boulet

---

(1) WILSON, *Private Diary*, t. I, p. 143. — Lettre de S. Woronzov à son fils, 16 octobre 1812. — Cf. le portrait satirique de d'Allonville (*Mémoires secrets*, t. V) : « Petit homme trapu, assez bien pris dans sa taille, entraîné par un mouvement perpétuel, s'agitant, s'évertuant, se contractant pour paraître vif et spirituel. Sa vie ne fut qu'une longue et fatigante grimace. Il était du reste beau danseur et assez bon officier, en ce sens qu'il battait ses soldats sans miséricorde ».

(2) LANGERON (*Mémoires*) l'attribue au colonel d'artillerie Magdenko.

qui avait frappé Moreau devant Dresde se retrouvait pour l'abattre sur le chemin de Paris.

A la fin de février, il avait pris possession de Reims. Or, tandis qu'il assistait dans la cathédrale à un *Te Deum* pour les récentes victoires, on vint lui annoncer que les Français reparaissaient en vue de la ville; il se croyait garanti par un corps prussien et n'ajouta point d'abord foi à cette nouvelle. Mais il apprit bientôt qu'il avait devant lui Napoléon en personne; il courut au delà des faubourgs, et organisa en hâte la résistance, sous un feu toujours croissant de mousqueterie et d'artillerie. Pendant qu'il donnait ses ordres, un boulet lui brisa l'épaule et le renversa de cheval. Quand il revint à lui, ses troupes fuyaient en désordre ; un seul bataillon d'infanterie formé en carré tenait tête aux charges de la cavalerie française. On n'eut que le temps de faire entrer le général blessé dans ses rangs, et la petite troupe put battre en retraite jusqu'aux faubourgs; Saint-Priest, transporté à Laon, y vécut encore près de trois semaines, en proie à de cruelles souffrances. Le tsar lui ayant envoyé la croix de commandeur de Saint-George, il dicta une lettre de remerciements où il disait : « J'ose croire que nous n'eussions pas été défaits sans ma blessure ». Du butin pris à la guerre, il n'avait jamais retenu qu'un objet, la lunette d'approche de Macdonald, dont il fit cadeau, avant de mourir, à son ami Michel Woronzov. Prussiens et Russes escortèrent son cercueil couronné de lauriers, le déposèrent dans les caveaux de la cathédrale de Laon et placèrent sur sa tombe une inscription effacée en 1830. Saint-Priest mourait à trente-sept ans, après avoir servi vingt ans la Russie, un jour avant la prise de Paris. « Par sa piété et par son héroïsme, écrit son biographe russe, il était parmi nous une sorte de Bayard [1] ». Qu'il ait eu toutes les vertus militaires et privées, je l'admets sans peine ; mais comment rappeler ici Bayard, dont les dernières paroles ont été un reproche à Bourbon armé contre sa patrie? Bayard n'eût guère reconnu son émule dans ce Français mort d'une main française, à l'assaut d'une ville française.

Pendant que Saint-Priest expirait, Langeron portait le dernier coup à l'empire napoléonien sous Paris. Du Niémen à la Seine, il n'était guère de journée importante où il n'eût paru. En 1813, il fait tomber Thorn après un siège de sept jours, commande, toujours par intérim, l'armée de Barclay de Tolly après la mort de ce général, et prend part, en ligne derrière les Prussiens ou les Suédois, aux batailles de Bautzen, de la Katzbach et de Leipzig. En 1814, on le retrouve à Soissons, à Laon, à Craonne ; et le 29 mars il dirige l'assaut de la butte Montmartre. « Ce beau fait d'armes, dit-il froidement dans ses Mémoires, est un des plus brillants que j'aie vus à la guerre, dans dix-neuf campagnes que j'ai faites... Un militaire qui a été aux batailles de Leipzig et de Paris n'a plus rien à désirer en fait de gloire ». Ce qu'il ne dit pas, c'est que le soir de cette dernière journée, du haut de la colline emportée les armes à la main, il contempla longuement, tristement, cette capitale où il n'était pas rentré depuis 1789. Les bras croisés, plongé dans ses rêveries, il était partagé peut-être entre ses souvenirs de jeunesse et des regrets qui n'allèrent pas malheureusement pour lui jusqu'au remords [2]. Au surplus ces impressions s'effacèrent vite ; les belles dames

---

(1) MIKHAÏLOVSKI-DANILEVSKI, *Galerie du Palais-d'Hiver*, art. Saint-Priest.
(2) MIKHAÏLOVSKI-DANILEVSKI, *Galerie du Palais-d'Hiver*, art. Langeron.

de la Chaussée-d'Antin qu'il vit le lendemain danser avec ses grenadiers, au son de la musique russe, devaient l'empêcher de rougir de lui-même, et lui arracher ce cri méprisant : « Voilà les Français »! Eût-il dit : Voilà les Russes ! s'il eût appris que ces officiers venant des frontières de l'Asie et dont il portait l'uniforme, à leurs premiers pas dans Paris, demandaient le chemin du Palais-Royal et du théâtre où régnait le comique Brunet [1] ?

(1) « Je me souviens qu'au 31 mars 1814 j'étais de garde à la barrière Saint-Martin ; les premiers mots que m'adressa un jeune officier Kalmouk qui parlait à peine français furent pour me demander le Palais-Royal et le théâtre de Brunet » (BRAZIER, *Chroniques des petits théâtres de Paris*).

III

ALEXANDRE ET LES BOURBONS

Il est triste d'avoir à comparer l'entrée des Français à Moscou et celle des Russes à Paris. Alexandre trouva devant lui une foule résignée, presque joyeuse, et au milieu des souverains alliés ne cherchant que lui des yeux. Il ne voulut point s'installer aux Tuileries, comme son rival au Kremlin, et se contenta de dire en voyant sa statue à terre : « Si j'avais été placé aussi haut, j'aurais craint que la tête ne me tournât ». L'ordre, signé Rochechouart, qui réglait le descellement de la statue de Napoléon en sauvegardait en même temps le piédestal. Selon les promesses faites à la députation municipale, les établissements publics furent protégés, la garde nationale conserva ses armes, aucun soldat ne logea chez l'habitant ; tous observèrent une exacte discipline. On affectait, au moins dans un certain parti, de considérer le tsar comme un libérateur, et de tous les points du territoire envahi arrivait un vœu pour la paix au souverain étranger, devenu ainsi l'arbitre entre la France et l'Europe.

Comme pour répondre à cette confiance, et se faire pardonner sa victoire, Alexandre se promenait dans Paris sans suite : il vint aux Invalides saluer les soldats de Zurich et d'Austerlitz, et des trophées repris leur laissa douze canons comme hommage à leur bravoure. A l'Opéra, il refusa de laisser jouer devant lui le *Triom-*

phe de Trajan, qui eût fourni aux spectateurs le prétexte d'applaudissements flatteurs à son adresse, et dans la loge où il prit place la présence du roi de Prusse passa absolument inaperçue. Poètes et orateurs complimentaient à l'envi le chef de la coalition ; le président du Sénat, ce Garat qui avait lu à Louis XVI son arrêt de mort, faisait hommage à Alexandre de son Éloge de Moreau, et affirmait qu'on pouvait à peine appeler étranger un prince qui avait versé le sang de ses sujets pour arrêter l'effusion du sang français. Suard au nom de l'ancienne génération littéraire, Villemain au nom de la nouvelle, le complimentaient à l'Institut comme un protecteur légitime. Lamartine encore inconnu appelait sur sa tête les songes de Platon, et l'auteur de la *Marseillaise*, une cocarde blanche au chapeau, lui disait :

Rends aux Bourbons leur trône, aux lis rends leur splendeur[1].

L'Europe ayant vaincu la France croyait avoir vaincu avec elle l'esprit révolutionnaire. Or il est curieux de surprendre à ce moment le maître de la Russie, le successeur de Catherine II, l'arbitre de la coalition hésitant sur les suites à donner à la victoire, se demandant, à l'encontre de ses alliés, quelle part il doit faire, dans la restauration du passé, aux passions et aux intérêts nés de la Révolution. Ne lui attribuons pas ici un certain machiavélisme, qui l'aurait induit à perpétuer ainsi chez nous les divisions. Souverain absolu, il lui conviendrait de faire ailleurs, sur un terrain mieux préparé que la Russie et avec plus de sincérité et de suite, l'expérience timidement tentée par son aïeule. L'élève

(1) L'Épître de Lamartine au tsar se trouve dans EYNARD, *Vie de Mme de Krudener*, t. II, p. 83-85.

de La Harpe n'est point encore mort en lui, et pour appliquer les théories philantropiques et philosophiques de son ancien maître, il se croit la popularité et le prestige nécessaires. Seulement, ainsi le veut le génie de sa race, il s'est arrêté à la surface des choses, et prenant pour l'opinion publique cette coalition d'intérêts et de passions qui fait la force du parti révolutionnaire, il incline vers quelque combinaison politique bâtarde, quelque nouvelle aventure ; puis, s'apercevant que le rappel de l'ancienne dynastie est la seule solution logique et opportune, il accepte les Bourbons, et il voudrait les voir non pas simplement transiger avec les hommes de 1789, mais leur donner le baiser de paix. Jeune, il a reçu de la France la double influence des idées contradictoires apportées par les philosophes et les émigrés ; Napoléon disparu, ces idées recommencent à se disputer son âme et sa volonté, et à inspirer sa conduite.

Dès 1813, les Français de son entourage travaillaient au profit de la dynastie déchue. Langeron allait trouver à cet effet le roi de Prusse à Francfort. Depuis les sollicitations les plus vives ne cessèrent d'assiéger le tsar sur sa route. Tandis que ses armées marchaient sur Paris, il entendait se poser partout autour de lui la question : Les Bourbons reprendront-ils possession de la France délivrée par ses armes ? En Février 1814, à Langres, il eut un grave entretien à ce sujet avec le général Reynier, qui rentrait en France à la suite d'un échange : « Blücher sera à Paris avant vous, dit-il ; Napoléon m'a humilié ; je l'humilierai. Je fais si peu la guerre à la France que, s'il était tué, je m'arrêterais aussitôt. — C'est donc pour les Bourbons ? — Je n'y tiens nullement. Choisissez un chef parmi vous, nous sommes prêts à l'accepter ». Et il laissa pressentir que le meilleur choix à ses yeux serait Bernadotte [1]. Dès l'entrevue d'Abo (il venait alors de voir Mme de Staël, médiocrement favorable aux Bourbons), il avait désigné au nouveau Suédois son candidat éventuel avec un regard significatif : le plus digne. Cette pensée se trahit dans ses entretiens avec les émissaires royalistes, avec Terrier de Monciel venu de Franche-Comté et avec Gouault venu de Troyes. Le rêve bizarre de l'autocrate est de confier aux assemblées primaires l'élection d'une Convention dont La Harpe dirigera de loin les débats, et qui donnera, sur des bases vraiment philosophiques, un gouvernement à la France [2]. Lorsque Vitrolles, agent officieux des Bourbons, vient lui mettre le marché à la main, il réplique : « Les Bourbons ne pourront modérer leurs amis ; il serait encore plus difficile de les soutenir que de les établir. Pourquoi pas Eugène ? Une république sage n'irait-elle pas mieux à l'esprit français ? — Je vous livre ma tête, assura Vitrolles, si à Paris l'opinion ne se prononce pas. — Le jour où j'y serai, interrompit le tsar, je ne reconnaîtrai plus d'autre allié que la nation française ».

Cependant derrière lui les royalistes s'agitaient. Pendant qu'à Pétersbourg la princesse de Tarente et les Polignac pleuraient de joie et couraient aux *Te Deum* officiels, le comte d'Artois se montrait à Vesoul, puis à Nancy, sous la protection du commandant russe d'Ollone. Langeron n'était pas encore monté à l'assaut de Montmartre, que ses amis politiques venaient lui proposer de tenter une diversion dans Paris : « Ce n'est pas à la nation, continuait à répondre le tsar à une demande d'armistice, c'est à Napoléon que je fais la guerre ».

---

(1) Rovigo, *Mémoires*, t. VI, p. 329.
(2) Metternich, *Mémoires*, t. I, p. 183-186.

Lors donc qu'il accepta Louis XVIII, il ne céda pas à ces royalistes de sentiment dont les bruyantes acclamations l'avaient salué à son entrée : « Il y a longtemps que nous attendions Votre Majesté, osa dire l'un d'entre eux. — Je serais venu beaucoup plus tôt, lui fut-il répliqué, sans la valeur de vos soldats ». Alexandre se mit aux mains de Talleyrand et des politiques de l'hôtel Saint-Florentin. Ce fut au Sénat qu'il accorda la liberté des prisonniers retenus en Russie, semblant oublier qu'ils lui avaient été recommandés par une lettre du nouveau roi. Après avoir accepté les bases de la constitution sénatoriale, il voulut aussi en imposer à Louis XVIII; puis, irrité des avances de ce prince à l'Angleterre, il alla jusqu'à proposer à Talleyrand de mettre trente mille hommes à sa disposition, et d'arrêter Louis à Calais jusqu'à ce qu'il eût accepté la transaction conclue en son nom avec ses sujets. Il se contenta d'aller lui-même à Compiègne plaider la cause libérale : « Le droit divin, dit-il à Louis XVIII, n'est plus une force pour la France ; ayez égard à l'effort qu'a fait le Sénat en rappelant votre maison. Pourquoi lui refuser un serment et une cocarde? Datez votre règne du jour où on vous proclamera ; vous ne sauriez effacer l'histoire. Henri IV a fait bien d'autres sacrifices ». Louis XVIII se borna à répondre qu'il ne valait que par son principe. Son principe, c'était cette légitimité dont Talleyrand venait d'inventer au moins le nom, et que le monarque restauré affirma par la formule initiale de ses ordonnances, la date donnée à son règne et la Déclaration de Saint-Ouen.

Depuis, il chercha à faire sentir, surtout à Alexandre, qu'il était vraiment roi, et de toute façon. On raconte qu'ayant invité à dîner les souverains alliés, il passa le premier pour se mettre à table, et sur un balcon d'où ils assistaient à un défilé de troupes, s'attribua un fauteuil, ne leur laissant que de simples sièges. On a beaucoup loué cette attitude, en ajoutant qu'il traitait ainsi des vainqueurs, qu'il n'eût pas traité ainsi des hôtes : « J'ai voulu leur faire sentir, aurait dit le roi, que, tant qu'ils sont ici, je ne suis pas chez moi ». C'était établir avec esprit une distinction bien raffinée. Alexandre releva ce procédé d'une parole : « Nous autres Tartares, nous sommes plus polis chez nous ». Plus tard il donnait une leçon du même genre au duc de Bourbon qui, lui faisant visite, s'effaçait devant lui à l'entrée de son cabinet, et il laissait échapper ce mot : « Je ne passe jamais le premier chez moi [1] ».

Autant il se montrait froidement poli avec ceux qu'il considérait comme les représentants d'une politique arriérée, autant il faisait d'avances à la société nouvelle, née de la Révolution, vers laquelle il se sentait attiré malgré lui. En 1814, on le vit chez les reines déchues, chez l'impératrice Joséphine, dont ses soldats escortèrent le convoi funèbre. Le mémoire que Grégoire lui adressa sur l'union des Églises grecque et latine resta sans réponse ; mais l'auteur dut à son intervention de toucher son traitement d'ancien sénateur. Il accueillit bien Ginguené, dont il n'ignorait ni les convictions philosophiques, ni le passé républicain. On le vit chez Mme de Staël, à qui il rendait sa visite de 1812 ; là il aurait prononcé quelques mots favorables à l'abolition du servage, et lancé à l'adresse d'une presse adulatrice ce mot : « Nous ferions mieux en Russie » ; il aurait enfin fait cet aveu à Lafayette : « Les Bourbons sont incorrigés et incorrigibles ; il n'y a que le duc d'Orléans qui ait des idées libérales ; je pars bien affligé [2] ».

(1) ROSTOPTCHINE, Lettre du 30 octobre 1818 (*Archives Woronzov*, t. VIII).
(2) LA FAYETTE, *Mémoires*, t. V, p. 309-312. — « C'est le seul

Quand il revint en 1815, les circonstances, et sous leur empire, ses illusions avaient changé. Après les Cent-jours, l'Allemagne vindicative, et non plus le tsar modérateur, règne à Paris ; le Prussien Müffling a succédé au Russe Sacken, et veut faire sauter le pont d'Iéna. Alexandre avait dit du pont d'Austerlitz : « Il me suffit d'y avoir passé avec mon armée ».

Ce prince ne résistait plus alors à l'esprit de réaction. Il envoya bien à Carnot un passeport, et le fit inscrire comme lieutenant-général sur les cadres de son armée, mais il refusa de voir Lafayette. Il ne croyait plus à la panacée du libéralisme, et ne parlait plus d'imposer des conditions. Il lui suffisait de soutenir les Bourbons contre le mauvais vouloir et les prétentions de ses alliés. Louis XVIII rentré à Paris eût voulu confier le ministère de l'intérieur à Pozzo di Borgo ; celui-ci pensa devoir mieux servir la France comme ambassadeur de Russie. Richelieu fut alors appelé au ministère des affaires étrangères. La France, qui ne connaissait de lui que son nom, apprit par le *Moniteur* du 6 octobre 1815 par quels titres, conquis à l'étranger, le nouveau ministre méritait la confiance de ses concitoyens, et il justifia amplement les espérances de ceux qui l'avaient gratuitement donnée à ce serviteur des tsars. Richelieu fit accepter par son pays ce traité fatal et pourtant sauveur du 20 novembre 1816 auquel il avait apposé son nom « plus mort que vif ». Pour l'arracher à l'Europe, le roi avait dû intervenir personnellement auprès du tsar et de Wellington : « Je pensais, leur dit-il, en rentrant en France, régner

prince français auquel je m'intéresse, écrit un peu plus tard (1er juillet 1815) la princesse Tourkestanov à propos du duc d'Orléans, les autres ne m'inspirent rien du tout ; ils sont comme de la bouillie... de vraies poupées pour lesquelles je n'aurais pas remué une épingle ».

sur le royaume de mes pères. Il paraît que je me suis trompé ; je ne saurais rester qu'à ce prix ». Puis se tournant vers Wellington : « Croyez-vous, milord, que votre gouvernement consente à me recevoir, si on me réduit à lui demander asile » ? Ce fut Alexandre qui répondit : » Non, Votre Majesté ne perdra point ces provinces, je ne le souffrirai pas ».

Depuis, le créateur d'Odessa, l'homme de France qui connaissait le mieux la Crimée, comme disait Talleyrand évincé avec son mauvais sourire, l'adversaire et bientôt la victime des ultras, ne cessa de travailler à l'indépendance de sa patrie, au nom des services rendus par lui à l'étranger. Il obtint des réductions importantes au chiffre de la contribution de guerre et de la durée de l'occupation ; il prépara ainsi et hâta la libération complète du royaume. Le tsar ne se rendit pas sans appréhensions et sans résistance à ses prières ; c'était le temps où, tout en continuant à se dire libéral, il commençait à craindre les jacobins ; il voulut mieux pourtant, et selon le vœu de Louis XVIII, après avoir restauré la légitimité, rétablir l'indépendance nationale. Il vint à Paris, afin que le roi levât ses derniers scrupules, et d'un mot encore aplanit les dernières difficultés. C'est alors, dans un de ses entretiens intimes avec Richelieu, qu'il lui remit la carte de la France mutilée telle que la rêvaient ses alliés, en ajoutant cette parole délicate : « Voilà, mon cher duc, à quoi nous avons échappé ». On se souvient involontairement alors du jeune Louis XV remettant à Pierre Ier, en guise de cadeau, une carte de la Russie ; après un siècle écoulé, quelle façon de reconnaître ce souvenir, et quel chemin parcouru !

CHAPITRE QUATORZIÈME

APRÈS 1815

I

EXPULSION DES JÉSUITES

La paix rétablie entre la France et la Russie ne renoua pas entre elles les relations cordiales ; les vainqueurs furent les premiers à se refroidir pour une civilisation dont ils estimaient encore les jouissances, mais dont ils avaient humilié les représentants. Cette fois encore le tsar donnait le branle à ses sujets, imposait son exemple pour règle.

Depuis 1812, Alexandre était moralement parlant un autre homme. Il croyait non plus seulement à Dieu, mais à son Évangile, qu'il lisait assidûment, à sa Providence, dont il suivait et interprétait avec anxiété les manifestations en ce monde. Lorsqu'il avait vu s'élever au loin les flammes de Moscou, ou escorté sous la pluie, dans le désordre de son armée en retraite, le corps de Moreau, il avait accepté ces épreuves comme autant d'expiations, et depuis il se rapprochait de plus en plus de Dieu, en dehors de toute Église visible. Après avoir consulté en France Mlle Lenormant, il rencontra à Heidelberg en 1815 Mme de Krudener, et la célèbre voyante, mieux que la devineresse à la mode, ouvrit à ses yeux des horizons jusque-là fermés. L'auteur de *Valérie* était devenue avec l'âge l'apôtre d'un christianisme vague ; depuis plusieurs années elle prêchait sur les deux rives du Rhin un de ces *revivals* dont les *salutistes* anglais reprennent aujourd'hui la tradition [1].

Après les Cent-jours, elle partit pour Paris, répandant en chemin ses consolations et ses secours sur les victimes de la récente invasion [2]. Le tsar, qu'elle retrouva installé à l'Elysée-Bourbon, reprit avec elle les entretiens mystiques commencés en Allemagne, et bientôt elle eut attiré autour d'elle, aux assemblées religieuses qu'elle tenait avec l'assistance d'un pasteur genevois, des personnes des camps les plus divers, Chateaubriand, Benjamin Constant, Grégoire, Bergasse, Mmes de Duras et Récamier. Valérie parlait de Dieu avec autorité à Adolphe et à René. Elle intervenait de son mieux entre le vainqueur et le vaincu ; elle ne réussit pas à arracher La Bédoyère aux balles royalistes, mais elle contribua, d'une autre façon que le duc de Richelieu, à adoucir les conditions faites à la France. Enfin que la nation vaincue fît amende honorable à Dieu, pensait-elle, et elle retrouverait son rang au dehors : « J'ai péché moi aussi dans cette Babylone », disait cette étrange inspirée. Elle apparut comme une reine pénitente à la cérémonie triomphale et religieuse qui réunit

---

(1) MUHLENBECK, *Étude sur l'origine de la Sainte-Alliance* (*Revue d'Alsace*, juillet-septembre 1884).

(2) « Nous arrivions toujours le lendemain d'un pillage ou d'une émeute... Presque partout dans les villages, on s'assemblait autour de nos voitures. Empeytaz et moi nous prêchions l'Évangile, les justes châtiments, mais aussi la miséricorde du Sauveur... Les larmes coulaient » (Mme de Krudener à Mlle Stourdza, dans sa *Vie*, par EYNARD, t. II, p. 47-48). Mlle Stourdza a été aussi une des correspondantes préférées de Mme Svetchine.

l'armée russe au camp de Vertus, et la Sainte-Alliance bientôt conclue selon ses vœux ne lui semblait pas incompatible avec une union mystique entre les « peuples de l'Aquilon » et la France relevée de ses ruines.

Cette influence singulière, née dans le milieu le plus cultivé de l'univers, ne dura guère plus que le séjour du tsar à Paris. Plus tard Mme de Krudener reparaîtra en Russie, mais le charme sera rompu, et elle n'aura plus accès auprès d'Alexandre. Ses idées trop larges en matière de discipline ecclésiastique et surtout sa sympathie avouée pour les Grecs la rendirent suspecte à son tour, et le tsar, sans avoir renoncé à son mysticisme d'arrière-saison, préféra protéger le prosélytisme, innocent selon les uns, dissolvant selon les autres, des Sociétés bibliques anglaises. A Pétersbourg comme à Paris, ce n'était plus le laissez-aller de mœurs de la génération précédente ; l'illuminisme reprenait son empire sur certains esprits, le catholicisme gardait le sien, la ferveur religieuse se ranimait jusque chez les partisans de l'orthodoxie ; suite naturelle de l'ébranlement que causent dans les âmes les grandes catastrophes et les victoires inespérées.

La fin d'Alexandre est triste. Après avoir détourné les yeux de Paris, ce foyer toujours brûlant à ses yeux des révolutions futures, après avoir blâmé chez les Bourbons la moindre velléité de retour au passé, il se mit bien plus qu'eux à répudier comme imprudente la moindre nouveauté : tout ce qui tendait à éveiller, par conséquent à agiter les esprits, lui porta ombrage. Les plus indulgents, ceux qui vivent en dehors de sa puissance accusent alors son caractère inexplicable ; ses sujets vont plus loin : « Jamais il n'y a eu, écrit un de ses meilleurs serviteurs français, un despote pareil à Alexandre ; son terrible caractère s'est montré en entier depuis ses succès. Tout le monde tremble et l'abhorre. Voyez ce qu'on peut attendre d'un despotisme outré joint à des idées libérales et à une mysticité évangélique, qui lui fait croire que tout ce qu'il fait est inspiré par le ciel. C'est Paul ressuscité, avec la différence que Paul faisait tout par boutade et revenait sur tout, tandis que celui-ci toujours froid, impassible, dur et cruel, ne s'ouvre jamais à personne, ne pardonne jamais et n'aime qu'à inspirer la terreur ; ajoutez à cela une fausseté et une hypocrisie portée au dernier degré et jugez de l'agrément qu'il y a à le servir [1] ».

La Compagnie de Jésus fut la première victime de cette réaction autocratique qui allait, par une singulière rencontre, donner l'exemple aux libéraux, aux ennemis du « parti-prêtre » à Paris. On se rappelle que Catherine II et Paul Ier avaient accueilli les Jésuites, l'une dans l'intérêt de ses sujets polonais, l'autre par haine contre l'esprit révolutionnaire. En 1815, ils comptaient près de sept cents membres ; leur nombre et leur activité faisaient ombrage au clergé orthodoxe, à bon nombre de familles aristocratiques et même au clergé séculier romain. On s'irritait de leur attachement à leur *Ratio studiorum*, où on voulait voir une critique indirecte des méthodes en usage dans les universités ; on accusait leur hostilité contre les Sociétés bibliques, leur influence soutenue et latente sur certains groupes de la haute société. Dans les salons, aux cercles de la cour, on s'entretenait avec affectation des conversions opérées par eux : « Que veulent-ils donc, disait l'impératrice. Prétendent-ils exciter l'insurrection à Pétersbourg » ? Et les courtisans de répéter à l'envi : « Ils m'ont pris ma femme et ma fille. Si S. M. ne nous délivre de ces gens-là, ils boule-

---

(1) Lettre de Langeron, 11/23 août 1817.

verseront tout, et nous feront nous-mêmes catholiques ». Alexandre, bien que reconnaissant de leurs services aux missions et dans les ambulances, se prenait à les redouter. On n'était plus au temps où Anne Ivanovna pouvait souffleter et traiter de drôlesse la princesse Dolgoroukov convertie au catholicisme ; mais la torture qu'un mot sévère du souverain inflige aux âmes de ses fidèles était toujours à craindre : « Êtes-vous catholique, demanda un jour avec intention Alexandre à une dame de sa cour. — Oui, lui fut-il répondu avec motifs à l'appui. — Quelles sont les dames qui vous ont imitée ? — Je réponds pour moi, et ne suis point chargée de répondre pour les autres... ».

La Compagnie de Jésus venait d'être solennellement rétablie dans le monde chrétien ; à ce moment même l'asile trouvé par elle au moment de sa chute, qui avait assuré la continuité de son existence, lui manqua. Il fallait un prétexte pour sévir contre ces fauteurs d'un schisme à rebours toujours regardé depuis, au Palais-d'Hiver, comme un outrage à la patrie. Plusieurs surgirent, sons l'inspiration du ministre des cultes Alexandre Galitsine. Son neveu était élève du collège de Pétersbourg ; en proie à un zèle singulier pour son âge, il eût voulu attirer à la foi orthodoxe un de ses maîtres, le P. Follope. Des discussions privées s'ensuivirent, et le jeune homme s'avoua à la fin vaincu sur le terrain où il avait appelé son maître.

Cette conversion, qui fit grand bruit et qui d'ailleurs ne devait pas se soutenir, était une première arme contre les Jésuites coupables de prosélytisme, au moins cette fois à leur corps défendant. On s'en prit ensuite au prédicateur de la paroisse catholique, le P. Balandret, et le texte de ses sermons passa sous la censure ecclésiastique, sans qu'on sache précisément quelle accusation soit sortie de cet examen. On épia les maîtres, on interrogea les élèves du collège, afin d'obtenir d'eux des récriminations qui, paraît-il, ne se produisirent pas; et cette enquête inutile aboutit à l'ukase vraiment inquisitorial du 20 décembre 1815. Les Jésuites, déclarés coupables d'avoir répondu à l'hospitalité nationale en semant la division dans les familles, furent bannis de Pétersbourg, où il leur était interdit désormais de pénétrer, ainsi qu'à Moscou. La nuit suivante, la police envahissait le collège, mettait les scellés sur tous les papiers, confisquait les meubles et la bibliothèque; vingt-quatre heures après, tous les Pères, munis de pelisses et de fourrures par l'autocrate qui les chassait, partaient pour Polotsk.

C'était là le prélude de mesures plus rigoureuses et décisives. Quatre ans encore, la Compagnie se défendit de son mieux contre la malveillance de l'autorité civile, avec l'espoir secret de réveiller quelque sentiment généreux dans l'âme d'Alexandre. Lorsqu'on crut enfin pouvoir remplacer les Jésuites sans trop d'inconvénients, l'arrêt définitif d'expulsion fut prononcé et exécuté sans hâte, selon les lieux et les circonstances. Ils ne sortirent de Riga qu'en 1820, d'Astrakhan qu'en 1824. Les Pères d'origine française regagnèrent pour la plupart leur patrie. Leur ami et leur apologiste Joseph de Maistre avait quitté la Russie dès 1817; si brillant qu'eût été son passage dans ce pays, il s'y sentait comme en exil, et la principale responsabilité des conversions pesait sur lui; il tenait à rapporter au milieu des siens, avant de mourir, la réputation qu'il y avait acquise au profit de sa patrie, des lettres et de la religion.

Cette exclusion donnée aux influences religieuses étrangères se fit sentir jusque dans la Nouvelle-Russie. L'abbé Nicolle la subit à son tour. Il se livrait sans relâche à Odessa, avec une ardeur que l'âge n'avait point amortie, à la tâche de toute sa vie ; avec treize mille francs envoyés par Richelieu et son traitement d'une année, il constituait la bibliothèque du Lycée ; il vendit même la sienne pour se procurer les moyens de venir en France chercher de nouveaux auxiliaires. Alexandre avait reconnu ses services par la croix de Sainte-Anne ornée de diamants, et l'abbé Nicolle fût sans doute mort en Russie, si l'envie sous couleur de zèle patriotique et religieux ne se fût attachée à lui. Les préjugés nationaux, les passions de secte se déchaînèrent contre lui comme contre tout ce qui tenait à l'Église romaine ; on l'accusa d'un prosélytisme indiscret exercé sur ses élèves appartenant à la communion orthodoxe, ce qui ne put être prouvé ; on lui reprocha de n'être point entré dans la Société biblique et d'en avoir écarté ses élèves, ce qui était vrai, et ce dont il se faisait gloire. Voyant sa position ébranlée, il partit brusquement pour Pétersbourg ; là il acquit la certitude qu'il demeurerait désormais suspect, et se sentant impuissant à regagner la confiance et à obtenir justice, il rentra définitivement en France. Il fut d'autant plus regretté que son successeur, un nommé Gilet, était un fripon hypocrite qui, en quittant ses fonctions, s'attribua impunément une forte gratification sur la caisse du Lycée [1]. L'abbé Nicolle partit suivi des souvenirs reconnaissants de toute une génération. C'était lui qui, devenu recteur de l'Académie de Paris, devait présider à la translation des restes de Richelieu dans l'église de la Sorbonne.

Ces départs plus ou moins volontaires interrompirent le mouvement qui avait ramené un instant le catholicisme au centre de l'Église orthodoxe et du monde

---

(1) Lettre de Langeron, 9/21 juillet 1823.

slave, et ils devaient être suivis de beaucoup d'autres. Peu importe dès lors qu'Alexandre, se survivant à lui-même, ait fini comme ces grandes dames élevées selon l'*Émile* au temps de son aïeule, et qui sous son règne expirèrent avec un prêtre catholique à leur chevet. On a raconté qu'il avait envoyé, peu de temps avant de mourir, son aide de camp le Piémontais Michaud en mission secrète auprès du pape ; on a été jusqu'à dire qu'il était mort muni des sacrements de l'Église romaine [1]. Les influences germaniques n'en redevinrent pas moins prépondérantes, et pour longtemps, sous le règne de son successeur. C'en était fait de tous les projets d'union des deux Églises caressés par les jansénistes et les constitutionnels, et un des amis de Grégoire, Agier, sans tenir compte aux Russes de l'expulsion des Jésuites, et leur renvoyant la qualification infligée par eux à Napoléon, en vint à annoncer qu'un tsar personnifierait l'Antechrist.

(1) Branicki, *Les Nationalités Slaves*, p. 321 et sq.

II

FIN DE L'ÉMIGRATION FRANÇAISE

Aussitôt la Restauration proclamée, presque tous les émigrés réfugiés à la cour ou à l'armée d'Alexandre avaient annoncé l'intention de rentrer dans leur pays. Le nouveau gouvernement paraissait devoir bien payer les services qu'on avait pu lui rendre sous le drapeau russe; il envoyait la croix de Saint-Louis à Rodolphe de Maistre, donnait le bâton de maréchal à Vioménil, ancien général des armées de Paul Ier, et il témoignait de son regret de n'avoir pu récompenser de même Moreau, mort dans les bras du tsar. Les uns après les autres, leurs émules vinrent chercher aux Tuileries le prix de leur fidélité, sauf à reparaître, aux yeux de la génération nouvelle, un peu comme des inconnus ou des intrus.

Parmi les membres de la colonie aristocratique de Pétersbourg, la princesse de Tarente et le duc de Polignac moururent heureux d'avoir salué de loin la Restauration, mais sans avoir revu leur patrie. Rastignac, Damas, Broglie, Sainte-Aulaire, Quinsonas, Rochechouart regagnèrent successivement le sol natal, où les attendaient des fonctions à la cour, un grade dans l'armée ou un siège à la Chambre des pairs. Quinsonas, devenu veuf et sans enfants, ne crut pas mieux pouvoir employer les biens qu'il tenait de sa femme qu'à fonder à Moscou un hôpital à l'usage de la colonie française. Il n'y eut pas jusqu'à Rochechouart, l'aide de camp chéri, qui ne demandât au tsar d'autoriser son rapatriement. Alexandre fit toutes les démarches nécessaires pour qu'il fût replacé à son rang dans l'armée française; seulement, afin de lui faire sentir délicatement que cette séparation volontaire l'avait touché au cœur, il ne lui accorda point d'audience de congé.

Richelieu était rentré un des premiers, non sans regarder derrière lui, du côté de son œuvre inachevée. Lorsqu'en 1813 il accueillait à son passage à Odessa la sœur de Marie-Antoinette fugitive [1], il ne se doutait guère que, dès l'année suivante, le frère de Louis XVI réclamerait ses services. A peine rétabli, Louis XVIII l'appela au congrès de Vienne. Parmi ses administrés chacun voulait croire temporaire l'absence qu'on lui imposait; et cependant, comme si un pressentiment fatal eût averti les cœurs qu'il ne reviendrait plus, son départ donna lieu à une scène d'adieux déchirante. « Une grande partie de la population, écrit Sicard, l'accompagna hors de la ville en le comblant de bénédictions et de vœux. Plus de deux cents personnes le suivirent jusqu'à la première station de poste, où l'on avait apprêté le repas d'adieux. Le duc était profondément touché, affecté comme toutes les personnes de cette réunion; on tâchait de se contraindre pour ne pas trop l'affliger..... Enfin on allait s'épancher, le duc pria qu'on le laissât partir; on voulut porter sa santé et un toast pour son heureux voyage et son retour; les cris de hourra! retentirent sur la steppe où l'on s'était

---

(1) Marie-Caroline, reine de Naples, qui se rendait à Vienne par mer. J'ai sous les yeux une lettre d'elle à un de ses fidèles, qui se termine ainsi : « Demain je prendrai congé de l'estimable et bien digne duc de Richelieu, et cela me fait une peine très sensible, ayant connu et appréciant ses excellentes qualités; que le ciel le bénisse et le rende heureux »!

assemblé, mais bientôt ils furent étouffés par les sanglots ; le sentiment de la douleur avait prévalu, on s'élança sur le duc qui allait monter en voiture. C'était à qui pourrait l'embrasser, le presser, lui baiser la main, les pans de son habit : chacun lui exprimait sa douleur, ses vœux, ses adieux à sa manière ; il était entouré, pressé par la foule et lui-même fondait en larmes : Mes amis, épargnez-moi, arrachez-moi à cette scène, dit-il, et quelques personnes le portèrent en voiture ; il partit.... et le fatal pressentiment s'est doublement réalisé ; on ne l'a plus revu, cet homme si justement estimé, respecté, aimé, adoré [1] » !

Rentré en France, le gouverneur d'Odessa devenu ministre se sentit dépaysé dans un pays qu'il avait quitté fort jeune, transformé depuis successivement par les violences révolutionnaires et l'exercice des libertés publiques, en proie aux abus et aux mensonges de la presse [2]. En public il touchait avec respect aux plaies de sa patrie, et parlait d'elle avec la colère à grand peine étouffée de l'amour impuissant et méconnu. En secret il se sentait saisi par la nostalgie du monde moscovite.

(1) SICARD, *Lettres sur Odessa*.
(2) C'est ainsi qu'il écrivait à son ancien compagnon de Russie, le baron de Damas, gouverneur d'une division militaire à Marseille, qui parlait de se retirer après la dissolution de la Chambre introuvable : « On a beaucoup reproché aux honnêtes gens dans tous les temps de la Révolution d'avoir laissé les places aux méchants ; voudrions-nous recommencer ?... Écartons donc un peu la passion de nos opinions politiques, ne nous haïssons ni ne nous déchirons pour des nuances d'opinion, et déjà nous serons sur la voie du salut. Mais en cela, mon cher ami, je suis bien de votre avis, cette nation est usée pour tout, hors pour la haine ; quatorze siècles d'existence et vingt-sept ans de maladie l'ont mise dans l'état où nous la voyons, et je crains bien qu'il n'y ait pas de remède » (Lettre du 30 septembre 1816. *Archives particulières*).

Une pensée unique, incessante, consolatrice le suivait, celle d'Odessa : « Pauvre France ! Pauvre Odessa ! Pauvre Crimée » ! s'écrie-t-il comme partagé entre les angoisses et les souvenirs qui se disputent son âme : « Les bords de la mer Noire, écrit-il à Cobley son ancien subordonné, sont devenus pour moi une nouvelle patrie chère à mon cœur, et la bienveillance et la reconnaissance que me témoignent les habitants pour les faibles soins que j'ai donnés à leurs intérêts m'ont lié à tout jamais à ce pays. Mais autant cette reconnaissance est grande, autant est pénible la séparation. Elle me serait insupportable, si je ne me consolais par l'espérance de revoir encore quelque jour Odessa que j'aime tant [1] ».

Il saisissait toutes les occasions de témoigner sa sollicitude à ses anciens administrés. On signale tantôt des graines et des rejetons d'arbres fruitiers tirés du Jardin du Roi expédiés au jardin botanique de Simféropol, tantôt des facilités obtenues pour l'introduction à Odessa des étoffes françaises, tantôt des démarches directes auprès du tsar afin d'obtenir la franchise du port. Il encourageait Gamba dans ses voyages en vue de relations commerciales plus suivies avec la Russie méridionale. Lors de la disette de 1816, ce fut aux ports de la mer Noire et de la Baltique qu'il demanda des blés pour nourrir la France. On a pu l'accuser d'avoir été dupe alors des intermédiaires qu'il employa, mais du moins s'estimait-il heureux d'avoir ouvert un pareil grenier d'abondance à sa patrie ; et en 1820, lorsqu'à Pétersbourg on dénonçait les entraves apportées à l'introduction des blés russes dans nos ports, il écartait nettement,

---

(1) Lettre citée dans l'*Histoire d'Odessa*, par Smolianinov (en russe).

par souci bien entendu de notre agriculture, ces plaintes intéressées.

En 1817, il acquit au sud de la Crimée, à Oursouf, près de Nikita, une ferme qu'il considérait comme une retraite possible pour ses vieux jours, comme un asile propre à lui cacher, sous un horizon agréable à ses yeux, l'ingratitude des hommes. Là du moins ses administrés lui conservaient une affection ravivée successivement par le regret de son absence et la douleur de sa perte. Un touriste de passage à Oursouf vers 1820 en recueillit et nous en a transmis un témoignage expressif : « Je ne crois pas, dit-il, que jamais personne ait laissé un meilleur souvenir dans une contrée étrangère. Les Tatars eux-mêmes prononcent avec attendrissement le nom de Richelieu ; il est pour eux ce que le nom de Las Casas était pour les sauvages de l'Amérique : Nous soupirons encore après lui, disait le *starosta* (l'ancien de la commune) d'Oursouf. J'appris à ce brave homme que je connaissais beaucoup le duc. Cette déclaration fut pour moi mieux qu'un firman. Avec quelle avidité les Tatars écoutaient les récits que je leur faisais de leur ami ! Là-bas, leur disais-je, il est le premier homme du royaume après le roi lui-même ; il jouit de la pleine et entière confiance de son souverain ; cependant il se souvient toujours de vous, il aime votre pays, qui sait ? Peut-être le verrez-vous revenir un jour ! Alors c'étaient des larmes, des exclamations sans fin : Dieu vous entende, me répondait-on, nous l'aimons tous comme un père [1] » !

S'il fût venu en effet, après sa chute du ministère, revoir ses anciens sujets, son voyage eût été un

---

(1) Mouravief Apostol, *Voyage en Tauride*, cité par Saint-Priest, *Études diplomatiques*, t. II, p. 310-311.

triomphe semblable à celui qui attendait alors La Fayette aux États-Unis. Ce fut la nouvelle de sa mort prématurée qui arriva à Odessa, au lieu de l'annonce de son retour.

Richelieu disparu, on peut compter les émigrés de marque naturalisés en Russie. De bonnes places ou de riches alliances firent sacrifier à quelques-uns le plaisir de revoir leur patrie. Le comte de Modène se laissa retenir par une charge de chambellan, Lambert par le rang de sénateur et de conseiller privé, Traversay par les fonctions de ministre de la marine, les quatre ingénieurs venus en 1807 par la position avantageuse qu'ils avaient obtenue à leur arrivée, et qu'ils recouvrèrent après la paix. Langeron eût été le premier à les abandonner, si son amour-propre n'eût été en jeu : « Bonaparte m'a fait demander deux fois, disait-il, Louis XVIII pourrait bien me demander une ». Il avait admiré de loin, les premières pages de ses Mémoires l'attestent, les jeunes généraux de la République et de l'Empire, et il se croyait digne de toute façon de leur succéder à côté du trône restauré. Richelieu lui offrit la pairie et le grade de lieutenant général : il lui fallait davantage, un bâton de maréchal comme à Vioménil. Faute de cette singulière reconnaissance de services rendus à l'étranger, il dut se contenter du cordon de Saint-André conquis les armes à la main devant Paris, et resta Russe par sa résidence et ses fonctions. Avant de quitter la France, Alexandre l'avait donné pour successeur à Richelieu dans la Russie méridionale.

La tâche était aussi brillante que peu lucrative ; imposée à un homme étranger à l'administration, elle exigeait de lui de grands et constants efforts, surtout après trois ans de guerre, une peste, et l'absence prolongée du maître. Langeron, muni des instructions de son prédécesseur, les développa avec docilité et zèle durant les sept années de son administration. Il s'appliqua d'abord à obtenir la franchise du port, qui fut déclarée dès 1817, et cette concession, jointe au retour de la paix, raviva le commerce d'Odessa. En s'enrichissant, la ville s'embellit; plusieurs centaines de belles maisons encadrèrent les édifices publics; l'ingénieur Potier traça le boulevard maritime, et Dessemet, un horticulteur venu refaire sa fortune détruite avec ses pépinières par les alliés en 1814, dessina le Jardin botanique. Un autre Français, Devallon, commença en 1819 la publication du *Messager de la Russie méridionale*, paraissant en deux langues, deux fois par semaine, et consacré presque exclusivement aux intérêts du commerce.

Cependant pour la première fois en 1818 Alexandre se montra dans cette Russie méridionale où il devait mourir; Richelieu l'en avait éloigné jusque là, de peur de mettre sous ses yeux une œuvre imparfaite et inachevée. Étonné et plus justement charmé de ce qu'il vit que sa grand'mère des créations éphémères de Potemkine, il multiplia les témoignages de sa satisfaction; il accorda une somme considérable pour la construction d'un aqueduc et d'un lazaret, et autorisa l'escadre de la mer Noire à transporter les grès de Crimée destinés au pavage de la ville. Mais, malgré quarante mille roubles donnés à Langeron, c'était à Richelieu qu'allait sa gratitude, attestée encore à ce moment par l'envoi d'une lettre autographe de félicitations et du cordon de Saint-André.

Langeron se sentait en revanche supporté avec impatience, et était d'autant plus enclin à voir les mauvais côtés de sa tâche : un travail incessant, une population difficile à gouverner, une étendue immense de pays à parcourir deux fois par an, la peste à sa porte (elle se déclara deux fois en sept ans dans la Quarantaine), des démêlés fréquents avec la bureaucratie de Pétersbourg, une position difficile et embarrassante avec Constantinople, enfin une dépense obligée du double de ses revenus. Des dissidents du nom de *Douhobortsi*, qu'il eût voulu faire mitrailler, dans un accès de zèle qui n'avait rien d'orthodoxe, lui étaient disputés par la tolérance capricieuse du souverain [1]. Il affirma avoir fait plusieurs fois des démarches pour se retirer, et n'avoir pas su les soutenir devant quelques avances personnelles de ses maîtres. Sa qualité d'étranger suffisait au demeurant à le classer comme suspect ; il ne faut guère attribuer d'autre cause à la translation de sa résidence à Ékaterinoslav, et au blâme que lui valut sa conduite envers les *Douhobortsi*. De même ses prétentions matrimoniales auprès d'une Momonov, d'une Galitzine échouèrent. Il avait le tort d'être un « maudit Français » et de paraître chercher dans une nouvelle alliance le moyen d'arrondir sa fortune [2].

En 1824, Michel Woronzov lui fut donné comme successeur. Jusqu'à l'avènement de Nicolas, Langeron demeura dans la retraite, occupé à revoir ses Mémoires, à repasser les souvenirs de ses campagnes, et se disant, en guise de glorification ou de justification de sa conduite : L'armée russe a été et est la plus parfaite qui ait jamais existé [3]. Le nouveau règne lui rendit un semblant de faveur ; et cependant en 1827, son ancien compagnon d'armes le baron de Damas étant devenu mi-

(1) J. DE MAISTRE (*Corr. dipl.*, 4 mars 1817) envoie un extrait de l'ukase rendu à cette occasion par Alexandre, qu'il considère comme une réprimande publique pour Langeron.
(2) Christin à la princesse Tourkestanov, 16 et 18 janvier 1817.
(3) LANGERON, *Mémoires*, Introduction.

nistre de Charles X, il frappa de nouveau à la porte de son pays. Cette fois, il échoua même dans sa prétention d'obtenir la pairie. Il n'était plus possible alors de tenter ce qu'on avait osé en 1815, c'est-à-dire de faire asseoir un des vainqueurs de la Bérésina à côté d'Oudinot et de Victor. L'année suivante, faute de mieux, il regagna le théâtre de ses premiers exploits, et fit contre les Turcs sa dernière campagne. On le trouve aux côtés du tsar devant Chumla. Envoyé devant Silistrie, il est contrarié par les intempéries et les maladies épidémiques, au point d'être forcé de lever le siège, heureux encore d'avoir arraché à un sol gelé, puis à une boue inextricable, ses canons, ses mortiers, ses parcs du génie et de l'artillerie, et de les avoir mis en sûreté, malgré le feu de l'ennemi, de l'autre côté du Danube. L'Allemand Diebitsch, moins ancien que lui, ayant pris le commandement, il demanda à se retirer. Après cette dernière déception, sa carrière était terminée. Il fut emporté par une attaque de choléra en 1831, et ne laissa pas d'héritiers légitimes de son nom. Le jugement le plus indulgent qu'on puisse porter sur lui est celui qu'il a exprimé sur les généraux de Napoléon : parce qu'il était sans peur, il se croyait sans reproche [1].

Les autres auxiliaires de Richelieu, privés de leur chef, perdirent les uns après les autres la popularité ou la faveur dont ils avaient joui à ses côtés. Malgré ses succès auprès des Tatars Nogaï, Maisons l'eût volontiers suivi ; mais qui l'eût reconnu, lui, gentilhomme obscur, après son long séjour chez les barbares de la steppe? D'ailleurs eût-il obtenu du roi les moyens d'achever honorablement sa vie en France? Sur la mer d'Azov au contraire il vivait en chef indépendant, pres-

[1] DE PUYMAIGRE, *Souvenirs d'émigration*.

que en souverain ; il se promenait sur des routes tracées par ses mains, il était l'image d'une Providence commune pour ces colons de toute origine, auxquels il avait bâti libéralement églises, synagogues et mosquées. Une grave chute de voiture qui l'éprouva au point de le rendre boiteux pour le reste de ses jours n'avait point ralenti son activité. Malgré ces succès, il se sentait isolé, abattu, presque impuissant depuis le départ du grand honnête homme qui lui avait servi de modèle, et pendant plusieurs années, il espéra le voir revenir : « Quand il venait me visiter, disait-il tristement, j'oubliais toutes mes peines. Mais maintenant s'il nous quitte, je n'ai plus qu'à me retirer. Mes succès ont fait bien des jaloux, et il ne manquera pas de gens pour profiter de mes travaux ».

Pourtant il recevait de Richelieu le témoignage encourageant d'un souvenir sympathique et fidèle ; un article sympathique des *Débats* sur la colonisation française en Russie tomba un jour sous ses yeux, et il y lut son nom : « C'est un rayon du duc, écrit-il aussitôt, qui s'étend vers moi et me fait honneur. Sans lui je n'aurais jamais rien fait..... Il paraît que mes actions sont mieux connues à l'étranger que dans ce pays, où la basse jalousie, depuis le départ du duc, entrave toutes mes opérations ».

Nous ignorons quelles épreuves s'abattirent sur lui, et quelles mains les lui infligeaient ; toujours est-il que dès 1820, quand il eut perdu l'espérance de revoir son glorieux ami, il acheta en Crimée un domaine où il songeait à se retirer. Le gouvernement russe mit tout en œuvre pour retenir un homme qu'il ne savait comment remplacer. C'est d'abord Langeron qui vient le visiter, c'est le prince Woronzov qui lui fait avec mille prévenances les honneurs de sa résidence d'Aloupka.

En 1825, Alexandre, s'acheminant tristement vers cette ville de Taganrog où il devait mourir, passe sur le grand chemin qui bordait sa prairie, et à la vue de ses conquêtes patientes sur la barbarie et le désert, lui exprime sa satisfaction, lui promet dix mille roubles et lui envoie la croix de Saint-Vladimir. Enfin, en janvier 1827, les infirmités de Maisons lui furent un prétexte pour obtenir le droit au repos, dont il jouit dix années encore. On l'ensevelit à Simféropol, et sa statue y orne son monument funèbre. Son monument par excellence, le groupe de villages fondés par lui, ne lui survécut guère. Après son départ, le naturel reprit le dessus chez ces sauvages si peu portés à la vie sédentaire qu'on en avait vu coucher sous la tente au seuil des maisons qui leur étaient destinées. Beaucoup de Tatars désertèrent leurs demeures et reprirent leur vie nomade sur la steppe : Allah le veut ainsi, disaient-ils; il a donné la charrue au Russe et à l'Allemand, la table de banquier à l'Arménien et la roue au Nogaï. Mélitopol, centre d'une colonisation toute germanique, est devenu, à la place de Nogaïska, la métropole de cette contrée.

A l'autre extrémité du groupe de ces exilés, enchaînés jusqu'au bout à la terre où la Révolution les avait jetés, nous retrouvons le solitaire explorateur des ruines de la Crimée, Paul Dubrux. Resté pauvre, devenu misérable sur ses vieux jours, Dubrux fut fidèle à sa passion dominante. « Je l'ai vu, écrit un de ses contemporains, chargé d'ans, presque indigent et mû uniquement par l'amour de la science, allant faire des recherches de Kertch à Apouch, à la distance de soixante verstes, n'ayant pour toute nourriture qu'un morceau de pain ; je l'ai vu, après avoir passé deux ou trois nuits dans ces lieux déserts qui faisaient l'objet de ses recherches, revenir chez lui, mourant de faim, n'ayant rien pour soutenir son existence que les herbes de la steppe ». — « Depuis le commencement de février, écrivait-il à un ami quelques jours avant sa mort, je n'ai point de feu dans ma chambre ; il m'arrive parfois de n'avoir deux, trois et même quatre jours de suite d'autre nourriture qu'un morceau de mauvais pain. Il y a longtemps que j'ai renoncé à la pauvre tasse de café sans sucre que je prenais le matin. J'achète du tabac de soldat quand j'ai deux kopeks de reste... ». Dubrux mourut en 1835, laissant dans un volumineux manuscrit resté inédit la description des vestiges et des tracés des routes situées jadis sur la rive européenne du Bosphore Cimmérien [1].

(1) C'est à ses manuscrits qu'a été empruntée une partie du texte de l'important ouvrage paru en 1854 à Pétersbourg sous ce titre : *Antiquités du Bosphore cimmérien*, 3 vol. in-folio. (V. *Fouilles et découvertes*, par BEULÉ, t. II, p. 378 et suiv.).

III

LES RUSSES EN FRANCE DEPUIS 1815

Un des premiers Russes que le rétablissement de la paix européenne amena à Paris était notre ennemi devenu légendaire, le destructeur de Moscou, Rostoptchine. Il n'avait guère bénéficié de son patriotisme sauvage, Alexandre s'étant empressé, après son retour en Russie, de le rendre à la vie privée. Il devint donc la victime de l'autocratie, comme Richelieu l'était des revenants de l'ancien régime, et il s'en vint en France oublier sa disgrâce.

On l'accueillit bien, autant pour son origine que pour ses qualités personnelles. Les Russes n'excitaient pas chez nous, comme les Anglais ou les Allemands, les railleries qui ont toujours constitué à nos yeux la plus efficace des revanches. Partout Rostoptchine était reçu avec ces mots : Sans vous, nous ne serions pas ici, et il était obligé de le confesser en maugréant : Si on nous aime, c'est par comparaison, et parce que nous n'avons rien emporté de leurs musées [1]. De son côté il fréquentait volontiers les musées et les théâtres, achetait des tableaux et des livres, et finit par marier sa fille avec un Ségur, le neveu de l'historien de la Grande armée. Dans ses lettres, il se relevait à sa manière du tribut payé par lui à la civilisation, et il datait de Paris ses invecti-

---

[1] Alexandre s'était borné à acheter les trente-huit plus beaux tableaux de la galerie de La Malmaison.

ves contre l'aînée des nations européennes : « Plus on connaît cette race française, et plus on adopte le grand principe qu'il faut suivre avec les Français, mépriser et écraser. — Le monde ne sera jamais tranquille tant qu'il y aura une nation française dont la capitale sera Paris. Il faut que l'herbe croisse dans la rue Richelieu, et qu'on aille tirer des lapins au Palais-Royal. — En France, il n'y a pas de nation, de société, de politesse et de bon sens ; tout cela est détruit par l'égoïsme, les opinions, l'insolence et la folie ». Trouverait-on beaucoup d'approbateurs, je ne dis pas en Russie, mais même en Allemagne, de ces boutades féroces et de ces rêves dignes de Gengiskhan ? On dirait qu'aux yeux de Rostoptchine la capitale de la France doit payer pour sa maison de Voronovo qu'il a détruite de ses propres mains.

Au surplus, il ne connaît que très superficiellement ce qu'il blâme ; des acteurs de petits théâtres sont pour lui presque des grands hommes ; nos vices séduisants le frappent plus que nos bonnes qualités. De même que dans chaque maîtresse de poste il croyait voir une « Madame » ayant fait ou devant faire une éducation dans le Nord, il retrouvait dans le grand monde les anciens hôtes de Paul Iᵉʳ, « ces fous d'émigrés dont le plus jeune a soixante-cinq ans » ; alors rendu clairvoyant par la haine, comme Richelieu par l'amour, il les voyait préparant à leur patrie de nouvelles convulsions à force d'imprudences, et il répétait étourdiment en pensant à eux : « Le Français est créé pour danser beaucoup, rire souvent, se moquer toujours et ne penser jamais ».

Est-ce à dire qu'il pardonnera à Richelieu, à l'homme qui a beaucoup appris en exil, et qui est revenu de Russie avec la force de beaucoup oublier ? Nullement. En même temps qu'il accuse sa candeur et sa faiblesse comme ministre, Rostoptchine félicite Richelieu, avec son ironie tranchante et stérile, d'avoir « découvert la mer Noire ». Le médisant implacable dont les sarcasmes ont trop souvent confondu l'espèce humaine avec la populace russe n'avait rien du gentilhomme optimiste que les bénédictions de son empire viager saluaient en toutes langues ; mais, s'il le méconnaissait ainsi, c'est qu'il voyait en lui l'incarnation du génie français. Lui-même ne représente-t-il pas, sous son vêtement correctement drapé d'homme civilisé, le génie moscovite encore bouillonnant de sève barbare ? Tous deux ne personnifient-ils pas, dans leurs traits essentiels, l'esprit de la nation victorieuse et de la nation vaincue ? Rostoptchine, si Russe qu'il soit, en est resté au type primitif de l'émigré français ; il a les qualités brillantes de cette race, et aussi les préjugés, regrettant l'ancien régime comme une forme du pouvoir absolu; aussi, loin d'avoir recueilli au milieu des ruines de Moscou la popularité conquise par son collègue à Odessa, et malgré son esprit et ses vertus privées, il disparaît entre le tsar qui l'a disgracié et le peuple qui l'oublie ; sa statue n'ira jamais rejoindre devant l'Escalier rouge celles de Pojarsky et de Minine, et il s'éteindra bientôt, réduit à faire inscrire sur sa tombe cette triste devise : Au milieu de mes enfants, je me repose des hommes.

Ce sont comme lui de véritables émigrés par les idées, ces fils de boyards travestis en *gentlemen* d'Occident qui depuis ont créé, par leurs stations à Paris ou à Nice, de véritables colonies d'oisifs, ces jeunes généraux peints par Tourguéniev dans *Fumée*, qui se réunissent à Bade autour de l'*Arbre russe*, et cherchent parmi nous ce que les Romains cherchaient en Grèce, une culture plus raffinée, une vie plus douce, une liberté plus grande ; ainsi qu'on l'a dit, ils n'auraient rien à regretter, si le reste du monde avait disparu sous un nouveau déluge.

Pas plus que les Français, dont les défauts s'accusent à l'étranger avec un relief si puissant et si volontaire, les Russes ne gagnent pas à s'expatrier ; ils sont restés asservis à la fois aux habitudes que nous avons imposées à la société élégante cosmopolite et aux préjugés de leur lointaine patrie ; ils rendent à la France le même genre d'hommages que leur grande Catherine, l'aimant et la haïssant à la fois, nourrissant à son égard ce sentiment particulier, fait d'adoration et de dépit, dont une jolie femme est souvent l'objet. Tourguéniev n'était guère plus tendre à notre endroit après 1870 que Rostoptchine après 1815.

« A les entendre causer, a dit un observateur pénétrant, à vivre avec eux dans les fêtes, dans les théâtres, même dans les tribunes des assemblées législatives, on les aurait pris pour des Français de naissance comme de cœur, du meilleur aloi comme du meilleur monde. C'était une contrefaçon à s'y méprendre dans les manières, dans la conversation. Ils étaient vêtus à la dernière mode, savaient par cœur le roman du jour et raisonnaient de la politique contemporaine et parlementaire avec une connaissance très-judicieuse des personnes et même des principes qui y présidaient. Les mots de progrès et de civilisation étaient incessammement sur leurs lèvres. On se laissait prendre involontairement à causer avec eux à cœur ouvert, comme si on eût marché sur un terrain commun d'idées, de sentiments ou d'intérêts. Puis tout à coup un mot, un geste, une inflexion de voix échappée vous avertissaient que vous étiez en face de l'ennemi le plus acharné de votre patrie. Le désappointement était pénible, et tout en admirant cette reproduction si exacte de mœurs étrangères et même détestées, on ne pouvait se défendre d'une secrète répugnance pour le défaut d'originalité propre et de franchise, de naturel et de vigueur qui était l'inévitable condition de tant de souplesse dans l'art d'imiter [1] ».

Il en est d'autres heureusement qui savent voir les choses de plus haut, et trouvent dans leurs exils volontaires mieux qu'une initiation aux raffinements du luxe et du plaisir. Pour eux la France n'est pas uniquement une école de révolution ou de dissipation. Elle est l'asile naturel des vaincus et des persécutés, le foyer des idées généreuses et fécondes : « Lorsque je suis en Russie, dit Gogol dans sa *Confession*, l'idée que je m'en fais est éparpillée dans mon cerveau. Je perds courage et je n'ai plus envie de l'étudier. Mais quand je suis à l'étranger, l'idée de ma patrie ne fait plus qu'un tout; je ressens de nouveau le désir de la connaître, et j'éprouve de plus en plus l'envie de voir quelqu'un qui vient de quitter mon pays. Je sais questionner, et au bout d'une heure j'en apprends beaucoup plus que je ne pouvais le faire en Russie en une semaine ». Le lettré contrarié dans l'expression de sa pensée, l'homme politique déçu dans ses espérances ou ses ambitions, le noble atteint dans ses privilèges sont devenus en fait ou en droit citoyens du monde occidental. Tchitchakov, un des vainqueurs de 1812, s'est fait naturaliser Anglais, a écrit en français ses Mémoires, et a fini ses jours à Paris. C'est à Paris que le prince Dolgoroukov a fait entendre ses revendications aristocratiques et constitutionnelles; que Nicolas Tourguéniev, l'ami de Stein, s'est réfugié, qu'il a composé son livre célèbre *la Russie et les Russes*, qu'il a voulu mourir.

D'autres y sont venus vivre au nom d'une liberté sacrée entre toutes, celle de la conscience. L'Église

---

(1) DE BROGLIE, *Le Secret du Roi*, t. I, p. 270.

nationale n'entendant abandonner aucun de ses enfants, ceux qui se convertissaient étaient contraints de passer en terre catholique, c'est-à-dire à l'étranger, et ils se trouvaient soulagés d'un grand poids en passant la frontière. Cinquante ans après Voltaire, on voit reparaître à Paris un Chouvalov, un Galitzine; mais la religion, qui était la moindre préoccupation de leurs ancêtres, est pour ceux-ci le principal mobile de l'existence. Le contraste de ces sceptiques en quête d'une croyance, de ces néophytes est complet avec les esprits dévoyés et aventureux du siècle précédent. De part et d'autre ce sont des « âmes mortes » qui cherchent au dehors et au loin une vie intellectuelle plus intense, plus en harmonie avec leurs facultés et leurs aspirations; seulement l'effort est plus douloureux, partant plus méritoire chez les disciples de J. de Maistre que chez leurs devanciers. Partis du néant, de la table rase faite par les philosophes, ils sont arrivés, quelquefois par l'illuminisme ou le kantisme, à une conception de la vérité religieuse absolument sincère et désintéressée; car elle les met dans l'alternative d'obéir à Dieu ou au tsar, et ils n'ont pas hésité.

Les femmes sont venues les premières respirer, penser, prier à l'aise dans cette capitale qu'Alexandre, au temps de la Sainte-Alliance, avait osé appeler la plus irréligieuse de l'Europe. Après Mme Golovine et ses filles, Mme Svetchine s'établit à Paris, et son salon, qui se doublait d'une chapelle, y exerça au profit du catholicisme une influence bien autrement sérieuse que celle des contemporains de l'*Épître à Ninon*. Dans un cercle très restreint, mais où tout le monde se sentait grand par le nom, le cœur ou l'esprit, elle devint une puissance, presque un oracle. Ses amis de France s'appelaient Lacordaire, Tocqueville ; elle fut regardée par ses compatriotes comme la mère de cette Église réfugiée d'origine un peu française, puisque nos émigrés en avaient jeté les bases. Les uns, comme l'ancien secrétaire d'ambassade Yermolov, se contentaient de vivre obscurément loin du sceptre orthodoxe ; d'autres, par l'effet de cette réaction qui entraîne toujours plus vivement les âmes sur leur chemin de Damas, ne s'arrêtaient que lorsqu'ils avaient cru atteindre à la perfection.

Tels furent ces Galitzine qui ont fait à travers le monde entier œuvre d'apostolat, avec la comtesse Amélie morte à Munster, avec le prince Théodore inhumé au milieu des Dominicains de Bologne, avec ce missionnaire qui fut une des premières recrues de l'Église des États-Unis. Tel fut Nicolaï, ancien aide de camp du tsar, qu'un livre de Dupanloup amena au catholicisme, et qui finit par s'ensevelir à la Grande-Chartreuse. Tel fut le prince Jean Gagarine, qui ne crut pouvoir mieux marquer et son humilité et sa rupture avec son passé qu'en entrant dans la Compagnie de Jésus. Tel fut surtout le comte Grégoire Chouvalov, dont la conversion restera un des chapitres les plus émouvants de l'histoire des âmes. Il s'est peint lui-même dans des *Confessions* imitées de saint Augustin, où l'on suit avec un intérêt toujours croissant ce travail intérieur de la conscience sous l'action successive ou simultanée de la douleur et du remords, de la méditation et de l'étude, des exemples et des conseils d'autrui. Ses épreuves domestiques, la lecture raisonnée de Pascal et de Joseph de Maistre, le souvenir de sa mère et de sa sœur mortes dans la communion romaine, ses entretiens avec des amis déjà mieux préparés à une nouvelle croyance, l'amenèrent lentement à sortir de l'Église où il avait abrité son scepticisme ; il devint un catholique fervent, et plus tard entra dans l'ordre des Barnabites. Cet amour pour la vie religieuse s'est aussi emparé des femmes et a donné des recrues, venues de bien loin, aux Dames du Sacré-Cœur et aux Sœurs de Saint-Vincent-de-Paul.

Il ne faudrait cependant pas attribuer à cette émigration le caractère d'un événement; c'est tout au plus un symptôme. Un des représentants les plus distingués de ce groupe, Augustin Galitzine, nous appartient autant qu'à son pays par ses alliances de famille, par ses publications sur Louise de Lorraine, Henri IV et Mazarin. Limitées à quelques néophytes dont l'éducation n'avait eu rien de national, les conversions ont été ignorées des basses classes et même des classes moyennes; elles n'ont pas eu plus d'influence sur la vie des Russes que notre émigration sur la société française : « C'est une goutte d'eau dans la mer, a écrit Wiasemski, ou une goutte extraite de la mer; et combien d'encre n'a-t-on pas versé à cause de cette goutte [1] »! La presse nationale en a pris prétexte en effet pour évoquer le fantôme menaçant du jésuitisme, tandis que la seule conséquence à constater ou à prévoir était la multiplication des liens entre deux aristocraties effacées et déchues, l'une de par le tsar, l'autre de par la Révolution. La communauté de religion venait ici sceller les alliances et les relations de famille.

Les Russes jetés ainsi au milieu de la vie occidentale étaient peu portés à en accepter les conditions, renouvelées depuis 1789. Avec leur zèle de nouveaux convertis, ils eussent désiré pour l'Église catholique en France la situation que l'Église grecque avait dans leur patrie, et

---

(1) *OEuvres*, t. I, p. 22. Cf. une lettre curieuse de Mme Svetchine au P. Gagarin, 27 juillet 1846.

ils s'étonnaient de la voir sans cesse suspectée ou battue en brèche. Mme Svetchine souriait en 1814 quand elle voyait Joseph de Maistre embarrassé pour défendre la France, et elle lui préférait hautement « son cher baron de Stein [1] ». Toutefois il n'y avait plus là cet instinct hostile que la princesse Dachkov avait trahi tout en recevant notre hospitalité ; il y avait surtout une antipathie raisonnée et ardente contre l'esprit révolutionnaire, exaltée alors par les victoires des alliés, et impatiente de sentir le monstre écrasé pour toujours; cette antipathie renaîtra pendant les Cent-Jours, après 1830, et Mme Svetchine parlera alors d'un pays qu'elle a appris à admirer dès l'enfance avec l'accent désolé et amer de Richelieu rendu malgré lui à sa patrie [2]; puis la pensée d'une France telle qu'elle la conçoit reprend le dessus : « Je suis Française depuis que je me connais. Dans cette France, je n'ai jamais admiré d'autre pouvoir que celui des Bourbons... Ce n'est à rien de ce qui paraît au grand jour qu'une admiration pure et sans mélange peut s'appliquer [3] ». A la fin de sa vie, pendant la guerre d'Orient, Mme Svetchine subit et avoua de nobles angoisses, qu'elle traduisait d'un mot fin et touchant : une telle guerre était pour elle la guerre civile. Elle n'était pas née pour rien en Russie, mais comme Tourguéniev et bien d'autres, elle voulait vivre et mourir en France.

Qu'on ne l'oublie pas d'ailleurs, ces fugitifs de Pétersbourg étaient assez dégagés des préjugés souvent inhérents à l'amour-propre national; seulement, à l'exemple des émigrés, ils chérissaient leur patrie, toute

---

(1) Lettre du 9 juin 1814.
(2) Lettres des 16 avril 1815, 24 septembre 1823, 23 décembre 1830, 6 octobre 1839.
(3) Lettre du 20 décembre 1832.

marâtre qu'elle leur fût, par le regret et par l'espérance ; bien mieux, ils rêvaient pour elle par leurs mains une restauration autrement importante que celle d'une dynastie ou d'une caste. Séparés de leurs compatriotes par les croyances, ils ne s'en attachaient que plus ardemment au seul sentiment qui leur restât commun avec eux, la foi dans l'avenir de la Russie. Grégoire Chouvalov dédie à ses concitoyens le récit de sa conversion ; il écrit leur nom à la première et à la dernière page de son livre, avec un commentaire où respire l'amour le plus généreux et le plus désintéressé. Des Russes s'inspirant exclusivement de la tradition, j'allais dire de la vanité nationale, dédaigneront ces avances et feront bon marché de leurs auteurs ; ils devront convenir pourtant qu'ils n'ont pas montré à l'étranger de types plus complets d'élévation morale et de culture intellectuelle. Peut-être s'avoueront-ils plus volontiers que ce « latinisme » présenté à leur enfance comme un épouvantail peut éveiller chez celui qui le professe le dévouement et l'héroïsme. Officiers et soldats n'avaient qu'un cœur dans leur armée sous Sébastopol, pour accueillir en triomphe et bénir les sœurs de charité françaises [1].

(1) Rambaud, *Français et Russes*, p. 277.

IV

LES FRANÇAIS EN RUSSIE DEPUIS 1815

Deux motifs ont, depuis 1815, rendu moins sensible l'action de l'esprit français en Russie, la défiance du gouvernement envers les idées que les auteurs et les héritiers de la Révolution de 1789 ont semées dans le monde, et l'amour-propre d'une nation qui se sent parvenue à l'âge adulte et veut se donner, du moins vis-à-vis de l'étranger, l'air de l'indépendance.

On a vu les tendances d'Alexandre à la fin de son règne; s'il laissait importer chez lui les Sociétés bibliques et l'enseignement mutuel, il s'essayait à combattre le libéralisme à la mode en Occident. Il n'ignorait pas qu'à Paris un grand nombre de ses officiers s'étaient imbus des principes chers aux ennemis des Bourbons, et s'imaginaient trouver dans les sociétés secrètes la véritable, la seule école de la liberté. Il pressentait le mouvement militaire de 1825. Tracy et Benjamin Constant durent donc se cacher au fond des bibliothèques, au lieu de s'étaler sur des tables princières, comme Voltaire au temps de Catherine, et cette défiance ombrageuse aboutit à fermer la frontière aux gens les plus inoffensifs, comme le témoigne l'histoire de Charles Nodier en 1824.

Cet écrivain de tant d'esprit et de si peu de jugement s'était laissé persuader par l'abbé Nicolle qu'il était propre à initier les Russes à l'économie politique. Il coûtait peu au brillant conteur, qui avait déjà tenté la fortune en Illyrie, bien mieux il plaisait à son imagination d'explorer la Tartarie, comme il disait [1]; il s'engagea donc par traité à aller enseigner à Odessa une science qui lui était étrangère et lui fût demeurée inaccessible; il devait en outre diriger un journal politique et commercial en langue française. Nodier, à court d'argent, s'engageait sincèrement en cette circonstance; il se mit en route et s'en vint attendre dans sa province, à Lons-le-Saulnier, un ordre officiel de départ qu'il ne devait jamais recevoir. Il comptait sans un malencontreux roman publié l'année précédente, *Jean Sbogar*, où, par une de ces exagérations dont il était le premier à sourire, il faisait débiter par un certain Lothario des maximes comme celles-ci : « Si j'avais le pacte social à ma disposition, je n'y changerais rien, je le déchirerais. — Je ne sais plus qu'un métier à discréditer, celui de Dieu, etc. ». En Russie on prit au sérieux ces sinistres formules, condensées dans un chapitre qui pourrait s'intituler aujourd'hui le manuel du parfait nihiliste; on regarda donc et on écarta comme un révolutionnaire outré celui qui n'était qu'un précurseur sans conviction des romantiques. Nodier demeura en France pour son bonheur et pour le plus grand profit des lettres. *Jean Sbogar* seul pénétra discrètement dans les salons de la haute société, et longtemps après y excitait encore une curiosité passionnée [2].

Ces défiances politiques s'accusèrent bien davantage sous le règne de Nicolas par une foule de mesures, comme la défense de fréquenter les universités d'Occident. Le gouvernement se refaisait Vieux-Russe; il impo-

---

(1) Lettre du 8 janvier 1818 citée par QUÉRARD, *Supercheries littéraires*, t. II, p. 263.

(2) *Jean Sbogar*, ch. XIII. — Mme MENNESSIER-NODIER, *Épisodes et souvenirs*, p. 234. — CUSTINE, *Lettres sur la Russie*, Lettre 31.

sait la langue nationale aux professeurs de ses propres universités, ce qui n'empêchait pas Clapeyron et Lamé d'être introduits à l'Institut des voies et communications, Demange et Charmoy d'inaugurer l'enseignement des langues orientales vivantes. Il est même bien stipulé, lors de la fondation de l'université de Pétersbourg, qu'il y aura une chaire de littérature française occupée par un professeur né et élevé en France, afin qu'on soit bien assuré de la pureté de sa prononciation.

Malgré ces hommages où l'habitude avait autant de part que la sympathie, le gouvernement cédait peu à peu à une réaction qu'il pouvait considérer comme l'éveil décisif de la conscience nationale. Homme ou peuple, quiconque grandit mesure avec soin sa gratitude à ceux qui ont contribué à son élévation ; il rougit bien vite de ne pouvoir marcher sans lisières, et trouve pesante la main qu'il suppose désormais inutile à le guider. Le parti national russe, ne craignant plus les Français, va retourner contre eux la métaphore injurieuse de Jean-Jacques, et les appeler un peuple pourri ; il exalte Ivan le Terrible aux dépens de Pierre Ier, et la civilisation byzantine comme un idéal à faire revivre. On dirait presque que les Russes boudent leurs adversaires abattus, comme s'ils les avaient injustement offensés.

Dans cette méfiance survivant à la victoire, on démêle un double sentiment : l'égoïsme et l'orgueil sous leur forme la plus excusable, celle de l'égoïsme national. Combien ils devaient à la France, les Russes tant soit peu cultivés ne l'ignoraient pas ; il n'ignoraient pas non plus quels avantages ils auraient à se passer d'elle. Ils appréciaient toujours à leur valeur les emprunts qu'ils lui faisaient, mais en définitive c'était un tribut un peu cher et cherché trop loin. Tout au plus fallait-il pardonner à Napoléon, dont la ruine commencée à Moscou avait montré à la nation sa haute destinée [1]. Au même moment, comme pour répondre à ce singulier hommage, l'empereur relégué à Sainte-Hélène songeait à cette Russie qui avait enseveli sa puissance sous ses neiges, et qui devait, sans qu'il le sût, lui fournir la pierre de sa dernière tombe. Il calculait avec effroi ses forces, il pressentait l'invasion moscovite dans toute l'Europe, il la voyait déjà accueillie comme un bienfait par des peuples usés, et devenant le signal d'une nouvelle ère pour le monde.

C'est ce qu'ont pensé depuis bon nombre de sujets d'Alexandre et de Nicolas, et cette tendance s'est fait jour dans les lettres, successivement envahies par la gallophobie et le romantisme germanique. Krilov, qui a employé le premier argent gagné par lui à acheter un Molière et un Boileau, raille dans sa spirituelle comédie du *Magasin de Modes* le goût exagéré pour les inventions françaises, et jusque dans ses fables introduit les souvenirs glorieux de l'*Année Douze*. Son *Loup dans le Chenil*, c'est l'homme à la redingote grise, que Koutousov salue d'une parole historique : « Tu es *gris*, je suis *blanc*, et je ne fais la paix avec tes pareils qu'en leur arrachant la peau ». Pouchkine a oublié de son mieux ces précepteurs qui lui avaient fait oublier à lui-même la Russie, ces chansons de Béranger que son oncle fredonnait sans cesse à ses oreilles, cette bibliothèque paternelle où nos classiques et nos philosophes avaient passé par ses mains, ce lycée de Tsarskoé-Célo où le sobriquet de Français résonnait à ses oreilles comme une injure. Ivan Tourguéniev, qui est bien nôtre par certains côtés, se laissera aller, dans ses

---

(1) POUCHKINE, *Ode à Napoléon*.

Récits d'un chasseur, à donner à un Français un rôle pitoyable. On lit encore le *Messager de l'Europe*, mais les journaux préférés sont l'*Invalide russe* et le *Fils de la patrie*. On traduit Lamartine ou Casimir Delavigne, mais ce n'est pas exclusivement à Paris qu'on cherche les modèles de la littérature nationale naissante ; et un même courant emporte loin de la France ceux qui s'y rattachent encore par leur origine ou leur éducation. Une fille d'émigré, Mme Smirnov, qui fut longtemps en faveur à la cour, qu'on appelait bon gré mal gré l'étrangère, sans doute parce qu'elle ne récriminait pas assez contre ses ancêtres d'Occident, servit mieux les lettres russes que celles de sa première patrie; car elle eut pour protégés et pour correspondants les chefs de la nouvelle école. Par elle Gogol eut une pension et Ivan Tourguéniev obtint sa grâce; elle sauva de la censure certaines pages d'*Eugène Onéguine;* Joukovski écrivit sur son album, et Livov composa sur son piano l'hymne national de 1812. La France n'était plus reine; vaincue par les armes, elle semblait accepter l'égalité sur le terrain intellectuel, puisqu'elle commençait à traduire dans sa langue les prosateurs et les poètes du Nord. Lévesque et Clerc cessaient d'être les historiens officiels de la Russie, et cédaient la place à Karamzine.

En fait, l'esprit national, successivement envahi par le romantisme et le réalisme, n'a pas secoué la tutelle étrangère. Seulement les romantiques ont diminué la part de la France de celle qu'ils ont faite à Byron et à Schiller, et des jardins de Ferney et de Trianon ils ont reculé jusque sous les horizons sauvages et grandioses du Caucase. Quant aux réalistes, le sentiment amer et profond d'une dépendance qu'il faut secouer à tout prix leur est commun avec leurs prédécesseurs : « En plus d'une chose, disent-ils avec Nékrassov, les étrangers nous dépassent, mais le moment venu nous les rattraperons. Que Dieu nous accorde de respirer librement, et la Russie montrera qu'elle peut produire des hommes!... Ainsi, sous le sol glacé de la Sibérie, dorment bien des mines d'or ».

Malgré ces aspirations nouvelles, là comme ailleurs on traduit nos vaudevilles et nos romans, on lit avec passion nos revues et nos livres, sauf à attribuer à certains auteurs une réputation au dessus de leur mérite, à vanter, après Mercier, Paul de Kock. On apprécie, on accueille sans se lasser les cuisiniers, les modistes, les acteurs de Paris, triple groupe qui cache la vraie France à l'étranger, là comme ailleurs; comme dit le Chevalier dans les *Soirées de Saint-Pétersbourg*, on a besoin de notre plaisanterie dans le monde. L'éducation à la française s'est imposée à ces diplomates qui sous le règne de Nicolas le prenaient de si haut avec la royauté de Louis-Philippe, à ces officiers qui faisaient retentir de leurs quolibets parisiens les casemates de Sébastopol. Il en est qui ont rendu d'une façon pratique hommage à notre science, et c'est à un amateur de Moscou, ancien élève du lycée Richelieu, Serge Polteratzky, que nous devons l'achèvement des vastes recueils bibliographiques de Quérard. D'autres souhaiteront avec nous, en vertu de certaines analogies de caractère et de certaine communauté de haine, une alliance politique sincère et durable[1]. Mais nos compatriotes ne donnent plus le ton en Russie; ils ne sont plus prépondérants, depuis que la vie s'est répandue

---

(1) « Nous n'avons qu'une alliée naturelle, la France, que nous avons toujours ignorée et que nous ignorons encore à l'heure qu'il est » (Article cité par le *Temps* du 31 août 1882).

en dehors des cercles aristocratiques; ils demeurent agréables et utiles. L'exode des précepteurs sortis de l'ancien comté de Montbéliard et de l'ancien duché de Lorraine a continué; et même quelques talents ignorés ou méconnus chez nous ont trouvé dans ce pays lointain un asile ou un sol propice à leur développement, témoin l'ancien jésuite Brosset, devenu, par ses travaux archéologiques, l'une des gloires de l'Académie de Pétersbourg, et l'inventeur du filage mécanique du lin, Philippe de Girard, qui passa la meilleure partie de sa vie à Varsovie, sous la protection du tsar Nicolas. Je ne parle pas des touristes tels que Théophile Gautier et Alexandre Dumas, ou des artistes en quête d'applaudissements et de roubles, tels qu'Horace Vernet et Berlioz.

Ni les uns ni les autres n'ont eu à se plaindre de l'accueil reçu; l'ancienne France est restée debout là-bas dans quelques salons où se perpétuent les usages et le tour d'esprit d'un monde anéanti chez nous sans retour. Qu'on se rappelle Custine entrant en 1839 chez le gouverneur d'Iaroslav; après avoir parcouru la capitale et les provinces, et y avoir maudit à chaque étape la tyrannie des lois et la servilité des mœurs, il est enlevé tout-à-coup à ses tristes impressions en se trouvant accueilli par les souvenirs des Sabran et des Polignac : « Il me semble que je ne suis venu jusqu'aux frontières du monde civilisé que pour y recueillir une part de l'héritage de l'esprit français au dix-huitième siècle, esprit depuis longtemps perdu chez nous [1] ». C'est le pendant de Mme Svetchine essayant de ressusciter à Paris autour d'elle quelque image de l'ancienne société française.

1) *Lettres sur la Russie*, Lettre XXXI.

Sur un seul point, le sol russe avait reçu du génie français autre chose qu'un rayon passager, une empreinte sérieuse ; combien de temps l'a-t-il gardée ? Odessa, la ville de Richelieu et de Langeron, grâce à la franchise de son port, avait passé longtemps pour une oasis de liberté au milieu de l'asservissement général ; cette franchise détruite, elle est devenue un grand centre administratif et une cité cosmopolite; notre influence n'y compte guère plus que celle des Scythes ou des Grecs. Paul Ier, à qui on rappelait le mot de Pierre le Grand regrettant de ne pouvoir donner pour prix de ses leçons à un cardinal de Richelieu idéal la moitié de ses états, disait spirituellement : Cela n'aurait pas duré longtemps, il la lui aurait bientôt reprise. Et de fait, les Russes ont bel et bien reconquis la Nouvelle-Russie. A Odessa, l'enseignement n'est plus donné en français au Lycée, qu'une Université toute nationale a relégué au second rang. La colonie allemande a crû sans cesse en importance, et les Français ont été réduits à quelques centaines d'individus. Le journal fondé par De vallon, après plusieurs éclipses, a disparu définitivement en 1881. La Turquie, l'Algérie, les États-Unis sont devenus autant et plus que la Russie méridionale notre grenier d'abondance en temps de disette. Seule, la guerre nous a ramenés en nombre sur la terre de Crimée, devant Sébastopol. Là les officiers des deux nations se sont salués avec courtoisie dans l'intervalle de combats multipliés et acharnés, et nous n'y sommes restés présents que par des milliers de morts dont le sang a été versé inutilement, et qui reposent dans de vastes nécropoles.

Et cependant, à tout bien considérer, les cimetières où reposent les victimes de Sébastopol sont-ils vraiment là-bas un monument aussi incontesté de notre gloire que les pacifiques établissements où nos compatriotes ont apporté depuis quatre-vingts ans leur travail et leurs exemples ? Sur ces créations plane le grand souvenir de Richelieu, vivant dans la statue qui commande les quais et les ports d'Odessa. Cette statue, qui date de 1828, représente l'illustre Français drapé de la toge romaine, de sa main droite étendue semblant montrer à la Russie ces édifices qu'il a fait surgir de terre, cette rade qu'il a peuplée, ces chemins qu'il a ouverts vers la Méditerranée et l'Orient. On le voit encore au milieu de ses trophées pacifiques, comme jadis, à l'autre extrémité de l'empire, Voltaire trônant au centre de sa bibliothèque à l'Ermitage. Ici et là ils personnifient l'un et l'autre à leur manière le génie expansif, imposant ou attrayant qu'on n'a jamais contesté à la France, et que les deux noms diversement célèbres de Richelieu et de Voltaire sont si bien faits pour rappeler.

CONCLUSION

CONCLUSION

A deux reprises, la France a fait invasion en Russie, sous Catherine II par ses idées, sous Alexandre Ier par les armes. Sur ce dernier terrain il y a eu en 1812, en 1814, en 1855 des alternatives de succès et de revers qui ni d'un côté ni de l'autre n'ont laissé derrière elles aucune arrière-pensée de vengeance ou même aucun sentiment de rancune. Un Russe disait récemment à un Français, au couronnement d'Alexandre III : En prenant Moscou vous avez pris notre cœur, comme nous avons pris le vôtre en prenant Paris.

En apparence, l'influence française s'est manifestée constamment, sous une forme légère, par les modes et les habitudes de société. A la suite de ces relations créées par le hasard ou le caprice, entretenues par des intérêts plus ou moins frivoles, on a vu s'introduire insensiblement en Russie des usages nouveaux, des arts utiles, des idées fécondes. Ce sont des idées qu'ont lancées de loin ou apportées avec eux les philosophes et les émigrés, faisant ainsi connaître aux compatriotes de Pierre le Grand autre chose que la valeur d'un colifichet ou d'un bon mot. Ils ont rendu moins sensibles, les uns par l'éclat de leur esprit, les autres par les grâces de cour, les duretés du régime autocratique ; ils ont dressé au-devant du vieil édifice tsarien un portique à l'occidentale où tout ce qui était tant soit peu cultivé parmi leurs hôtes s'abrita à l'envi; mais ils ne se contentèrent pas d'en orner les avenues ou d'en masquer les parties imparfaites, ils y firent circuler un esprit nouveau.

Par Voltaire et ses disciples, les mots de tolérance et d'humanité acquirent une signification, sinon une application pratique immédiate, dans ce monde moscovite jusque-là si étroitement fermé et concentré sur lui-même. L'Église orthodoxe ne perdit rien de son autorité officielle, mais ce que le philosophisme lui enleva devait profiter à d'autres doctrines, et ainsi se préparait l'avènement d'un régime plus favorable au développement en tous sens des esprits et des connaissances. On ne fut plus exclusivement Russe, on dit avec Karamzine : Ce qui n'est que national n'est rien en comparaison de ce qui est humain, universel.

Les émigrés royalistes vinrent ensuite ; ils firent connaître à une cour où la tradition des conspirations et des assassinats n'était point encore rompue le prix de la fidélité monarchique, et de même que les philosophes, si intolérants par caractère, avaient été les apôtres involontaires de la tolérance, ces défenseurs du privilège apportèrent avec eux, aussi bien et plus pacifiquement que s'ils eussent été les *bleus* en armes, la notion de l'égalité et de la liberté. L'esprit qui soufflait sur la France les avait, quoiqu'ils fissent, pénétré par plus d'un côté. « Un Montmorency *outchitel*, affirme Masson, devient à coup sûr démocrate [1] ». Les émigrés révélèrent donc à la Russie autre chose que la témérité héroïque d'un Roger de Damas ou la grandeur d'âme d'un Richelieu, je veux dire l'esprit de chevalerie et la fierté dans l'obéissance. De même les prêtres latins la tolérance religieuse, lorsque, par mille chemins couverts, ils pénétraient jusqu'à ces parties intimes de la

(1) *Mémoires*, ch. x.

haute société où subsistaient l'instinct et le sens de la vie spirituelle. Nous opérions là nos plus sérieuses, nos vraies conquêtes de 1789 au dehors.

Avec ces singuliers défenseurs, la liberté de la critique par la parole ou la plume, la liberté des opinions et des croyances, toutes ces choses jusque-là étrangères à un régime de hiérarchie et de silence germèrent sur le sol moscovite, et cela sans aucun mélange de cet esprit de destruction qui, sous le nom de nihilisme, est venu depuis s'y mêler; et elles n'en sont plus sorties.

Quant à la récompense obtenue pour cette initiation à un état de civilisation plus complet, on n'en saurait parler ; les idées ne sont pas marchandise qu'on exporte, à charge de retour. Quand les lettrés du dix-huitième siècle flattaient la grande Catherine, quand ils lui souhaitaient des victoires préjudiciables aux intérêts français, ils n'étaient en somme exclusivement inspirés ni par cette basse cupidité qui s'attache aux faveurs matérielles, ni par une haine de leur pays qu'on ne saurait leur attribuer ; ils se laissaient entraîner par une philantropie humanitaire supérieure selon eux, tout comme le sentiment chrétien, à l'amour de la patrie. Après eux, les émigrés ont fait à Alexandre une partie de sa renommée, ils lui ont bâti des villes, conquis des provinces, ont commandé ses flottes ou ses armées. C'est un Français qui a élevé la colonne Alexandrine, pendant de celle d'Austerlitz, c'est en langue française que le tsar a consacré, sur l'arc de triomphe de Tsarskoé-Célo, le souvenir de ses victoires sur la France. Plus tard, en combattant les Russes sur la mer Noire, ne retrouvions-nous pas partout l'empreinte de nos compatriotes sur les remparts qui nous étaient opposés, celle de Raincourt à Sébastopol, de Traversay à Nicolaïev, de Richelieu à Odessa? Un de nos boulets, par un singulier hasard, alla frapper la statue de ce dernier, comme pour punir l'homme dont l'imprévoyance généreuse avait fortifié par avance une puissance redoutable à son pays.

Nous avons donc passé là comme partout, peuple léger et hardi, qui ne calcule ni ce qu'il perd, ni ce qu'il donne. Ce que nous faisions en Russie, nous venions de le faire en Amérique. Nos gentilshommes avaient combattu pour l'indépendance des États-Unis, sans se demander si la nation qu'ils aidaient à naître ne deviendrait pas un jour une rivale dangereuse; nos prêtres de Saint-Sulpice y avaient jeté, comme les jésuites en Russie, les bases de l'établissement catholique; ici et là, tous allaient de l'avant pour le plus grand bien de l'humanité ou la plus grande gloire de Dieu; leur demander ce qu'ils espéraient en échange de leurs peines serait ne pas les comprendre. Tel est l'esprit français, se dépensant au profit des autres sans espoir de récompense ni même de gratitude. Laissons donc l'Allemagne se féliciter d'avoir fourni au gouvernement des tsars des colons et des serviteurs nombreux, riches, puissants, laborieux, instruments de despotisme et de conquête. Il nous suffit de penser que le génie français est pour quelque chose dans tous les progrès de la Russie vers la vraie civilisation et la vraie liberté.

APPENDICES

APPENDICE I

LETTRE DE ROGER DE DAMAS A SA SŒUR LA COMTESSE
DE SIMIANE AVANT L'ASSAUT D'OTCHAKOV

Je ne sais, chère et charmante petite, si je serai tué à l'assaut que nous allons avoir ; en tout cas ce sera de la manière la plus agréable, car j'y monte à la tête de huit cents grenadiers que le prince a bien voulu me confier ; vous jugez bien que je suis dans la joie de mon cœur. Je vous donne ma parole que je suis dans la ferme persuasion que je m'en porterai parfaitement ; j'ai pour moi mon pressentiment, et en outre votre petite figure qui n'a pas encore cessé de me porter bonheur et qui ne m'abandonnera pas au plus beau jour de ma vie.

Cependant, comme tout est possible, et que je suis loin de tous les gens que j'aime, je veux charger une des personnes que j'aime le plus de mon petit testament sentimental, car je n'en ai pas d'autre à faire, comme vous savez. C'est donc au milieu de ma famille, c'est-à-dire avec ma tante, mon oncle, mes frères, et même mon père que vous direz si vous recevez cette lettre : Nous avons perdu Roger, qui nous aimait tous à qui mieux mieux, qui ne voyait de bonheur que dans l'espérance de nous revoir, qui avait des défauts, mais qui doivent être oubliés, parce que son cœur n'a jamais eu le plus petit, et qu'il n'a jamais été léger en sentiment avec aucun de vous. Ensuite vous romprez le cercle, vous irez le lendemain chez ma tante, à qui vous assurerez bien que je l'adorais, à qui vous ferez observer que depuis que je suis assez grand pour la connaître, ses conseils et ses demandes, quoique par étourderie je ne les aie pas toujours suivis, ont fait toujours plus d'impression sur moi que celles de tout autre, et vous ne la quitterez qu'après qu'elle en sera convenue, et qu'elle vous aura promis de me regretter comme son fils. Vous irez tout de suite chez mon oncle, vous lui direz que je lui jure qu'il n'y a pas un instant de ma vie où ses bontés et sa tendresse ne m'aient pénétré, que j'ai trop souvent négligé ses avis peut-être, mais qu'ils ont toujours été gravés dans mon âme, et que je n'aurais pas fait un pas sans avoir pensé à l'effet qu'il ferait sur lui, que je le franchissais quelquefois quand il devait ne faire que le fâcher un moment, mais que pour rien je ne l'aurais fait, si je croyais qu'il pût indisposer son cœur ; que je l'aimais et le chérissais plus qu'un père, puisque c'était par choix et non par devoir qu'il m'avait quelquefois regardé comme son fils. Vous embrasserez mille fois l'aîné, il sait comme je l'aimais ; vous embrasserez mille fois l'abbé, que j'aimais tous les jours de plus en plus ; vous réconcilierez l'opinion de mon père avec moi s'il a continué à en penser peu de bien ; si je l'ai négligé je ne l'en aimais pas moins. Vous n'oublierez pas Gaston non plus que j'aime aussi.

Ensuite, cher amour, vous ouvrirez tous les portefeuilles qui sont dans l'écritoire que je vous envoie, toutes les lettres dont vous reconnaîtrez les écritures, par exemple toutes celles de Mme de Coigny; vous les remettrez sans que personne les lise. Les vôtres vous les garderez, je vous en prie, avec celles que je vous ai écrites. Le petit portefeuille qui en contient de Constance vous le lui remettrez, tel qu'il est, ainsi que ma petite montre à pensée ; vous lui parlerez de moi et vous tâcherez qu'elle soit heureuse, et que dans la suite de sa vie ce ne soit pas un tort dans la famille que de m'avoir aimé ; tout cela si elle pense encore à moi, ce que je ne sais pas. Les lettres dont vous ne connaîtrez pas l'écriture vous les brûlerez. Vous donnerez cinquante louis à Marcandier ; tout ce que je lui dois sera payé alors, et même généreusement. Vous regarderez dans l'écritoire s'il n'y a pas quelques petites choses à l'adresse d'une autre, et vous les remettrez, par exemple le petit anneau d'acier, à Mme de Coigny.

Voilà tout, mon ange. Quant à vous, je vous réponds que je vous aime à la folie depuis deux ans, et que je ne vous négligeais que dans l'âge où je n'étais pas assez formé pour apprécier vos qualités morales, et où je voyais que je ne valais pas assez pour vous, puisque vous ne me marquiez qu'un grand intérêt. Mais depuis que j'ai reconnu que vous êtes la plus accomplie créature que le ciel ait jamais faite, et que cependant vous me marquez plus d'amitié, vous m'avez rendu avec mon amour-propre l'amour qu'il a toujours été en moi d'avoir pour vous. Cette lettre qui doit vous montrer après moi mes regrets de ne plus vous voir ne sera, je l'espère, jamais lue par vous, car je parierais tout au monde qu'il ne m'arrivera rien de fâcheux ; mais elle était essentielle à mon âme, et si mes grenadiers sont en aussi bonne disposition que moi, je jure à présent aux Turcs qu'ils n'ont pas de moyens de défense pour mon point d'attaque.

ROGER.

Si tout le monde crie contre moi de vous avoir écrit

cette lettre, dites leur que je sais tout ce qu'il y a à dire là-dessus, mais que j'ai mieux aimé troubler votre charmant cœur pendant quelque temps que de troubler encore plus le mien en ne vous écrivant pas.

Un éternel hommage à la princesse de C.... et bénédiction à ses enfants.

APPENDICE II

LES ÉMIGRÉS FRANÇAIS EN RUSSIE ET LE PREMIER CONSUL (1802)

La liste qui suit peut donner quelques lumières sur la composition et le caractère de la colonie française en Russie au commencement de ce siècle. Elle comprend deux catégories de noms. Les uns[1] sont empruntés à une note émanée de l'ambassade russe et antérieure au sénatus-consulte d'amnistie (5/17 octobre 1800) (*Archives Nationales* AF IV, 46, dr 216, p. 223, 224), où sont mentionnés les Français auxquels le tsar s'intéressait particulièrement, et en faveur de qui il sollicitait des éliminations ou des radiations individuelles. Les autres, extraits des dépêches de l'envoyé français à Pétersbourg, sont ceux des Français, émigrés politiques ou immigrants volontaires, qui voulurent bénéficier de l'amnistie du 6 floréal an X (26 avril 1802), sans se soumettre rigoureusement aux conditions de cette amnistie (acte de soumission en France dans un certain délai, abandon des fonctions publiques à l'étranger, etc.). Une lettre du 9 thermidor an X (26 août 1802) (insérée dans la *Correspondance de Napoléon I*er) finit par autoriser Hédouville à recevoir sur place le serment de ceux « qui n'appartiendraient pas aux grandes familles de France ». Une autre lettre de Bonaparte au grand-juge Regnier, datée du 16 septembre, précise le sens

---

(1) Désignés par une étoile.

de cette exception : « Un grand nombre de Français, dit le premier Consul, étrangers aux anciennes classes privilégiées, ont formé des établissements chez diverses puissances de l'Europe, et notamment en Russie ; ils y sont employés à l'instruction, ou y exercent des arts libéraux et mécaniques ». A ceux-là il sera délivré des actes d'amnistie, « toutes les fois qu'il ne sera pas connu qu'ils ont porté les armes contre la République et qu'ils appartiennent à des familles ci-devant dites de qualité ». On les autorisera aussi à continuer leur résidence à l'étranger, s'il ne sont point militaires, chevaliers d'un ordre ou titulaires d'un emploi pour lequel la noblesse est exigée. On ne veut atteindre que les fauteurs de coalitions.

Arbigny (Bernard d') demande un délai pour réaliser sa fortune. — De Langres, ancien garde du corps du comte d'Artois, ancien soldat de Condé ; avait conclu en Russie un riche mariage avec Élisabeth Stahn, et y mourut en 1831, n'ayant fait en France qu'un court séjour en 1804.

Arnauld d'Andilly et sa femme, précepteurs chez le prince Wiazemski.

Aumont (d'), neveu du duc de Richelieu, autorisé spécialement à rester au service russe (Talleyrand à Hédouville, 16 germinal an XI). — « Le comte d'Aumont, le fils du duc de Piennes, vient d'être tué ; Richelieu en est au désespoir : son adjudant chéri qu'il avait élevé et regardait comme son fils a été tué dans l'attaque d'une batterie que j'ai faite ; cette année a été cruelle pour ce malheureux Richelieu... » (Lettre de Langeron, 19/31 juillet 1807).

Baltus (Robert), commerçant. Son frère Antoine est précepteur chez Mme Calowtrow (*sic*).

* Belmont (de), gendre de Choiseul-Gouffier. N'a dû, comme son beau-frère le duc de Saulx, faire que passer en Russie.

* Belsunce. V. Bueil.

Bernis (François de Pierre de), archevêque de Damas *in partibus*, coadjuteur de son oncle le cardinal de Bernis à l'archevêché d'Albi. Il avertit Hédouville (11 germinal an X) qu'il a envoyé sa démission au pape et exprime le désir d'être replacé sur le siège d'Albi. Il devait mourir archevêque de Rouen en 1819.

Billy (l'abbé de), sorti de France en 1790, précepteur chez le prince Pierre Odoïevski, à Moscou. Plus tard directeur de conscience de la comtesse Rostoptchine.

* Bode (M. de) père et sa famille.....

Bouillian (Philippine), institutrice chez Mme Novosiltsov.

Brice, chanoine de Notre-Dame de Liesse (Aisne), précepteur du fils Samoïlov.

* Bueil (M. et Mme de). Ils sont portés sur la liste des émigrés dans le département de l'Aisne, sous le nom d'Alexandre-Louis-Auguste du Roux et de Marie-Renée-Thérèse-Émilie de Belsunce. Ils formaient la famille adoptive de Grimm, qui parle longuement d'eux dans un Mémoire daté de Gotha 17/28 février 1797 et adressé en leur faveur à Catherine II (*Soc. Hist. de Russie*, t. II).

Chardon (Charles-Paul de) nous est connu par une longue note du 31 décembre 1803, adressée par lui au gouvernement français et relatant sa vie et ses services. Né à Dohis (Aisne), il fut d'abord dans sa patrie officier au régiment d'Artois, mousquetaire noir, puis employé au corps des ponts-et-chaussées. Ayant éprouvé un passe-droit, il s'exila, vécut quelque temps au service hollandais, puis au service prussien; il fut ensuite accueilli par la Russie avec le grade de major du génie. En 1770, il conduisait l'attaque au siège de Bender, où il gagna la croix de Saint-George; en 1788, il commande comme colonel à Orenbourg; en 1803, il vit en retraite à Kiev avec le grade de lieutenant-général (*Corr. Russie*, t. CXLIII).

CHARPENTIER (Thérèse), née Bourdon, institutrice chez Mme Davidov.

CHIRRAY (de), ancien lieutenant-colonel du régiment de Dauphin-Dragons, professeur de dessin à Moscou.

* CHOISEUL-GOUFFIER (comte de). Dès le début du Consulat, Talleyrand, son ancien ami, essaya inutilement de le faire concourir à la reprise des relations entre la France et la Russie. L'année suivante, quoique « conseiller privé au service de Russie », il demanda et obtint sa radiation et reparut à Paris en mars 1802, muni d'une lettre pressante de recommandation de Kourakine pour Talleyrand. Le tsar insista même pour qu'on lui rendît son ancien hôtel, alors occupé par Sieyès (Caulaincourt à Talleyrand, 28 frimaire an X); mais il ne fut pas non plus donné suite à cette demande.

CORDIER, ancien avocat au Parlement de Flandre, secrétaire chargé de l'expédition française à la chancellerie du ministère du commerce, chargé en outre d'une éducation. — Il s'agit ici de Cordier de Launay de Valeri, dernier intendant de la généralité de Caen; il exerça en effet les fonctions de précepteur chez le baron de Nicolaï, qui le remercia en lui procurant le rang de conseiller d'état. Cordier composa en Russie divers ouvrages, entre autres un *Tableau topographique de la Chine et de la Sibérie*. Il mourut à Pétersbourg le 26 janvier 1826.

Couedic (du). Demande l'autorisation de rester au service russe.

* Crussol (M. et Mme de).

Danzas. Fils du bailli de Saverne, était précepteur en Russie avant 1789. Le père de son élève lui donna sa fille en mariage, avec une dot considérable. Entré dans l'armée, il y parvint aux grades supérieurs (Hédouville à Talleyrand, 11 prairial an X). Un tableau de l'armée russe en 1802 (*Russie, Mém. et Doc.*, t. XIII), le signale comme commandant du régiment des grenadiers de Tauride, à Riga.

* Durons (l'abbé), né à Valognes (Manche), précepteur chez le comte Dmitriev-Momonov.

* Ferté-Mun (de la).....

Froment, prêtre du département de la Somme, précepteur, venu en 1798.

Gandon, prêtre du département de Maine-et-Loire, médecin, précepteur chez les Galitzine.

Gavignat, sorti de France depuis 1774, employé à la poste de Moscou.

Gilles (Mme), institutrice à Riga, chez le général Rokosovski.

Grimm. — Le 23 décembre 1802, Markov demande au nom du tsar qu'on rembourse à Grimm son mobilier estimé 150,000 écus, et qu'il soit indemnisé pour le reste des pertes qu'il a faites, étant ministre étranger en France et non émigré. Le ministre des finances répondit négativement.

Hainglaise, instituteur devenu commerçant.

Hennezel (Léopold d') (sans doute Lorrain), précepteur.

Imgarde dit Floridor, artiste, en Russie depuis 1775.

* Lambert (de), général-major au service de Russie. Sa femme joignit à la demande de radiation présentée en son nom par Markov une pétition spéciale, qui a disparu de son dossier. Une note sans date, « pour Sa Majesté l'Empereur et Roi », porte : « Lambert, 51 à 52 ans Il a 200 livres sterling de traitement ; il a toujours travaillé pour les ministres anglais sur les affaires de France, notamment avec le duc de Portland. Ses liaisons ont toujours été fort mauvaises, avec l'évêque d'Arras, Mme de Bourmont, dont il a épousé la fille, etc. C'est le frère du préfet de Tours ». V. l'article *Richelieu.*

* LANGERON (Andrault, comte de). Kourakine écrit dès le mois d'octobre 1801 à Markov pour réitérer en faveur de Langeron une demande de radiation déjà faite verbalement à Duroc : « M. de Langeron se trouve à cet égard dans la situation la plus favorable, puisqu'il servait dans nos armées dès avant la révolution. Si on ajoute à cette circonstance l'intérêt particulier que porte S. M. I. à cet officier par la satisfaction qu'elle a de ses services, il est à supposer que vous ne rencontrerez pas d'obstacles à obtenir cet acte de justice... ». (*Archives particulières*). Langeron obtint en conséquence un arrêté de radiation en date du 11 brumaire (2 novembre) (*Archives Nationales.* AF, IV 46, d^r 261, pièce 66). Il n'en profita guère, car le 22 mai 1802 il écrivait de Vienne à la comtesse de Damas : « Vous êtes la cause innocente du malheur que j'éprouve ; les persécutions dont vous avez été l'objet ont rejailli sur moi ; l'on m'a cru votre frère, l'on m'a interdit l'entrée de la France, j'ai été forcé d'attendre ici une explication que j'ai eue enfin, mais au moment de partir pour aller serrer dans mes bras tout ce que j'ai de plus cher au monde, le nouveau décret (l'amnistie du 26 floréal) me ferme les portes de la France... ». V. l'article *Richelieu.*

Dix mois après, apprenant que Richelieu était rayé et avait obtenu la permission de servir en Russie, il annonçait son intention de solliciter une faveur semblable; sans doute elle lui fut refusée.

* Laval-Montmorency (de), lieutenant général au service de Russie.

Lémery (l'abbé), ancien professeur à Brienne, déporté, resté en Suisse jusqu'en 1796, attaché à l'Institut de l'abbé Nicolle.

Magnin (Ambroise), de Vellerot-les-Vercel (Doubs), séminariste émigré en Suisse en 1791, parti pour la Russie en 1793 en compagnie d'un nommé Combette, son compatriote, y fut successivement professeur à l'Institut de commerce et à l'Institut des demoiselles nobles de Moscou, précepteur chez le prince Metcherski, contrôleur à la maison impériale des enfants-trouvés. Il y mourut en 1837.

Majault, de Douai, précepteur chez la comtesse Matuchkine.

Mallesise (de), marin.....

Macquart, vicaire de !Saint-Thierry (Marne), précepteur chez les Galitzine.

Masson, de Blamont (Doubs). C'est l'auteur des *Mémoires secrets sur la Russie*. Talleyrand le remercie (23 floréal an IX) d'observations utiles qu'il a reçues de lui, et le prie de continuer sa correspondance. Masson devait mourir en 1807, secrétaire général de la préfecture de Rhin-et-Moselle.

Matha, précepteur.....

Montfaucon (de), commerçant.

Moreau de la Matière, commerçant.

Nassau (le prince de). Duroc envoie à Talleyrand, le 16 prairial an IX, une note de Nassau, toujours nominalement au service de l'Espagne, et demandant la liberté de traverser la France, d'y séjourner au besoin. « Il est considéré ici... ».

Patot, dit d'Orflans, en Russie depuis 1787, ancien gérant du consulat de France à Pétersbourg, précepteur chez l'ex-hospodar Maurocordato. Né à Dieuze (Meurthe), mort à Moscou le 12 février 1823.

Raulin-Belval, chef d'institution à Moscou.

* Richelieu (le duc de). Dès le 20 germinal an IX, Kalitchev, chargé d'affaires provisoire de Russie à Paris, demande au nom de Richelieu un passeport pour venir en France ; il espère qu'il n'y aura pas besoin de surveillance, Richelieu devant être considéré comme un Russe. Il joint à sa demande la note suivante : « M. de Richelieu, quoique inscrit sur la liste des émigrés, se trouve dans une position si particulière qu'il peut espérer qu'on ne le considérera pas comme tel. Il n'est sorti de France en 1791 que d'après un arrêté de l'Assemblée nationale qui l'autorisait à aller continuer son service en Russie, et ordonnait qu'il lui fût délivré un passeport à cet effet. M. de Richelieu se trouvant à Pétersbourg à l'époque à laquelle l'Assemblée fixa un terme très court pour la rentrée des Français qui avaient quitté leur patrie, il ne put, vu son extrême éloignement, être assez tôt instruit de ce décret pour s'y soumettre. D'ailleurs les bontés dont l'avait comblé l'impératrice l'auraient mis dans l'impossibilité de quitter si brusquement son service, et depuis, malgré ses réclamations, aucun acte du gouvernement français n'a autorisé son retour dans sa patrie. M. le comte de Kalitchev peut affirmer que depuis bien des années il n'a pas quitté le service de Russie, qu'il n'a point fait la guerre en Italie, son régiment n'étant pas sorti de Pétersbourg, et que maintenant, quoique hors d'activité pour cause de santé, il n'en fait pas moins partie de l'armée russe, puisqu'il continue à en porter l'uniforme. Le vœu de M. de Richelieu, celui de sa famille serait qu'il obtînt d'après tous ces titres un passeport qui lui permît de jouir au moins trois ou quatre mois de la consolation de revoir sa patrie et les individus qui lui sont chers ».

En frimaire an X, le gouvernement russe remercie le premier Consul d'avoir éliminé Lambert, Langeron et Richelieu, et sollicite pour les deux premiers une radiation définitive sans la condition de leur présence actuelle en France, ce qui ne dut pas être accordé, car plusieurs mois après, Markov, à l'audience particulière du premier Consul, insistait sur la radiation des personnes dont il avait remis la liste au nom du tsar ; il n'osa nommer que Richelieu, et pour Lambert, Langeron et Mme de Tarente, se borna à les recommander à Talleyrand, sans plus de succès que par le passé. Bonaparte accueillit bien du moins la demande de Richelieu, à en juger par cette lettre que le noble émigré adressait à Talleyrand de Pétersbourg, le 5 ventôse an XI (11 février 1803).

Citoyen Ministre,

J'ai reçu avec la joie la plus vive la radiation définitive que le grand-juge m'a fait parvenir par le général Hédouville. L'intérêt que vous avez bien voulu me témoigner à Paris me prouve assez que c'est à Votre Excellence que je dois en grande partie cette grâce, et je m'empresse de vous en témoigner ma reconnaissance. Je ne craindrai pas d'être importun, en vous suppliant de remettre au premier Consul la lettre ci-jointe, et en même temps que vous voudrez bien être auprès de lui l'interprète de ma reconnaissance, d'apprécier la demande que je lui fais de la permission nécessaire pour continuer à servir l'empereur. Les bontés dont il veut bien me combler m'imposent la loi de solliciter cette grâce, que la lettre du grand-juge au général Hédouville m'autorise à demander. Le comte de Markov est chargé par l'empereur de prier le premier Consul de vouloir bien ne pas la refuser. Mais j'espère qu'il ne sera besoin d'aucune sollicitation étrangère pour l'obtenir. Je tiens d'autant plus dans ce moment à cette permission, que le poste qui m'est destiné sur la mer Noire me mettra à même de rendre peut-être quelques services à mon pays et à mes compatriotes. Je remets avec la plus grande confiance cette affaire entre les mains de Votre Excellence. Connaissant d'ailleurs par expérience son obligeance et son intérêt, je prendrai la liberté de réclamer son appui pour obtenir la restitution de mes bois; vous m'aviez fait espérer à Paris qu'ils pourraient peut-être m'être rendus, et cette grâce m'est d'autant plus essentielle, que sans ces bois j'aurai à peine de quoi satisfaire aux prétentions des créanciers de ma famille, sans qu'il m'en revienne presque aucun avantage. Je vous supplie, citoyen ministre, de vouloir bien me faire parvenir par le général Hédouville la résolution du premier Consul, et d'agréer l'hommage de ma vive reconnaissance.

Salut et respect,

Richelieu.

Une lettre de Talleyrand à Hédouville (16 germinal) autorise Richelieu à demeurer provisoirement au service russe, sauf à apporter à l'ambassade une déclaration constatant qu'il reste Français, et à rentrer en France au premier signal.

Roche, précepteur du fils du sénateur Pestel.

* Rouffigni, d'Alençon, lieutenant de hussards au service russe.

* Saulx-Tavanes (duc de), gendre de Choiseul-Gouffier. N'a fait qu'un court séjour en Russie, en 1795.

Sauvaget (Cécile), institutrice chez Mme de Litrov.

Sénac de Meilhan. S'adresse directement au ministre de la police (29 avril 1802), pour solliciter une surveillance. Il expose qu'il voyageait à l'étranger dès 1788 et a passé seulement six semaines en France en 1789, qu'il a continué depuis ses voyages et a résidé en Russie depuis 1790, qu'il n'a jamais combattu la France.

Servat (Jeanne), de Dieuze (Meurthe), institutrice chez la comtesse Soltykov.

Soulage, de Toulouse, médecin en Russie depuis 1788.

Spoll, de Metz, bijoutier à Moscou, en Russie depuis 1784.

Surugues (l'abbé), ancien principal du collège de Toulouse, docteur de Sorbonne, alors précepteur chez le comte Moussine-Pouchkine. Mort curé de l'église catholique de Moscou le 21 décembre 1812.

* Tarente (Mme de Chatillon, princesse de). V. art. *Richelieu*.

Thomas, de Phalsbourg (Meurthe), précepteur.

Thoury, de Châlons-sur-Marne, précepteur chez le comte de Modène (émigré).

Torcy (de), employé à la bibliothèque impériale.

Uzès (duc d') et son fils.

Vauban (comte de). N'habitait plus alors la Russie, où il était venu deux fois, mais lui restait attaché par un grade militaire.

Vesques (Ernestine), de Vic (Meurthe), institutrice chez le prince Ivan Troubetskoï.

Vialart, prêtre d'Albi, précepteur chez les Galitzine.

Wargemont (Lefournier de) fait demander sa radiation par Markov. Il a quitté la France en 1787, s'est marié la même année à Montbéliard, et depuis s'est établi en Russie, où il est chambellan de l'empereur.

TABLE DES NOMS PROPRES FRANÇAIS

A

Agier, 414.
Albrand, 338.
Alembert (d'), 41, 46, 48, 64, 86.
Angoulême (duchesse d'), 220, 244, 318.
Anthoine, 76.
Arbogast, 63.
Artois (comte d'), 183-186, 219, 401.
Augard (d'), 290, 311-313.
Aumont (d'), 324, 351, 460.
Antichamp (d'), 217, 239, 242-243.
Avaray (d'), 221, 279.

B

Balandret (P.), 411.
Barral, 74.
Bazaine, 283, 338.
Beaumarchais, 53, 117.
Belin de Ballu, 340.
Benezet, 33.
Bernadotte, 358, 385.
Bernardin de Saint-Pierre, 84-85, 118.
Bernis (de), 225, 230, 265, 461.
Bertin d'Antully, 238.
Billy (abbé de), 233, 461.

Boïeldieu, 264, 283-284.
Bombelles (de), 181.
Boudry (de), 174, 316.
Bouillé (de), 187.
Bourdin, 16.
Bourgeois de Châtelblanc, 32.
Bousson, 88.
Brasaz (de), 14.
Breteuil (de), 56, 180-181.
Broglie (de), 181, 193, 294, 415.
Brosset, 443.
Bruges (de), 289.
Brun de Saint-Hippolyte, 283.
Buffon, 42.

C

Cagliostro, 97.
Calonne (de), 159, 185.
Caraman (de) 223, 244.
Carmontelle, 113.
Carré, 71.
Carteaux, 72.
Casanova, 60, 62.
Castelnau (de), 338.
Caulaincourt, 264.
Chappe (abbé), xv, 9, 59-60, 205.
Chardin, 32.
Chardon, 83-84, 461-462.
Chaumeix, 69-70, 90.
Chevalier (Mme), 224.
Choiseul (duc de), 30, 60, 80, 108.

Choiseul-Daillecourt, 191.
Choiseul-Gouffier, 191, 197-199, 239, 266-267, 279, 289, 462.
Christin, XIII, 267.
Chrysologue (P.), 42.
Clairon (Mlle), 23, 111.
Clerc, 37, 91-92.
Clérisseau, 32.
Clermont-Tonnerre (de), 191.
Coince (P.), 318.
Colbert-Chabanais (de), 264.
Collot (Anne), 73.
Condé (prince de) 182, 186, 188-189, 211-214.
Condé (Louise de), 226-227, 244.
Constant (Benjamin), x, 437.
Corberon (de), XI, 57.
Cordier de Launay, 238, 265, 462.
Cossé-Brissac (Mme de), 318.
Coudray (du), 117.
Cuinet d'Orbeil. 169.
Custine (de), xv, 443.

D

Daguesseau, 67.
Damas (Roger de), 128-133, 135-144, 149-152, 154, 166, 184, 192, 455-458.
Damas (baron de), 240-241, 279, 316, 358, 415, 422.
Danzas, 90, 463.
Dauberval, 72.
Delannoy, 8.
Delavigne, 339.
Delille, 263, 266.
Delisle (Nicolas et Louis), 20-21.
Deloche (abbé), 234.
Désarnod, 381.
Deschamps, 260.
Desessartz, 91.
Deshayes, 5.

Dessemet, 421.
Destremx, 283.
Diderot, 36-37, 39, 41-42, 44, 55, 64-67, 71, 73, 79, 103, 114.
Didot, 264.
Dorat, 44, 107, 114.
Doyen, 200.
Dubosquet, 84-85.
Dubrux, 343-344, 425-426.
Ducret, 232, 297.
Dumouriez, 243, 384.
Duroc, 264.
Duval (Al.), 266.
Duvernoy, 91.

E

Edgeworth (abbé), 279.
Enghien (duc d'), 214, 217, 268.
Entraigues (d'), 267.
Éon (chevalier d'), 19.
Épinay (Mme d'), 42.
Ervelange-Vitry (d'), 225, 317.
Esterhazy, 165, 181, 189, 191, 196, 206.

F

Fabre, 283.
Falconet, 67, 73-74, 114.
Ferrand, 266.
Foix de Candale (de), 392.
Foix-Grailly (de), 83.
Follope (P.), 235, 411.
Forceville, 88.
Fusil (Mme), 294.

G

Gail, 264.
Garat, 399.
Gaubert (abbé), 42.
Genet, 165-166, 170-172.

TABLE DES NOMS PROPRES FRANÇAIS

Geoffrin (Mme), 31, 49.
Gillet, 20.
Ginguené, 403.
Girard (Philippe de), 443.
Grandidier (abbé), 260.
Grégoire (abbé), 309, 403.
Greuze, 72.
Grimm, 40, 46, 53, 64-65, 199-200, 266, 463.
Grivel (de), 317.
Guys, 42.

H

Hauterive (d'), 272.
Hédouville, 264-265, 303.
Helvétius, 38, 65, 105, 114.
Henri IV, 4, 64, 120, 145, 159, 161, 180.
Houdon, 32, 72.
Hubert-Robert, 71.
Huet, 7.

I

Isarn (d'), 294.

J

Jauffret, 259.
Jeudy-Dugour, 340, 355.
Joséphine (impératrice), 360, 403.
Jubé de la Cour, 21-22, 103.

L

Labre, 234.
La Chétardie (de), 18, 126.
La Fayette (de), 114, 403-404.
Lafond (Mme), 37.

Lagrenée, 20.
La Harpe, 44, 63, 116.
Laharpe (F.-C.), 88, 174, 249-253, 257-258, 401.
La Maisonfort (de), 280, 358.
Lamartine (de), 399.
Lambert, 14.
Lambert (de), 187, 191, 193, 197, 206, 243, 375-376, 393, 420, 463-464.
Lameth (Alexandre de), 127, 162.
Lancry (de), 283.
Langeron (de), 144-146, 150-154, 166-167, 194, 217, 239, 242, 287, 289, 348-351, 376-377, 396-397, 400-401, 420-423, 464-465.
Langue (P.), 362.
La Salle (de), 83.
Lauzun (de), 125.
Laval (de), 240, 286, 288.
La Ville (Pierre de), 5.
Lebel (Mme), 77.
Leblond, 15-16.
Le Fort, 10, 16, 59.
Le Kain, 23, 106, 108.
Le Lorrain, 20.
Lepaon, 71.
Leprince, 71.
Lesseps (de), 127.
Lestocq, 18.
Lestranges (abbé de), 226-227.
Lesur, 271.
Lévesque, 52, 91-92, 122.
L'Hopital, 56, 127.
Ligne (prince de) 128, 131, 133, 150-151.
Loubattié, 8.
Lignières (de), 289.
Louis XIV, 5-7, 29, 56, 122, 145, 161.
Louis XVIII, 181-182, 186, 206, 219-222, 244, 265-266, 279-280, 284, 377, 403-405.
Lubersac (abbé de), 44, 117.

M

Mably, 55, 121, 251.
Macquart (abbé), 233, 393, 465.
Magnin, 233, 465.
Mailly (de), 32.
Maisons, 335-337, 423-425.
Maistre (J. de), xi, 9, 82, 90, 222, 280, 299-311, 314-315, 353, 356, 377, 412.
Maistre (Xavier de), 217, 304, 377.
Mallet du Pan, 222.
Maréchal (Sylvain), 175.
Margeret, 5.
Marmontel, 33, 38, 46, 63, 115, 204.
Marolles, 138.
Marsan (Mme de), 238.
Masson, 93, 231, 242, 253-254, 263, 465.
Massot, 133, 142, 154.
Maury (cardinal), 229.
Mercier, 44.
Mercier de La Rivière, 33, 66-67.
Michel, 20.
Micoud (de), 83.
Mirabeau, x, 162.
Modène (de), 289, 420.
Montbrion, 8.
Montesquieu, ix, 33, 203.
Montesquiou - Fezensac (de), 275-279.
Montmorency (cardinal de), 220.
Moreau, 383-388.
Morenberg, 19.
Moustier (de), 288, 358.
Murat, 369, 372.

N

Napoléon Ier, 4, 186, 193, 245, 261-262, 265-271, 298, 301, 324, 355-356, 360-361, 369, 440.
Nassau-Siegen (prince de), 127, 134-137, 141, 144-147, 149, 154, 194, 465.
Nicolle (abbé), 234-235, 341, 343, 412-413.
Noailles (Al. de), 357.
Nodier (Charles), 437-438.

O

Ollone (d'), 289, 351, 401.
O'Reilly, 264.
Orléans (duc d'), 144, 186, 403.

P

Paquis de Sauvigny, 339.
Perronet, 32.
Philidor, 42.
Pictet, 80, 333.
Plélo (de), 17.
Poissonnier, 19.
Polignac (de) 191, 358, 415.
Poncet, 9.
Pons (de), 192.
Ponthon (de), 283.
Potier, 283, 421.
Pozzo di Borgo, 267, 284, 358, 393, 404.
Prévot, 146-147.
Pujet (du), 174.

Q

Quinsonas (de), 193, 225, 289, 351, 352, 415.

R

Rapatel, 385, 388.
Raynal, x, 55, 67, 110.

TABLE DES NOMS PROPRES FRANÇAIS

Raynaud, 242.
Réveillod, 333.
Richardot, 362.
Richelieu (duc de), 150-151, 153-155, 189-190, 194, 239, 243, 323-335, 338-345, 347, 351-354, 358-359, 404-405, 413, 416-421, 445, 452, 466-468.
Rivarol, 204.
Rivière (de), 357.
Rosaven (P.) 312, 314, 316, 387.
Romme, 93-94, 118.
Romance de Mesmon, 238.
Roman (abbé), 44.
Rohan-Rochefort (de), 128.
Rochechouart (de), 337, 383, 398, 415-416.
Rosset (de), 135, 148, 338, 353.
Rousseau (J.-J.), 54-55, 64, 94, 99, 115, 177, 251.
Rulhière, 55-56, 272.

S

Sabatier de Cabres, 57-58.
Saint-Germain (de), 97.
Saint-Hilaire, 14.
Saint-Martin, 94, 98-99, 306.
Saint-Priest (de), 181, 192, 206, 221, 289, 327, 351, 378, 393-396.
Saulx (duchesse de), 207.
Saurin, 63.
Savary, 285-286.
Schaal, 338.
Sedaine, 42.
Ségur (L.-P. de), xv, 30, 34, 62, 79, 126-128, 132-133, 142-143, 160-161, 198.
Ségur (Ph. de), 275-279.
Sénac de Meilhan, 67-69, 149, 200, 266, 469.
Sendilly (abbé de), 239.

Sibourg, 174.
Sombreuil (de), 181.
Soulavie, 63.
Staël (Mme de), xix, 82, 303, 357-358, 403.
Suard, 44, 399.
Surugues (abbé), 233, 294, 315, 372, 469.

T

Talleyrand, 266, 268, 402.
Tarente (princesse de), 238, 286, 401, 415.
Thomas, 44, 115, 264.
Thomon (de), 283, 338.
Tinseau (de), 217.
Tocqué, 19.
Tott (de), 17, 44, 88.
Toulouse-Lautrec (de), 193.
Tranchant de La Verne, 199.
Traversay (de), 147, 287, 316-347, 420.
Tschudi, 23-24.
Turpin (de), 54.

V

Vallin de la Mothe, 20.
Valcroissant, 19.
Varage, 135, 147.
Varicourt (de), 217.
Vauban (de), 184, 187, 469.
Vaumale (de), 87.
Vauvilliers, 238.
Vérac (de), 30.
Verbois, 135, 147-149.
Vergennes (de), 30, 53, 81, 117.
Vernègues (de), 267.
Vernet (J.), 32.
Vernier, 71.
Vien, 32, 72.
Vigée-Lebrun (Mme) 196, 200-201, 204, 239.

Villebois, 15, 29, 84-85.
Villemain, 399.
Villeneuve-Trans (de), 14.
Villers, 369, 373.
Vilnau (de), 148-149.
Vioménil (de), 86, 187, 217, 239, 415.
Vitrolles (de), 401.
Volney (de), 44, 175.

Voltaire, ix, 24-25, 28, 42-46, 49-51, 63-64, 86, 88, 101-106, 110, 115, 125, 163, 174, 445.

W

Wailly (de), 72, 111.

TABLE DES NOMS PROPRES RUSSES

A

Alexandre Ier, 249-259, 261-262, 265-266, 268, 280-283, 289, 292, 323, 356, 359, 378, 384-387, 398-411, 414, 416, 421, 432, 437.
Anne Ivanovna, 17, 36.
Apraxine, 276.

B

Bariatinski (princesse), 52.
Betski, 36, 73-74, 89, 91, 106, 109.
Besborodko, 211.
Biéloselski, 204-205.
Biren, 17.
Bobrinski, 110.
Boltine, 92.
Boutourline, 105, 293.

C

Cantémir, 106.

Catherine II, 27-50, 52-56, 58 70, 73-74, 85-86, 88, 92, 94, 98, 101-102, 127, 133, 142-143, 145-147, 154, 159-163, 168, 170-175, 179-187, 189, 192, 196-202, 230, 236-237, 323.
Chouvalov, 23-25, 60, 107, 113, 433-434, 436.
Constantin (grand-duc), 288, 378.

D

Dachkov (princesse), 60, 105, 107-108, 175.
Dietrichstein (princesse de), 314.
Divov (Mme), 202.
Dmitrievski, 106.
Dolgorouki, xix, 107, 204-205.
Dolgoroukov, 22, 431.
Doubrovski, 290.

E

Élisabeth Pétrovna, 17-19.

TABLE DES NOMS PROPRES RUSSES

G

Gagarine (P.), 433.
Galitzine, 38, 66-67, 98, 104, 109, 112, 118, 177, 232-233, 289, 293, 316, 411, 433-434.
Glinka, 360.
Gneditch, 273.
Gogol, 202, 441.
Golenitchev-Koutousov, 293.
Golovine (Mme), 312-313, 432.
Golovkine, 111, 289, 293.

I

Ioukovski, 273, 441.
Irkévitch, 391.

K

Kamenski, 276.
Karabanov, 103.
Karamzine, 99-100, 119-123, 190, 263, 294-295, 360.
Karjavine, 106.
Kivastov, 103.
Kniajnine, 23, 103, 175.
Komarevski, 110.
Korsakov, 184, 277.
Kourakine, 12.
Koutousov, xvii, 111, 360, 363, 367, 374, 440.
Krilov, 440.
Krudener (Mme de), 118-119, 407-409.

L

Lanskoï, 53.
Lopoukhine, 176.

M

Markov, 267-268.
Momonov, 143.
Mosse, 164.

N

Nicolaï (de), 433.
Novikov, 99-100, 176.

O

Osterman, xviii, 109, 170.
Ougrimov, 391.
Ozerov, 273.

P

Paul Ier, 41, 64, 116-117, 143, 164, 196, 209, 211-212, 214-216, 218-220, 222-227, 229, 238-243, 333.
Pierre Ier, 6-8, 11-15.
Platon (métropolite), 94.
Platov, 285, 393.
Poltoratzky, 442.
Potemkine (Pierre Ivanovitch), 5.
Potemkine, 67, 76, 132-134, 138-139, 142, 148-151, 154, 166-167, 182, 204.
Pouchkine, 440.

R

Raditchev, 176-177.
Rosoumovski, 83, 91, 113, 293.
Rostoptchine, xvii, 205-207, 212, 295-297, 315-316, 366-368, 373, 427-429.
Roumianzov, 181, 194.

S

Sacken, 391.
Simoline, 82.
Skavronska (princesse), 139-140.
Sollohub, xiv.
Soltykov, 109, 177, 289.
Soumarokov, 23.
Souvorov, 135-139, 152, 154, 185, 216, 223.
Spéranski, 259-261, 360.
Strogonov, 51, 93, 112, 290, 292.
Svetchine (Mme), 165, 313, 315, 432, 435.

T

Tchadaiev, xiii.
Tchérémétiev, 88.
Tchitchakov, 375, 431.
Tolstoï, 285, 312-313.

Tourguéniev (Ivan), 440-441.
Tourguéniev (Nicolas), 431.
Toutchkov, 364-365.
Trédiakovski, 23, 103, 106.

V

Vedenski (Popov), 112.
Voeykov, 272.
Volkov, 111.
Von Vizine, 46, 104, 113-115.

W

Woronzov, 10, 98, 107, 109, 172, 178, 206, 263, 422, 424.

Z

Zinoviev, 98-99.
Zoubov, 146, 183, 196, 198, 200.

TABLE DES MATIÈRES

	Pages.
Préface..	v
Introduction. — La Russie et l'Europe................	ix

LIVRE PREMIER

LES TSARS ET L'ANCIEN RÉGIME

Chapitre premier. — Des Origines à Catherine II.........	3
I. Temps primitifs..	3
II. Pierre le Grand et la France........................	11
III. Règne d'Élisabeth...................................	17
Chapitre deuxième. — Catherine II et l'Esprit philosophique.	27
I. Éducation et Caractère de Catherine II...........	27
II. L'Esprit français dans les Lois, les Arts, l'Éducation...	32
III. L'Autocratie et la Philosophie. Les Avances réciproques...	40
IV. L'Autocratie et la Philosophie. Les Services rendus..	45
V. Les Réfractaires......................................	52
Chapitre troisième. — Les Français en Russie sous Catherine II..	61
I. Philosophes et Économistes.........................	61

TABLE DES MATIÈRES

Pages.

   II. Artistes et Marchands.................................. 71
   III. Colons et Soldats..................................... 80
   IV. *Outchitéli*... 87
   V. Illuminés et Jésuites.................................. 97

CHAPITRE QUATRIÈME. — Les Russes en France au XVIIIe siècle.. 103
   I. Jusqu'en 1760... 103
   II. Sous Catherine II.................................... 110
   III. Karamzine.. 118

CHAPITRE CINQUIÈME. — Les Volontaires français dans l'armée russe... 125
   I. Ségur et Roger de Damas.............................. 125
   II. A Otchakov.. 134
   III. Sur la Baltique..................................... 142
   IV. A Ismaïl.. 148

LIVRE DEUXIÈME

CATHERINE II, PAUL Ier ET LA RÉVOLUTION

CHAPITRE SIXIÈME. — Catherine II et l'Esprit révolutionnaire.. 159
   I. Les Paroles.. 159
   II. Les Actes... 168

CHAPITRE SEPTIÈME. — Catherine II et l'Émigration........ 179
   I. Catherine II et Coblenz.............................. 179
   II. Les Émigrés à l'armée............................... 187
   III. Les Émigrés à la Cour.............................. 196
   IV. Émigrés et Vieux Russes............................. 202

CHAPITRE HUITIÈME. — Règne de Paul Ier................ 209
   I. L'armée de Condé..................................... 209
   II. Louis XVIII à Mittau................................ 219
   III. Les Religieux...................................... 224
   IV. Les nouveaux *Outchitéli*........................... 230
   V. *Ordre, Contre-ordre, Désordre*...................... 238

TABLE DES MATIÈRES

Pages

LIVRE TROISIÈME

ALEXANDRE Ier ET NAPOLÉON Ier

CHAPITRE NEUVIÈME. — Règne d'Alexandre Ier (1801-1807).. 249
    I. Éducation d'Alexandre........................... 249
    II. Alexandre et Bonaparte. Les Gouvernements..... 257
    III. Alexandre et Bonaparte. Les Sociétés............ 263
    IV. Alexandre et Bonaparte. Les Armées............. 270

CHAPITRE DIXIÈME. — Règne d'Alexandre Ier (1807-1812)... 281
    I. Isolement d'Alexandre.......................... 281
    II. Le Parti national.............................. 292
    III. Joseph de Maistre............................ 299
    IV. Les Conversions.............................. 311

CHAPITRE ONZIÈME. — Le duc de Richelieu............... 321
    I. Fondation d'Odessa............................ 321
    II. Colonisation de la Nouvelle-Russie.............. 332
    III. Richelieu et l'Instruction publique.............. 339
    IV. La Guerre sur le Danube...................... 346

CHAPITRE DOUZIÈME. — L'Armée française en Russie...... 355
    I. L'Invasion................................... 355
    II. Moscou..................................... 366
    III. La Retraite................................. 374

CHAPITRE TREIZIÈME. — L'Armée russe en France......... 383
    I. Moreau...................................... 383
    II. Du Rhin à Paris............................. 389
    III. Alexandre et les Bourbons.................... 398

CHAPITRE QUATORZIÈME. — Après 1815................. 407
    I. Expulsion des Jésuites......................... 407
    II. Fin de l'Émigration française.................. 415
    III. Les Russes en France depuis 1815.............. 427
    IV. Les Français en Russie depuis 1815............. 437

	Pages.
Conclusion	449
Appendice I. — Lettre de Roger de Damas à sa sœur la comtesse de Simiane avant l'assaut d'Otchakov	455
Appendice II. — Les Émigrés français en Russie et le premier Consul (1802)	459
Table des noms propres français	471
Table des noms propres russes	476
Table des matières	479

FIN DE LA TABLE DES MATIÈRES

Le Mans. — Typ. Ed. Monnoyer, place des Jacobins, 12.

PUBLICATIONS DE LA LIBRAIRIE ACADÉMIQUE

BLOCQUEVILLE (Marquise de). — *Le maréchal Davout, prince d'Eckmühl, raconté par les siens et par lui-même*, par la marquise DE BLOCQUEVILLE, née A.-L. D'ECKMUHL, 4 volumes in-8°.. 30 fr.
   I. Années de jeunesse, 1 vol. avec portrait....... 7 fr. 50
   II. Années de commandement, 1 vol. avec portrait. 7 fr. 50
   III. La Russie et Hambourg, 1 vol. avec portrait... 7 fr. 50
   IV. Un dernier commandement. L'exil et la mort, 1 vol. avec portrait................................. 7 fr. 50
   Quelques exemplaires sur papier de Hollande........ 60 fr.

GALITZINE (Le prince Aug.) — *La Russie au XVIII° siècle*. Mémoires inédits sur les règnes de Pierre le Grand, Catherine Ire et Pierre III, publiés et précédés d'une introduction. 2e édit., 1 vol. in-12.. 3 fr. 50

HIPPEAU (C.) — *L'Instruction publique en Russie*, 1 volume in-12.. 3 fr. 50

SCHNITZLER. — *La Russie en* 1812. ROSTOPTCHINE ET KOU-TOUSOV. Tableau de mœurs et essai de critique historique, 1 vol. in-8°.. 6 fr.

GUIZOT. — *Histoire de la civilisation en Europe* depuis la chute de l'Empire romain jusqu'à la Révolution française. 20e édit., 1 volume in-12...................................... 3 fr. 50
— *Histoire de la civilisation en France* depuis la chute de l'Empire romain. 15e édit., 4 volumes in-12............ 14 fr.
— *Histoire des origines du gouvernement représentatif* et des institutions politiques de l'Europe depuis la chute de l'Empire romain jusqu'au xiv° siècle. 4e édit., 2 volumes in-12... 7 fr.
— *Histoire de la Révolution d'Angleterre*, depuis l'avènement de Charles Ier jusqu'au rétablissement des Stuarts (1625-1660), 6 vol. in-12.. 21 fr.
   1re partie : Histoire de Charles Ier, depuis son avènement jusqu'à sa mort (1625-1649), 12e édit., 2 vol......... 7 fr.
   2e partie : Histoire de la République d'Angleterre et de Cromwell (1649-1658). 6e édit., 2 vol................ 7 fr.
   3e partie : Histoire du protectorat de Richard Cromwell et du rétablissement des Stuarts (1658-1660). 7e édition, 2 volumes.. 7 fr.

MÉZIÈRES. — RÉCITS DE L'INVASION. — *Alsace et Lorraine*. 3e édit., augmentée, 1 vol. in-12................... 3 fr. 50

www.ingramcontent.com/pod-product-compliance
Lightning Source LLC
Chambersburg PA
CBHW071721230426
43670CB00008B/1080